1980년대,
변혁의 시간
전환의 기록

2

학출활동가의
삶 이야기

1980년대, 변혁의 시간 전환의 기록 2권 : 학출활동가의 삶 이야기

발행일 초판1쇄 2015년 5월 18일 | **편저자** 유경순 | **펴낸이** 김현경
펴낸곳 봄날의박씨 | **주소** 서울시 중구 청파로 464, 101-2206(중림동, 브라운스톤서울) |
전화 02-739-9918, 02-720-3504 | **이메일** bombak@naver.com

ISBN 978-89-97969-69-2 94910 978-89-97969-67-8(세트)
이 도서의 국립중앙도서관 출판시도서목록(CIP)은 서지정보유통지원시스템 홈페이지(http://seoji.nl.go.kr)와 국가자료공동목록시스템(http://www.nl.go.kr/kolisnet)에서 이용하실 수 있습니다.
(CIP제어번호: CIP2015012870)

인문 교양이 싹트는 출판사, 봄날의박씨 blog.naver.com/bombak

1980년대,
변혁의 시간
전환의 기록

2

학출활동가의
삶 이야기

유경순 편저

봄날의박씨

차례

일러두기

1 이 책에서는 대학교에서 학생운동을 하다가 그 연장선상에서 노동운동을 하기 위한 목적을 가지고 노동현장에 투신한 사람을 '학생운동 출신 활동가' 혹은 '학생운동 출신 노동자'로 칭합니다. 또 그 약칭인 학출활동가, 학출노동자, 학출 등을 함께 혼용해 사용합니다.

2 외래어는 국립국어연구원 「외래어표기법」에 따랐으나, 구술 인용 안의 인명표기는 구술자가 사용한 표현을 그대로 썼습니다. 예컨대 Karl Marx에 대한 외래어표기는 '마르크스'이지만 이 책에서는 '맑스'라는 표기도 함께 혼용되어 있습니다.

3 구술문 인용에서 말줄임표 하나(…)는 말끝을 흐리거나 분명치 않게 말을 끝낸 것을 뜻하고, 말줄임표 두 개(……)는 중간 내용을 생략했다는 중략의 표시로 사용했습니다.

머리말

'시대상황과 개인의 삶', 우리는 어떻게 살고 있는 걸까

1980년대 노동현장 곳곳에는 '위장취업자', '목적을 달리하는 근로자'라는 새로운 노동자들이 등장했다. 노동자들은 이들을 '학출', '학삐리', '먹물'이라 부르기도 했고, 정권은 '불순세력', '좌경용공' 세력이라고도 불렀다. 그 수는 1만여 명이 넘을 것이라는 추정 이외에는 제대로 헤아릴 수조차 없는 '시대의 물결'을 이루었고, 이는 세계사적으로도 유례없는 현상이었다.

대학생 또는 학생운동가들은 언제부터 노동현장에 들어갔을까. 현재 확인된 바로는 한국현대사에서는 1960년대 말부터 아주 적은 수의 학생운동가들이 노동현장에 들어갔다. 또 1970년 청년 노동자 전태일의 분신사건은 대학생들의 시선을 노동현장으로 돌리는 데 큰 영향을 주어, 1970년대에는 이전 시기보다 좀더 많은 대학생들이 공장으로 들어갔다. 거기에 1980년 광주민중항쟁 이후 대학생들은 집단적으로 노동현장으로 들어갔다.

학출활동가들은 시대상황에 부응했으나 많은 좌절을 겪었고,

다시 일어서기도 했다. 노동운동 또는 혁명운동의 시각만으로, 이들이 개인적으로 감내해야 했던 다양한 삶의 무게를 평가할 수 있을까. 30여 년이 지난 지금도 이들의 삶을 같은 잣대로 평가할 수 있을까.

현재 '학출의 역사'는 어느덧 역사의 지평 너머로 사라지는 듯하다. 극히 일부의 개인적 회고담 이외에는 개인의 기억에 머물러 있거나 그들끼리의 뒷얘기로 회자되고 있을 뿐이다. 학출들 중에 혹자는 "학출도 역사의 희생양 아니냐?"고 반문하기도 하고, 다른 이는 "프티부르주아라는 딱지를 달고 살았다"며 눈물을 흘리기도 했다. 이와 다르게 어떤 이는 "노동자들에 대해 빚을 지고 있던 지식인으로서 해야 할 일을 했을 뿐이다"고 당연하게 여기기도 하며, 또 다른 이는 "정말 열심히 살았다. 그 시대를 살았던 것이 복이다"라고까지 말하기도 한다. 그리고 더 많은 이들은 여전히 그 시대를 거론하는 것조차 불편해한다.

1980년대라는 폭압적 시대상황 탓에 사회변혁을 꿈꾸며 내달았던 삶의 한복판에서, 20대 청춘을 던져 좌절하거나 상처를 입었던 이들에게, 또는 지금껏 운동을 하는 이들에게 역사는 무엇이라 말할 수 있을까. '시대상황과 개인의 삶'의 문제 앞에 누구도 쉽게 말할 수 없을 것이다. 1980년대를 보통 '혁명의 시대'라고 말하기도 하고, 변혁적 노동운동을 역사에 다시 등장시킨 시대라고 평가하기도 한다. 이러한 한 시대의 운동을 형성해 왔던 역사 이면에 이를 구성했던 '숱한 개인들의 삶'이 있다. 혹자는 노동현장에 적응하여 노동운동가로 거듭나기도 했고, 혹자는 노동과 노동자 문화에 또는 노동자 조직화의 어려움 속에 좌절을 겪기도 했다. 그 때문에 이 책에서는 집단의 역사 이면에 묻힌 '학출들' 개인의 다양한 '목소리'를 담고자 시도했다.

이 책은 1권 『1980년대, 변혁의 시간 전환의 기록: 학출활동가와 변혁운동』과 달리 1960~80년대 학생운동가들 개인의 노동현장에서의 삶과 활동에 대한 이야기를 담았다. 1권을 정리하기 위해 53명의 학출활동가들에게 구술을 받았는데, 구술작업은 1980년대 학생운동과 노동운동을 중심으로, 그 전후의 삶까지 생애사적 방법으로 진행했다. 그러나 1권은 1960~80년대 학생운동가들의 노동현장 투신과 변혁적 노동운동의 형성과정을 중심으로 집단과 조직의 역사를 정리한 작업이었기 때문에, 활동 주체인 개인의 활동과 삶을 제대로 드러낼 수 없었다. 그 때문에 1권의 집단역사서술과는 별도로 2권에는 학출활동가들의 구술생애사를 담았다.

학출활동가들을 개인의 삶으로 접근하면, 좀더 다른 결의, 많은 의문들이 스친다. 왜, 학생운동가들은 노동현장 투신을 감행했을까, 이들은 학생운동의 어떤 경험과 가치 속에 투신을 결심했을까. 이들이 자신의 '기득권'을 버리며 학교와 가족을 등졌을 때, 그 가족들의 반응은 어땠을까, 또는 가족들을 등진 본인들은 어떠했을까. 이들은 생전 처음 하는 장시간 노동에 잘 적응했을까, 또 현장에서의 노동과 공장 밖의 생활은 어떠했을까. 이들은 현장에서 어떻게 활동했을까. 나아가 이들은 노동현장 투신 이후 장기간 활동했던 노동운동에서 왜 떠났을까, 또는 현재까지 노동운동과 정치운동을 지속할 수 있는 동력은 무엇일까. 이들에게 1970, 80년대의 활동과 삶은 현재 어떤 의미로 남아 있을까 등등.

이러한 '시대상황과 개인의 삶'에 대한 질문에 누가 답해 줄 수 있을까. 이에 대해 그 시대에 '투신'으로, 삶으로, 답을 만들어 가려

했던 활동 주체들의 '목소리'와 직접 소통하는 것이 필요하다고 생각했다. 이들은 당시 기득권을 누리는 위치에 있던 '(준)지식인'으로서 시대상황 속에서 '자신의 삶'을 고민하면서 기득권을 포기하고 '사회적·역사적인 삶'을 택했다. 사회적이고 역사적인 삶을 선택한 이면에서 그들은 수많은 개인적 갈등과 고통을 감내해야 했을 것이다. 한편에서 이들은 노동자들과 함께한 노동조합 활동이나 투쟁활동 속에서 힘을 얻기도 하고 손을 놓기도 했다. 다른 한편에서 이들은 노동운동의 방향을 놓고 고뇌를 하거나, 항상적이고 폭압적인 탄압상황에서 비합법·비공개 활동을 유지해야 하는 조직운동 문화에 조응하지 못해 상처를 입기도 하였다. 또 이들 중 일부는 처음부터 정치조직과는 거리를 두고 노조 간부로서 대중운동에 복무하면서 '자유주의자'라는 등 여러 비판에 부딪히기도 했다.

이처럼 학출활동가들의 다양한 활동과 삶을 담은 구술생애사를 엮은 이유는, 무엇보다도 1980년대 노동운동의 한 주체로 등장한 '학출활동가'들이 자신의 목소리로 세상과 소통하기를 바라는 마음 때문이다. 달리 말하면 '엄혹한 시대상황'을 20대의 한몸에 지고 갔던 개개인의 삶에서, 다시 그 시대상황을, 그들이 가졌던 꿈을, 활동을, 다양한 삶으로 이해할 수 있기를 바라는 마음 때문이다.

또 '시대상황과 개인의 삶'에 대해, 2010년대 '지금 여기서'의 질문을 던져 보기 위해서이다. 2010년대 청년세대는 "자라면서 꿈이 무엇이었는지?" 혹은 "지금 무슨 꿈을 갖고 있는지?" 등의 '꿈'에 대한 질문을 던지면 대부분 "싫어한다"고 한다. 꿈을 꿀 수 없는 시대상황 탓에. 청년실업 50만을 넘은 지 이미 오래고, '삼포세대'를 넘어 '오포세대'라 불릴 정도의 경제적 불안, 사회적 존립의 불안 속에 이들은 지극히 개별화되어 있다. '꿈'을 상실한 2010년대 시대상황과 (청년)개인의 삶은 어떠한가, 아니 어떠해야 하는가. '시대상황과 개인의 삶'은 동떨어진 것이 아니기에, 질문은 지속되고 있다.

이 책의 구성과 12인의 구술자

이 책에 실린 구술자들은 1940년대에서 1960년대에 태어나 1970~80년대 노동현장에 참여하였다. 학출활동가 53인의 구술자 중에 이 책에 열두 명의 구술생애사를 담게 된 것은 다음을 고려한 것이다.

우선 1960년대 말부터 1980년대 학번까지 가능한 각 학번으로, 여러 대학 출신으로 구성하려 했다. 학번마다 그들의 대학시절 경험은 차이가 있었고, 대학마다 학생운동의 분위기에도 차이가 있었다. 그 때문에 큰 틀에서 같은 목적을 안고 노동현장에 투신했다고 하지만 그 계기와 경로는 달랐다. 또한 노동현장에서의 경험도 달랐다. 이런 차이를 '경험의 다양성'으로 담아내려 했다.

다음으로 노동현장 투신 이후 시간이 지나면서 학출활동가들은 활동 경로가 달라지기 시작했다. 1980년대 중반부터 노동현장 투신자가 급증하고 노동현장에서 투쟁이 점차 가시화되면서 학맥이나 인맥 등을 매개로 정치서클 또는 정치조직을 결성하기 시작했다. 그에 따라 학출활동가들은 정치서클 또는 정치조직을 중심으로 활동하는 이들로 분화하기 시작했다. 이에 구술자 중에서 정치조직운동을 중심으로 활동했던 주체들과, 대중운동을 중심으로 활동했던 주체들로 나누어 구성하여, 그 활동과 고민의 차이에 주목하려 했다. 특히 전자의 경우에는 잘 알려지지 않은 정치조직의 중심 주체들이 펼친 활동과 문제의식을 알 수 있고, 후자의 경우는 대중투쟁과 대중조직 활동 등 알려지지 않은 여러 현장활동에 대해 알 수 있다.

이런 특성을 고려하여 구술생애사는 1970년대 전반기 학번(3장), 1970년대 후반기 학번(2장), 1980년대 전반기 학번(4장)의 학출활동가들로 나눴다. 이를 다시 정치조직운동을 중심으로 활동한 이들과, 대중운동을 중심으로 한 이들로 구분하였다. 이에 따른 이 책의 구성은 다음과 같다.

1장에서는 53인의 구술작업 과정에 대한 정리를 시작으로, 구술자들의 특성과 구술자료의 성격에 대해 정리하였다. 구술작업은 면담자와 구술자의 상호작용 과정이다. 그 때문에 면담자 역시 구술자와의 작업을 통해 영향을 받았고, 이에 대한 내용을 간단하게 정리하였다. 다음으로 구술자 53인의 특성을 정리했는데, 시대 차이를 반영하여 1970년대 학생운동 출신자들과 1980년대 학생운동 출신자들을 구분하였다. 또한 대학별 분포, 성별 분포, 투신시기, 활동기간, 노동운동을 정리한 이유 등에 대해 검토해 보았다. 마지막으로 53인의 구술자료에서 엿볼 수 있는 다양한 내용들을 살펴보았다. 구술자료에는 1권에서 담아내지 못한 개인의 경험이 풍부하게 담겨 있다. 이에 대해 구술사례를 들어 성장과정에 영향을 준 시대상황, 대학문화와 학생운동, 성별화된 운동문화, 정치조직운동과 학생운동의 관계, 그동안 알려지지 않았던 크고 작은 투쟁들, 그리고 구술자 개인의 의식 및 감성과 활동에 대한 평가 등을 다루었다.

2장에서는 1980년대 전반기에 노동현장에 투신을 한 이들 중에서 정치조직에서 주도적으로 조직활동을 벌였던 6인의 구술생애사를 담았다. 정치조직운동을 주도한 이들의 구술생애사에 나타나는 특징은 개인적이면서도 이들이 조직에서 차지했던 위치 탓에 각 정치조직들의 형성과정 및 활동과 방향 모색 등을 엿볼 수 있다. 특히 6인의 정치조직운동가들은 모두 1970년대 후반기 학번으로 비슷한 시기에 노동운동을 시작했다는 점과 정치조직에서 비슷한 위치에 있었다는 점 등 때문에 비교 가능하다고 판단했다. 또 이런 비슷한 점에 비해 현재 위치와 지향하는 가치가 모두 다르기 때문에 비교하는 데 의미가 있다고 보았다. 이에 2장에서는 시론적 차원에서 1980년대 정치조직운동을 주도한 이들이 처해 있는 현재 위치의 차이가 과거 1980년대 노동운동의 평가에 어떤 영향을 미치는지, 또는 과거의 어떤 경험과 판단에 의해 현재의 위치에 이르렀는지에 국한해서 비교했다. 그 때문에 이들의 구술생애사는 3장과 4장의 구술생애사 구성과는 다르게 압축할 필요가 있었고, 이에 1980년대 학생운동과 노동운동 이외의 부분은 개괄하였다. 특히 분량 조절을 위하여 일부 구술내용은 서술형식으로, 주요 부분은 구술내용을 살리는 방식으로 정리했다. 2장에 실린 6인의 학출활동가들에 대해 살펴보면 다음과 같다.

김진국은 1977년 서울대에 입학하여 이념서클인 '역사문학회'에서 사회과학 학습을 하다가 1978년에 구로동의 한민교회에서 노동야학 활동을 하였다. 1982년 노동현장에 투신하여 한일스텐레스 노조 민주화투쟁과 복직투쟁을 한 뒤, '노투'노동운동탄압저지투쟁위원회를 거쳐 인노련인천지역노동자연맹 결성을 주도하였다. 인노련 와해 이후 그는 1988년에는 삼민동맹민족통일민주주의노동자동맹 결성을 주도하는 등 정치조직운동을 중심으로 활동하였다. 그는 현재 지역에서 제도권 정치에 입문하려 하고 있다,

노회찬은 1979년 고려대에 입학해, 1980년 광주민중항쟁을 통해 학생운동의 한계를 깨닫고 노동현장에 갈 준비를 했다. 그는 1982년 기술을 습득하여 부평의 공장에 취업했다. 그러나 1985년경 인천으로 몰려오는 학생운동가들을 조직해야 할 필요성이 제기되면서 활동의 중심을 지역으로 옮겼다. 그는 하인천지역에 정치서클을 형성하고 이어 부평·부천지역의 서클들과 통합하여 '투쟁동맹'인천노동자계급해방투쟁동맹을 결성하였다. '투쟁동맹'은 1987년 인민노련인천지역민주노동자연맹을 결성해 마르크스주의 지역정치조직으로 발돋움하였다. 1989년경 그는 『사회주의자』를 발행하여 전국사업을 펼치다가 구속되었다. 그는 현재 제도권의 진보정치 활동을 하고 있다.

박성인은 1978년 연세대에 입학해, 1982년경 다산보임그룹에 참여하면서 운동을 시작했다. 그는 1986년 다산보임사건으로 구속됐다가 석방된 뒤, 1988년 '마르크스주의를 가지고 현장으로부터 시작해야 한다'는 원칙을 세우고 울산으로 내려가 현장에 취업했다. 그 뒤 울산노동조합협의회 간사로 활동하면서 동시에 지역정치 활동을 벌였다. 또 이 시기에 그는 서울 제파PD그룹의 신지도부와 정치이론 작업을 하다가 '반反한사노한국사회주의노동당 전선'을 형성하던 중인 1991년 제파PD사건으로 구속되었다. 그는 현재 계급정치운동을 하고 있다.

신정길은 1977년 성균관대에 입학하자마자 학교이전 반대투쟁에 참여하면서 학생운동을 시작했다. 이 투쟁을 주도한 신정길을 비롯한 77학번들은 이념서클을 확산시키고, 체계적인 사회과학 학습을 보급하여 성균관대 학생운동을 본 궤도에 올렸다. 신정길은 노동현장 투신을 결정하고 기술을 습득한 뒤 1983년 인천 대우전자에 입사해 활동하다 해고되었다. 그는 인노련 해투위해고자복직투쟁위원회 활동을 하다가, 인노련 해체과정에서 '일동'그룹을 형성했다. 그는 인민노련, 인노회인천부천민주노동자회에서 활동하다가 1989년 인노회사건으로 구속당했다. 현재는 평화·통일운동을 하고 있다.

안재환은 1977년 동국대에 입학하여 서클활동을 하다가 1978년 유인물 배포로 구속되었다. 그는 감옥에서 여러 선배들을 만나 체계적인 사회과학 학습을 할 수 있었다. 1982년 그는 기술을 습득한 뒤 1984년 인천의 동흥전기에 취업하여, 노조 결성을 시도하다 실패했다. 그 역시 이른 시기에 노동현장으로 투신했기 때문에 1986년부터 뒤이은 후배들을 지원하는 역할을 담당하면서 정치서클을 형성했다. 그는 지역의 여러 서클네트워크를 통해 정치노선을 형성해 갔는데, 이들 그룹은 1988년 인노회를 결성했고, 안재환은 회장이 되었다. 그는 1년여 활동을 하다가 1989년 조직사건으로 구속되었다. 현재 그는 지역운동을 하기 시작했다.

이훈구는 1979년 아주대 탈춤반을 하면서 학생운동에 입문했다. 1980년에 그는 다산보임그룹에 참여하여 공장활동을 경험했고, 민주노조나 단체의 노동교육에도 참여해 노동자들을 만났다. 1982년에는 다산보임그룹의 1기 이전팀에서 학습하면서 기술 습득과정을 거쳤다. 1983년경 그는 인천의 반도기계에 취업했다. 그 뒤 인천으로 오는 학생운동가 출신들을 조직하는 지역활동으로 거점을 옮겨 정치서클을 조직했는데, 이 정치서클은 1987년 이후 인천 제파 PD그룹으로 성장했다. 또 그는 1989년 조직의 내부 논쟁을 경험했다. 현재 이훈구는 노동단체를 결성하여 노동운동을 하고 있다.

3장에서는 1960·70년대 전반기 학생운동가 출신 활동가 중 3인의 구술생애사를 담았다. 3인의 공통점은 노동현장에서 노동조합 활동을 경험했다는 것이다. 1970년대 전반기 학번 학생운동가들 중에 노동현장에 투신한 이들이 적지 않지만, 노동조합을 통해 대중활동을 한 사람은 극히 드물었다.

황인범은 1969년 서울대에 입학하여 교련반대시위, 이념서클 활동과 빈민촌 봉사활동 등 1970년을 전후하여 학생운동을 하였다. 1974년 민청학련사건으로 구속되었던 그는 출감 후 가족생계를 책임지다가 1979년 수원의 남일전지, 1980년 성남의 대영상사를 거쳐 대동화학에 기관사로 입사했다. 그는 1985년 해고되었으나, 3년에 걸친 해고무효소송에서 승소하여 1988년 복직했고, 그해에 그는 임금인상투쟁을 이끌었다. 그는 노동현장 활동만이 아니라 노동단체 활동도 하였다.

이동섭은 유신정권에 항의하는 선전물 배포로 강제징집을 당했다. 그는 72학번 강제징집자 모임을 통해 사회과학 서적을 접하고 학습하면서 노동운동에 뛰어들었다. 1980년 광주민중항쟁 소식을 듣고 단성사 시위를 기획하기도 했다. 또 다수의 학출활동가들이 생산공장을 중심으로 활동을 하던 때에, 그는 1985년 택시노동자가 되어 택시노조 민주화 활동을 했다. 그 뒤 그는 1989년 민주택시노조에서 핵심 노조 간부로 활동하면서 3년 동안 파업과 차량시위 등을 이끌었다.

최봉영은 동시대 학생운동가들과는 달리 이념서클에 참여하지 않고 개인으로 활동했다. 그는 학생운동 시기에 잇달아 시위를 주동했던 열혈 학생운동가였다. 그는 노동현장에서도 정치조직이나 단체에 참여하지 않고 개인적으로 활동을 하였는데, 1985년 동양콜택시노조와 1987년 이후 동아건설노조의 간부가 되었다. 특히 그는 동아건설노조에서는 중심 간부로서 세 차례에 걸친 파업투쟁을 이끌었다. 그러나 두 사업장에서 노동자들이 그에게 등을 돌리는 일을 겪기도 했다.

4장에서는 1980년대 전반기 학번인 3인의 구술생애사를 담았다. 이들은 1970년대 전반기 학번의 학출활동가들과 달리 현장활동을 하면서 동시에 정치조직의 구성원으로도 활동했다. 이들은 노동야학 활동을 했거나, 노동조합을 결성하고 노동자투쟁을 이끌기도 했다.

심명화는 1980년 중앙대에 입학하자마자 시위와 농성에 참여한 뒤 이념서클에 참여해 사회문제에 눈을 떴다. 특히 그녀는 제일교회의 노동야학에서 강학으로 활동하면서 노동자들의 삶과 현실에 눈뜨기 시작했다. 그녀는 1983년 노동현장에 투신을 해 청계천 시다생활을 거쳐 인천의 가발공장, 전자공장 등에서 일하다가 해고되었다. 현장을 떠난 그녀는 인민노련에 참여해서, 1987년 부천의 민중교육연구소 활동과 1989년 이후 울산의 노동자 지원활동 및 민중당 활동을 했다.

박정순은 1981년 서울대에 입학하여 공개, 비공개 서클활동에 참여하였다. 또 한 성당의 대학연합 모임에도 참여해 노동야학을 간접 경험했다. 그녀 역시 노동현장 투신을 결심하여 처음에는 청계천 봉제공장에 들어갔다가, 다시 창동의 봉제공장에서 일하였다. 1986년 구로공단의 인희전자에 입사해 1987년 파업을 주도하고 노조 결성을 시도했는데, 이후 그녀는 일시 생업에 종사하다가, 1990년에 NL경향의 정치조직 활동에 참여했다.

고민택은 1982년 서울교대에 입학해서 탈춤반에 참여하였고, 1984년 학원자율화추진위원회 위원장으로 잠시 학생운동을 했다. 그는 탈춤반을 통해 다산보임그룹에 참여해 체계적인 사회과학 학습을 했다. 그 뒤에 그는 구로공단의 속성직업학교를 거쳐 1986년 중원전자에 입사해 1987년 파업투쟁과 1988년 노조 결성을 주도하였다. 그는 중원전자노조 활동을 중심으로 구로공단 민주노조들의 연대활동을 주도하다가 1989년에 구속되었다. 석방 뒤에 그는 서울지역 제파PD그룹에서 조직활동을 하다가 1991년 다시 구속되었다.

이처럼 12인의 구술생애사에는 그동안 학생운동사와 노동운동사에서 제대로 알려지지 않았던 대학의 서클과 노동야학 활동, 노조 결성활동과 투쟁활동, 정치조직운동, 그리고 구술자들의 당시 활동에 대한 평가나 소회가 담겨 있다.

이러한 12인의 구술생애사를 책으로 정리하기 위해서는 여러 과정을 거쳐야 했다. 우선 각 구술자들의 구술자료를 주제나 시대별로 재정리해서 구술생애사 초고를 만들었다. 구술자들에게 공개동의를 구한 뒤에 구술자들이 구술생애사 초고를 놓고 수정·보완을 했으며, 마지막으로 편저자가 구술생애사들을 재정리하였다.

12인의 구술생애사를 책으로 묶는 것은 간단한 일이 아니었다. 가장 어려웠던 점은 구술자들에게 자신들의 구술생애사를 공개하는 데 동의를 받는 일이었다. 공개 여부를 의논했을 때, 이들의 반응은 다양했다. 몇몇 구술자들은 흔쾌하게 동의를 해주었다. 그러나 몇몇 구술자들은 "나는 당시에도 주위에서 여러 비판의 언사들이 있었는데, 현장활동에서 성과를 낸 사람을 하는 게 좋지 않냐", "내가 뭘 했다고", "어리버리하게 살아온 내 삶이 무슨 도움이 되겠냐", "개인의 나약함과 치부를 드러내는 게 의미가 있겠냐"는 반응을 보였다. 또 어떤 이는 "나는 그동안 운동하면서, 그 뒤에도 많은 혜택을 받았는데 더 열심히 살았던 이를 하는 것이 좋지 않냐"는 반응도 보였다. 이런 구술자들의 초기 반응은 구술작업을 요청했을 때와는 달리, 자신의 삶과 활동이 활자화된다는 것, 또는 '역사'로 공개된다는 것에 대한 당혹감에서 나온 것 같다. 그 바탕에는 역사의 기록은 성공적인(?) 활동과 그에 따라 의미를 남길 수 있는 사례로 구성돼야 한다는 생각도 깔려 있는 것 같았다. 이와 연동해 어떤 이들은 "과거지만 개인 신상이 드러나는 것이 지금 상황에서 좀 문제 아니냐", "과거의 일이고, 현실과 미래의 전망을 담아야 하지 않냐", "감동과 의미를 주는 방식으로 정리돼야 하지 않냐" 등의 문제제기를 하기도 했다.

이런 구술자들의 반응과 문제제기로 면담자인 필자도, 또 구술자 본인들도 다소 곤혹스러운 고민의 시간을 가졌다. 그 사이에 전화로, 메일로, 또는 직접 만나서 2권 구성의 취지를 설명하며 다시 논의를 하기도 했다.

그 결과, 2008년부터 2011년 초에 만났던 12인의 구술자들은 각자의 현실에서 바쁜 시간을 쪼개서 구술생애사 초고를 수정하거나 보완하였다. 대부분 서울에서 거주했지만, 어떤 이는 인천에서, 제주도에서, 또 라오스에서도 검토 작업을 해주었다. 그렇게 이 책은 만들어졌다.

이 책이 나오기까지, 구술작업에 기꺼이, 또는 당대 활동의 주체로서 사명감을 가지고 참여해 준 구술자 분들께 감사드린다. 더욱이 본 편저자의 게으름과 건강문제, 현실문제 등 여러 상황 탓에 구술작업 이후 뒤늦게 책 작업을 하게 되었음에도, 구술자들이 수정·보완

작업을 같이 해준 것에 대해 미안한 마음뿐이다. 이 책의 부족한 면들은 엮은이의 몫이다.

이 책은 강만길 선생님과 '내일을 여는 역사재단' 분들의 격려가 없었다면, 여전히 게으름을 피우고 있거나 눈앞의 일에 허덕이느라 마무리하지 못했을 것이다. 늦었지만 감사를 드린다. 또 젊은 세대의 감각으로 원고를 읽어 주면서 도움을 준 후배 임광순에게도 감사의 마음을 전한다. 그리고 적지 않은 분량의 원고를 선뜻 출판하는 데 응해 주고, 여러 이유로 원고 마감일을 지키지 못해 허덕일 때마다, 지지와 안타까운 마음으로 지켜봐 준 출판사에 감사할 뿐이다. 출판을 위해 많은 수고를 해주신 출판-인쇄 노동자 분들께 고개 숙여 감사드린다.

2015년 5월

구술자들의 마음을 모아

편저자 씀

1장

구술자들의 특징과 구술자료의 성격

1절

구술작업 과정과 구술자들의 특징

구술작업 과정

이 책 1권에서 인용한 전체 구술자 수는 82명이고, 구술작업은 1인 1회로 평균 3~4시간 진행했다. 구술자 가운데 노동현장에 투신한 학생운동가(학출활동가)는 총 53명이고, 단체에 참여한 학생운동가는 5명, 노동자 출신 활동가는 24명이다. 이 책에서는 노동현장에 투신한 학생운동가 53명만을 중심으로 분석한다. 구술작업은 몇 단계에 걸쳐서 진행되었다.

우선 구로동맹파업(약칭 '구로동파') 주체들의 구술작업이 2005년부터 2006년에 걸쳐 진행되었다. 이 작업은 2005년 구로공단의 노동조합 간부들과 노동운동가들이 구로동파를 기억하기 위해 마련한 '구로동맹파업 20주년 기념, 아름다운 만남' 기획사업의 일환으로 진행됐다. 20주년 행사를 하면서 모인 몇몇 구로동파 주체들은 흩어져 소식이 끊긴 '동지 찾기'를 위해 방송·언론 등을 활용하였다. 그 결과 약 50여 명이 모였고, 그중 13명의 학출활동가들이 구술작업에 참여했다. 구로동파 관련 사업장에서 활동했던 학출활동가는 총 19명인 것으로 파악되었으나, 다른 이들은 연락이 끊기거나 행사에 참여하지 않아서 구술작업을 하지 못했다. 구술작업을 한 13인은 구로동파 관련 전체 학출활동가 중 3분의 2에 해당하였다. 이들은 1985년을 전후하여 동맹파업을 벌인 사업장에서 활동했고, 여러 지역관계망을 갖고 있었기에 당시 상황을 파악하는 데 많은 도움이 되었다. 이들의 구술작업은 구로동파의 상황을 파악하는 것에 중점이 있었지만 생애사적 접근방법으로 진행했기 때문에 성장과정, 학생운동, 노동현장 투신과정과 노동운동 등에 대해서도 알 수 있었다.

이 구술작업에서 필자는 처음으로 학출활동가들의 다양한 개인적 삶과 활동을 대면하면서, 오랫동안 학출활동가들에 대해 '남아있는 자와 떠난 자'라는 이분법에 갇혀 있던 의식에 변화가 일어났다. 그동안 간과했던 '시대상황과 개인의 삶'의 문제였다. 집안의 어려움이 있던 사람들, 내성적인 성격의 사람들, 장애가 있는 사람, 개인의 감성구조가 독특한 사람 등 저마다 개인적 특질과 상황을 뒤로하고 노동현장에 투신한 과정을 들으면서 한편에서는 가슴이 먹먹했다. 자신의 다양한 특질과 무관하게 짊어져야 했던 사회적·역사적 무게 앞에서 개인의 삶은 어떠해야 했을까, 시대적 삶의 선택 속에 결코 적응할 수 없었던 개인의 특성에 대해 역사는 어떻게 평가할 수 있을까 등 여러 고민이 다가왔다. 이런 과정은 학출활동가들도 자신들의 '이야기'가 필요하다는 것을 생각하는 계기가 되었다.

이후 민주화운동기념사업회의 '1970년대 노학노동자-학생연대 관련자 구술프로젝트'를 진행하면서 1970년대 학생운동가들 중에 노동운동을 한 이들의 구술작업을 하였다. 2008년 1차 작업으로 다섯 명을 하고, 2009년 2차 작업으로 여덟 명을 하였다. 2차에 걸쳐 진행한 구술작업으로 총 열세 명의 1960년대부터 1970년대까지의 학출 활동가들을 만날 수 있었다. 그 가운데 김세균과 이태복, 2인은 노동현장 밖에서 활동한 이들이다.

1970년대 노동현장에 투신한 것으로 파악된 이들은 생각보다 꽤 많았으나, 두 명은 구술작업을 거부했고, 이름만 파악되고 연락이 되지 않은 이들도 있었다. 또 일부의 사람들은 이전의 인터뷰 자료를 참조할 수 있어서 구술작업을 진행하지 않았다. 그밖에 1970년대 전반기 학번인 최한배는 구로동맹파업 기록작업을 하면서 이미 구술작업을 진행한 경우였다. 특히 구술을 거부한 이들 중 1인은 '무명당'을 주도한 이로서 당시 점조직 관계를 통해 현장 조직원들을 관리하던 조직담당자였다. 그가 당시 노동현장 투신자들을 잘 파악하고 있을 것이라는 판단으로 여러 번 만남을 시도하였으나, 본인의 고사로 진행하지 못한 점이 아쉬움으로 남는다.

이 구술작업을 통해 한국현대사에서 최초로 노동현장에 투신한 김정강과 그의 비공개 정치조직 활동에 대해서 8시간에 걸친 구술을 통해 구체적 과정들을 알게 되었다. 또 1970년대 구술자들을 통해 당시 학생운동의 분위기와 개인적으로 노동현장에 투신하는 과정 등을 알 수 있었고, 어떻게 학생운동가들의 노동현장 투신과정이 단속적이면서도 지속되었는지 파악할 수 있었다.

그러나 이들의 구술을 들으면서 여러 의문이 들기도 했다. 1970년대 학생운동과 노동운동의 상황에서 어떻게 단신으로 노동현장에 투신할 수 있었는지, 또는 그들의 개인적인 투신이 시대에 앞선 것은 아니었는지 등 우문을 스스로에게 던져 보기도 했다. 한편으로는 이들이 눈에 띄는 활동성과도 없어 10여 년간 노동현장을 전전한 동력은 무엇이었을까, 그 역사적 의미를 어떻게 봐야 하는가 등에 대해 여러 의문을 갖게 되었다. 또 이들의 구술작업 내내 머릿속으로 1970년대 학출활동가들과 1980년대 학출활동가들의 활동을 비교해 보는 것도 흥미로웠다.

구술작업을 마무리할 즈음, 그동안 풍문으로만 듣던 한국전쟁 이후 일부 학생운동가들의 노동현장 투신의 역사적 맥락을 그려 볼 수 있었다. 두 차례에 걸쳐 시대를 넘나들며 진행한 학출활동가들의 구술작업은 1980년대 노동운동으로 제한되었던 시야를 넓혀 주었다. 또 1980년대 학출활동가들의 흐름을 파악하기 위한 기획을 하기 시작했다.

이 기획에는 1970년대 청계피복노조의 여러 민주노조운동을 경험한 노동자들의 구술작업을 통해 '공식'화된 노동운동과는 다소 다른 운동의 흐름을 파악할 수 있었던 점과, 개개인의 삶을 알아가면서 문헌에 한정된 노동운동사를 벗어날 수 있었던 점도 도움을 주었다. 또 현대자동차노조의 남성 간부들의 구술작업(2008), 전노협 활동가들의 구술작업(2010) 등을 통해 1990년대 노동운동의 지형을 다시 그려볼 수 있었던 것도 1980년대 노동운동사의 맥락을 재정리하는 데 도움이 되었다.

이러한 구술작업과 그 과정에서 새롭게 던져진 고민들을 바탕으로 2010년 말 논문을 구상하기 시작했다. 그러나 학출활동가들의 역사, 특히 1980년대 정치조직운동을 정리하기 위해서는 이전의 구술내용만으로는 가능하지 않다는 판단이 들었다. 1980년대 정치조직운동을 파악할 수 있는 구술자료가 필요했다. 정치조직사건 관련

자료나 '입으로 전해진 내용'을 통해 각 조직의 중심인물들을 구술자로 선정했고, 여러 관계망을 통해 이들을 섭외해서 2011년 초에 구술작업을 진행했다. 그 결과 2011년에 12명의 구술을 받을 수 있었고, 전화 인터뷰로 2인을 추가했다. 이들 이외에 2013년에 안산민주노동자연맹(약칭 '안산노련') 1인의 구술작업을 추가로 진행했다. 이전의 구술작업이 1980년대 정치조직운동의 중심인 인천지역을 대상으로 했기 때문에 안산노련은 제외되었는데, 이들은 한국사회주의노동당(약칭 '한사노당') 결성 준비 때 합류한 세력으로, 한사노당 관련 상황을 파악하는 데 필요했기 때문이다.

정치조직들의 중심인물을 구술자로 선정한 이유는, 주요 정치조직들의 결성과정 및 활동양상을 문헌자료로는 거의 파악할 수 없었기 때문이다. 제헌의회그룹을 제외하면 기존 연구도 없었기 때문에 각 정치조직에 대해 우선 파악할 필요가 있었다. 또 수많은 정치조직의 조직원들을 다 만날 수 없는 현실적인 이유도 있었다. 그 때문에 이들의 구술작업과 약간의 자료를 통해서는 각 정치조직들의 상을 정리하는 데 머물렀고, 구체적이고 다양한 활동에 대한 정리는 다음 기회로 미룰 수밖에 없었다.

정치조직 주체들의 구술과정은 필자에게 이전의 구술과정과 비교해 다소 힘든 과정이었다. 우선 필자 자신이 경험한 1980년대 상황을 다시 돌아봐야 했다. 한동안 1980년대의 여러 기억들이 올라오면서 그에 따른 감성들도 되돌아봐야 했다. 심지어 경찰·군인들에게 쫓기는 전쟁상황으로 등장하는 1980년대의 무의식 상태를 꿈으로 계속 마주해야 했다.

또 과거 정치조직 활동을 같이 했던 이들과의 구술작업은 구술자의 구체 활동 맥락을 공유할 수 있기 때문에 좀더 깊이 공감하며 구술을 받을 수 있었다는 점에서 긍정적이었다. 그러나 그 구술과정에 필요 이상으로 개입하는 필자 자신을 조절하는 데 어려움을 느끼기도 했다.

2013년에는 간과되었던 1980년 전후의 노동야학에 대한 정리가 필요해서 국사편찬위원회의 구술프로젝트 사업으로 노동야학 관련자들을 만났다. 총 8명의 구술작업을 진행했고, 이 책에서는 이 가운데 정해랑, 황광우, 심명화, 이규 등의 구술자료를 일부 활용하였다. 학생운동과 노동운동 사이에 존재했던 노동야학 활동을 중심으로 한 이 구술작업은, 야학이 대학생들의 봉사활동뿐만이 아니라 노동자교육의 일환이나 노동운동 진출의 통로로도 활용되는 등, 야학에 대한 다양한 인식을 엿볼 수 있었다는 점에서 의미가 있었다.

이처럼 이 책에 활용된 구술자료들은 몇 년에 걸친 구술작업을 통해서 확보된 것이다.

구술자들의 특징

•1970년대 노동현장 투신자•

1970년대 노동현장에 참여한 이들 중에서 구술자료를 활용한 13인은 1959~73년에 대학에 입학한 사람들이다.

구술자들의 대학별 분포를 〈표 1〉에서 보면 서울대가 7인으로 다수를 차지했고 고려대 2인, 연세대 1인, 이화여대 1인, 전남대 1인, 강원대 1인이다. 서울대의 경우를 보면, 김정강·신금호 등 비록 소수이지만 59학번에서부터 노동현장 투신의 흐름이 만들어졌다는 것을 알 수 있다. 연세대와 이화여대의 경우는 위의 구술자들이 소속 대학에서 처음으로 노동현장에 투신한 것으로 추정된다. 구술자들 이외에도 노동현장에 투신한 김수길과 허만중이 성균관대에서, 김영곤과 양재덕이 고려대에서, 그리고 임무현·노병직·문성현 등은 서울대에서 학생운동을 했다. 이는 당시 학생운동의 발전 정도를 반영하는 것으로, 서울에서는 학생운동이 상대적으로 앞선 서울대·고려대 등에서 소수이지만 노동현장 투신의 분위기가 형성되고 있었다는 것을 알 수 있었다. 이와 달리 연세대, 이화여대, 성균관대 등에서는 노동현장 투신이 개별적으로 시도된 것으로 보인다.

특히 성균관대의 경우 허만중과 김수길이 1970년대 노동현장에 투신했다고 하지만, 학생운동에서 지속적인 흐름을 만들지는 못한 것으로 보인다. 이는 성균관대 학생운동이 소수의 이념서클로 맥이 이어지다가 77학번에 와서 학생운동이 본격화되었기 때문이다. 더욱이 신정길과 그의 77학번 동료들이 노동현장 투신을 고민하거나 실제 투신과정에 선배들과 연계 없이 독자적으로 움직인 것에서도 확인된다.

그밖에 전남대 1인, 강원대 1인은 당시 학생운동과는 무관하게 같이 구속 또는 강제징집된 학생운동가들의 영향을 받아 노동현장에 투신한 경우였다. 이는 70년대 학번의 노동현장 투신자들을 반드시 학생운동 출신이라고 볼 수 없다는 것을 보여 준다. 특히 강원대 이동섭은 당시 학생운동가들만이 저항에 나섰던 것이 아니라 시국에 대한 개별적인 저항과 행동을 한 이들이 있다는 것을 보여 준다. 이처럼 1970년대 학생운동가들의 노동현장 투신은 이들의 영향을 받은 대학생들도 있었다는 점을 고려할 필요가 있다.

〈표 1〉 1970년대 노동현장 투신자들

학번	59	66	67	68	69	70	71	72	73
인원수	1	1	1	2	1	1	3	1	2
대학	서울대	고대	연대	이대	강원대	전남대			
인원수	7	2	1	1	1	1			
성별	여성	남성							
인원수	1	12							
합계	13명								

구술자들의 성별 비율을 보면, 구술자 중에서 그리고 당시 노동현장에 투신한 이들 중에서 단 한 명만이 여대 출신의 여성활동가였음을 알 수 있다. 이는 1970년대 남녀공학의 학생운동 세력들이 주로 남학생들이었고, 여학생들이 학생운동 이후 노동현장으로 진출한 경우가 거의 없었기 때문이다. 실제 1970년대 학생운동가들의 구술작업 과정에서 거론된 여성의 이름은 이화여대의 일부를 제외하면 한 명도 없었다.

또 다른 특징은 전체 구술자 중에 정윤광, 황인범, 김영준, 이학영, 오성숙 등 1974년 민청학련사건 구속자들이 차지하는 비중이 매우 크다는 점이다. 이는 1970년대 학생운동사에서 1974년 민청학련이 차지하는 위치, 이들이 민중·노동운동에 대한 관심이 높았다는 것을 반영한 것으로도 보인다.

한편 노동현장 투신과정을 보면, 김정강은 석방된 이후 바로 노동현장에 취업했고, 신금호는 광산 경험을 한 뒤, 김문수는 공장활동 경험을 하고 노동현장에 들어갔다. 또 이들은 모두 직업훈련소 등에서 기술을 배웠다. 다만 이동섭과 최봉영은 공장에 들어갔다가 나온 뒤에 가지고 있는 운전기능을 활용하거나, 운전기능을 배워 택시회사에 들어갔다. 이처럼 이들은 노동현장에 투신하는 경로나 기술 습득 방식에서 약간씩 차이가 있었다. 이는 이들이 노동현장 투신을 개인적으로 준비하면서 각자가 처한 상황과 정보에 따라 판단했기 때문이다. 그럼에도 이들의 공통점은 평생 노동자로의 삶을 살기 위해 기술을 습득해서 노동현장으로 들어갔다는 점이다. 이런 점이 1970년대 학생운동가들의 개인적 노동현장 투신의 특징이라고 할 수 있겠다.

이 시기 노동현장 투신자들의 또 다른 특징은 노동현장에 안착하기까지 시간이 꽤 많이 걸렸다는 점이다. 뒤의 〈표 2〉에서 알 수 있듯이 김정강, 신금호, 김문수, 김영준, 오성숙을 제외한 다른 이들은 자신들의 학번에 비해 다소 늦은 시기에 노동현장에 투신하였다.

그 이유는 기술 습득의 과정이 길었던 점도 있지만, 집안의 경제문제 등을 책임져야 했기 때문이다. 예를 들어 정윤광은 민청학련사건으로 1975년 석방되어 나왔으나, 집안 형편이 어려워져 집의 일을 돌보다가 1976년 후반기 동천직업훈련원에서 용접 기술을 배웠다. 그 뒤 인천지역의 작은 공장을 거쳐 1979년 부산파이프에 입사, 다시 1984년 서울지하철에 입사하면서 노동현장에 정착하였다. 그는 기술 습득부터 현장에 정착하는 데 8년여의 시간이 걸렸다. 또 같은 민청학련사건으로 구속되었다가 1975년 출감한 황인범도 집안 형편 때문에 출판사에 취직했다가 기술을 익힌 뒤인 1979년에야 노동현장에 투신하였다. 그도 석방 뒤 약 5년의 시간이 지난 뒤에 노동현장에 투신한 것이다. 최한배 역시 가정경제를 책임져야 하는 장남이었기 때문에 1975년에 졸업을 한 뒤 3년간 직장생활을 하였다. 그는 1979년부터 노동현장에 들어가기 위한 준비로 건설현장의 배관공으로 노동을 하였고, 1982년에는 대우어패럴에 기관사로 입사하면서 본격적인 노동현장 활동을 하였다.

실제 이들이 기술을 익히는 데 들었던 시간은 1980년대 기술을 배워 노동현장에 투신한 이들과 큰 차이는 없다. 다만 1980년대 노동현장 투신자들이 가족문제에 대해 상대적으로 단호하게 정리하면서 투신했던 것에 비해, 이들은 개인 사정에 따라 집안문제를 정리하는 데 다소 시간이 걸린 점에서 차이가 있었다. 이러한 상황 탓에 이들은 졸업 직후가 아니라 일정한 기간이 지난 뒤에야 노동현장에 투신했고, 그 때문에 1970년대에는 이들의 활동성과가 가시화되기 어려웠다. 그러나 1980년대 들어 이들 중에 최한배는 대우어패럴노조 결성, 황인범은 대동화학노조, 이동섭은 민주택시노조, 최봉영은 동아건설노조 등 노동현장에서 다양한 활동성과를 냈다. 또 이동섭과 최봉영은 정치조직에 참여하지 않은 채 대중운동 중심으로 활동했지만, 김문수·황인범·최규엽·김승호 등은 노동현장 활동 이후 정치조직 및 정치단체의 중심인물로 활동하였다.

다음으로 이들의 노동운동 기간을 보면, 〈표 2〉에서 알 수 있듯이 현재까지 노동운동을 하는 이는 김승호와 정윤광이며, 최규엽은 1979년부터 노동현장에 투신을 하여 현재는 진보정당운동을 하고 있다. 이들 중에서 이학영, 오성숙은 2~3년간 노동현장에 있어서 가장 짧게 활동한 것으로 보인다. 이학영은 1977년에 노동현장에 투신했으나 1979년 남민전사건으로 구속되었다. 그는 1983년 석방되면서 노동운동을 정리했기 때문에, 실제 활동기간은 3년여 정도였다. 오성숙은 1977년부터 약 2년 동안 노동현장에서 소모임을 만들었으나 신분이 노출되자 노동운동을 정리하였다.

이들이 노동운동을 정리한 이유를 보면, 오성숙은 자신이 노동현장에서 노동하기 힘들다는 판단 때문이었다. 이학영은 남민전사

〈표 2〉 1970년대 노동현장 투신자의 활동기간

이름	활동기간	총 활동기간
김정강	1966~80	15
신금호	1968~82	15
김승호	1976~현재	
김문수	1973~90	18
김영준	1976~77, 1983~90	10
최한배	1981~92	13
오성숙	1977~78	2
최봉영	1982~91	9
최규엽	1979~현재(진보정당운동)	
정윤광	1977~현재	
황인범	1979~90	12
이학영	1977~79	3
이동섭	1978, 1984~92	10

건으로 구속되어 1983년에 석방되었는데, 지인들의 강권으로 광주에서 지역운동을 하게 되면서 노동운동을 정리했다. 김정강이 노동운동을 정리한 계기는 1980년 과학적 사회주의 사건이었지만, 실제 이유는 장기간 여러 노동현장을 다니며 일하다가 1970년대 후반 저항하지 않는 노동자계급의 모습을 보면서 자신의 이념에 대한 회의가 있었기 때문이다. 신금호는 1981년 대한전선노조에 뜻이 맞지 않는 집행부가 등장하는 것을 계기로 노동운동을 정리했다. 이에 대해 신금호는 다음과 같이 말한다.

> 정리는 자의반 타의반 섞였죠. 한달수 지부장은 폭이 넓고 내가 하는 거를 수용하는 쪽인데, 새로 된 지부장은 나하고는 좀 경쟁적이지. 그 즈음 내가 이스라엘에 가요, 그쪽 노총이 주최하는 일로. 일행 중에 누가 나에 대해 정보부에 보고해, '이상한 노래 불렀다'고. 혹은 파리에 있는 '홍세화하고 서신이 오갔는데, 그 안에 순자 이야기가 있더라.' 순자가 전두환의 처 아니에요? 그래 남산정보부에 1주일 있었는데, 남산에서 '얘는 트집 잡을 거는 없지만 현장에 있어도 도움될 것 없다'고 지부장한테 눈치를 준 거지. 같이 있는 게 부담스러우니까 지부장이 '니 그만뒀으면 좋겠다', 이것이 타의죠. 나도 라이벌적인 지부장하고 일을 자유롭게 못하니까 있을 이유가 없죠. 이게 자의인 거고. 그때 운동을 정리해요.

한편 1980년대 내내 노동운동을 했던 사람들 가운데 김문수, 김영준, 황인범은 1991년 전후 사회주의권의 붕괴와 민중당 활동의 실패로, 이동섭은 사회주의권의 붕괴에 의한 충격과 노조 내부 사정으로 1992년에 노동운동을 정리했다. 최한배도 전노운협전국노동운동단체협의회 활동으로 구속되어 1992년 석방되어 나왔는데, 사회주의권의 붕괴 상황을 직면하면서 노동운동을 정리하였다. 그는 노동조합운동의 조합주의적 모습, 노동운동 세력의 분파적 모습 등을 겪으면서 노동운동에 대해 실망하였고, 이런 상황도 노동운동 정리에 영향을 주었다. 최봉영은 노조활동 과정에서 두 차례에 걸쳐 노동자들이 그에게 등을 돌리는 사건을 겪었고, 더 중요하게는 사회주의 붕괴의 영향으로 좌표를 상실하면서 노동운동을 정리하였다. 당시 상황에 대해 최봉영은 다음과 같이 전한다.

> 내가 동광택시에서도 노동자들한테 들려나간 거거든. 그리고 동아건설에서도 내가 들려나온 거죠. 그게 좀 마음의 짐이 된다고. 이걸 어떻게 해석할 것인지. 그런데 내가 진짜 생각의 전환이 오기 시작한 건, 그때 막 사회주의권 붕괴되는 거 보고, 내가 마음속으로 깊은 곳에서 흠모하고 있던 사회주의혁명이라는 문제가 역사적으로 시도가 끝난 건지, 결론이 난 건지. 근데 이거는 '내가 계속 추구해야 될 가치는 아니다' 이렇게 본 거지.

이처럼 장기간 노동운동을 한 학출들이 노동운동을 정리한 이유는 여러 현실적 조건도 영향을 주었지만, 무엇보다도 사회주의 붕괴로 인한 이념적 회의가 공통요인으로 보인다. 달리 말하면 이들이 밖으로 드러나는 성과와 무관하게 노동운동을 장기간 할 수 있었던 기본 동력은, 그 수위에는 차이가 있지만 사회주의 이념을 견지하고 있었기 때문이다.

구술자들은 1970년대 후반기부터 1980년대 전반기에 서울과 수도권에 위치한 각 대학에서 학생운동 또는 노동야학운동을 경험하였다. 1970년대 노동현장 투신자들 중에서 서울대 출신이 다수를 차지한 것처럼, 〈표 3〉에서 알 수 있듯이 이 시기에도 서울대가 16명으로 다수를 차지했다. 그러나 1980년대는 학생운동이 확산된 것을 반영하듯이 고려대, 연세대, 경희대, 중앙대, 한양대, 서강대, 동국대, 아주공대, 서울여대, 상명여대 등 서울과 수도권 지역의 여러 대학에서 학생운동을 한 이들이 노동현장에 투신한 것으로 나타난다.

또 다른 변화는 1970년대 전반기에 노동현장에 투신한 여학생은 한 명인 데 비해, 1970년대 후반기부터 1980년대 전반기 구술자 중에 여학생은 스물한 명이나 된다는 점이다. 이는 이 시기에 여성의 대학진학률이 높아지면서 학생운동 및 노동운동에 참여하는 여학생의 수 역시 증가했기 때문이다. 그 영향으로 구로동맹파업에 참여했던 학출활동가들도 여성이 다수를 차지했다. 구로동파 관련 구술작업에 참여한 13인의 학출활동가 중 열한 명이 여성이었는데, 이는 구로동파가 여성노동자 중심의 봉제, 전자 사업장에서 일어났기 때문이기도 하다.

이 시기 학출활동가들이 노동현장에 투신한 때를 보면, 75학번인 김철수가 1980년에 현장 투신을 했고, 〈표 4〉에서 알 수 있듯이 다른 이들은 1982년부터 점차 늘어나 1983년 10명, 1984년 16명 등으로 급격한 증가 추세를 보였다. 단 1985년 이후부터 인원이 감소한 것은 본 연구의 구술작업이 1960년대 말부터 1980년대 초반기 학번으로 제한된 점과, 또 정치조직 관련해서도 지도부를 중심으로

〈표 3〉 1980년대 노동현장 구술자들

학번	75	76	77	78	79	80	81	82	83	85	합
인원수	1	1	9	6	6	7	5	3	1	1	40
여성		1		4	4	5	3	2	1	1	21
노동야학	1		5		2	1	1	1			11
대학	경희대학	고려대학	동국대학	상명여대	서강대학	서울대학	서울교대	서울여대	성균관대	숙명여대	
인원수	1	4	1	1	1	16	2	1	1	2	
대학	아주대학	연세대학	이화여대	중앙대학	전문대학	한신대학	한양대학				
인원수	1	3	1	1	1	2	1				40

〈표 4〉 1980년대 노동현장 투신자 연도별 분포

연도	1980	1981	1982	1983	1984	1985	1986		합계
인원수	1	0	5	10	16	5	3		40
정리시점	1988	1989	1990	1991	1992~93	1994~95	2000	지속	합계
인원수	4	4	4	5	4	2	2	노동 6 / 기타활동 8	40

진행했기 때문이다.

남성활동가들은 여성활동가들보다 학번이 높은 70년대 후반기 학번이었으나 이 시기에 현장 투신을 한 이유는 군복무나 구속, 또는 기술을 익히는 과정이 길었기 때문이었다. 여성활동가들의 경우는 1인을 제외하면 78학번이 가장 이른 학번으로, 이들은 대학 졸업 또는 학교를 중퇴하고 곧바로 노동현장에 투신했기 때문에 남성활동가들보다 다소 투신 시기가 빨랐다.

이들의 활동기간을 살펴보면, 현재까지 활동을 계속하는 사람은 노동운동 및 계급정치운동 6인, 통일운동 2인, 시민운동 4인, 제도권 진보정치에 참여한 이 2인 등으로, 총 14인이다. 반면 활동을 정리한 다른 스물여섯 명의 학출활동가들을 보면, 1983~84년경에 노동현장에 들어갔다가 1987년 전후로 정리한 이들이 여덟 명으로 이들의 노동운동 기간은 3~5년 정도였다. 또 1991년 직후 정리한 열네 명도 1982~85년 사이에 노동현장에 참여해서 1991~92년에 정리했기에 노동운동 참여기간은 8~10년 정도였다. 이 스물여섯 명이 노동운동을 정리한 이유에 대해서는 소련 사회주의가 붕괴했던 1991년을 기준으로 그 이전과 이후를 나눠 살펴볼 수 있겠다.

우선 1991년 이전에 운동을 정리한 경우는 주로 서노련서울노동운동연합 활동을 한 이들인데 김미경, 이선주, 유시주, 민경옥 등을 들 수 있다. 그 이유에는 차이가 있었다. 우선 김미경은 구로동맹파업 이후 서노련에 참여하여 모세미용실 투쟁에 참여했다가 감옥에서 정리를 결심하였다. 그 이유는 그녀 스스로 노동현장 참여와 조직활동, 투쟁 경험을 놓고 볼 때 자신이 노동자로서의 생활이나 투쟁·논쟁 등이 자신에게 맞지 않다고 판단한 것이었다. 이런 판단에 대해 김미경은 다음과 같이 증언했다.

> 징역에서, 제가 나가면 운동을 그만둬야 되겠다는 생각을 했어요. 그 이유는 일단 '노동자 생활이 나한테는 참 맞지 않다'. 그리고 '몸으로 부대끼는 싸움이라는 거, 그리고 말로 부대껴야 되는 싸움이 진짜 싫다'라는 걸 느꼈어요. 그 전까지는 싸움을 내가 좋아하는지 안 좋아하는지 생각할 겨를이 없었던 거 같아요. 몰랐던 거 같아요, 내 스스로. 근데 싸움에 대해서 '나는 확실히 그쪽으로 가면 안 되는 사람이다', 이런 걸 느꼈어요.

서노련의 중심인물이었던 민경옥은 서노련사건 이후 조직이 붕괴되자 잠시 삼민동맹 준비작업에 합류했다가 전망을 찾지 못하여 1987년 노동운동을 정리했다. 유시주는 서노련사건으로 구속되어 감옥생활을 하는 과정에서 그동안의 노동운동 과정, 서노련의 활동 방식 등을 고민했다. 그 결과 서노련 활동이 관념적·급진적이었다고 판단하였다. 1987년에 출감한 그녀는 노동운동의 분위기가 변화되지 않았다고 판단하여, 자신의 관심영역인 노동문학으로 활동 방향을 바꾸었다. 당시 판단에 대해 유시주는 다음과 같이 말한다.

> 감옥 안에서 첫 재판 맞을 때까지는 위축되어 있었는데, 근데 감옥 안에 있으면서 '나는 동의할 수 없는데' 하는 부분에 대해서 어떤 결론을 내리게 된 거예요. '서노련 활동이 너무 관념적으로 급진적'이었다고, 그리고 그런 활동들이 반성이 되고 정돈이 되어 있으면 좋겠다라는 기대를 가지고 나왔는데, 현실은 반대인 거예요. 더 극

단화된 경우도 있고. 나는 그때부터는 뭘 할까 하다가, 마침 87년 7, 8월 투쟁이 터지고 급하니까 유인물팀에서 유인물 만들고. 끝난 다음에 노동자문학회 쪽으로 간 거죠.

남노련서울남부지역노동자연맹은 조직 결성 이후 방향정립이 안 된 채 1년여 만에 집중탄압을 받았다. 여기에 참여한 이들 중에는 박인도와 같이 다시 운동의 방향을 찾지 못하고 정리한 이들이 많았다. 또 다산보임의 현광일도 1988년 조직사건으로 구속된 후 출감하면서 노동운동을 정리했다. 박경희는 구로동파 이후 서노련을 거쳐 제헌의회그룹에서 활동하다가 울산지역으로 내려갔으나, 조직활동 방식에 한계를 느끼고 1989년에 노동운동을 정리하였다.

박정순은 조직운동을 정리한 뒤에 노동현장에서만 활동했는데, 1988년 구로공단의 인희산업에서 투쟁을 한 뒤에 해고되어 지역의 해고자들과 함께 복직투쟁을 했다. 그녀는 다시 노동현장에 진출하려했으나 블랙리스트 때문에 전자공장에 다닐 수가 없었다. 그녀는 재취업을 위해 미싱을 배우다가 포기하고, 현장 취업도 포기했다. 그 뒤 일시 생업을 겸해 지역활동을 하다가 정치조직에 참여했으나 경직된 조직문화에 적응하지 못하고 1991년에 활동을 정리했다.

조직에서 보안투쟁과 관련해서 사사건건 걸리는 거에 대해서 자비서자기비판서를 내라고 해요. 내가 밤 새워서 구구절절이 몇 장을 썼어요. 그걸 가지고 읽고 토론을 했는데, 엄청 씹히지, 대목대목, 문장, 행간을 읽으면서 보이지 않는 것까지 다 짚어 내면서 했는데. 그때는 내심 감정까지 들키는 것도 싫었어요. 그 토론을 하고 돌아오는 길에 철철 울면서 걷던 기억이 나요…. 내가 왜 이러고 여기 있어야 되는 건지, '자세나 품성이나 그런 게 되지 않는다면, 그걸 힘겹게 꿰매가면서까지 억지로 내가 노동운동가로 살아야 되나' 너무 힘들었어요. 패배감. 아, 이렇게는 살기 싫어, 마음이 황폐해졌던 거 같아요.

이처럼 1991년 이전에 노동운동을 정리한 이들은 정권의 조직탄압사건이 계기가 된 경우도 있지만, 1980년대 중반기에 노동자 정치세력화를 빠르게 추진하려 했던 초기 정치서클운동에 나타난 관념성, 경직성 등의 문제에 부딪히면서 한계를 느꼈던 것으로 보인다.

다음으로 노동현장 또는 정치조직에서 지속적으로 활동을 했던 많은 이들이 1991년 소련 사회주의 붕괴로 좌표를 상실하면서 운동을 정리하였다. 1991년 직후 노동운동을 정리한 경우로는 정치조직운동을 주도했던 김진국, 이용선, 전성 등을 들 수 있다. 또 개인적으로 노동운동을 하다가 소련 사회주의 붕괴로 방향을 상실하면서 정리한 이들은 서혜경, 이영희 등이다. 김진국은 삼민동맹을 주도하다가 1989년 이후 소련 사회주의권의 상황을 알게 되면서 심각한 갈등과 균열을 겪게 되었고, 뒤이은 조직사건으로 구속되면서 노동운동을 정리했다. 사회주의 붕괴 상황을 접했던 당시에 대해 김진국은 다음과 같이 기억한다.

89년 들면서 막 헷갈렸죠. 그래서 '지금까지 견지해 왔던 지하당 방식으로 가는 거는 한계에 온 게 아니냐' 내부적으로 그런 얘기들이 됐었어요. 나 개인적으로는 '이걸 어떻게 정리하고 수습해서 넘어

갈 거냐' 그런 생각을 많이 했죠. 내가 그동안 수괴노릇을 했는데, '여태까지 한 거 잘못했습니다. 그러니까 우리 앞으로는 이렇게 할게요.' 이런다구 우리 사회가 그렇게 녹록하게 되는 건 아니니까 '이건 뭔가 분명한 계기가 필요하고, 대가를 치를 수밖엔 없다.' 그래서 '그러면 어떻게 전환을 할까?'를 개인적으로 고민을 많이 했죠.

이영희의 경우, 1985년 구로동파를 거쳐 대륭정밀에 입사했는데, 그곳에서 그녀는 소모임을 만들던 중 블랙리스트 때문에 신분이 발각되어 1987년 4월 해고되었다. 그녀는 다시 독산동의 작은 사업장에 들어갔으나, 활동의 전망을 그릴 수 없어 퇴사했다. 그 와중에 페레스트로이카 소식을 듣게 되었고 또 사회주의권 붕괴를 알게 되면서 그녀는 운동의 목표를 잃고 고민하다가 노동운동을 정리했다. 당시의 고뇌에 대해 이영희는 다음과 같이 말한다.

페레스트로이카를 맞으면서 엄청 고민하기 시작한 거죠. '이제 우리가 꾸어야 될 것은 그 전에 해오던 혁명은 아닌 것 같다.' 그 전에 꿈꿔 왔던 것은 '노동자가 주인 되는 세상이고, 혁명이 그리 멀지 않은 어느 시점에선가 우리 땀과 노력이 있으면 만들어질 거다'라는 기대가 있었는데, 그게 페레스트로이카를 필두로 해서 '사회주의조차도 우리가 기대해 왔던 모습은 아니다' 그런 것들이 마음속 깊이 무너진 거죠. 그러면서 마음이 아프니까 몸도 아프죠. 그동안 아슬아슬하게 지탱해 오던 것들이 무너지고, 한참을 아프고 고민하다가… '내 동력이 필요하다', '이제 다시 하나의 대중으로 건강하게 출발해야 한다'고 생각했어요.

그밖에 당시 20대 나이로 노동현장에 투신했다가 30대를 맞이한 여성활동가인 심명화·정해경과 같이 활동과정에서 결혼, 임신을 하면서 육아와 경제 등 현실적인 생활문제 때문에 운동을 정리한 이들도 있었다. 특히 결혼을 계기로 가정의 유지와 경제문제에 직면하면서 남성활동가보다는 여성활동가들이 운동을 정리하고 생활전선에 나서는 경우가 많았다.

2절

구술자료의 성격

1960~80년대 학생운동과 노동운동에 참여한 이들의 활동에 대한 문헌자료는 거의 없다. 그 때문에 이 구술자료는 그동안 가시화되지 않았던 1960년대 후반부터 1980년대에 이르는 시기 노동현장에 투신한 학출활동가들의 개별적 경험을 통해 시대적 변화를 알 수 있다는 중요성을 지닌다.

학출활동가들은 폭압적 탄압상황 속에서 비공개 활동을 했기 때문에 자료를 남기기 어려웠다. 그나마 이들의 상황을 파악할 수 있는 것은 몇몇 개인의 회고록이나 당시 조직사건과 관련된 재판자료에 불과하다. 그 외에는 운동사회 내에 '입에서 입으로' 전해진 내용들 정도다. 이런 상황에서 당사자들의 구술을 통해 확보한 활동 내용들은 대부분 새로운 것이기 때문에, 그 자체로 노동운동사 및 학생운동사를 재구성할 수 있을 것으로 보인다.

구술작업은 학생운동을 포함한 노동운동의 경험에 중심을 두고 있었지만, 구술자의 살아온 과정을 전체적으로 접근하는 생애사적 접근방법을 택했다. 이같은 접근은 구술자와 면담자 사이의 상호 교감의 폭이 커지고, 무엇보다 구술자가 자신의 삶의 과정 속에서 20~30대의 노동운동에 대한 기억을 쉽게 불러오며, 자신의 삶에서 이를 어떤 방식으로 해석하고 있는지 알기 위한 것이었다. 실제 생애사적 접근방법은 구술자에게 사건사적 구술방법보다 사건에 대한 기억행위에 도움이 되었다. 구술작업에 사용한 구술문항은 〈표 5〉의 내용을 중심으로 개인의 운동경험을 고려하여 변화시켜 활용했다.

〈표 5〉 1980년대 노동운동가 구술 질문지

◆1980년대 학출과 정치운동에 대해

1. 성장과정
   - ▶집안 조건: 경제, 분위기
   - ▶성격과 꿈 등 성장과정의 특징
   - ▶초, 중, 고등학교 생활

2. 학생운동과정
   - ▶80년 광주의 경험, 기억이 미친 영향
   - ▶학생운동의 분위기, 본인의 운동 계기, 의식의 변화과정들
   - ▶참여서클과 학습 내용: 지식습득과 실천의 관계 / 학습분위기, 서클 문화
   - ▶학교체계에서의 활동 내용
   - ▶농활이나 공활의 경험, 과정에서 느낀 점: 농민이나 노동자의 이미지
   - ▶이 시기 자신에게 가장 큰 영향을 준 사건이나 책 등
   - ▶학생운동 내부의 입장/노선/차이는
   - ▶투쟁과정에서의 느낌과 기억, '해방구'로서의 거리에 대한 기억
   - ▶운동권이 되는 통과의례
   - ▶80년대 대학생이 정치적인 행동을 했던 가장 큰 요인들은
   - ▶가족관계의 문제

3. 노동현장 진입과정
   - ▶노동운동을 하게 된 동기

▶현장운동으로 이전과정: 당시 학생운동가들의 사회진출 방식
▶경제문제와 가족문제, 존재이전과정에서의 갈등은 없었나
▶이전 방식: 개인, 야학, 이전팀 등 / 이전팀의 경우, 운영 방식과 프로그램 / 구성원과 공동생활의 원칙 / 이전팀 마무리 / 현장이나 활동 배치의 원칙

4. 노동현장/ 노동운동과정
—1985년 대우자동차투쟁과 구로동맹파업에 대한 기억
—한국노동자복지협의회에 대한 판단
—서(인)노련과 5·3항쟁
—노동현장의 경험 또는 지역운동의 관계
▶현장과 일상생활 모습: 예) 하루 생활패턴
▶노동자들에 대한 '상'과 현실에서의 노동자 모습 / 노동
▶초기 노동운동에 대한 이해와 인식은
▶노동현장에서 가장 어려웠던 일은
▶같이 간 주위 사람들은 얼마나 남아 있었나
▶노동자들의 상태에서 기억나는 것은
▶노동자 조직화 경험
▶대중투쟁의 경험
—선진노동자나 다른 활동가 관계
▶현장에서 70년대 선노를 만난 적은
▶현장에서 다른 노선의 활동가와의 관계
▶노선 차이가 현장 실천의 차이로 나타난 경우는? 그 해결은?
▶현장에서의 연대활동

5. 정치조직 활동 관련
—정치노선의 형성과정과 조직노선의 형성과정
—조직결성 과정: 조직원들의 주체화 방식과 과정
—이념논쟁에의 개입이나 소통 여부
—조직 재생산: 학생운동과의 관계, 선진노동자 등등

1) 정치조직활동에 대해
▶소속 서클의 성격과 그 역사: 초동 주체의 특징, 이념기반 등
▶서클의 지향 / 노선 / 형성과정은?
▶초기 조직 규모: 확대 규모, 지역적 분포 등
▶조직의 목적과 지향에 대해 어떻게 공유하였나 또는 조직의 지향에 대해 어떤 방식으로 공유시켰나
▶조직체계는 어떻게 구성되었나(전체- 지역- 사업장- 특위- 부문 등)
▶조직운영 방식은 어떠했는지?: 상-하부의 소통의 문제도 포함
▶조직 내 갈등이 있었다면, 사례와 본질은 ?

▶조직문화는 어떠했는지? 토론문화, 조직원들의 소속감 등등
▶조직운영자금은
▶조직생산물 : 선전물이나 책자는
▶소속 단위에서 현장활동과 같이 '정세인식'이나 '학습'을 하였나
▶선진노동자나 조직원 훈련프로그램

2) 현장의 (조직이나 노조)활동과 조직활동의 관계에 대해
▶소속 조직이 대중투쟁과 조직활동에 대해 지도-지원할 축적된 경험이 있었나
▶정치노선(경향)이나 정치학습은 실제 현장활동/전선활동에 제대로 접맥시킬 수 있었나
▶현장문제가 조직 내에서는 어떻게 소통되었나
▶소통과정에서 나타난 문제는 무엇이었나, 문제의 현상과 본질, 해결은
▶현장에서 노동자 소모임이나 조직활동: 선진노동자가 조직활동가로 변화하는 과정은
▶현장활동가 간의 관계가 외부 정치서클의 관계 때문에 갈등으로 나타난 경우는

3) 1987년 이후 노동조합운동에 대한 개입력: 단위사업장, 지노협, 전노협, 노동단체나 교육기관, 종교기관 등
4) 다른 정치서클과의 공동실천의 경험에 대해
▶그 경험이 실패한 이유 또는 지속될 수 있었던 이유
▶공동실천을 가로막는 요소

6. 1980년대~1990년대 전반기 주요 사안별 활동
▶1986년 5·3항쟁 참여와 평가
▶1987년 6월항쟁에의 조직적 개입 여부와 개인의 경험
▶1987년 노동자대투쟁 시기, 조직적 개입 정도: 사업장 투쟁 주체의 경우와 간접 경험
▶대투쟁이나 이후 노조에 대한 조직 대응
▶1987년 대선에 대한 입장과 개입 방식
▶1990년 전노협 활동 결합 여부
▶전노운협의 조직적 참여 여부, 분리문제에 대해
▶민중의 당-민중당-한사노당의 문제를 둘러싸고
▶인민노련의 '신노선'과 탄원서 사건에 대해
▶소련의 사회주의 해체에 대한 느낌과 판단
▶조직(탄압)사건에 대해

7. 80년대 정치적 노동운동의 평가와 현재의 삶
▶학출이 주도한 80년대 정치적 노동운동의 평가
▶소속 정파의 정치운동이 노동운동에 미친 영향이나 의미
▶1980년대와 1990년대, 단절과 연속의 지점
▶현재까지의 삶의 과정

이렇게 확보한 구술자료의 내용은 크게 개인의 생애 부분과 노동운동 관련 부분으로 나눠진다. 생애 부분은 대체로 가족상황, 개인의 특성, 학교생활 같은 성장과정에서부터 학생운동을 하게 된 이유와 활동, 의식 등의 내용이다. 노동운동 관련 부분은 1960~80년대 학생운동과 노동운동에 대한 인식, 노동현장 투신 계기 및 이유, 노동현장 투신과정, 노동현장 활동, 정치조직 활동, 현재상황, 1970~80년대 노동운동에 대한 평가 등을 담고 있다. 이러한 내용을 담고 있는 학출활동가들의 구술자료 성격을 살펴보면 다음과 같다.

구술자의 성장과정과 시대상황

구술자의 출생과 성장과정, 학교생활, 대학에 입학하여 학생운동을 하게 된 계기나 이유를 담고 있다. 구술자들은 1940년대에서 1960년대 전반기, 특히 1950년대에서 1960년대 전반기 출생자들로서, 출생지역은 서울, 경기도, 충청도, 강원도, 경상도, 전라도, 제주 등 전국적 분포를 보인다. 이들의 구술자료에는 1940~60년대 가족사, 1960~70년대 초·중·고등학교의 분위기 등 당시 사회상의 다양한 면을 엿볼 수 있다. 예를 들어 김정강은 1940년에 태어나 1950년대에 학교를 다녔는데, 현역장교에게 훈련받았던 학교생활이 그의 꿈에 영향을 준 것에 대해 다음과 같이 말한다.

> 진주에서 태어났고, 아버지가 국민학교 교장이니까 소위 유지 행세를 하는 거 아닙니까. 저는 그런 환경에서 자랐고. 대학에 들어가려 할 때는 원래는 정치학과에 들어갈 생각은 없었고, 육군사관학교를

가려고 했습니다. 왜 그리됐냐면 우리가 국민학교를 거쳐서 중학교로 오면서 6·25사변 중에 의식이 형성됐단 말입니다. 근데 그때의 사회적 분위기는 대단히 반공적이고 상당한 군국주의적 요소가 있었거든요. 우리는 고등학교 다닐 때 배속장교한테서 교련을 받았으니까. 현역장교가 고등학교에 와서, 훈련을 하는 거거든요. 그런 관계로 해서, 자연히 고등학교 졸업할 때까지는 육사에 가고 싶은 마음을 갖고 있었어요.

개인의 성장과정을 보면 구술자의 개성과 의식 형성에 미친 영향들을 이해하는 데 도움이 되는데, 특히 가족사·지역사 또는 당시 사회 분위기에 직·간접의 영향을 받았다는 것을 알 수 있다. 황광우는 1970년대 고등학교 생활을 광주에서 보냈는데, 유신체제라는 시대상황과 광주지역의 특성이 맞물린 경험에 대해 다음과 같이 말하고 있다.

74년 민청학련사건이 난 해잖아요? 그러면서 민청 선배들이 데모를 할 때, 당연히 고등학교에서 74년도 10월 달에 데모를 해요. 대학교하고 달라요. 근데 고등학교 데모는 아주 체계적이에요. 전교생이 다 참여해요. 3학년 형들이 와 가지고 몽둥이 다 두드려. 나가라고. 아무것도 몰라도 나가서 3학년 형들이 선언문 읽고, 구호 3번 같이 가고, 스크럼 짜고 운동장을 세 바퀴 돌고 굉장히 재미있어요. 그럼 선생님이 나와 가지고 '제발, 봐달라'고 그러다 교문 돌파까지 해서 도청까지 가면, 충장로를 스크럼 짜고 가는 맛이 굉장해요.

대학문화와 학생운동

구술자들은 대부분 학생운동을 했기 때문에 구술자료에 1950년대 후반기부터 1980년대 대학 분위기 및 학생운동의 상황이 담겨 있어서, 제한적이지만 그 변화를 포착할 수 있다. 특히 기존의 학생운동사 연구가 서울대에 국한되었다면, 이 구술자료에서는 고려대, 연세대, 경희대, 중앙대, 한양대, 서강대, 동국대, 서울여대, 상명여대 등 각 대학에서 학생운동이 어떻게 형성되었는지 파악하는 데 도움이 된다. 학생운동이 다소 늦게 시작된 대학에서는 어떻게 학생운동이 확산되었으며, 학생운동가들의 학습프로그램은 무엇이었고, 학생운동이 앞선 대학과는 어떤 연관성을 가졌는지를 확인할 수 있다. 이와 관련해 한양대의 이규는 1970년대 후반기 한양대 학생운동의 발전 과정에 대해 다음과 같이 기억하고 있다.

> 학생운동이 거의 없어 가지고, 저희가 77년도에, 몇몇 뜻 맞는 애들하고 국제경제연구회라는 학회를 만들었어요. 국경회라고 그랬는데. 그 학회를 만드니까 교수님들도 좋아하고, '너희 같은 애들이 한양대에 있다니.' 그리고 공부하고 싶어하는 애들이 있었거든요. 자연스럽게 모임에서 저희는 사회과학 공부를 했던 거고. 그때 황광우는 서울대를 들어갔는데 밖에서 계속 만났으니까, 서울대의 학회 분위기나 이런 것들을 저희가 많이 전수받았죠. 저희가 어떻게 보면 한양대의 학생운동의 시작이었죠.

또 경희대의 정해랑은 경희대의 조직적 학생운동이 어떻게 시작되었는지에 대해 다음과 같이 말한다.

경희대에서 학생운동은 EYC에서 활동하는 선배가 조직한 '기러기'라는 이름의 조직이 있었어요. 이것이 최초라고 봐야 될 거예요. 물론 이전에도 있긴 있었다고. 근데 우리하고 이어지는 것은 거의 사회과학연구회, 흥사단 아카데미, 기독학생회, 공개 또는 반공개 서클에 사람들이 들어가 있고, 이 사람들이 모여 있는 언더서클. 학년별로 77, 78은 너덧 명 정도구요. 79부터는 약 20명 가까이 되고. 이 사람들은 1학년 때니까 언더서클이라는 걸 몰라요. 모여서 공부하고 농활도 하고 그랬죠.

이처럼 학생운동 상황만이 아니라 구술자료에는 학생운동가들이 시대와 의식의 변화에 따라 민중운동 또는 노동운동에 대한 인식 역시 변화해 가는 과정들이 담겨 있다. 특히 학생운동가들의 민중지향적 실천이 빈민야학에서 노동야학으로 어떻게 변화되는지를 알 수 있다. 1970년대 전반기에는 도시빈민야학, 농촌활동이 중심을 이루었고, 아주 적은 학생운동가들만이 공장활동을 시도했다. 그러나 1970년대 후반기부터 학생운동가들은 노동야학을 중심으로 한 활동이 활발해지고 공장활동도 학생운동에서 중요한 경험으로 위치하기 시작했다는 것을 파악할 수 있다. 더욱이 구술자료에는 여러 노동야학의 형성과정과 발전양상을 파악할 수 있는 중요한 내용이 담겨 있다. 특히 1970년대 후반에서 1980년대 전반기 학번인 39명의 학출활동가들 가운데 노동야학 참여자가 11명이나 되었고, 이들의 구술자료를 통해 청계지역, 구로동, 사당동, 봉천동, 신림동 등에 있었던 주요 노동야학의 활동을 파악할 수 있다. 나아가 구술자료를 통해 야학성격을 둘러싼 내부갈등과 논쟁, 노동야학들의 전국화 시도 등에 대해서도 파악할 수 있다. 이와 관련해 동일교회야학이 만들어진 과정에 대한 정해랑의 기억은 다음과 같다.

> 선배가 EYC 통해 가지고, 최순영 지부장 남편 되시는 황주석이라는 분이 있는데, 그분들하고 같이 일했으니까. 그래서 '야학을 만들자'라는. 그래서 동일교회에 원래 잘 나오는 YH사람들이 있었어요. 독실한 신자들도 있고. 그 사람들이 간부급들인데, 이 사람들 중심으로 해서 야학할 사람, 이렇게 해서, 그래 첫번째 야학 교사를 자기들이 한 거죠. 그리고 그때 동일교회에 조성기 전도사님이라고 있었는데, 이 분이 또 굉장히 적극적으로 했어요.

이규의 구술을 통해서는 신림동 겨레터야학의 형성 및 활동과정과 함께 노동야학 활동을 체계화하기 위한 전국야학강사 모임이 있었다는 것이 확인된다. 이 모임은 1970년대 말 노동야학 활동이 활발해지면서 개별 야학의 활동을 넘어서려는 문제의식에서 비롯된 것이었다. 전국야학강사 모임에 참여했던 이규는 다음과 같이 기억하고 있다.

> 제가 79년도에, 그 야학의 대표 비슷하게 하다 보니까 영등포 산선 도시산업선교회에서, 야학이 굉장히 서울에서 활발해지는데, '전국적으로 이 부분을 좀 모아야겠다.' 그래서 인명진 목사 계실 때, 영등포 산선에서 야학강사 모임을 했어요. 제가 1기로 갔었는데, 그때 지도하셨던 분이 신철영 선생님이셨거든요. 양평동 쪽하고 신림동은 저희가 있었고, 사당동에도 있었고요. 봉천동에도 있었고. '이

모임을 계속했으면 좋겠다'면서 야학모임에서 '공통교재를 만들어야 된다', 그리고 '강학들이 너무 편차가 심하니, 그걸 좀 조종을 해야 된다' 많이 그랬어요.

이처럼 구술자료에는 노동야학의 형성과정, 구체활동, 내부 갈등과 성격논쟁, 전국화 시도 등 문헌자료에서 파악할 수 없는 여러 상황을 확인할 수 있다. 뿐만 아니라 학생운동가들이 왜, 어떤 과정으로 노동야학에 참여해서 활동했는지, 노동야학 활동이 자신의 삶에 미친 영향은 무엇인지 등에 대해서도 확인할 수 있다. 이와 관련해 황인상은 청계천의 제일교회야학을 시작으로 인천과 구로공단에서도 노동야학을 했던 경험이 자신의 삶에 미친 영향에 대해 다음과 같이 말한다.

참, 대학 갈 때까지 사회적인 문제, 정치적인 문제에 대한 고민이 없었기 때문에, 학생운동 들어와서 처음으로 정치적인 고민 해본 거고, 야학에 들어와서 처음으로 사회문제에 대한 관심, 즉, 내 이웃에 대한 관심을 처음 가졌던 거 같아요. 그런 점에서는 굉장히 의미가 큰 거 같아요. 야학이 없었더라면 농민이나 노동자들 볼 때, 내가 어떤 의무감이나 측은지심이나 인간으로서 삶에 대한 고민이나 이런 걸 가졌을까, 아마 그럴 기회가 별로 없었을 거다. 그냥 출세하는 것이 인생목표라고 생각했을 가능성이 많다는 생각이 들거든요

한편 학생운동 관련 구술자료는 그동안 드러나지 않았던 1960년대 이후 학생운동 내부에서 있었던 학생운동의 역할과 노동·민중

운동과의 관계를 둘러 싼 갈등 및 논쟁 상황과 그 흐름에 대해 파악할 수 있는 단서를 제공해 준다. 김정강의 구술에서는 1960년대 중반기 극소수 학생운동가들의 현장론과 단체참여론의 대립이, 김문수 등의 구술에서는 1970년대 초의 학생운동의 정치투쟁적 입장과 노동운동 참여 입장의 흐름이, 황광우 등의 구술자료에서는 1970년대 후반기 정치투쟁론과 노동야학론의 대립으로 부상되는 상황, 이태복 등의 구술을 통해서는 1980년 무림-학림논쟁으로 확장된 상황, 황인상 등의 구술을 통해서는 1980년대 전반기 야학비판을 둘러싼 논쟁 내용들을 파악할 수 있다.

그밖의 구술자료에서는 1970, 80년대 단체탄압사건들의 구체 상황에 대해서도 파악할 수 있다. 민청학련사건에 대해서는 정윤광, 황인범, 이학영, 오성숙 등의 구술자료를 통해, 김세균의 구술자료에서는 크리스천아카데미 사건에 대해, 그리고 남민전사건 관련해서는 이학영의 구술자료에서, 야학연합회사건 관련해서는 이규·황광우·황인상 등의 구술자료에서 확인할 수 있다. 이밖에도 각 대학에서 일어났던 크고 작은 시위와 집회 상황, 이념서클 관계 등도 일부 확인할 수 있다.

성별화된 학생운동과 노동운동

1980년대 노동현장에 투신한 여학생의 수는 1970년대에 비해 급증했는데, 학생운동과 노동운동 영역에서 성별화된 모습이 나타나기도 했다. 특히 학생운동에는 남녀공학 대학에서 많이 나타났다. 이와 관련해 서울대의 심상정, 유시주, 서혜경, 김미경 등의 구술자료에는 여학생 이념서클 및 1980년 여학생회를 구성하려 했던 이유와 시도에 대해서 확인할 수 있다. 심상정은 왜 여학생의 독자적 움직임을 가져갔는지에 대해 다음과 같이 말한다.

> 내가 언더서클을 쭉 파악을 해보니까 여학생들이 굉장히 많이 들어가는데, 남학생들 끌어들이기 위한 '꽃'으로 불러들여서 2학년 때까지 세미나를 하면 탁월하고 열심히 하지만, 운동이 본격적으로 시작되는 3학년, 후배 세미나를 지도한다든지 실천적인 위치에는 여성들은 다 배제돼 왔어요. 그리고 그 당시엔 보안이 굉장히 중요했으니까 데모, 시위 같은 게 저쪽에 노출되거나 하는 혐의가 있으면 전부 여자들 핑계를 대고. 베갯머리 송사 이야기하고. 그 점에 대한 비판적인 문제제기가 우리 여학생들 사이에 있었고. 그래서 79년도 말에 인문대, 사대, 가정대 여학생들이 모여 가지고 결정을 해요. 하나는 여학생회를 만들어야 된다, 또 하나는 여성이 사회운동가로 성장할 수 있는 과정을 만들어야 된다는 거를.

서울대 여성활동가들은 이후 구로공단을 중심으로 집단적인 현장 투신을 했고, 정치서클을 형성하여 구로동파를 거쳐 서노련을 결성했다.

또 서강대 강순옥도 대학 전반의 남녀 차별적 분위기를 느꼈고, 참여한 이념서클에서 남성 주도적인 활동 방식에 문제를 느껴 서클을 나왔다. 이런 문제의식을 공유한 몇몇 여학생들이 모여 여성 중심의 서클을 만들었다. 이에 대해 강순옥은 다음과 같이 말한다.

서강대에 들어온 남자들한테는 '어, 공부 잘했겠네' 하는 소리 안 해요. 그런데 여자들한테 '허, 공부 잘했겠네', 이 얘기 바로 나오더라고요. 내가 서강대 보고 너무 실망한 게, 서클에서도 실제로 여자들이 똑똑한데, 회장은 남자들이 다 하고 부회장은 따까리나 하는 식이더라고. 그런 분위기 탓에 내가 그 서클에서 나오고, 여자 동기하고 후배들을 따로 만난 거예요. 그리고 여자 서클을 우리끼리 결성해 버린 거죠. 내가 애들한테 '차라리 여대를 가라'고 해요. 여대 친구들은 훨씬 주도적이거든요. 우리는 험한 일들은 남자애들이 해주니까 우리는 약간 면죄받으면서 주도권은 남자들이 다 가져가고, 그러니까 여자애들이 점차 서클을 나가요.

한편 학생운동가들은 노동현장에 취업을 하기 위한 업종 선정에서도 성별화된 모습이 나타났다. 여성들은 주로 섬유·전자산업에 진출하는 데 비해, 남성들은 전기전자·중화학공업 쪽을 선택했다. 그러나 이학영·공계진 등 일부 남성활동가들이 봉제나 전자업종에 진출한 경우도 있다. 이들은 봉제공장에서 기술이 필요없는 재단반, 완성반에서 일을 했고, 전자공장에서는 단순조립공이나 기술을 습득해 기사로 취업했다. 그러나 남성 중심의 중화학공업 쪽에 진출한 여성활동가들은 단 한 명도 없다.

또 정치조직에서도 여성활동가들이 주도한 사례는 유일하게 서노련이었다. 그 이후 형성된 정치조직들은 남성들이 핵심지도부를 이루고 있었다. 실제 구술자 중에 각 정치조직을 주도한 11인은 1970년대 후반기 학번인데, 그중에 서노련 결성을 주도한 1인만이 여성이고 나머지 모두 남성이다. 여성활동가들이 서노련을 주도할 수 있었던 것은 서노련이 구로동파의 힘으로 결성되었기 때문이다. 즉 봉제·전자업종이 중심인 구로공단에 일찍 진출한 심상정, 민경옥 등의 여성활동가들이 그 중심에서 활동했기 때문이었다.

학생운동과 정치조직의 연관성

1980년대 학생운동가들은 대부분 학맥, 인맥을 통해 노동현장에 투신하고 지역에서는 소그룹 및 정치서클을 형성하였다가 점차 정치조직으로 발전하였다. 정치조직들은 대체로 조직원들이 소속됐던 대학의 학생운동가들을 조직에 참여시키면서 성장하였다. 이런 상황은 점차 정치조직들이 정치노선을 중심으로 학생운동 세력과 조직적인 관계를 형성하는 모습으로 변화하였다.

우선 1985년에 결성된 서·인노련은 정치노선으로 조직분화가 형성되기 이전에 정치적 대중조직의 위상을 가졌다. 이 때문에 지역 차원에서 연관된 학맥, 인맥이 어우러진 조직양상을 보였다. 또 서·인노련은 1985년경 대중투쟁과 노동현장 활동을 경험한 지역활동가들이 주로 참여한 데다가 활동기간이 채 1년도 안 되었기 때문에 조직재생산 구조에서 학생운동과의 직접적 연관을 가졌다고 보기 어렵다.

그러나 이후 결성되는 정치조직들은 대체로 학맥을 통해 조직원을 확보하는 경향을 보였다. 특히 1986년 정치조직 노선이 본격적으로 등장하면서 정치조직들이 대학의 학생운동 세력과 정치적이며 조직적인 관계를 형성하기 시작했다. 예를 들어 남노련은 고려대 학맥이 중심이었고, 제헌의회그룹은 서울대와 성균관대, 인노회 그룹은 동국대 학맥이 이어지기도 했다. 성남지역의 한 정치서클은 경희대 등과 연관되어 있었다. 또 안산노련 결성을 주도한 전성은 의도적으로 학맥을 노동운동으로 연결시키지 않으려 했지만, 결국은 고려대 학생운동가들과 연관을 갖고 조직 재생산을 했다. 인민노련도 서울대·고려대 등의 대학 인맥을 바탕으로, 삼민동맹의 경우는 김진국의 서울대 학맥과 인노련의 인맥을 중심으로 형성됐다. 제파PD그룹은 숙명여대, 서강대, 연세대 등의 학생운동 세력과 연계를 갖고 조직재생산을 했다. 이처럼 구술자료에는 정치조직과 학생운동이 어떤 관계를 맺었는지 알 수 있는 내용들이 일부 담겨 있다.

노동조합 결성 및 투쟁 관련 자료

1970년대 노동현장의 투쟁과 노조활동에 대해서는 각 민주노조에서 정리한 기록물, 한국노총의 『한국노동조합운동사』, 한국기독교교회협의회의 『노동현장과 증언』, 그밖에 신문기사를 통해 파악할 수 있다. 1980년대 노동자투쟁과 노조활동의 자료는 무크지나 투쟁 주체들이 정리한 자료집들, 한국노동자복지협의회의 『민주노동』과 같은 당시 단체의 기관지 등에서 대략 상황을 파악할 수 있다. 이러한 자료에 담긴 노동현장의 투쟁과 노조 결성 사업장의 상황은 극히 제한된 사례들이다. 유일하게 『아름다운 연대: 들불처럼 타오른 1985년 구로동맹파업』이 1985년 구로동맹파업의 투쟁자료와 투쟁 주체들의 구술채록을 통해 정리되었을 뿐이다.

본 연구의 구술자료에는 그동안 드러나지 않았던 다양한 노동현장의 투쟁과 조직활동에 대한 내용이 담겨 있다. 또 기존 자료들에서는 현장투쟁의 상황을 개괄한 데 비해, 구술자료는 활동 주체 내부의 다양한 관계, 갈등, 고민 등에 대한 내용도 파악할 수 있다. 이처럼 구술자료는 단지 새로운 사실의 확인만이 아니라, 그 활동을 둘러싼 주체들의 다양한 측면들을 알 수 있다는 점에서 또 다른 의미를 갖는다.

〈표 6〉을 통해 알 수 있는 것처럼 1970년대에 노동현장에 투신한 학출활동가들 중에서는 김문수가 한일도루코노조에서 활동한 것이 노조활동의 유일한 사례이고, 1980년대 학출활동가들은 그동안 기록되지 않은 다양한 투쟁과 조직활동에 관한 내용을 제공한다. 이를 구체적으로 보면, 구로공단에서 활동한 이들의 구술자료에서는 최규엽의 1981년 잉꼬법랑노조 결성, 1984년 동일제강 노조 결성과 투쟁, 심상정·서혜경 등 여러 활동가들의 1985년 구로동맹파업 참여 5개 노조의 활동, 이영희의 1986년 대륭정밀 활동, 또 고민택의 1987년 중원전자 임금인상투쟁과 노조 결성과정, 그리고 당시 구로지역 노동운동 상황을 알 수 있다. 박정순 등의 구술자료에서는 1987년 인희전자 투쟁과 구로지역 해고자들의 연대활동 등에 대해 알 수 있다. 강순옥의 구술자료에서는 1984,5년 효성물산노조의 활동만이 아니라 1988년 이후 한국음향의 활동 내용도 엿볼 수 있다. 이에 대한 사례로 고민택은 1987년 7월 말 구로공단 중원전자에서 벌인 투쟁에 대해 다음과 같이 기억한다.

> 운동장에 노동자들이 집단적으로 모여 있는데, 마침 그 시간에 대표이사가 정문으로 출근을 하는 거예요. 대표이사가 앞에 서자 노동자들이 다 그 사람을 보고 있는 거죠. 그 옆에 관리자들이 딱 배열

하고 있고. 내가 나갈 쯤 해서 대표이사 연설이 시작된 거예요. 전형적인 가부장적인 연설에다가, 읍소하는 연설에다가. 그러니까 노동자들이 '와~' 해서 모였는데, '쫙~' 가라앉은 분위기가 되는 거죠. 그 순간 속으로 나는 '이거를 어떻게 해야 분위기를 반전시키는가' 고민인데, 그런데 마침 운동장의 뒤편에 약간 올라설 수 있는 바위 비슷한 게 하나 있었어요. 그래서 내가 순간적으로 '내가 저 앞에 나가면 무조건 깨진다. 사람들의 시선을 나로 돌리도록 내가 선동을 해야 되겠다' 이걸 딱 결정하고. 그 바위 같은 데 위로 딱 올라서서 선동을 하는 거예요. '저 자를 보지 말고 나를 봐라' 첫마디를 외치니까 사람들이 이게 뭔 일인가 해서 쫙~ 다 돌아서서 나를 향해 본 거지. 그래서 거기서 열변을 토해요. 말할 수 있는 나의 모든 생각을. …… 목이 거의 잠기기 전까지 엄청 선동을 해요. 대표이사가 포기하고 가 버리고, 비로소 파업이 성립되었어요.

서울의 다른 지역에서는 김철수의 1980년 삼경복장노조 활동, 최봉영의 1987년 창동 동아건설에서의 노조 결성과정과 활동을 알 수 있고, 황인범의 1983년 대동화학투쟁, 이동섭의 1984년 이후 동양 콜택시노조 활동과 민주택시노조의 활동과 투쟁에 대해, 정윤광의 1980년 부산파이프의 파업과 1987년 이후 서울지하철노조 결성과정 및 투쟁활동 등이 구술자료에 담겨 있다.

성남지역에서는 정해랑의 1985년 광명전기투쟁 상황 및 생투위를 비롯한 1980년대 후반기 성남지역 노동운동의 상황을 확인할 수 있다. 인천지역의 경우는 이훈구의 반도기계 활동, 김진국의 1984년 한일스텐레스 노조민주화투쟁, 황광우의 1984년 경동산업투쟁, 안재환의 1984년 동흥전기노조 결성시도, 신정길의 1985년 대우전자 투쟁, 이용선의 1985년 대우자동차투쟁, 노현기의 1985년 부천 흥양교역투쟁, 유길종의 1987년 대우자동차투쟁, 박양희의 1988년 범우전자노조 결성 등과 관련한 내용이 담겨 있다. 그밖에도 여러 사업장에서 벌어졌던 활동 경험들이 구술자료에 담겨 있다.

〈표 6〉 구술자들의 노조 및 투쟁경험

이름	강순옥	김문수	김이경	김철수	노현기
활동 내용	1988~91년 구로 한국 음향노조	1978~80년 영등포 한일 도루코노조	1984년 인천 전자공장 폐업투쟁	1980년 삼경복장노조	1985년 부천 흥양교역투쟁
이름	박양희	박정순	신정길	안재환	이영희
활동 내용	1988년 부천 범우 전자노조 결성	1987년 구로 인희 산업투쟁	1985년 인천 대우 전자투쟁	1985년 인천 동흥 전기노조 결성투쟁	1986년 구로 대륭정밀투쟁
이름	유길종	윤선미	이동섭	이영지	이훈구
활동 내용	1987년 인천 대우 자동차투쟁	1987년 구로 나우 정밀투쟁	1984년 택시 취업카드 철폐투쟁 1989~92년 민주택시노조	1987년 구로 인희산업투쟁	1984년 인천 반도기계투쟁
이름	정윤광	정해랑	최규엽	황인범	1985년 구로동맹파업
활동 내용	1987년~ 서울지하철 노조 결성	1985년 성남 광명 전기투쟁. 생투위	1984년 구로 동일 제강노조 결성투쟁	1983년~ 대동화학 노조, 해고. 1988년 복직과 임투	강순옥(효성물산), 공계진·이선주·정해경(부흥사),박경희(대우어패럴), 박민나·장영인(롬코리아), 서혜경·우옥영·유시주(가리봉전자)

정치조직운동과 대중운동가들의 자료

정치조직운동에 대한 문헌자료는 탄압을 받은 조직의 경우 공안당국의 자료와 재판자료를 통해 개략적인 조직활동의 흐름을 엿볼 수 있다. 그밖에 당시 주체들이 발행한 팸플릿, 기관지 등을 통해 그 활동방향과 활동양상을 판단할 수 있다. 그러나 이 역시 조직결성의 문제의식과 결성과정, 주체, 운영, 내부관계, 탄압 등에 대한 상황은 제대로 파악할 수 없다. 물론 이런 자료조차 없는 정치서클/조직들은 그 상황을 전혀 파악할 수 없다.

그 때문에 정치조직운동 주체들의 구술자료는 여러 정치조직의 활동을 재현하는 데 매우 중요하다. 이에 대한 내용은 1권의 서술에 활용되었기에 여기에서는 생략한다. 다만 정치조직운동과 관련한 이들의 구술자료는 주체들의 당시 위치와 현재의 시각에 따라 여러 각도에서 정치조직운동을 기억하고 해석한다는 점에서, 주체들의 의식·실천·감정·판단 등을 알 수 있다는 중요한 의미를 갖고 있다.

한편 개인으로 대중운동을 한 경우에는 자료가 전혀 없어서 그 활동이 역사에서 완전히 누락되었다. 그 때문에 이들이 왜 개인적으로 활동했는지, 이들은 어떠한 활동의 성과와 한계를 낳았는지 등에 대해 파악할 수 없다. 이에 해당하는 경우는, 1970년대 전반기 학번의 정윤광·이동섭·최봉영 등과 1970년대 후반기 학번의 강순옥 등이 있다. 이들의 구술자료에는 긴 시간 노동조합운동을 중심으로 활동한 내용만이 아니라 현재 시각에서 과거의 활동을 반성적으로 성찰하는 내용도 있다. 정윤광은 1977년 이후 현재까지 조직적 관련 없이 개별적으로 노조운동을 한 것에 대해 다음과 같이 반성을 하고 있다.

지금에 와서 저도 반성을 하는 게 노동운동을 중심으로 '정세를 보고 또 주변에 구체적인 운동 세력들이 움직이는 것은 판단을 하고, 어떻게 바람직한 방향으로 더 끌어 올릴 수 있냐', 그것을 기획하고 추진하고, 어떻게 보면 성공했어요. 그러나 '이것 자체가 보다 근본적인 변혁이라는 기조 속에서 해온 거는 아니지 않느냐.' 그래서 첫째는 투철한 사상을 못 가졌다고 봐요. 두번째는 조직적인 기반을 탄압 때문에 상당히 잃었다. 제가 선배다 보니까 운동을 하는 사람을 좀더 길러 왔어야 하는데 안 했어요. 그래 서울지하철도 저렇게 돼 버리고. 조직기반을 구축하는 데 실패했고, 개인활동이 돼 버린 거야, 이게 힘든 거예요.

구술자의 개인 경험, 감성과 의미화, 현재의식

개인의 구술생애사를 통해 생산된 구술자료는 개인의 경험과 삶을 담은 것이다. 그 때문에 구술자료를 통해 그동안 확인되지 않은 '집단 운동'의 경험을 확인한다는 의미 이외에도, 개인들의 다양한 운동 참여의 계기, 여러 과정에서의 감성, 활동과정부터 현재까지의 의식들을 확인할 수 있다.

우선 구술자료에서는 구술자들이 구술작업에 참여한 이유를 엿볼 수 있다. 황인범은 그 이유를 '활동과정에서 갖고 있던 자만심으로 인해 상처준 이들에 대한 미안함과 그들에게 용서를 구하고 싶은 마음'이라고 밝혔다. 이훈구는 1980년대 정치조직운동을 한 주체들이 운동을 정리한 현재 개별화되어 있고, 특히 그것이 부정적 측면들을 강화하는 방식으로 개별화되어 있다는 것에 문제를 느낀다. 파편화되고 개별화된 개인의 기억들을 집단의 기억으로 만드는 것이 당시 주체들의 건강한 삶의 회복과 현실의 운동에도 필요하다고 생각한 것이다. 그는 이런 생각의 연장에서 구술작업에 참여하였다. 이에 대해 이훈구는 다음과 같이 말한다.

> 운동을 그만둔 사람들의 생각이나 행보는 지금 많이 달라졌겠죠. 서로 다른 기억의 흔적으로 있겠고. 근데 기억이 개별화됐을 때는 되게 힘을 못 써요. 불편한 거, 공포, 부채, 모자람, 다 이런 부정적인 이미지로 남기 쉬운데, 그래서 그 기억을 집단화하는 노력이 중요하죠. 그래서 이 인터뷰도 하고 있는지 모르겠는데, 조각을 맞춰서 그 당시를 살았던 사람들의 집단적 기억으로 자리매김하려고. 그래야 긍정적인 '아, 그때 그랬었지', '아, 그때 뭐가 모자랐지', 여기서 그때 반성의 지점들을 다시 찾아서 뭐가 안 됐고 나는 어떤 점에서 모자랐고, 이런 걸 찾는 것도 상당히 긍정적이거든요. 불편함을 찾을 때 그 불편함으로부터 독립할 수 있지.

생애사적 방법으로 구술을 진행했기 때문에 구술자들이 1980년대 노동운동의 정리과정에서 발생했던 삶의 평가와 경로에 대한 고민, 혼란, 감정상태 등을 확인할 수 있었다. 예를 들어 장영인은 구로공단의 롬코리아노조 간부로 활동하였고, 두 차례의 구속 이후 민중당 활동을 끝으로 운동을 정리했다. 그는 당시 자신의 고민지점뿐 아니라 새로운 선택과정에서 겪었던 감성까지도 기억한다. 이에 대해 장영인의 구술자료에는 다음과 같이 기록되어 있다.

그때 참 많이 고민을 했었어요. 좀 늦었지만 완전히 다시 출발하고 싶은 욕심도 있었어요. 내가 정말 하고 싶은 게 뭘까. 그림을 그려볼까 아니면 구도하는 거를 해볼까. 근데 여전히 그걸 못했어요. 한동안 롬코리아 노동자들이 연락을 해오면 내가 방황하고 있었기 때문에 너무 부담스러워서 보고 싶지 않았어요. '뭐라고 대답을 해야 되지? 어떻게 내가 살 거라고 얘기하지?' 지난번에 내가 했던 말들하고는 너무 다른 답을 얘기할지도 모르겠는데. 있는 그대로 '나 너무 힘들고 이렇게 갈등하고 있어', 이렇게 말하기에는 내가 너무 무책임한 것 같고. 그 친구들이 그동안 짊어져야 했던 여러 짐들에 대해서 너무나, 참. '학출들, 니네는 어디든지 갈 데가 있으니까 그 모양이지'라는 비난으로부터 벗어날 수 없을 것 같은. 근데 그 비난이 무서운 게 아니라 내가 내 자신에 대해 막 자책이 생기는 거죠.

또 구술자들이 현재 자신의 위치에서 바라본 1980년대 노동운동에 대한 여러 각도의 평가와 의미, 생각들도 구술자료에는 담겨 있다. 예컨대, 성남지역에서 한 서클의 중심에서 노동운동을 하다 1990년에 운동을 정리하고 현재는 생업에 종사 중인 정해랑은 1980년대 학생운동가들의 노동현장 투신에 대해서 다음과 같이 말하고 있다.

저는 아주 중요한 역할을 했다, 정말 필요한 일이었다는 생각이 들어요. 그 당시에 그 폭압적인 상태 속에서 노동자들이 어떻게 그걸 각성하고 조직하고 그럴 수 있겠어요? 그러한 것들에 상대적으로, 그 노동자들의 덕을 봐서 많은 걸 공부할 기회가 있었고, 그리고 학생운동 현장에서 싸울 수 있는 기회가 있었던 사람들이 노동자들한테 말하자면 그 은혜를 갚는 거죠. 그들이 결합이 돼서 많이 일을 했는데, 과오도 많았는데, 조급하고 자기중심적이고. 저도 예외가 아니라는 생각이고. 문제가 제가 약간 관점이 변해서 느낀 게, '아, 우리 운동에 역사가 있는데 우리는 역사를 부정한다.' 그게 뭐냐면 '자기들부터 운동이 시작인 줄 안다'는 거죠.

마지막으로 구술자료에는 구술자들의 과거 활동경험에 대한 내용만이 아니라 구술자들의 현재 시각이 드러나 있다. 또한 현재의 시각 속에서 재해석된 과거의 경험을 보여 준다. 황인범은 노동현장투쟁, 노동단체-서울노련 등의 활동을 하다가 1990년에 노동운동을 정리하고 거주지역의 철거민투쟁을 끝으로 사회운동도 정리하였다. 마음공부를 하면서 생업에 종사하는 황인범은 현재의 시각으로 과거에 대해 다음과 같이 이야기한다.

학생 시기가 됐든 노동운동 시기가 됐든 한때 운동과정에서는 참 기쁜 마음으로, 열렬한, 그런 기분으로 활동한 것도 있지만, 또 그에 반해서 많은 부분이 불필요한 갈등, 또는 이념의 형해화라든가 또는 단체를 위한 단체, 이런 것들이 참 많은 문제점을 야기하는 걸 보고, 또 스스로 그런 걸 자처하는 걸 나중에 발견하면서, '이게 아니다. 어떤 이름을 빌리든 명분을 세우든 간에, 마음으로 하지 않는 그 운동은 아마 궁극적으로 실패할 거다' 이렇게 생각을 했죠. 개인의 마음이 이념적인 운동에서 크게 문제될 거 없다고 그걸 중요시 하지 않고 그랬는데, '마음처럼 중요한 게 없다'라고 느낀 게, 현재의 생각이죠.

이처럼 생애사적 구술은 집단운동 경험의 다양한 사건뿐만이 아니라, 개인사적 측면에서 삶의 변화과정, 고민, 현재의 가치, 심지어 감성까지도 보여 준다. 이 구술자료들은 1980년대 노동현장에 투신한 수많은 학출활동가들 중에 일부의 경험을 담고 있다. 또한 이 책에서는 주제와 관련하여 제한된 내용을 활용했지만, 구술자료에는 시대상황과 개인 삶의 관계로 접근할 수 있는 다양한 내용이 담겨 있다.

[참고] 1970, 80년대 구술자 이력*

1. 1970년대 노동현장 투신자의 경력

구술자명/구술일 및 장소	출생 연도 / 출생 지역 / 대학 입학 / 활동 내용	노동운동 기간	현재
1) 김문수 2009년 6월 17일. 구술자 사무실	1951년 / 경북 영천 / 1970년 서울대 / 후진국사회연구회, 청계 소모임 참여. 청계천 또또사. 벽제 제지공장, 한국스위밍센터. 1975년 한일도루코 입사. '무명당' 참여. 1978년 한일도루코노조 교육선전부장, 분회장. 1980년 과학적 사회주의서클 사건 관련 조사. 금속노조민주화 투쟁. 1985년 전태일기념사업회 사무국장. 1985년 서노련 지도위원. 1986년 구속. 1990년 민중당 노동위원장. 운동 정리.	1973~1991	정치인
2) 김승호 민주화운동기념사업회 구술자료를 활용한 것으로 일시와 장소를 생략함	1949년 / 경북 울진 / 1968년 서울대 / 한국사회연구회. 1976년 성남, 구로 노동현장. 1978~80년 섬유노조. 1981년부터 안양지역서클. 1987~91년 경수노련. 1988~94년 전노운협. 2000년~ 사이버노동대학.	1976~현재	노동운동

* 구술자의 이력은 구술작업을 했던 당해년의 시점에서 작성한 것이다.

3) 김영준 2009년 11월 19일 민주화운동 기념사업회	1947년 / 경기도 부천 / 1968년 연세대 / 한국문제연구회. 1974년 민청학련사건 구속. 1976년 울산 현대중공업 사내 하청. 1976년 긴급조치9호 위반 혐의 구속. 1977년 현대중공업 복직, 현장 정리. 1984년 노동운동 재개. 1986년 대원운반기계, 해고. 비주사경향그룹 활동, 정리. 1987년 노동상담소. 1990년 민중당 참여, 정리.	1976~ 1990	생업
4) 김정강 2009년 7월 2일 민주화운동 기념사업회	1940년 / 경남 진주 / 1959년 서울대 / 신진회, 정치문학회. 1964년 6·3배후조종과 불꽃회사건 구속. 1966년 '무명당' 결성. 안양 전자공장. 교사생활과 『농원』 잡지사 근무. 보일러 기사로 롯데제과, 1979년 삼립식빵 전기주임 입사. 1980년 과학적 사회주의서클 사건 관련 구속. 운동 정리.	1966~ 1980	생업
5) 신금호 2009년 7월 11일 구술자의 집	1944년 / 서울 / 1966년 서울대 / 민족비교연구회. 군입대. 1968년 복학. 중소기업기술진흥센터 용접기술. 문래동 소공장 전전. 홍국탄광. 반공법 위반 혐의 조사. 철공소 노동. 1976~82년 대한전선노조 기획연구실장. 운동 정리.	1968~ 1982	생업
6) 오성숙 2009년 11월 18일 구술자 사무실	1953년 / 전북 익산 / 1971년 이화여대 / 새얼서클. 1972년 구로공단 공장활동 . 1974년 대학생연합시위 관련. 1976년 졸업. 1976년 부평공단 고미전자 입사. 광야교회, 도시산업선교회와 관계. 신분 노출 퇴사. 1977년 『주간시민』 노동담당 기자. 결혼 뒤 1982년 독일. 1988년 여성민우회, 참교육학부모회 회장 활동.	1976~ 1977	생업
7) 이동섭 2009년 11월 30일 구술자 사무실	1954년 / 강원 춘천 / 1972년 강원대 / 1975년 유신체제 비방 선전물 배포 · 구속. 강제징집. 1978년 구로공단의 소공장. 1980년 복학~5월 제적. '5월 24일 단성사시위' 계획과 구속. 1981년 풀무원. 1984년 강원도 탄광에 광부로 취업. 서울 부광실업 택시기사. 1985년 동양콜택시 민주파 조합원들과 취업카드철폐투쟁. 1989년 민주파 노조집행부 장악. 전국택시노동조합연맹 서울시지부 쟁의차장, 교선부장, 부위원장. 1990년과 1991년 파업과 차량시위, 1992년 투쟁으로 구속. 활동 정리.	1978~ 1992	봉사 활동
8) 이학영 2009년 12월 3일 YMCA 사무실	1953년 / 전북 순창 / 1971년 전남대 / 1973년 문리대 학생회장. 1974년 전남대 민청학련 관련으로 구속. 엠네스티 기술교육. 1977년 성북동 진일실업. 1978년 신설동 학원 선반기술. 부평의 남산화학입사. 민주투쟁국민위원회 참여. 제기동 유압기계 공장. 남민전과 혜성대 참여. 1979년 남민전사건으로 구속. 1983년 출감. 순천 YMCA, 2003년 이후 서울YMCA본부에서 활동.	1977~ 1979	시민 운동

9) **정윤광** 2009년 7월 19일 면담자의 용산사무실	1947년 / 경남 고성군 / 1967년 서울대 / 군 복역. 낙산사회과학연구회. 한국문화연구회활동. 대학연합의 두레모임. 1974년 민청학련사건 구속. 1975년 동천직업훈련소 용접기술. 1977년 인천 취업. 구로동 화성보일러 제작소 . 1979년 부산파이프, 1980년 파업 참여. 1984년 서울지하철 입사. 1987년 서울지하철노조 결성 참여. 조직담당. 1989년 서울지하철 3대 위원장. 직급 문제로 파업투쟁, 구속. 노조 위원장 복귀. '연대를 위한 대기업노조회의'사건으로 1991년 구속. 전노협 중앙위원과 대외협력 위원. 전지협 사무처장과 공공부문 대책위 지도위원. 1998년 민주노총 정치위원장. 진보정당 창당추진위 실행위원장과 민주노동당 창당준비위원회 조직위원장. 공공노조 활동.	1975~	노동 운동
10) **최규엽** 2009년 9월 4일 새세상연구소	1953년 /전남 부안 / 1973년 고려대 / 1976년 군 입대. 1979년 현대건설 직업훈련원 용접 배움. 대우중공업 직업훈련원 입소. 대우중공업 취업. 1980년 복학 후 시위조직, 수배. 1981년 6월 잉꼬법랑 입사. 노조 결성. 같은 해 8월 전민노련 사건으로 구속, 1983년 9월 출감 뒤 택시기사 1종 면허증. 1984년 동일제강 입사. 노조 결성투쟁. 1985년 남노련 결성. 1987년 노동해방사상연구회사건 구속. 1993년 전국연합 정책위원장. 1998년 국민승리21 집행위원장, 2000년 민주노동당 준비위원회 정책위원장, 민주노동당 금천지구당 위원장. 민주노동당 부설 새세상연구소 소장.	1979~	진보 정치 운동
11) **최봉영** 2009년 11월 13일 민주화운동기 념사업회	1953년 / 경기도 의정부 / 1973년 고려대 / 10월 유신 반대시위참여. 1974년 12월 시위주도. 1975년 4월 철야농성으로 강제징집. 1980년 10월 복학생 시위주도구속. /1982년 택시회사 운전사취업. 1984년 동광운수. 노조 부위원장. 해고. 1987년 도봉구 창동 동아건설 입사. 1987년 노조 결성 참여. 기획실장, 사무국장. 1989년 구속, 집행유예. 1990년 민중당 참여, 지방자치선거 출마. 활동 정리.	1982~ 1990	생업
12) **최한배** 2006년 4월 9일 구술자 사무실	1951년 / 전북 군산 / 1971년 서울대 / 1976년 경동교회 동화모임 간사. 1981년 대우어패럴 보일러 기사. 1984년 노조 결성 지원. 1985년 구로동맹파업 구속. 1987년 6월항쟁 국민운동본부 노동위원회 사무국장. 1988년 전국노운협 사무국장. 1989년 전민련 사무처장. 1991년 구속. 1992년 석방. 이후 생업.	1981~ 1992	생업

13) 황인범 2009년 11월 1일 면담자의 용산사무실	1948년 /충남 부여 / 1969년 서울대 / 1971년 교련반대 시위 참여. 낙산사회과학연구회. 뚝방 빈민촌 봉사활동. 1974년 민청학련사건 배후조정으로 구속. 1979년 보일러 기술 습득. 1979년 병점 남일전지 입사. 1980년 1월 성남 대영상사 기관사로 입사. 신분 노출 퇴사. 1983년 대동화학 기관사 입사, 노조활동과 해고. 1985년 동부노동문제상담소. 1987년 서울노동조합운동연합 위원장. 1988년 서울노동운동단체협의회 공동대표. 전국노동운동단체협의회 활동. 국가보안법 위반 구속. 해고무효소송 승소. '야당대통령후보 단일화운동협의회' 공동대표. 1989년 현장 복귀. 비상임시대책위원장으로 파업투쟁, 해고. 1990년 업무 방해 및 노동쟁의조정법 위반 구속. 1991년 행당2동 재개발 강제철거 반대투쟁, 세입자 대책위원회 대책위원장. 1995년 구청장선거 무소속 출마. 현재 봉사활동.	1995~ 1990	생업

2. 1980년대 노동현장 투신자의 경력

구술자명 /구술일 및 장소	출생 연도 / 출생 지역 / 대학 입학 / 활동 내용	현재
1) 강순옥 2006년 3월 5일 면담자 집	1959년 / 경남 진주 / 1978년 서강대 / 1982년 구로공단 봉제공장 취업. 1984년 효성물산 입사. 1985년 구로동맹파업과 해고. 복직투쟁. 1988~91년 한국음향. 1993~99년 월간『작은 책』 편집장.	생업
2) 고민택 2011년 1월 20일 면담자의 용산사무실	1960년 / 전북 군산 / 1982년 서울교대 / 학생운동. 1986년 중원전자 입사. 1987년 임금인상투쟁. 1988년 노조 결성과 교육부장. 1989년 구속. 1991년 제파PD사건으로 구속. 1996년 한국노동이론정책연구소 편집위원. 1999년 민주노총 정책기획실장. 1999년 '노동자의 힘', 2008년 사노준, 2010년 사노위 활동.	노동자정치운동
3) 공계진 2005년 10월 1일 구술자 사무실	1958년 / 경기도 화성 / 1980년 고려대 / 1983년 학내 시위주동 구속. 1984년 부흥사 입사. 1985년 구로동맹파업과 구속. 1987년 남노련사건 구속. 1988년 명동 산업선교회. 1990년 안산 '한벗노동자회' 회장. 1998년 금속연맹 기획국장, 정책국장. 2000년 시화노동정책연구운영. 2004~2009년 민주노동당. 2010년~ 금속노조 정책연구소 소장.	시화노동정책연구소

4) 김이경 2011년 1월 12일 구술자 사무실	1961년 / 서울 / 1979년 숙명여대 / 노동야학. 1982년 시위주동과 구속. 1984년 인천 전자공장 입사, 폐업투쟁. 1986년 제헌의회그룹 참여. 1987년 노동해방투쟁위원회. 울산 이전. 1998년 영남위원회 사건 구속. 2001년 통일연대 사무처장. 2001년 전국연합 민주민권위원장과 2003년 자주통일위원장. 2004년 ~ '우리겨레하나되기운동본부' 사무총장.	통일운동
5) 김진국 2011년 1월 7일 역곡 카페	1958년 / 강원 철원 / 1977년 서울대 / 노동야학. 역사철학회. 1981년 군입대. 1984~85년 한일스텐레스 입사, 노조 민주화, 해고. 1985년 인노련 결성과 활동. 1988년 삼민동맹 결성과 활동. 1989년 조직사건 구속. 노동운동 정리. 1993년 경실련. 민주당 관련 정치권에 참여. 부천생활정책연구소 소장.	생업
6) 김철수 2011년 1월 25일 면담자의 용산사무실	1956년 / 서울 / 1975년 서울대 / 1975~78년 시위주동 구속. 노동야학. 1980~81년 삼경복장노조 활동. 전민노련 참여. 1981~83년 전민노련사건 복역. 1984~86년 안양지역 노동운동. 1986년 제헌의회그룹. 1987~88년 제헌의회사건 복역. 1989~93년 민중당 조직국, 중앙위원. 1994~96년 사회당추진위 대표, 민정추 공동대표. 정리.	생업
7) 노현기 2011년 1월 17일 구술자 사무실	1964년 / 경기도 파주 / 1982년 한신대 / 1985년 시위주동으로 구속. 1986년 부천 홍양교역 입사, 해고. 1987~88년 민주노조건설공동실천위원회 홍보부. 인민노련 참여. 1988년 인노협 편집부장. 1994년 인천 진보정당추진위원회. 1997년 국민승리21 참여. 2000년 민주노동당 인천지역 활동. 2008년~ 진보신당 참여.	시민운동
8) 노회찬 2011년 1월 28일 구술자 사무실	1956년 / 경남 부산 / 1979년 고려대 / 1982년 인천에서 공장생활. 1985년 지역서클 활동. 1986년 노동자해방투쟁동맹. 1987년 인민노련. 1989년 '사회주의' 준비그룹 활동, 조직사건 구속. 1992년 '진보정당추진위원회' 활동. 1997년 '국민승리21' 정책기획위원장. 1999~2008년 민주노동당 부대표, 사무총장 등. 2004~13년 17대, 19대 국회의원. 2008~10년 진보신당 공동대표 및 대표. 2011년 통합진보당. 2012~13년 진보정의당 공동대표. 현재 정의당.	진보정치
9) 민경옥 2006년 3월 16일 구술자 사무실	1960년 / 경남 부산 / 1979년 서울교대 / 화양리 야학, 청운교회운동 참여. 1983년 대우어패럴 입사. 1984년 신분 노출로 퇴사. 1985년 서노련 활동. 1987년 삼민동맹 준비 참여. 운동 정리.	생업

10) 박경희 2006년 1월 24일 구술자의 집	1962년 / 강원 원주 / 1981년 서울대 / 1984년 졸업정원제 제적. 1985년 대우어패럴 입사. 신분 노출로 노조 사무직원으로 활동. 1985년 구로동맹파업과 구속. 1986년 서노련 활동. 1987~88년 제헌의회그룹. 1988~89년 울산 현대해고자협의회 활동. 노동운동 정리.	생업
11) 박민나 2006년 4월 1일 동숭동카페	1960년/ 서울 / 1979년 이화여대 / 서클활동. 1984년 (주)롬코리아 입사, 노조활동. 1985년 구로동맹파업 지지투쟁. 1992~98년 마산창원여성노동자회 사무국장. 운동 정리.	생업
12) 박성인 2010년 12월 23일 구술자 사무실	1959년 / 제주 / 1978년 연세대 / 다산보임그룹 활동. 1986년 다산보임사건 구속. 1988~90년 울노협 준비간사와 지역활동. 1991년 제파PD사건 구속. 1995~2007년 한국노동이론정책연구소 정책위원장, 부소장, 소장. 1999~2008년 '노동자의 힘' 기관지위원장, 대표, 중앙집행위원. 2009년 사노준 강령위원장. 2010년~ 사노위 중앙집행위원.	계급정치 운동
13) 박정순 2008년 10월 2회 면담자의 집	1963년 / 서울 / 1981년 서울대 / 1981년 간호학회지 서클. 언더서클. ○○○성당 연합팀-노동야학 참여. 1983년 야학연합회사건 조사. 1983년 청계천과 창동 봉제공장 취업. 1987년 인희전자 투쟁과 노조 결성 시도 및 해고. 서해복투. 1990~91년 비합법정치활동. 1992~97년 노동과건강연구회 활동. 2000~2008년 인성교육프로그램 교육자, 노조교육.	생업
14) 서혜경 2005년 8월 17일 구술자의 집	1959년 / 전북 김제 / 1978년 서울대 / 대학문화연구회와 노동야학. 1980년 구로 요업개발 입사. 1983년 가리봉전자 입사. 1984년 노조 결성과 교육부차장, 부위원장. 1985년 구로동맹파업과 구속. 1986년 4월 석방. 5월 서노련사건 재구속. 1987년 노동인권회관 활동. 1991년 노동운동 정리.	가정주부
15) 신정길 2011년 1월 22일 면담자의 용산사무실	1957년 / 경남 동래 / 1977년 성균관대 / 이념서클 활동. 1983년 버스회사. 1985~86년 인천 대우전자 취업과 해고. 1986년 인노련 해고자복직투쟁위. 1987년 인민노련 참여. 일동그룹 활동. 1990년 인노회사건으로 구속. 1990~93년 인천민주노동자연합, 인천노동운동단체협의회, 인천연합 활동. 1993년 범민련 남측본부 사무차장, 1995년 구속. 2003년~현재 부천 '평화와 통일을 여는 사람들' 공동대표.	통일운동
16) 심명화 2013년 9월 6일 구술자의 집	1959년 / 서울 / 1980년 중앙대 / 서클, 학림사건과 순화교육, 제일교회야학. 1983년 부평공단 취업, 봉제, 전자, 가발공장. 1986년 인노련, 1987년 인민노련 활동. 부천 민교연, 울산 민중당 활동. 1992년 임신으로 운동 정리. 생업과 마을공동체 활동.	마을공동체 운동

17) 심상정 2006년 4월 3일 구술자 사무실	1959년 / 경기도 파주 / 1978년 서울대 / 서클활동. 1980년 구로공단 남성전기 취업. 1983년 대우어패럴 취업. 노조 결성지원. 구로지역 서클조직. 1985년 서노련 결성과 활동. 1988년 서노협 조직부장. 1990년 전노협 조직부장, 금속연맹 사무차장. 2004년 17대 국회의원. 2008년~ 진보신당 창당과 상임공동대표	진보정치
18)안재환 2011년 1월 5일 구술자 사무실	1957년 / 서울 / 1977년 동국대 / 긴급조치 9호 위반—동국대 목요회사건으로 구속. 1984~85년 동흥전기노조 결성. 1988년 인노회 회장, 1989년 조직사건으로 구속. 1991~92년 인사련 부의장, 한겨레노동자회 활동. 1992~96년 한국노동운동단체협의회 사무국장. 1998~2004년 실업극복국민운동 부평지원센터장. 2001~2004년 부평남부 자활후견기관장. 2004~2008년 인천 광역자원지원센터 사무국장. 2010년~현재 인천민주화운동계승사업회 집행위원장.	시민운동
19) 유길종 2011년 1월 6일 면담자의 용산사무실	1960년 / 경북 성주 / 1979년 한국신학대학 / 1980년 10월 시위와 구속. 1984년 대우자동차 정수직업훈련소. 1985년 대우자동차 입사. 인천 제파PD그룹활동. 1987년 8월 대투쟁 파업주도, 구속과 해고. 1988년 6월 대우자동차 노조민주화 투쟁으로 구속. 1991년 대공장연대회의 사건으로 수배 1년 뒤 구속. 1995년 대우그룹 복직, 독일 해외근무. 2001년 국내 복귀. 2003년 지엠대우차 사무노위 위원장. 2005년 7월~ 전국금속노조 지엠대우차 사무지부 지부장.	노조운동
20) 유시주 2005년 10월 구술자의 집	1961년 / 경북 경주 / 1980년 서울대 / 1984년 가리봉전자 입사. 노조활동. 1985년 구로동맹파업 참여. 1985년 8월 서노련 활동. 1986년 5월 서노련 사건으로 구속. 1989년 구로노동문학회 활동.	생업
21) 이규 2013년 10월 7일 구술자 사무실	1957년 / 전남 담양 / 1977년 한양대 / 국제경제연구회, 겨레터야학, 강제징집. 1983,84년부터 안양, 구로지역 노동운동. 1995년 운동 정리.	생업
22) 이선주 2006년 2월 15일 구술자 사무실	1960년 / 경북 대구 / 1980년 서울여대 / 노동야학. 1983년 부흥사 입사. 1984년 노조대의원, 조직부장. 1985년 구로동맹파업으로 구속. 1986년 서노련 참가. 1988년 노동인권회관활동. 노동운동 정리.	생업

23) 이용선 2010년 12월 30일 구술자 사무실	1958년 / 전남 광주/ 1977년 서울대 / 1980~83년 강제징집. 1984년 대우자동차 트럭 도장부 입사. 1985년 대우자동차 파업농성투쟁 참여 및 노동운동탄압저지투쟁위원회 참여. 1986년 인노련 부위원장. 1988년 전국회의 정책실장, 전노운협 중앙집행위원, 삼민동맹 중앙위원. 1990년 전노협 조직부장. 1991년 한사노당 창당준비위원회 대외협력위원장. 1992년 이후 시민운동.	시민운동
24) 이훈구 2010년 12월 30일 면담자의 용산사무실	1960년 / 서울 / 1979년 아주대 / 탈춤반 활동. 1980년 기청 대학연합 탈반. 1982년 직훈을 거쳐 용접공으로 노동. 1984년 반도기계 비정규직 취업, 인천지역 활동 시작. 1985년~ 지역 상임활동. 1989년 말 인천지역 활동 정리. 1991년 마창지역 노동운동 시도. 1995년 한국노동이론정책연구소 참여. 1999~2004년 '노동자의 힘' 활동. 2003년~ 한국노동보건연구소 활동.	노동운동
25) 장영인 2006년 4월 8일 면담자 집	1959년 / 강원 원주 / 1978년 서울대 / 학생운동. 1982년 구로공단 취업. 1984년 롬코리아 입사.1985년 노조 회계감사. 1985년 구로동맹파업지지투쟁으로 구속. 1988년 민중의 당 활동. 노동운동 정리.	생업
26) 전성 2013년 7월 11일 구술자 사무실	1958년 / 강원도 / 1977년 고려대 / 겨레사랑회. 양평동야학. 1985년 졸업. 안산 현장, 안산노련. 1991년 한사노당, 구속, 1992년 옥중 출마, 경실련 1년, 1993년 정리.	생업
27) 정해랑 2013년 6월 27일 면담자의 용산사무실	1959년 / 서울 / 1977년 경희대 / 동일야학, 서클, 1차구속, 1982년 2차구속. 1983년 성남 노동현장, 생투위, 1990년 민노투맹. 활동 정리.	생업
28) 허명구 2011년 1월 13일 면담자의 용산사무실	1957년 / 강원 원주 / 1977년 서울대 / 성수지역 노동야학 활동. 1982년 구로, 인천지역 노동운동. 비공개 정치서클활동. 1988년~ 한국노동교육협회 교육활동. 1995~96년 『사람과 일터』(월간지) 편집주간. 활동 정리.	생업
29) 현광일 2010년 12월 29일 면담자의 용산사무실	1958년 / 인천/ 1977년 연세대 / 1979년~기청 대학연합탈반 활동. 1983년 인천 노동현장. 1986년 성수동 지역서클 활동. 1988년 구속. 운동 정리.	생업

30) 황광우 2013년 5월 7일 구술자 사무실	1958년 / 전남 광주 / 1977년 서울대 / 서클, 난곡야학. 1983년 인천 경동산업 입사. 1986년 인노련. 1987년 인민노련. 1991년 한사노당. 1997년 국민승리21. 2000년 민주노동당, 정리.	생업
기타 (본인이 실명을 밝히기를 거부하거나, 이 책에서의 활용이 적은 경우)	김준도(가명, 서울대 80학번), 실명 비공개. 영상인터뷰, 2011년 1월 27일 / 생업 노선금(서울대 80학번), 박정순 면담자료, 2007년 10월 / 생업 박인도(가명, 고려대 81학번), 실명 비공개, 2011년 1월 25일 / 생업 박양희(인천 간호대 85학번), 구술자 사무실, 2010년 2월 4일 / 노동운동 윤선미(연세대 82학번), 박정순 면담자료, 2007년 10월 / 생업 이영지(서울대 81학번), 박정순 면담자료, 2007년 10월 / 생업 이영희(가명, 서울대 83학번), 실명 비공개, 2006년 4월 6일 / 시민운동 이미숙(상명여대 80학번), 전화 인터뷰, 2011년 1월 28일 / 생업 정해경(서울대 76학번), 면담자의 집, 2007년 4월 10일 / 생업 홍정이(숙명여대 80학번), 전화 인터뷰, 2011년 1월 20일 / 생업	

2장

구술자들의 현재 위치와 1980년대의 경험

구술사는 현재에서 경험 주체들이 과거의 기억을 불러오는 작업이다. 그렇기 때문에 구술자가 현재 처해 있는 위치에 따라 그 기억이 달라지는 경향이 있다. 단순한 예로 지금 자신의 가치와 삶에 만족하는 경우와 그렇지 않은 경우를 보면, 전자의 경우는 일정하게 과거의 상처나 자신의 오류에 대해 관대한 입장으로 기억을 재현해 내는 반면, 후자의 경우는 그와 반대의 경향을 보이기도 한다. 이처럼 구술자의 현재 위치는 현재의 관점에서 과거의 기억들을 재현해 내는 데 중요하다. 실제 구술자의 당시 경험 전반을 알 수 없지만 그의 기억 방식 또는 기억 지점들을 포착해 보면, 일정하게 자신의 현재 가치 속에서 과거의 경험을 선택적으로 재구성하는 면들을 엿볼 수 있다.

이와 달리 구술자가 과거사건을 어떻게 경험했는가의 차이에 따라서도 그 평가가 달라질 수 있다. 구술사는 현재의 입장에서 과거를 불러오는 것이지만, 다른 한편에서는 그 과거 속에서 미래와의 연관, 어떻게 현재의 위치에 이르게 되었는가를 엿볼 수도 있다. 역사적으로 공동경험을 한 세대, 같은 시대·같은 공간에서 활동하며 경험한 주체들의 현재 위치가 달라진 까닭은 무엇일까? 직접적으로 1980년대 변혁적 노동운동을 지향한 주체들은 당시 '운동권'이라는 동일한 공간에서 유사한 활동경험을 했는데 왜, 언제, 어떤 경험을 통해 이들은 삶의 경로를 다르게 선택하게 됐는가. 물론 시공간을 같이 했다 하더라도 개인의 특성과 그들이 처한 구체 현실 조건에서 다양한 차이가 있었을 것이다. 그러나 이들의 세대 정체성은 변혁이념을 바탕으로 한 삶의 공통기준을 갖고 있었고, 유사한 문화 환경 속에서 활동을 하며 형성되었다. 그렇기 때문에 개인의 다양한 성격 차이를 제외한다면, 이들에게는 정치적이며 이념적인 사건들에 대한 판단과 선택의 차이가 삶의 방향에 영향을 주었을 것으로 보인다.

한편 기억에 영향을 주는 것은 기억 주체가 과거사건에서 어떤 위치에 있었는가에 따라 다르다. 즉 당시에 대중운동을 중심으로 활동했는지, 정치조직운동을 중심으로 활동했는지, 또는 정치조직운동을 했어도 지도부의 위치에 있었는지, 조직원의 위치에 있었는지 등에 따라 당연히 당시 상황에 대한 지식과 정보에는 차이가 있을 수밖에 없다.

이 책의 구술자들 중에 많은 이들이 현재는 생업에 종사하고 있으며, 또 일부는 여전히 정치조직운동과 노동운동, 또는 진보정치, 시민운동 등의 다양한 영역에서 활동하고 있다. 이들은 노동현장 경험도, 정치조직운동의 경험도 다양하고, 현실에서의 위치도 다르기 때문에 구술자 모두의 기억을 놓고 위의 내용들을 비교·검토하는 것은 가능하지 않다. 그럼에도 구술자들을 유형화하여 그들의 현재 위치와 기억에는 어떤 차이가 있는지, 구술자가 과거에 처해 있던 위치에 따라 기억 방식에는 어떤 차이가 있는지, 또는 노동운동을 정리했던 사건 및 시기에 따라 자신들의 활동에 대한(1980년대 노동운동에 대한) 기억 방식이나 평가 관점이 어떻게 달라지는 등 여러 방식으로 현재의 위치 및 평가 관점과 과거 경험의 기억 관계에 대해 비교해 보려 했다. 그러나 이러한 비교접근은 1장에서 살펴본 것처럼 구술자들 간에는 시대 차이, 성별 차이, 노동운동 경험과 위치의 차이, 현재의 위치 차이 등 너무나 다양한 차이가 있기 때문에 아래와 같은 방식으로 비교·분석해 보려 했으나 가능하지 않다는 판단을 했다.

우선 각 정치조직마다, 예를 들어 인민노련인천지역민주노동자연맹 내 조직원 간의 또는 삼민동맹그룹 내 조직원들 간의 당시 조직경험과 그 평가에 대해, 그리고 이후 삶의 변화과정을 비교하려 했다. 그러나 구술자들이 각 정치조직에서 차지했던 당시 위치가 달라서 그들의 기억 내용도 당연히 다를 수밖에 없었고, 활동에 대한 평가 역시 현실의 위치와 가치에 따라 달라질 수밖에 없었다. 실제 인민노련에서 지도부로 활동했던 노회찬과 황광우가 조직운동 전반의 흐름 및 방향을 둘러싼 논의에 대한 기억을 한다면, 인민노련의 조직원이면서 '지노협'지역별노동조합협의회과 지역단체 활동을 했던 노현기와 심명화 등은 자신들의 활동영역과 관련한 지노협과 인민노련, 또는 지역단체와 인민노련의 관계를 중심으로 기억하고 있었다. 당시 활동에 대한 평가 역시 그들의 과거 경험과 현재 위치에 따라 달라진다. 이처럼 각 정치조직 구성원 간의 기억과 평가를 둘러싼 비교분석은 당시 개인의 위치와 경험에 따라 기억 내용이 다르고, 노동운동을 정리한 시점과 이유에 따라, 그리고 현재 위치와 가치에 따라 평가가 다르기 때문에 어렵다고 판단된다.

또 대중운동을 중심으로 활동했던 구술자들과 정치조직운동을 중심으로 활동했던 이들의 기억과 평가를 비교해 보려 했다. 그런데 대중운동을 중심으로 한 이들의 경우에도 서혜경은 1985년 구로동파, 강순옥은 구로동파와 1990년대 한국음향, 정윤광은 1987년 이후 서울지하철에서 활동하는 등 서로 경험의 폭이 다르고 집중 활동시기와 영역이 다르기 때문에 비교의 기준을 설정하기 어려웠다. 또한 당연하게도 이들의 경험과 기억은 대중활동이 그 중심 내용인 반면, 정치조직운동을 했던 이들은 조직활동이 중심이기 때문에 비교접근을 할 수 없었다.

다음으로 노동운동을 정리했던 시기와 원인에 따른 비교접근을 시도해 보았다. 구술자들이 노동운동을 정리한 시점은 정치조직운동의 초기단계에서 정리한 김미경, 박인도, 박정순 등과 사회주의 붕괴 이후 좌표 상실로 정리한 최봉영, 이동섭 등의 대중운동가들 및 정치조직운동을 중심으로 한 김진국, 전성 등은 경험에 따른 기억에서도 차이가 나지만, 평가 관점에서도 차이가 있었다. 특히 이들의 평가 차이는 현재의 위치에 따른 것도 있지만, 당시 운동을 정리한 이유가 더 중요하게 영향을 주었다. 전자의 경우가 자신의 문제로 접근하는 평가 관점이라면, 후자의 경우는 시대 한계로 인식하는 차이가 있었다. 그러므로 이 역시 비교·분석에는 어려움이 있었다.

마지막으로 1980년대 노동운동의 평가 관점과 기억을 중심으로 비교해 보려 했다. 이 시대의 운동에 대해 전반적으로 비판적인 시각을 가진 유시주·심명화·신정길 등이 있는데, 이들의 평가는 현재의 위치에 따라 달라졌다. 신정길은 현재 평화통일운동을 하고 있는데, 그의 평가 관점은 여전히 운동의 시각을 견지하고 있다. 이에 반해 다른 2인은 생활인으로 현실의 문제의식을 투영하여 1980년대 노동운동을 비판적으로 평가했다. 또한 2인의 경우에도 서로 다른 시각을 갖고 있는데, 유시주는 서노련 활동의 부정적 경험이 1980년대 노동운동의 상으로 남아 평가하고 있고, 심명화는 인민노련과 지역운동의 경험에 대해서는 긍정적이었으나 노동운동을 정리한 이후 삶의 과정에서 사회인식이 변하면서 그 시각으로 1980년대 노동운동에 대해 비판적이었다.

그런데 1980년대 노동운동에 일정한 의미 부여를 하는 노회찬·박성인·정해랑 등도 역시 현재의 위치에 따라, 진보정당운동이라는 시각에서, 또는 계급정치운동의 시각에서, 또는 생활인의 시각에서 평가에는 차이가 있었다.

이처럼 과거 위치, 노동운동의 정리시점, 현재의 위치 등을 중심으로 놓고 구술자들을 범주화하여 개인의 기억 내용과 기억 방식, 평가 등을 비교하는 것은 많은 한계가 있었다.

그나마 다음의 6인의 경우는 정치조직운동을 중심으로 활동했고, 정치조직에서 차지했던 위치도 유사했으며, 70년대 후반 학번으로 비슷한 시기에 노동운동을 시작했다는 점 등에서 과거 경험의 유사성을 갖고 있기 때문에 비교가능성이 있다고 보았다. 또 6인의 구술자는 과거 정치조직운동에서 차지했던 위치의 유사성과는 달리 현재의 위치와 지향하는 가치가 모두 다르기 때문에 비교하는 데 의미가 있다고 본다. 즉 6인의 구술자에 대해 개인의 과거경험이 현재에 미치는 영향, 또는 현재의 위치에 따른 과거의 평가를 비교하는 것이 제한적이지만 가능하다는 생각이다.

이에 이 책에서는 시론적 차원에서 1980년대 정치조직운동을 주도한 이들이 처한 현재 위치의 차이가 과거 1980년대 노동운동의 평가에 어떤 영향을 미치는지, 또는 과거의 어떤 경험과 판단에 의해 현재 위치에 이르게 되었는지 등에 국한하여 살펴보려 한다. 먼저 6인의 구술자들에 대해 구술생애사를 정리하고, 이를 바탕으로 구술자 간의 과거의 경험과 현재의 위치 및 가치관이 어떻게 상호작용하는지를 비교·검토하겠다. 이하 구술생애사는 1980년대를 중심으로 압축한 것이라 전체 맥락의 이해를 위해 일부 구술 내용을 서술형식으로 바꿨고, 가능한 주요 내용은 구술자들의 구술을 넣는 방식으로 정리했다.

1절

6인의 구술생애사

1) 김진국의 구술생애사*

김진국은 1958년 강원도 철원에서 소작농인 부모 밑에 2남 2녀 중에 막내로 태어나, 줄곧 철원에서 지내다가 중학교 3학년 때 서울로

* 김진국의 구술은 2011년 1월 7일 역곡의 한 카페에서 진행하였다. 이 구술자료를 바탕으로 2015년 2월 19일 구술자의 수정·보완을 거쳤다.

• 김진국의 살아온 길 •

1958년 강원도 철원 출생.
1977년 서울대 사회계열 입학.
1977년 역사철학회 활동.
1978년 구로 한민교회야학 활동.
1981~84년 군 복무.
1984년 한일스텐레스 입사.
1985년 노조민주화 성공. 해고. 복직투쟁. '노동운동탄압저지투쟁위원회' 참여.
1985년 '인천지역노동자연맹' 결성 및 활동.
1988년 '민족통일민주주의노동자동맹' 결성 및 활동
1989~92년 '민족통일민주주의노동자동맹'사건으로 구속.
1993년 '경제정의실천시민연합' 활동.
1994년 이후 생업 및 지역활동.

전학을 해서 신일고등학교를 다녔다. 학교생활에 충실한 학생이었던 그는, 1974년 말 『동아일보』 광고탄압사건 이후 1개월 정도 학교 앞에 전경차가 상주한 것을 본 것 이외에는 정치나 사회문제에 크게 관심이 없었다.

> 우선 형이 서울에서 고등학교를 다녔고, 그리고 제가 고등학교를 서울로 올라와서 다니다가, 그 다음해인가? 식구들이 다 올라왔어요. 고등학교 때야 생활이라는 게 입시공부 외에는 없으니, 그냥 학교생활이, 공부가 전부라고 봐야겠죠. 제가 신일고등학교를 다녔는데 거기가 되게 리버럴한 학교였거든요. 그런데 74년 말에 『동아일보』 광고탄압사건 나서 75년 봄에, 내가 2학년 때인데, 신일고등학교가 서울에서 마지막 데모를 했어요. 그때 여덟 명이 잘렸어요. 그래 가지고 한 달 동안 학교 앞에 막 전경차들 와서 지키고 그랬었죠. 또 학교 선생님들 중에도 반反정부적인 성향을 갖고 있는 분도 좀 계시고. 그래서 학교 분위기가 그렇게 나쁘지 않았어요. 그런 분위기였는데, 저는 학교생활 외에는 특별한 기억이 없어요.

그는 특별히 바라는 직업이 없어서 역사 또는 문학을 공부하려 했다. 그러나 예비고사에서 전국(문과) 1등을 하자, 학교에서는 당시 사회진출에 유망한 법대나 상대를 겨냥해 사회계열로 진학할 것을 강권했다. 결국 그는 1977년 서울대 사회계열에 입학했다.

> 그때는 꿈도 없었고 되고 싶은 직업도 없었어요. 뭘 알아야죠. 시골에서 농사짓다가 말고 올라왔으니. 서울에서 쭉 자랐으면 여러 가

지를 봤을 텐데, 시골에서 주위를 둘러봐도 다 농사짓는 사람밖에 없었으니까. 그렇다고 서울에서 농사를 지을 수는 없고. 그럼 딴 직업을 선택해야 되는데 잘 모르니까. 학교 선생님들 본 거 말고는 없으니까. 마음에야 판사가 어떻고, 검사가 어떻고, 그렇지만 판사, 검사 본 적이 없는데, 어떻게 사는지 모르는 거죠.

그래서 역사나 문학이나 공부해 볼까 그랬는데, 예비고사에서 점수가 잘 나와 전국에서 문과 중에 1등을 했거든요. 운이 좋아서. 그 당시에는 학교마다 서울대 많이 보내려 했는데, 학교에서 나한테 '무슨 과 가려고 그러냐?' 그래서 '나는 특별히 가고 싶은 과도 없고, 그냥 역사나 철학과나 가볼까 해요' 그랬더니, 선생님이 막 야단치면서 '사회계열 가라. 인문계열 가면 안 된다' 그러면서 '법대나 상대를 가야 된다' 이래 가지고, 굳이 내가 다른 걸 하고 싶은 게 없었으니까 그냥 '그러죠' 하고 진학한 거예요.

대학 입학과 노동야학운동

당시 서울대 학생운동은 침체되었다가 1976년경부터 다시 분위기가 살아나기 시작했다. 김진국은 1977년 3월 입학하자마자 시위를 보았다.

77년에 1학년 들어가 갖고 심드렁해 있을 때인데, 3월 달에 데모를 막 하니깐 '야, 새로운 세계에 왔구나.' 그래서 그때부터 나는 그 길로 들어서게 된 거죠. 그러면서 이제 지하서클인 '역사철학회'라는 곳을 들어갔는데 세미나도 하고. 저는 되게 좀 감성적이었던 편인데, 그래서 책보다는 르포르타주 같은 거를 많이 봤어요. 광주대단지사건이라든가, 동일방직사건이라든가, 원풍모방사건 이런 거에 대한 르포르타주를 친구 것 가지고 돌려도 보고, 등사해 보고 그랬던 거 같아요. 그리고 데모하면 참여했다가 끝나면 친구들과 모여서 술 마시며 비분강개하고, '아침이슬'을 부르기도 했어요.

그는 사회문제를 인식하기 위한 기초학습을 마친 뒤에 친구들과 같이 사회과학 서적을 탐독했다. 당시 학습교재는 조용범, 박현채의 경제학 책이었고, 일본어를 배워서 일역판 『자본론』 등을 복사해 강독하기도 했다. 이런 학습과정에서 그는 자본주의 구조문제를 인식하게 되었고, 그에 따라 운동이 무엇인지 어떤 방향으로 나가야 하는지를 알게 되었다.

그 당시는 학교에서 조용범 씨나 박현채 선생님 쓰신 거 보고 공부했죠. 그런데 그 책들은 사실 하고 싶은 얘기는 다 못하니까, 더구나 학생들이 행간의 의미를 다 해석해서 읽을 만큼 실력이 있는 것도 아니니까 한계가 있었죠. 그런데 다른 국내 책은 없으니까, 결국 『자본론』 카피한 거나 일본원서로 된 책을 몰래 몰래 구해서 강독도 하고, 그러면서 친구들을 규합하는 거죠. 그렇게 조직을 만들어서 같이 공부하고, 책 돌려 보고. 그러다 보니깐 2학년 말 3학년 때는 근본적인 사회구조 문제를 접근하면서 '아, 운동하면 이렇게 해야 되는구나' 하는 걸 알았죠.

한편 그는 1978년 2학년에 들어서면서 구로동의 노동야학에 참여했다. 그가 1학년 때 주로 접했던 르포의 영향이 컸다. 그는 노동자의 현실에 관심을 가지면서 학생운동보다는 '본질적인' 운동이 무엇인가를 고민하고 있던 중에, 마침 학교 선배로부터 노동야학에 참여하라는 제안을 받았다. 당시 구로지역에는 문래동야학, 한민교회야학, 시장야학이라고 알려진 3개의 노동야학이 있었고, 여러 대학의 학생운동가들이 그곳에서 활동하고 있었다. 그는 학교 동기들과 같이 한민교회야학에 참여했다. 그러나 1979년 말 사회분위기가 경색되면서 한민교회가 폐쇄되자, 이 야학은 비공개 소모임 형태의 자취방 야학으로 전환했다. 그는 학교에 학적만 둔 채 노동야학 활동에 집중했다.

> 78년도에는 야학에서 교재는 근로기준법 갖고 같이 했고, 그때 빈민촌 야학에서 쓰던 교재하고는 완전히 다른 노동자 교재들을 만들어 사용했어요. 그때는 우리처럼 하는 노동야학들이 몇 개 있었어요. 경동교회에도 있었고, 혜화동성당에도 있었고, 사당동에도 있고, 여러 가지가 있었는데. 어떻게 보면 노동자들을 조직한다고 시작한 거니까, 공부하고 소모임 만들고, MT도 가고, 그러면서 노동자들과 어울렸죠.

그는 노동야학에서 노동자들에게 구체적인 노동현실을 들으면서 노동운동을 해야겠다는 생각을 굳혔고, 1979년 3학년이 되면서 구체적인 운동 방법을 고민했다. 또 그는 노동야학 주위에 있던 친구들을 모임으로 묶어 냈고, 이와 별도로 이공계 동기들의 모임을 만드는 등 조직화에 힘을 기울였다.

인천지역의 노동현장 투신

김진국은 노동운동을 하려면 우선 노동현장을 알아야 할 것 같다는 생각으로 1979년에 구로공단에 있는 소규모 안경공장 등 서너 개 공장을 돌아다니면서 노동을 하고 노동자들의 분위기를 파악했다. 당시 그는 군대를 다녀오지 않았기 때문에 정식으로 취업을 하기가 어려웠다. 그는 1981년 군에 입대하여 1983년에 제대했다. 제대 뒤에 만난 친구들은 대부분 개인적인 판단 아래 여러 지역으로 흩어져 노동현장 투신을 시도하고 있었다. 친구 중에 일부는 부산으로 내려갔고, 또 다른 일부는 팀을 이루어 안양 쪽으로 내려갔다. 그는 구로공단에서 활동하려 했으나 주로 여성사업장 중심이라는 것을 알게 되자 바로 부천으로 내려가 공장에 취업했다. 그러나 그는 부천지역은 소규모 공장들이 중심이어서 활동하기 어렵다는 판단이 들자 다시 인천으로 내려가 한일스텐레스에 취업했다.

> 그때는 '기술 배우고 그래 봐야 별 볼 일 없을 거다' 그런 이야기도 있고, 어차피 '그 기술이 진짜 쓰이겠나' 해서 그냥 취업을 했죠. 구로를 갔는데 여자사업장이 많으니까 다시 부천 쪽으로 갔었죠. 그런데 처음인 데다가 혼자니까 모집공고 보고 작은 회사부터 막 왔다갔다 하고 그랬거든요. 부천도 워낙 쪼끄만 회사들이 너무 많으니까 결국 다시 부평으로 넘어가요. 대우자동차 같은 큰 데를 가야지 마음을 먹었으면 그렇게 했을 텐데, 그냥 완전히 무데뽀로 길거리에서 공고를 보며 다녔는데, 마침 한일스텐레스에서 모집을 하더라고요. 그래서 거기를 가게 됐죠. 당시에 그 공장 규모가 한 300, 400명 됐을 거예요. 어용이지만 노동조합도 있었어요. 그때는 고졸

로 들어가서 프레스를 했죠.

당시 한일스텐레스에는 노동자들의 이익을 대변하지 않고 회사 편에 서 있던 어용노조가 있었다. 그는 노동에 익숙해지자 주위의 노동자들과 친목을 도모하는 한편, 현장의 문제를 토로하면서 노조를 민주화시킬 방안을 모색했다. 그는 현장에 먼저 들어와 있던 학출활동가 1인과 같이 노조의 어용성 문제를 제기하다가 1985년에 해고되었다. 현장에 남아 있던 또 다른 활동가는 현장 분위기를 돋우기로 하고, 2인의 해고자들은 출근투쟁을 벌였다. 이어 그는 부당해고 구제신청과 해고효력금지 가처분신청을 냈다. 얼마 뒤 법원에서는 가처분 2년 결정을 냈다. 그러나 회사가 반응을 보이지 않자 해고자들은 법적 효력을 발휘하기 위해 '집달리 신청'*을 했다. 해고자들이 현장에 들어오는 시간에 맞춰 현장에 남아 있던 학출활동가는 조합원 총회를 준비했다. 이날 집달리와 같이 출근투쟁을 하던 해고자들은 회사측의 방해를 뚫고 식당으로 들어가서 노조민주화의 필요성과 해고의 부당성을 선동하다가 끌려나왔다. 다행히 총회가 성공적으로 진행되어 어용집행부를 대신해 민주파 집행부가 등장하였다.

점심시간에 우리 해고자들은 집달리와 같이 출근을 시도했어요. 그랬더니 회사측이 깡패들을 동원해서 출근길을 막고 회사에 못 들어가게 하는 거예요. 그랬더니 우리랑 같이 들어가려던 집달리가 법원판결문을 보여 주며 막 항의를 해서 그래서 우리들이 공장에 들

* 집달리는 법률이 정하는 바에 따라 재판의 집행, 서류의 송달, 기타 법령에 의한 사무를 행하는 자로 국가의 강제집행권을 행사하는 국가공무원이다.

어갈 수 있었죠. 그때 현장에 남아 있던 친구는 한신대 79학번이었는데, 거기 통해 상황을 듣고 같이 판단해서 했던 거죠. 회사 안에서는 그 친구가 몇몇 노동자들하고 같이 총회를 준비했어요. 우리가 깡패들의 방해를 뚫고 '딱~' 식당으로 들어가니까 사람들이 '와~' 박수 치고 좋아했고. 그걸 보면서 우리는 '이 정도면 잘될 거 같다' 해서 아침에 출근인사만 하구 노조의 비민주성, 부당해고 문제를 선동하고 나와요. 그러고 나서 노동자들이 총회를 해서 집행부를 뒤집었어요. 남아 있던 노동자가 총무국장을 하고, 한신대 친구가 홍보부장인가 교선부장인가 하구, 내가 작업한 노동자가 조직부장 하고. 노조를 확 바꿔 내는 데 성공을 한 거죠. 우리는 복직은 안 됐어요. 그래서 우리는 지역의 해고자들 모임에 참여하면서 복직싸움을 계속 하죠.

그는 현장에서 복직투쟁을 하는 한편, 지역의 다른 해고자들과 같이 모임을 만들었다. 당시 지역에는 여러 사업장에서 해고된 이들이 노동사목, 인천노동자복지협의회(약칭 '인천노복'), 인천 도시산업선교회(약칭 '산선') 등의 사무실에 모여서 부당해고에 대한 사업장 항의투쟁을 하였다. 또 이들은 연대해서 민한당사 농성투쟁 등을 벌이면서 노동현장의 문제를 정치적인 문제로 확산시키려 시도했다. 이런 집단적 행동을 하던 해고자들은 지역의 투쟁조직으로 '노동운동탄압저지투쟁위원회'(약칭 '노투')를 만들었다. 노투는 인천지역 해고자들만이 아니라 서울지역 해고자들과 같이 결성한 것으로 약 20여 명이 참여했는데, 노동자들보다 학출들이 많았다. 노투는 신민당사 농성투쟁을 벌였고 지역선전물 배포작업을 했다. 또 1985

년 6월 구로동파가 일어나자 지원연대투쟁을 벌이기도 했다. 김진국은 해고자가 되어 시간적 여유가 있는 틈을 타서 결혼을 했기 때문에 노투의 신민당사 농성투쟁에는 참여하지 못했다. 그럼에도 신민당사 농성투쟁 이후 김진국도 노투 관련자로 수배가 되었다.

인천지역노동자연맹의 결성과 활동

서울의 노투 구성원들은 구로동파 이후 서노련에 참여했다. 뒤이어 김진국도 인천지역 노투 성원들과 주위의 선후배들을 모아서 1985년 12월에 인노련인천지역노동자연맹을 결성했다. 그는 인노련의 결성과정에서 투쟁의 경험 속에서, 그리고 현장을 기반으로 조직을 만들어야 한다는 조직결성의 원칙을 견지하려 했다.

> 노투를 하다가 대우자동차는 덩치가 워낙 크니까 해고자들이 따로 움직이고, 그 외에 나머지 친구들은 묶어서 같이 싸움도 하고, 그 다음에 유인물 작업도 하고 그랬었죠. 그 당시에 움직이던 친구들은 꼭 소속이 안 돼 있더라도 '어디 싸우러 간다' 그러면 같이 다녔던 힘들이 있었어요. 당시 한국노복은 내부 대립이 심했고, 인천노복은 대립이 덜 심했거든요. 인천은 양승조 씨, 김지선 씨, 정명자도 있었고, 제가 그분들하고 사이좋게 잘했어요. 그래서 다 같이 의논할 거 있으면 의논하고 같이 모임도 하고, 같이 싸우러 다니고 이랬어요. 그러다가 구로동맹파업 일어나니까 거기 지원투쟁 갔다가 서노련이 만들어지는 거 보고, 그 과정에 우리 모임에서 자연스럽게 '인천에서 우리도 조직을 만들자' 해서 만들어진 게 인노련이죠.

그때 선후배하고 노투 회원들하고 연결하는 역할을 제가 한 거죠.

인노련의 조직체계는 공개 집행부에 사무처를 중심으로 그 산하에 선전부, 교육부, 문화부 등의 실무체계가 있었고, 독자로 편집팀이 있었다. 이런 공개 집행부 이외에 인노련 활동을 총괄하는 비공개 지도부가 있었다.

노투나 대우자동차 해고자들 있고 인천노복에도 관련된 친구들 있고 이런저런 주위를 묶어서 외형적으로 인노련을 만들어 공개 활동을 하고, 가투를 하거나 싸움을 하기 위한 거는 밑으로 따로 만들었죠. 왜냐하면 투쟁 단위도 그렇지만 현장조직이나 회사별 조직이 바로 공개인 인노련에 연결되면 다 깨지니까, 비공개로 밑으로 만들어서 지하 지도부가 관할하고. 그러니까 위에 떠 있는 공개 지도는 조직기능은 없는 거죠. 조직기능은 지하 지도부에서 관할해서 쥐고 움직이고. 그게 '안개모임'으로 말해지고. 서울도 그런 비공개 모임이 있고, 그 두 개를 연결하는 걸 심상정이랑 저랑 문수 형, 셋이서 의논하면서 활동했죠.

지역 노동운동의 비공개 지도부 구성에 대한 시도는 인노련 이전에도 황광우, 박문식 등이 추진하다가 박문식이 '민주화추진위원회사건'으로 구속되면서 중단되었다. 그 뒤 인노련을 만들면서 김진국 등이 비공개 지도부를 새로이 구성하였다. 당시 비공개 지도부는 서로 가명을 사용하면서, 철저하게 신분을 감추고 활동을 하였다. 이는 나중에라도 조직문제가 생기면 서로를 보호하기 위한 것이었다.

그 덕분에 인노련 활동이 끝난 이후에도 같이 활동했던 이들 중에는 김진국의 본명을 아는 이들이 거의 없었다. 비공개 지도부를 구성한 것은 일종의 정치조직 건설을 지향하고 있었기 때문이었다. 그러나 서노련과 마찬가지로 인노련도 결성된 지 6개월이 안 되어 1986년 임금인상투쟁을 둘러싸고 조직 내분에 휩싸였다.

지하 지도부랑 또 인노련 공개 지도부가 갈등도 있고, 당연히 있을 수밖에 없죠. 조직구조를 그렇게 해놨는데 갈등이 없는 게 이상한 거지. 그 당시 상황에서 현장조직, 투쟁조직을 공개 조직에다 붙일 수 없어, 그러니 서로 비판을 해도 대안이 없으니까. 왜냐면 조직을 움직이고, 조직이 문제됐을 때 어떻게 책임을 지겠어요? 책임 못 지지. 비공개 지도부 밑에 있는 개별사업장에 들어가서 만나는 건 제가 직접 하지 못했죠. 그때 벌써 수배돼서 사진 나오고 그럴 때니까.

인노련의 투쟁활동은 주로 두 가지 방식이었다. 하나는 개별사업장에서 일어나는 투쟁을 지원하는 것이었고, 다른 하나는 정치문제를 중심으로 지역이나 가두에서 투쟁을 벌이는 것이었다. 후자의 경우는 서노련과 공동으로 진행하기도 했다. 이즈음 1985년 2·12총선으로 다수의 의석을 확보한 야당인 신민당이 개헌문제를 둘러싸고 개헌투쟁을 전국적으로 벌이고 있었다. 1986년 5월에는 신민당이 인천지역에서 개헌투쟁을 진행할 예정이었다. 이에 노동운동 세력만이 아니라 민중민주운동 세력 전체가 이 투쟁에 관심을 가졌다. 인노련은 적극적으로 이 투쟁을 기획했다. 그 이유는 개헌투쟁의 중요성도 있었지만 투쟁을 통해 조직이 성장한다는 판단도 연관되어 있었다. 인노련은 가두투쟁을 중심으로 나름대로 치밀하게 준비를 했다. 1986년 5·3인천항쟁은 큰 규모로 치열하게 벌어졌다. 그러나 투쟁 이후 정권의 대대적인 탄압이 가해졌고, 특히 '좌경용공 세력의 주도'라는 이념 공세가 더해지자 신민당은 민중운동 세력과 거리두기를 했다.

> 그 당시 신민당에서 개헌투쟁하면서 '인천에서 개헌투쟁 한다' 이렇게 나왔죠. 그래서 서노련하고 우리하고 '한번 대차게 싸워 보자.' 그리고 우리 조직이 많이 커질 때니까, 맨날 앉아서 토론만 하면 분열이 심해지잖아요? 그러니까 그런 과제를 갖고 움직이고 싸움을 한 거죠. '그러면 잘 준비를 하자' 해서 그때는 플래카드 만들고, 우리 나름대로 유인물 준비작업을 하구, 가두투쟁에 필요한 도구들을 준비를 하고. 막 하다 보니까 '학생들이 온다더라' 이래 가지구, 그때 제가 서울대를 가서 전학련전국학생총연합의 김민석을 만났던 기억이 나요. 그렇게 해서 싸움을 했는데, 그때 우리 유인물은 주로 노동문제, 해고자 복직문제, 뭐, 거기에 약간 정치적인 얘기 섞여 있는 거니까 큰 문제는 없었어요. 그런데 거기에 주사파 유인물들이 막 떨어지고. 그러니까 신민당에서 '앗, 뜨거워라' 했겠죠. 정권 쪽에서 그걸 빌미로 대대적인 이념 공세를 하기 시작하면서, 그러니깐 신민당도 개헌투쟁을 공개적인 싸움으로 더 이상 못했죠.

5·3인천항쟁 이후 정권은 서·인노련에 대해 집중적인 탄압을 가했다. 거기에 인노련 조직 내부에서는 NLPDRNational Liberation People's Democratic Revolution: 민족해방민중민주주의혁명 세력의 영향을 받은 조

직원들이 지도부의 노선에 문제제기를 하기 시작했다. 그 여파로 공개 조직만이 아니라 비공개 지도부와 현장 단위까지 혼란에 빠졌다. NLPDR세력의 영향을 받은 이들이 조직에서 이탈하기 시작했고, 남아 있던 조직원들은 지도부의 명확한 입장이 제시되지 않자 더 심한 혼란에 휩싸였다. 당시 김진국 등의 비공개 지도부는 NLPDR에 대해 고민해 본 적도 없고, 심지어 생각할 필요도 느끼지 않았다. 결국 조직은 원심력이 생기고 그동안 무시되었던 학연과 인맥을 따라 조직원들이 흩어지기 시작했다. 그나마 노동자층은 상대적으로 조직에 다수 남았고, 지도부는 다른 정치적 입장을 세우지 못했지만 NLPDR에 대해 비판적인 입장을 제기했다.

> 인노련에 모일 때까지는 학연, 정치적인 입장, 이런 게 전혀 문제가 안 됐어요. 그리고 활동할 때는 학교 선후배들도 자주 안 만났는데, 주사 쪽이 들어오면서 조직에 혼란이 생기고 그러면서 다시 학맥들을 찾아 만나는 거지. 그때 노동자들도 많이 떨어져 나갔어요. 그래도 우리 쪽에는 노동자들이 많이 남아 있었어요. 우린 잘 모르니깐, 답답했어요. 그런데 우리가 판단할 수 있었던 거는, 서노련도 있지만, '운동이라는 게 기본적으로 내부에서 동력을 갖고 싸워야지, 그런 주체사상 갖고 어떻게 운동하냐?' 그러면서 기본적으로 우린 주사에 대해서 세게, 일단은 5·3항쟁 과정에서도 그랬지만, '진짜 운동하는 기본적인 태도가 그런 건 안 된다' 그러면서 북한에 대해서도 우린 호의적이지 않았으니까요.

결국 인노련은 주사파에 의해 조직 내부가 분열되었다. 일부는 인민노련으로, 다른 일부는 사노맹으로, 그리고 일부는 주사파에 참여하였고, 김진국 등 일부만이 인노련에 남았다.

민족통일민주주의노동자동맹의 결성과 활동

김진국은 남아 있는 조직원들을 모아 새로이 조직을 결성하려 준비했다. 그는 노동야학 활동을 하면서 만났던 친구들이 비공개 조직을 만들려 한다는 소식을 듣고 이들도 모임에 참여시켰고, 서노련에 남아 있던 조직원들도 참여하게 했다. 그는 한편에서 조직원들을 다시 결집시켰고, 다른 한편에서 당시 상황을 돌아보며 새로운 조직 결성 준비를 하였다.

1987년 노동자대투쟁이 인천으로까지 번졌으나 이 세력은 조직 재건을 준비하는 상황이어서 조직적으로 대중투쟁에 결합하지는 못했다. 그러나 현장에서 활동하는 조직원들은 부천, 인천 등의 중소규모 사업장에서 개별적으로 노동조합을 결성하거나 대중투쟁을 벌이기도 했다. 한편 이 시기에는 정치노선에 따라 정치조직이 형성되었기 때문에, 김진국 역시 정치노선, 조직노선 등 정치입장을 갖춰야 한다고 판단했다. 김진국을 중심으로 한 이 모임은 1년의 준비과정을 거쳐 1988년 민족통일민주주의노동자동맹(약칭 '삼민동맹')을 결성했다.

> 자료 찾으러 돌아다니다가 일본잡지 중에서 국제정세를 다루는 잡지가 나오는 게 있더라고요. 그렇게 국내외 자료 찾고 공부하고 그랬어요. 대체적으로 우리가 입장도 그렇고, 활동도 다 현실에 부딪

쳐서 만들어 하던 스타일이라서. 그래서 우리한테 맞는 노선을 만들어야겠다고 판단해서, '우리나라는 어쨌든 민족문제를 해결하는 거다, 민주주의 문제를 해결하는 거다, 그 다음에 민중이 주체가 되는 민중의 생활을 개선하는 것이다.' 그 세 개인데 '민족문제는 반미로 가는 게 아니다. 민족통일로 가야 된다.' 이래서 민족통일, 민주주의, 민중해방, 이렇게 된 거죠.

당시 삼민동맹은 중앙위원회를 중심으로 산하에 기관지, 이론정책, 조직 담당 부서가 있었고, 지역체계는 서울·인천·안양 등 세 곳에 구축하였다. 전체 조직원은 100여 명 안팎이었다. 그는 삼민동맹이 만들어지기 직전까지 조직 관리를 했다. 그러나 조직이 결성된 이후에는 그가 수배 중이어서 주로 이론작업과 기관지작업을 지도하는 역할을 하였다. 그 과정에서 기관지인 『노동자의 깃발』(약칭 『깃발』)을 만들어 수도권과 울산, 마창, 부산 등 남부지역까지 배포했다. 조직 단위별로 조직의 노선에 대해서 학습하였고, 구체적인 정세와 방향에 대한 것은 『깃발』을 놓고 토론했다. 이처럼 『깃발』은 대외적인 선전목적도 있었지만 조직 내부의 토론 자료로도 쓰였다. 다른 한편 『깃발』은 다른 정파들과 정세에 대한 논쟁을 벌이는 장의 역할을 하기도 했다.

잡지를 뒤지다가 페레스트로이카 시작될 때부터 찾다 보니, '아, 정말 사회주의도 개혁이 필요하다'는 생각이 들었고. 그러다 천안문 사건 나자 중국공산당 지도부를 비판하는 글을 『깃발』에 냈어요. 그랬더니 주사파는 방방 뜨고, 인민노련은 애매한 태도를 취하고.

우리는 '인민을 위해서 이렇게 정치를 한다는 당이 인민을 탄압하는 게 말이 되냐?' 문제제기하죠. 그때 중국에는 덩샤오핑이 다시 들어오기는 했지만 아직 자리를 못 잡다 보니까, 공산당이 개혁개방은 얘기하면서도 되게 강압적으로 나오는 식에 대해 우리가 비판했죠.

삼민동맹은 조직활동으로 조직원이 현장에서 결성한 소모임이나 노조활동을 지원하였다. 그러나 비공개 조직이 직접 현장활동 지원을 하기는 어려웠다. 그 때문에 지역에 노동상담소를 만들어서 공개적 조건을 확보하여 지원하는 방식을 취했다.

한편 김진국은 삼민동맹 활동을 하면서도 개별적인 조직으로는 당건설이 어렵다고 판단하였고, 다른 정치조직들과의 조직통합이 필요하다고 판단했다. 통합을 위해서는 노선이 일치되어야 했으나, 비밀활동을 하던 정치조직들이 쉽게 만나 토론을 하면서 통합의 경로를 모색하기는 쉽지 않았다. 그러던 와중에 소련 사회주의가 무너지면서, 그는 가치관의 혼란을 겪었다.

'독일이 무너지고, 소련도 무너지고, 이거 사회주의가 아닌가벼' 이렇게 된 거죠. 독자적인 방향을 모색하면서도 어쨌든 현존하는 사회주의를 인식하고 있었는데. 그래서 '마르크스-레닌 식의 지하활동으로 할 수 있는 건 한계에 온 거 같다' 이런 생각을 하게 됐고. 그러면서 '내가 참 많은 사람을 잘못된 데로 데리고 왔구나.'

또 88년 이후에 한국정치도 변화하는 상황이라, 공간이 쭉 열렸잖아요? 이런 상태에서 '골방에만 처박혀 있는 건 아닌 것 같다'는 느낌으로의 판단도 있었죠. 그러니 '이렇게 해서 어느 세월에 혁명을 하나? 그런데 혁명을 해도 막 무너지는데, 이 길은 아닌 것 같다' 이런 생각이 89년부터 들면서 막 헷갈렸죠. 그래서 '지금까지 견지해 왔던 지하당 방식으로 가는 거는 한계에 온 게 아니냐' 내부적으로 그런 얘기들이 됐었어요. 나 개인적으로는 '이걸 어떻게 정리하고 수습해서 넘어갈 거냐' 그런 생각을 많이 했죠. 내가 그동안 수괴노릇을 했는데, '여태까지 한 거 잘못했습니다. 그러니까 우리 앞으로는 이렇게 할게요.' 이런다고 우리 사회가 그렇게 녹록하게 넘어가는 건 아니니까. '이건 뭔가 분명한 계기가 필요하고, 대가를 치를 수밖엔 없다. 그러면 어떻게 전환을 할까'를 개인적으로 고민을 많이 했죠.

그러다 조직사건이 난 건 대충 감지가 됐는데 제가 도망 안 갔어요. 그때 어머니가 뇌출혈로 쓰러지셔서 의식불명 상태에 있었는데, 제가 병원에를 갔어요. 재네들이 붙은 건 금방 알죠. 만약에 계속 활동하려면 병원에 안 가야 됐겠죠. 하여튼 저는 잡힐 걸 예감하면서 병원에 간 거고 그러면서 잡혀서 정리한 거죠.

이런 내적 갈등을 하면서 그는 가능한 조직의 피해를 최소화하면서 비합법적 활동을 합법적 활동 방식으로 전환할 수 있는 가능성에 대해 고민하기 시작했다. 그 과정에 삼민동맹 조직탄압사건이 일어났다. 조직원들이 잡혀가기 시작했으나, 그는 조여 오는 수사망을 피하지 않고 구속될 것을 결심했다. 새로운 합법적인 운동으로 전환하려면 그동안의 비합법적 조직활동에 대한 정리가 필요하다고 판단한 것이었다. 그 때문에 그는 미행이 붙은 것을 알면서 뇌출혈로 쓰려져 의식불명 상태였던 어머니를 만나러 병원에 갔다. 그는 병문안을 다녀온 직후 숨어 살던 집 앞에서 잡혀 구속되었다.

정치조직운동의 방향 전환

이 시기에 당국은 비합법 정치조직에 대한 대대적인 탄압을 가했다. 그는 감옥 안에서 안양PD그룹사건, 인민노련 조직사건, 노동계급 조직사건 등으로 구속된 각 조직의 주요 활동가들을 만났다. 이들은 감옥 안에서 비로소 터놓고 변화된 상황과 운동방향에 대해 토론을 했다.

> 잡혀 들어가자마자 인민노련 들어오고, 거기서는 대화가 되더라고요. 그래서 이진경이랑 김학원이랑 노회찬이랑 얘기를 하구, '이렇게 이거 계속 가는 건 아니다. 공개적이고 합법적인 노동자정치조직을 만들어야 된다. 근데 혼자 안 되면 다른 데랑 합쳐서 가든지 해야 된다.' 이렇게 해서 각자 바깥에 남아 있는 사람들에게 메시지를 보냈어요. 그동안 주장했던 차이가 뭔지 다 보여 주고, 그렇지만 우리가 같이 할 수 있다는 것을 확인하고 남아 있는 사람들은 같이 가게 하자는 생각으로 『선진노동자의 이름으로』 책을 기획했죠.

『선진노동자의 이름으로』를 기획하면서 그동안의 활동과정을 평가하고, 감옥에서 토론으로 방향이 정리되자, 김진국은 자신이 해야 할 일을 다한 듯했다.

감옥에서 '우리 할 일은 다했다' 이런 분위기니까 '징역 즐겁게 살아보자.' 그리고 나는 개인적으로는 징역에 들어가면서 너무 좋았어요. 제가 어떻게 보면 79년도에 구로동 공장에 들어갈 때부터 시작해서 11년 넘게 상당히 긴장 속에서 살다가, 감옥에 들어오니까 아주 마음의 안정이 되더라고요. 나는 내가 할 수 있는 최선까지 하고, 내가 들어오기 전에 그 고민했던 걸 갖고 안에서 합의하고 메시지를 주는 거까지가 우리 일이었으니까요.

1992년 석방되어 나온 김진국은 이미 정파연합으로 합법정당을 추진하던 사업이 실패로 끝난 뒤였기 때문에 새롭게 활동을 모색해야 했다. 그는 노동운동에 대해서 이미 정리하였기 때문에 경실련에 참여했으나 이 역시 바로 정리하고 나왔고, 이로써 그는 변혁적 노동운동과 사회운동을 정리하였다. 당시 그의 가장 큰 현실문제는 생활기반을 만드는 것이었다.

운동을 할 때는 집안에 돈이 있는지 없는지 별 의식을 안 했는데 운동이 퇴조하고 나서 각자 생활전선에 딱 서 보니까, 이 차이가 많이 나더라고요. 나는 누가 도와줄 돈도 빽도 없고, 그 다음에 내가 주로 만났던 사람들, 대체로 내 주변에 있는 사람들은 대부분 내가 운동으로 끌어들였던 거 같아요. 그러니까 바깥에 후원자로 남아서 뭘 근거를 마련한 사람이 별로 없어요. 생활의 근거를. 그러니까 어떻게 보면 올인해서 운동을 해왔던 거고. 현실은 일단 먹고사는 게 급하니까. 먹고살 방도를 강구를 해야 됐죠.

이처럼 1980년대 노동운동과 정치조직 활동을 하면서 그에게 가장 힘들었던 일은 노동운동에 뛰어들면서 견지했던 이념과 운동 방향이 소련 사회주의 붕괴 이후 흔들리고 무너지면서, 새로운 방향을 찾아야 했던 시기로 기억한다.

> 나는 현장에 들어갈 때부터 교양을 받아서 하기보다는 일단 들어가서 경험하면서 정리하는 식으로 해왔기 때문에, 사회주의가 실제 권력을 잡았는데 더 좋아진 게 없는데, 그거를 조금 바꿔서 지금 내용으로 대치할 수 있을 거 같지 않았어요. 그 당시에 도망 다니면서 80년대 중반까지는 위험하긴 했지만 그게 정신적으로 힘들다든지 이러는 건 없었는데, '이 길이 아닌가 보다' 이렇게 됐을 때. 이거를 정리하고 뭔가 또 모색을 하긴 해야 되는데, 그렇다고 진짜 반성문을 쓸 수는 없는 거고. 통과의례는 필요한 거고. 저는 기본적으로 '반성문을 쓰면 풀어 주고, 안 쓰면 10년 살릴 거야' 해도 10년을 살았을 거예요. 왜냐면 내가 세상을 그렇게 살았기 때문에. 그게 요즘으로 치면 민주화운동보상, 이것도 신청 안 했는데. 예를 들면 민주화운동 해서 피해를 당했다고 말할 수는 없는 거죠. 나는 내가 분명히 다 알고 했고. 그것도 내가 아주 주도적으로 했는데, 나 자신에 대한 예의상 그거는 할 수가 없더라고요.

1980년대 노동운동의 평가

그는 노동운동사에서 1980년대 노동운동이 1970년대 민주노조운동을 시작으로 1985년 구로동파를 거쳐 1987년 7, 8, 9월 노동자대투쟁이 있기까지 그 밑거름 역할을 했다고 보았다.

노동운동사적으로 보자면 일제강점기 때 사회주의적인 노동운동 하다가, 그게 한국전쟁 이후에 완전히 없어졌잖아요? 그리고 자연 발생적으로 시작된 게 전태일 사건부터 태동하면서 본격적으로 분출된 게 구로동맹파업이고. 그 무렵에 합법적인 조직을 통해서 변화를 시도한다는 건 거의 아무런 변화를 시도할 수 없는 상황이니까. 사회에 대한 변화는 물론이고 감히 사업장 내부의 변화도 거의 어려운 상황이니까. 그렇게 해서 6월항쟁이라는 상황 변화를 맞이해서 노동자대투쟁까지 쭉 갔죠. 사실 그 전의 투쟁이 없었으면 노동자대투쟁이 나왔겠어요? 그러니까 직접적인 인과관계로 '누가 어떻게 해서 어떻게 작용했다'는 것은 아니더라도, 역사라는 것이 그렇게 흐름으로 이어져요. 그 다음에 전노협과 전국노운협, 이렇게 해서 1980년대 노동운동은 새로운 대중운동으로 가는 데 일종의 밑거름 역할을 했다고 볼 수 있는 거죠.

그는 1980년 광주민중항쟁을 거치면서 형성된 1980년대 노동운동의 변혁 지향적인 이념과 정서적 에너지가 제도권 정치에서 담을 수 없는 것이기 때문에, 이 흐름은 독자적인 방향을 가져갈 수밖에 없었다고 보았다. 그러나 그는 변혁적 정치운동이 1987년 이후 정치상황의 변화와 소련 사회주의 붕괴로 인해 그 방향을 수정한 결과, 서구의 사회민주주의당과 같은 성격으로 현실화됐다고 보았다.

정치운동 쪽으로 봐서는, 80년을 거치면서 그 당시에는, 혁명적인 생각을 갖고 있는 사람들이 '근본적으로, 비타협적으로 싸울 수밖에 없다'는 생각들을 한 사람이 많았던 거죠. 그게 색깔은 다 다를 수도 있지만… 많은 사람들은 광주사태를 겪으면서 순혈주의적인 생각을 갖고 들어갔으니까, 정말 죽을 수도 있다고 생각하고 운동할 때니까. 그런 정서에서 만들어지는 정치조직을 신민당처럼 움직여 갖고는 흡수할 수 없죠, 그 에너지를. 여하튼 '근본적으로 정권을 혁명적으로 전복시켜야 된다' 이렇게 생각을 했는데, 거기에 사회주의가 이념을 공급했다고 볼 수가 있죠. 사회주의 붕괴가 안 됐으면 계속 갔을지도 몰라. 근데 그렇게 생각하고 했는데, '그게 아니네' 이렇게 되니까. 그러면서 급격하게 전환을 해야 되는. 우리는 출발이 전위정당이었는데 나중에 바꾸면서 보니까 사민당 같은 당이 된 거죠.

그는 1980년대 정치조직운동에 대해 감옥 안에서 서로 의견이 조율되었던 경험을 놓고 볼때, 정치조직들이 실제로 큰 차이가 없었다고 판단했다. 그 때문에 정파로 분립되어 활동했던 정치조직운동 자체가 문제라고 평가했다. 또한 그는 1980년대 정치조직운동이 1987년의 상황을 잘못 판단해서 대응을 제대로 하지 못했다고 평가한다.

87년 대투쟁, 대중은 통합되어 가잖아요? 지역으로 전국으로. 그 다음에 노동단체까지, 전국노운협전국노동운동단체협의회 만든 거는 입장을 떠나서 지원하기 위해서 공동으로 만들었다는 거는 대단히 높게 평가해 줘야 할 문제예요. 그런데 대중운동이 더 커 버리고, 전국노운협은 쪼개지고, 정치운동이 무력화돼 버리는 모습까지 나타난 건데. 나는 그 당시에 서로 힘드니까 여러 가지 생각을 해봤는데, '주사는 정말 어려울 수도 있겠다. 그 다음에 사노맹도 너무 떠 있으니까 어려울 거 같고.' 그러데 그 책자[『선진노동자의 이름으로』]에 나온 정도의 계열들은 서로 정말 조금만 거리를 두고 보면 실천의 지점에서 크게 차이가 날까 이런 생각도 들더라고요.

그럼에도 1990년대 초의 삼민동맹, 노동계급, 인민노련의 통합시도에 대해, 역시 비관적인 판단을 했다. 그 이유는 '운동의 퇴조기'라는 상황 판단 때문이었다. 그 때문에 한사노당으로의 통합운동이 가진 효과는 노동운동단체들의 상설공동체인 전국노운협 정도의 힘도 발휘할 수 없었다고 평가했다.

나는 '그렇게 해서 다 합쳤다 하더라도 찌그러지는 건 피할 수가 없었을 거다'라는 생각까지 했어요. 왜냐하면 이미 퇴조하는 힘을 합치는 거잖아요? 오히려 전국노운협만큼의 역할도 하기 어려웠을 거라고 생각했어요. 결국 전국노운협이 전노협만큼도 못하잖아요. 그런데 또 당을 만들었다고 하더라도, 사실은 거기서 전노협을 지도하거나 이럴 가능성은 희박했을 거라고 봤어요. 다시 말하면 정파통합의 흐름이 정말 상승 흐름에서 갔다면 모르겠지만, 이렇게 점점 축소돼 가는 데서 합쳐졌고, 그것도 다 못 합쳐서 크지 않았고. 그러니까 뭔가 이런 방향으로 하면 될 거 같다는 전망이 있어야 되는 건데, 그렇지 않았죠.

그럼에도 김진국은 1980년대를 자신의 삶과 운동에 대해 역사의 '주인공'으로 살았던 시기로 자리매김하고 있다. 한국사회에서 가장 빛나는 시기에 주인공으로 살아보았다는 것만으로도 그는 자신의 과거 삶에 대해 긍정적으로 생각한다.

징역에서, 그리고 그 뒤 쭉 살면서도 '야, 그래도 나는 80년대에 역사의 한복판에서 정말 주도적으로 살았다' 이런 생각을 가끔 하죠. 적어도 한복판에서 일정한 범위에서 주인공처럼 살았는데, '세상을 한평생 살면서 주도적으로 한 번도 못하는 사람이 대부분인데 한 번 주도적으로 한 것도 큰 복이다. 또 주인공 안 해도 나는 된다' 이런 생각도 들어요. 그리고 그 시절이 누구나 겪을 만한 인생의 가장 빛나는 시기에 그렇게 살았기 때문에 그것만으로도 정말 복을 받고 산 거라고 봐야죠. 그러니까 새로운 시대는, 새로운 세대가 하겠죠.

그런 생각 탓에 김진국은 현재 진보정당을 하는 이들에 대해 다소 비판적이다. 그 핵심은 새로운 시대의 정치는 과거 1980년대의 패러다임에서 벗어나 대중정당으로서의 가치와 정책, 비전을 갖춰야 한다는 것이다. 그런데 현재의 진보정당은 여전히 1980년대 패러다임에서 벗어나지 못하고 있다는 것이다.

나는 심상정 씨나 노회찬 씨가 정치적으로 성공을 해보겠다고 한다면, 진보라는 자기들이 내세우는 가치에 대해서 다시 설계를 해야 되는데, 지금 하는 게 인민노련이나 옛날의 진보신당이나 그거의 연장선에서 시대정신을 찾는다는 거는, 나는 그렇게 생각을 안 해요. 다시 말하면 그 생각의 뿌리는 어쨌든 사회주의혁명에 닿아 있는 거거든요. 그러니까 생각의 뿌리가. 그래서 끊임없이 안에서 노선을 둘러싼 논쟁이나 이런 게 계속 흐르고 있어요. 그걸 벗어나지 못해요. 그런데 이 새로운 정치는 정말 대중운동으로서의 대중정치를 해야 되는 거예요. 그러면 진보라는 것도, 좀더 나은 정치를 한다는 것도, 예를 들면 어떤 방향이나 가치, 혹은 '열 걸음 앞의 진보가 아니라, 한걸음 앞의 진보'를 얘기하는 게 맞을 거예요. 그래야만 대중운동이 되니까. 그러니까 쉽게 얘기하면 마르크스-레닌이나 모택동이 아니라 룰라를 꿈꿔야 되잖아요? 거기서 실행 가능한 진보, 왜냐하면 이건 대중정당이니까. 그러고 집권을 해서 바로 실행해야 될 정책. 10년 뒤에 할 거 말고 2년 뒤에 집권하면 실행 가능한 정책을 갖고 공감대를 만들고 새로운 가치를 제시해야죠.

한편 그는 자신은 과거에 대한 평가를 할 자격이 없다고 생각한다. 무엇보다도 현재의 목적 때문에 과거가 선불리 평가될 수 없다는 것이다. 당대 인물들의 역할은 그 당시를 재현해 내는 것, 그 자체라고 한다. 오히려 1980년대에 대한 평가는 새로운 세대에 의해 진행되어야 한다는 것이다.

그런 게 다 누적돼서 현재의 위치가 있겠지만, 현재의 목적 때문에 과거를 다르게 해석하거나, 특히 선불리 평가하는 거는 옳지 않다고 생각해서, 저는 웬만하면 평가를 안 하는 편이에요. '학출들이 와서 운동한 게 어떠냐' 이런 평가들, 그거는 제가 평가할 일은 아닌 거 같아요. 다음 세대가 하겠죠. 그 시대에 대해서 우리는 그냥 '그때 이런 생각을 하고 살았는데 이렇게 됐다', 여기까지 말할 수 있을 것 같아요. 왜냐하면 우리가 그 당시에 운동을 할 때 우리 앞세대에 대해서 비판적으로 평가를 하면서 '그래서 우리는 이렇게 운동을 한다'며 그 논리를 세워서 살았잖아요. 그러니 우리는 이렇게 했다고 얘기는 할 수 있지만, 지금 평가할 위치는 아니죠. 나는 그만큼이 역사에서 개인이 할 수 있는 몫일 거고, 그걸 넘어가면 주인공 두 번 하려고 욕심을 부리게 되는 거죠.

그가 1980년대 노동운동에 대해 당시 운동가들이 가졌던 역사에 대한 순수한 헌신에 대해 높이 평가하였다. 그는 그 과정에서 지원해 줬던 이들에 대해, 또 자신으로 인해 상처 입은 이들에게 미안함을 갖고 있었다.

운동을 같이 했던 친구들은 제가 보기에는 역사에 대한 순수한 자기헌신, 이런 것들이 있어서, 의외로 우리 세대가 정치권에는 극히 드물어요. 특히 79학번 후배들은, 정말 정치권에서 찾기 힘들어요. 유일하게 두 사람이 있어요. 내가 운동에서 주로 정리하려는 거는 그동안 도와줬던 많은 사람들에 대해서 정말 죄송하게 생각한단 마음이 있어요. 어쨌든 운동에서 내 본의이든 아니든 누군가에게 상처를 줬을 것이고. 우리 사회가, 그 시절이 그랬기 때문에 불가피했다 하더라도, 개인적으로는 미안하게 생각하고. 당시 운동에서 갈라져서 싸우게 됐던 친구들, 지금은 좋은 관계로 만날 수 있을 거라고 생각하고 있어요. 내가 운동을 한 게 좀 감성적이거나 도덕적인 거, 이런 거에 좀 가치를 많이 두는 편이어서 그랬는지 몰라도.

2) 노회찬의 구술생애사*

노회찬은 1956년 부산에서 3남매 중에 장남으로 태어났다. 그의 부모는 한국전쟁기에 피난 나와 만나 부산에 자리를 잡았다. 그의 아버지는 회사원이었고, 어머니는 교직에 몸담고 있다가 약국을 운영했다. 노회찬은 부산에서 태어나서 중학교까지 보낸 뒤 서울로 고등학교를 진학해서, 다른 이들보다 일찍 정신적으로 독립을 한 편이었다.

> 고등학교를 서울에 와서 다니면서는 가족 관계도 거리를 둔 상태에서 새롭게 내가 사회적인 인식, 사회적 관계를 맺어요. 마침 그때가 유신을 경고하는 상황이었기 때문에 직접 맞닥뜨리게 됐죠. 유신

* 노회찬의 구술은 2011년 1월 28일 구술자의 사무실에서 진행하였다. 이 구술자료를 바탕으로 2015년 2월 6일 구술자의 수정·보완을 거쳤다.

• 노회찬의 살아온 길 •

1956년 부산 출생.
1973년 경기고등학교 1학년 재학 중에 유신독재 반대 유인물 배포.
1979년 고려대학교 정치외교학과 입학. 학생운동.
1982년 영등포청소년직업학교, 전기용접기능사 2급 자격 취득. 부천, 인천의 공장에 취업.
1985년 하인천지역 정치서클 활동.
1986년 '인천노동자계급해방투쟁동맹' 결성과 활동.
1987년 '인천지역민주노동자연맹' 결성과 활동.
1989년 『사회주의자』 창간과 전국 정치활동.
1989년 조직사건으로 구속.
1992년 '진보정당추진위원회' 활동.
1997년 '국민승리21' 정책기획위원장.
1999~2008년 민주노동당 부대표, 사무총장 등.
2004~13년 17대, 19대 국회의원.
2008~10년 진보신당 공동대표 및 대표.
2011년 통합진보당.
2012~13년 진보정의당 공동대표.
2014년~현재 정의당.

이 일어난 날, 그날이 내 인생에서 터닝 포인트가 됐어요. 그전까지는 모범생이었는데, 그날 버스에서 국회 해산하고 유신선포 했다는데, 난 정치적인 의미보다도, 그때 늘 암기한 대통령 중심제에서 국회 해산이 불가능하잖아요? 근데 라디오에서는 그렇게 얘기해요. 집에 가서 책을 다시 확인했는데, 해산 못한다고 그러더라고. 근데 '방금 들은 건 뭐냐' 이거야. '국회 가는 수밖에 없다.' 그래서 국회 갔어요. 가니까 장갑차가 있고, 중앙청 가니까 탱크가 있고. 그날 밤에 그 다음 날짜 조간 가판이 나왔을 거 아니에요? 내가 국회 옆에 있는 신문사 앞에서 동아, 조선을 샀어요. 72년 10월 18일자 신문. 그거 지금도 갖고 있어요.

그전까지 모범생이었던 노회찬은 유신체제가 등장하는 과정에서 정치문제에 관심을 갖기 시작했다. 당시 경기고, 신일고 등 서울 시내에 있던 고등학교 학생들은 이런 시대상황에 영향을 받아 정치문제에 관심이 많았다. 특히 이들은 대학생들의 움직임에 많은 영향을 받았다. 유신체제 선포의 충격으로 노회찬은 사회문제를 이해하기 위해 여러 책과 잡지를 읽었다.

그때 제가 월간『다리』라는 잡지, 처음부터 마지막까지 다 사서 갖고 있었어요. 그 당시 이게 판매금지와 정간, 복간을 반복하던 시기인데, 그거 한 1년 읽으니까, 서울대생 내란음모사건, 언론 통제로 인해 다른 데서 안 나오던 게 나오니까. 나중에는 제가『씨알의 소리』까지 봤어요. 거기서 김지하도 알게 되고, 소위 여러 진보적인 학문 조류도, 좀 이해도는 낮았지만 알게 되고. 그 다음에 명동 홍사단에 백기완 선생 강연할 때도 갔고, 김동길 강연도 들었고.

그는 사회에 대한 비슷한 문제의식을 갖고 있는 친구들과 학습 서클을 만들어 철학 등의 사회과학 학습을 했고, 유신체제가 등장한 지 1년이 되는 해에는 동료들과 유인물을 만들어 배포하기도 했다.

대학 입학과 1980년 광주항쟁

그 뒤 1979년 그는 고려대 정외과에 입학했다. 그는 운동하기 위해 대학 진학을 한 것이었기에 수업을 안 들어가도 사회과학 공부를 바탕으로 시험을 봐서 성적을 받을 수 있는 정외과를 선택했다. 그는 입학하자마자 먼저 대학생활을 하고 있던 고등학교 친구들에게 여러 학습팀을 넘겨받아 서클활동을 하였다. 고등학교 때 이미 여러 사회과학 서적을 학습했기 때문에 대학에서의 학습이나 서클활동이 그리 새로운 것은 아니었다. 그는 1980년 광주민중항쟁을 보면서 학생운동·지식인운동의 엘리트적 한계를 깨달았고, 대중운동 속으로 가지 않으면 안 된다는 생각을 하게 되었다.

광주에서 두 가지를 본 거예요. 하나는 이제 극악한 독재세력들한테 그냥 데모하듯이 덤벼들어 가지고는 전망이 없다, 또 하나는 시민들이 패배는 했지만 무장, 그렇다고 해서 무조건 총만 들면 되는 것이 아니라 각성한 많은 대중들의 위력, 이게 뒷받침되지 않으면 일부가 총 몇 자루 든다고 해서 되는 문제가 아니라는 점에서, 이제 80년 5월이 우리에게 주는 게 많죠. 그 이전에 다양한 학생운동의 경험에 대해서 그걸 부정한다기보다는, 그걸 다시 지양하지 않으면 안 된다는 문제의식을 강하게 갖게 된 게, 80년 5월이었죠.

그는 1980년 5월을 거치면서 노동운동을 할 생각을 굳히고 학생운동을 정리하는 한편 노동현장에 투신할 준비를 했다.

81년부터는 노동운동 준비를 했고 82년에는 현장도 다녀 보고. 그 다음에 영등포기계공고 부설 직업학교를 다니면서 전기용접기능사 3급·2급 자격증을 취득하고, 대학교는 그냥 시험 보러 가는 정도였고. 그때는 현장 가는 프로그램이 없고, 책도 없고, 경험 전수도 없고, 그냥 처음 가기 시작하는 거였어요. 그래서 관심 있는 사람들끼리 모이는데, 그 당시에는 우리는 보안이 중요해서 전부 이름을 가리[가명]로 했어요. 그때 고등학교 친구들 중에 노동운동에 투신하고 현장 간 사람들이 열 명이 넘었어요.

인천지역의 노동현장 투신

그는 직업학교에서 1년 동안 용접기술을 배워 기술자 자격증을 따고, 1982년 대학 졸업 후 곧바로 노동현장으로 이전을 했다.

나 혼자 판단한 거지만, 고민 끝에 전기용접을 한 이유는 예를 들면 열관리하면 돈을 더 많이 벌지만 혼자 일하잖아요? 전기용접은 함께 일하니까 접촉성이 높다고 본 거고. 또 하나는 기술 습득 기간이 상대적으로 짧아요. 선반 이런 것은 2, 3년 해야 되는데, 이건 1년만

하면 돼요. 그 다음에 일자리가 더 많아요. 그래서 쉽게 들어갈 수 있다고 봤고. 그 당시 우리는 평생 해야 되는 줄 알았으니까, 기술로 먹고도 살아야 되니까. 그래서 용접을 진짜 열심히 했죠.

그가 처음 선택한 곳은 인천이었다. 지역 선정에 대해서는 노동현장 이전을 같이 준비한 동료들과 토론을 하였다. 그 결과 인천이 서울에서 가깝고 공장이 밀집되어 있는 지역이라는 판단을 하였다. 그는 노동현장 이전을 위한 준비로 기술 습득만이 아니라 노동자투쟁의 사례 분석, 노동자 교육사례, 대중운동 방법론 등도 공부했다.

나는 서울과 너무 멀면 안 되는 거였고, 그 다음에 노동청 영등포에 가서 자료 다 뽑고, …… 모든 걸 내 힘으로 해결해야 됐으니까. 그리고 그 노트 어딘가에 있을 텐데, 70년대 노동운동 노사분규사례를 찾고, 노동부에서 나온 판례집을 다 분석해 가지고 근로시간으로 투쟁한 거, 임금으로 투쟁한 거, 노동조합 결성으로 투쟁한 거 해서 유형별로 그걸 다 분류했어요. 다음에 크리스천아카데미 노동자 중간지도자 교육과정 졸업하면 교재가 다 나오잖아요? 당시에 나는 그 교재 몇 년치 모아 놓고 다 분석하고…. 80년, 81년, 82년에 이런 준비를 한 거죠. 그 다음에 원전도 그 당시에 계속 봤지만 주로 코민테른이라든가 또는 일본에서 노동조합운동과 관련된 책자들 있잖아요? 그 다음에 미국 급진 좌파들의 대중활동 지침서, 중국의 대중운동 전략에 대한 것도 구해 보고. 우리는 그때 아무것도 없었어요. 책을 사러 갔는데 '근로기준법'등이 포함된 '노동법해설'이라는 책 한 종밖에 없었어요.

그는 1982년에 처음으로 공장에 취업했다. 초기에는 노동을 익히고 공장을 파악하기 위한 경험 차원에서 몇 개월씩 직장을 다니다가 나와서 다른 공장으로 옮겨 다녔다. 그는 가능한 빨리 노동현장에 자리를 잡기 위해 노력했다. 우선 노동자들의 문화를 익히기 위해서 노동야학을 통해 노동운동에 관심을 갖게 된 20대 전후의 노동자들과 같이 생활을 했다. 또 현장에 안착해서 활동하기 위해서 무엇보다 중요한 것은 기술문제였다. 그는 용접기능사 자격증은 있지만 경력이 없었기 때문에 퇴근 후에도 집에서 용접연습을 하였고, 현장 용어들을 적어와 암기하면서 숙련기술자가 되려고 노력했다.

> 노동운동을 현장 속에서 하려면, 현장에서의 어떤 권위라는 게 있잖아요? 기술과 이런 거. 기술 익히느라 7년, 8년씩 못 기다리니까 소위 속성과정을 거쳐야 되니까, 그래서 진짜 열심히 했어요. 심지어 집에 와서도 용접 연습을 하고. 그 다음에 현장 가면 전부 장비들 용어가 일본말로 되어 있잖아요? 좀 하다 보면 알게 돼요. 일본 용어는 다 기록하고 달달달 외워 버려. 한 달쯤 지나니까 현장에 한 5, 6년 있던 사람처럼 용어를 구사하죠. 거기서 한 6개월 다니고 그 다음에 부천에 철도차량 만드는 직장에 들어가요. 거기서 '경력 얼마냐?', '3년.' '그래, 한번 해봐요.' 딱 하니까 '3년 치고 참 잘하네요.' 해서 거기서 일하다가 옮긴 게 현대철구라는 큰 사업장. 거기 들어 갈 때는 거의 경력 7년처럼 들어갔고. 거기서 얼마를 받았냐면, 그때 경동산업 노동자들 일당이 1,800원 남짓한데, 내가 7천 원 받았어요.

마침내 경험 있는 용접기술자로 현대철구에서 취직해 일하던 노회찬은 노동을 하면서, 노동자들을 활동가로 변화시키기는 일, 활동가들의 모임, 지역에 유인물을 배포하는 일 등으로 정신없는 나날을 보냈다. 더욱이 1985년 들어 노동현장에 투신하는 학생운동가들의 수가 증가하면서 그동안 소규모 서클로 운영하던 조직활동 방식에 한계가 드러났다. 주위 사람들은 노회찬에게 지역활동에 전념할 것을 요구하였다. 그 와중에 노회찬이 살고 있던 자취방에 경찰이 찾아오고 활동하는 곳이 노출되자, 그는 노동현장을 정리하고 지역활동을 하기로 마음먹었다.

> 나는 현장에서의 활동하고, 그 다음에 내가 같이 도모해야 할 노동자들이 밖에도 있잖아요? 예를 들면 나중에 경동산업 위원장이 되는 친구랑 내가 같이 살고 있었어요. 그 친구가 고등학교 졸업하고 서울 올라와서 처음 운동한다고 만난 사람이 나예요. 같이 공부도 하면서 그 친구가 활동가로서 정립할 수 있도록 해주는 것도 내 임무 중에 하나였고. 그런 노동자들이 좀 있어요. 그러니까 몸이 열두 개야, 현장에서 잔업까지 하지, 사람들 만나서 얘기해야지, 또 어떤 때는 밤에 1시쯤 유인물 만들어서 돌리러 나가지, 84, 85년 전까지. 그런데 당시는 후배들이 막 밀려드는 상황이고, 그 사람들 관리에 대해 나한테 요구가 오고, 그 다음에 우리가 옛날 선배들처럼 어디 숨어 가지고 몇 년 동안 이러는 건 전혀 아니었다고. '그렇다면 어떻게 할 거냐? 이렇게 고립 분산된 또는 아주 소규모 서클주의식으로 돌아가고 있는 이 상황을 빠르게 극복하지 않으면 안 된다.' 당연한 판단과 요구가 있었던 거죠.

'투쟁동맹'의 결성

지역의 서클활동 중심으로 활동을 전환한 노회찬은 조직문제와 노선의 문제에 집중했다. 특히 조직문제는 과학적 사회주의운동을 하기 위해서 어떻게 서클적 운동방식을 극복할 것인가가 중심이었다.

> 그 당시에 몰두했던 것은 조직문제였어요. 두번째는 노선의 문제였던 거지. 당시는 주로 개인 내지 소규모 서클로 되어 있는데, 이런 식으로 운동하는 자체가 우리 스스로 크게 불편하진 않았어요, 사실은 편했죠. 어떤 면에서는 믿을 수 있는 각별한 사이인데, '우리는 과학적 사회주의운동으로 가야 된다'라고 판단했던 거고. 그래서 '이런 방식 운동들을 우리 스스로 지양, 극복해야 된다'라고 판단했고. 그리고 재미있었던 게 우리 조직을 완벽한 조직으로 스스로 생각 안 했던 거예요. 내가 그 조직체계를 짰는데, 그때 같이 짠 친구들한테 얘기를 했어요. '우린 한 시대적 조직이다. 우린 서클이고 지금으로서 안 할 수 없어서 하지만 이게 고착화되고 굳어져선 안 되고, 우린 그 뒤에 그림은 모르겠지만 현재로서는 얼마든지 해소할 수 있는 마음의 준비를 갖고 해야 된다.' 다만 현재로는 이렇게 해서 사람들 활동하게 해야 되니까 '가자' 뭐. 그래서 일부러 굉장히 전략적인 판단해서 현장에 들어가기 위해 후배들 오면 사업장 배치를 일부러 딱 주안, 하인천에만 집중시킨 거죠.

노회찬은 주위의 역량을 주안지역에 집중해서 현장기반을 다지는 한편, 유사한 형태로 활동하고 있던 부평·부천 지역의 정치서클과 연계하여 정치조직 건설에 대한 논의를 진행했다.

부평팀하고 부천, 우리, 이 세 팀이 모여서 '합쳐 가지고 지역 혁명적 노동운동 조직을 만들자'라는 차원에서 규합이 된 거죠. 계획된 건 아닌데, 세 지역에 거점을 둔 세 개의 서클이 상호간의 필요성과 방향에 대한 일치, 그 다음에 사고체계 등 이른바 정체성과 관련된 생각이 거의 같다고 본 거죠. 부천은 현장기반이 워낙 적었던 데고, 부평은 꽤 됐죠. 그리고 우리는 현장활동을 굉장히 중시했고. 무엇보다도 '우리끼리 해봤자 의미없다. 현장에서 발굴되고 함께한 노동자들이 얼마나 있느냐가 기준이지, 책 몇 권 더 읽는 게 중요한 게 아니다' 그걸 굉장히 강조했어요.

이렇게 세 지역의 서클은 통합하여 비공개 정치조직을 지향하는 '인천노동자계급해방투쟁동맹'(약칭 '투쟁동맹')을 결성하였고, 공개적인 투쟁기구로서 '살인·강간·고문정권 타도를 위한 인천노동자투쟁위원회'(약칭 '타투')를 다른 운동 세력들과 함께 만들었다. 조직통합에 중요했던 것은 정치적 지향과 조직적 지향을 둘러싼 정체성 문제였다. 세 서클은 혁명적 사회주의자를 지향하는 것으로 자신들의 정체성을 규정하려 했고, 한국사회의 특수성을 고려한 점에서는 유사했다. 또한 당시 노동운동의 흐름을 형성했던 서·인노련과 제헌의회그룹(CA그룹)의 활동방향과 방식에 대해 공통의 비판적 관점을 가지고 있었다.

우리가 만날 때 제일 중시했던 것은 정체성 문제였고, 우리가 안티테제가 몇 개 있었는데, 하나는 '서·인노련 운동이 지식인들의 급진성을 뛰어넘지 못하고 있다. 과학적 사회주의 바탕에 두고 있지 않다' 그것에 대해 경계심이 하나 있었고. 그 다음에 'CA는 아니다'. 그 당시 CA가 노동운동에 들어오기 전이었지만, 이게 학생운동의 연장으로서 노동운동이었기 때문에 그 흐름에 대해 반대했고. 또 당시 논쟁은 사구체논쟁으로 갔기 때문에, 우리는 혁명적 사회주의자들로 스스로를 규정하려고 했던 것이고, 다만 우리가 활동하는 한국사회의 특수성에 대한 고려를 중시했어요. 그래서 우리는 스스로를 NLPDR로 정해요. 한국적 특성에서 민족문제도 해결해야 돼서 우리의 혁명적 주요 과제로 수용을 했던 거고, 그래서 NL이 붙은 거고, 그때 PD는 인민민주주의단계, 자본주의에서 바로 사회주의로 넘어 가는 게 아니라 인민민주주의로 갈 수밖에 없는 역사적 배경이 있다고 봐왔던 거죠. 이런 점에서 당시 사구체논쟁 내지 혁명의 성격과 관련된 인식을 맞췄죠. 지금 생각하면 우스운 건데, '혁명의 성격은 뭐냐, 한국사회를 어떻게 보느냐, 당면 혁명과제는 뭐냐, 주타방주타격방향은 어디냐' 이런 도식적인 거 있잖아요? 그거 맞춰 가지고 다른 입장에 타협할 수 없었기 때문에. 그래서 만들어진 게 '인천노동자계급해방투쟁동맹'이고, 거기서 『민중권력』을 냈고.

또한 세 서클은 조직운동을 바라보는 관점에서도 공통점을 갖고 있었다. 우선 이들은 그들이 만드는 조직을 중심으로 당건설을 바라보지 않으면서, 인천지역에 역량을 집중하여 다른 지역에서 활동하는 정치조직들과의 통합을 구상했다. 또 이들은 1970년대 노동운동의 한계를 비판하면서 정치적 노동운동을 현실에서 실천할 필요를 지향하였다.

우리는 『민중권력』 내면서 조직문제에 대해 두 가지 방향의 고민이 있었던 거죠. 하나는 우리가 일부러 인천에 집중을 했었어요. 그것은 서클 할 때하고 비슷한 관점이었는데, 우리가 모든 걸 다 해야 된다는 게 아니고, 그 점에서 CA하고 차이가 나는데, 우리만 옳고 우리를 가지고 전국으로 확대하는 생각은 오히려 경계하려고 했어요. 그러다 보니까 당시에 경수노련경수지역노동자연합 · 서울노련서울노동조합운동연합을 엮는 것이 우리 대외사업의 1차 과제였어요. 인민노련 만들기 전에도 그렇고, 인민노련 만들어서 또 NL하고 헤어진 후에도 그 생각은 계속 이어졌죠. '이 두 조직하고 같이 한번 해서 전국판 짜자'라는 생각이 있었는데, 일이 년 하면서 '아, 이게 안 되는구나' 판단을 하고 폐기해요.

또 다른 문제인식은, 그 점에서 특히 경수노련하고 차이가 났던 것이, 우리는 '정치적 노동운동으로 가야 된다' 그게 우리가 한때 PMO정치적 대중조직란 말 쓰기도 했는데. 그래서 한편으로는 현장에서의 축적과 확산은 기본이고, 그렇다고 해서 '옛날 우리 과사과학적 사회주의사건에 대해서 존경도 했지만, 한편으로는 그 방식은 극복해야 된다'고 봤죠. 그리고 그때는 1970년대 민주노조운동의 한계를 두고 '정치 선을 그어야 된다'는 분위기들이 많았는데, 우리는 그런 걸 보면서 '정치적 노동운동이 현장에만 묶여 있는 것은 경제주의로 흐를 수밖에 없다. 손발이 없는 운동은 극복해야 하기에 현장을 강조하고, 그러면서도 정치적 지향성과 현실정치에 대응해야 된다'는 문제의식이 강했어요. 이게 '타투'가 만들어진 배경이에요.

'타투' 결성은 1986년 이후 급변하는 정세에 대응하기 위한 것이었다. 당시 노회찬은 1986년 5·3인천항쟁을 거치면서 정권의 위기가 다가온다고 판단했다. 그는 1983년 말 이후 형성된 유화국면을 틈타 노동운동의 움직임이 다양하게 드러나고 있고, 다른 한편에서는 1987년 박종철 고문치사사건을 매개로 급격하게 정세가 고양되고 있다고 판단했다. 1987년 들어 노동운동 세력들은 점차 정세에 직접 개입하기 시작했고, 또 공동대응을 하기 시작했다. 이런 움직임의 일환으로 인천지역에서 '타투'를 결성하여 지역 공동투쟁을 만들어 나가기 시작했다.

86년 들어서 우리는 군사독재정권이 정치위기에 직면하고 있다고 판단을 한 거고. 우리는 우리대로 진화하는 작업을 하고 있지만, 예를 들면 대우자동차파업이 85년도에 일어나잖아요? 물론 다른 방식이겠지만 구로동파도 있었고. 노동운동에서 변화는 일부는 만들어 냈지만 나머지는 흐름에서 만들어지고, 정치적 국면이 만들어지고. 그리고 정치적으로는 봉합하기 힘든 상황으로 계속 가고 있고, 그게 5·3항쟁으로도 나타나고. 그런 국면에 들어서면서 '정치적인 위기는 시작되고 있고 이 위기에 적극 대응해야 된다.' 그래서 표면적으로는 박종철 군이 1월 달에 사망하고 2월 달에 '타투'가 떴지만, 미리 그런 논의를 하고 일부 준비되고 있었기 때문에, 박종철사건 나자마자 바로 개입할 수 있었던 거죠. 그래서 '타투'에서 2월 7일, 3월 3일에 플래카드 만들어서 서울까지 와서 시위하고.

인민노련의 결성과 분열

그는 1986년의 정세가 지속될 것으로 판단하였다. 그는 정세에 대응하기 위해 결성한 '타투'를 매개로 한 공동실천 경험을 상설적인 정치실천을 위한 조직결성으로까지 밀고 나갔다. 그 결과 1987년 6월 투쟁동맹 쪽과 NL세력이 힘을 합쳐 인민노련인천지역민주노동자연맹을 결성하였다. 인민노련은 정치적 노동운동을 위한 정치적 대중조직의 성격을 띠었기 때문에 혁명노선과 조직노선에 차이가 있는 다른 정치세력과도 공동실천을 할 수 있는 조직이었다.

> 정치적 노동운동을 굉장히 중시했는데. 이 시기가 한두 달로 끝나는 게 아니라 몇 년간 갈 정세가 펼쳐진다고 보았던 것이고. 또 우리는 그동안에 짧았지만 몇 년 동안 현장부터 시작해서 활동가그룹이 준비되어 있었던 것이기 때문에, PMO정치적 대중조직가 나오는 거죠. 거기서 'PMO를 하나의 노선으로서만이 아니라 물질로서 만들어 내자', 'PMO가 의미 있으려면 전국화돼야 되지만, 지금은 전국을 대상으로 못 만들어 낸다. 그러면 인천이 그나마 영향이 있는 곳이니 인천에서 만들어 내자.' 그러면 생각이 좀 다르더라도, R혁명에 대한 상은 다르더라도 '정치적 대중조직'의 상이 같으면 PMO는 같이 하는 거잖아요? PMO는 우리가 규정하기를 반공개 반합법인데, 조직의 존재, 즉 이름은 공개하되 내용은 공개 안 하는 거죠. 그래서 반공개-반합법인 PMO로 '인천지역민주노동자연맹'을 결성했고, 그 모태가 된 게 '타투'죠. '타투'는 우리가 만들었지만 그 당시 인천에 있던 NL그룹과 무단히 접촉을 해서 '전술적 연대체를 시급히 만들자' 했고 만남과 논의가 있었고. 그 과정에서 서로 소통되면서

인민노련을 만들 수 있는 배경이 된 거죠. 거기에 정치상황이 계속 이런 걸 더 요구하는 상황으로 가니까, 87년에 띄우게 된 거죠

정치적으로 입장이 다른 두 세력이 인민노련을 결성하는 데 성공했으나 인민노련은 결성 직후부터 두 세력 간의 갈등과 균열이 나타났다. 결국 NL세력들이 조직을 이탈하면서 인민노련은 남아 있는 투쟁동맹그룹을 중심으로 활동하였다(후기 인민노련). 노회찬은 당시 갈등과 분열의 원인에 대해 대통령선거 대응에서의 전술적 차이도 있었지만 그보다는 인민노련 내부에서 양 세력 간의 헤게모니를 둘러싼 문제였다고 판단한다.

전술의 차이가 아니었고 헤게모니 문제였죠. 당시 우린 운동의 문제인데, 우리는 인민노련을 만드는 과정에서는 함께하기 위해서 많은 양보를 했었어요. 사실 초유의 경험이잖아요? 초유의 경험이라 서로 간의 긴장은 있었죠. 아무래도 경향이 차이가 있다 보니까. 그런데 이 조직이 일회적으로 소멸할 조직이 아니라 점점 더 활동을 많이 해갈 조직으로 보였던 거예요. 그렇다면 더 차이를 좁히는 식으로 갈 필요가 있었는데, 그냥 NL쪽에서 뭔가 표결을 했다는 식으로 수적으로 몰아갔는데, 그런데 예상 밖으로 표결에서 지니까 나가 버렸죠. 그렇다고 이긴 쪽에서 큰 패권을 발동한 건 아니었는데, 그쪽에서 판단을 한 거 같아요. 그래서 우리만 남게 된 거죠.

인민노련이 이처럼 내부 갈등이 심화되고 분열을 겪는 과정에서 1987년 노동자대투쟁이 일어났다. 노회찬은 당시 상황을 '혁명

적 상황'처럼 인식하면서 기존의 비공개적이고 은밀하게 추진했던 대중활동 방식을 변화시켜야 한다고 판단했다. 그는 지역에 공개 활동의 거점을 확보해야 하며, 노동현장에서도 노동조합에 적극 참여하는 활동 방식으로 전환하는 방침을 정했다.

> 7, 8월 대투쟁 때인데, 내가 살아 생전에 그런 광경을 보리라고는 상상을 못했었죠, 사실은. 그야말로 예기치 못한 혁명적 상황이 일어난 건데, 우리도 대응을 굉장히 빠르게 잘했어요. 7월 2일인가? 현대엔진 파업이 일어나는데, 그때 한 1주일 지켜보면서, 그때만 해도 울산에서 터지고 있을 때인데, 상황이 80년 5월 느낌이 들더라고. '이제까지 우리가 겪지 못한 새로운 상황이 온 거냐?' 7월 중순 정도 되니까 이게 중부지역까지, 7월 말이면 경기도까지 올라온다고. 이게 선 타고 불이 번지듯이 올라왔어요. 7월 중순경에 제가 완전히 비상, 그때 내가 각 지역 책임자들 다 모아놓고 흥분해 가지고 굉장히 장시간 얘기한 게 '이제까지 노동운동은 다 잊어 먹어라. 지금 한 번도 우리가 상상도 못하고 겪지도 못한 새로운 상황에 이미 우린 들어와 있다.' 이제까지 노동운동은 다 비밀리에 접선해 가지고, 그런 게 무의미해지는 전혀 새로운 상황, 그리고 6월항쟁의 성과와 한계 속에서 배제되었던 노동이 들고 일어나는 상황이 왔다는 거죠. '이 규모가 어떻게 될지 우리는 짐작을 못한다.' 우린 그때 공개사무실도 없었던 상황이에요. 그래서 민중교육연구소[약칭 '민교연'] 있잖아요? 그게 박종열 목사가 신학의 관점에서 '순수하게 민중교육에 대한 연구소가 필요하다' 이런 생각을 하고 준비를 했는데, 내가 '따로 만들 필요 없이 그걸 사무실로 하자.' 아예 '활동가

들이 가서 전혀 다른 방식으로 활동하는 거다.' 그래서 공개거점을 만들어 내고. 거기서 '운수상담실을 만들자.' 그리고 '현장활동 방식도 이제는 완전히 목적의식적으로 들어가야 된다' 해서 노조 간부 할 수 있는 사람들은 다 직책 맡고, 현장에서 전면 진출하자고 방침을 정해요.

이처럼 노회찬은 노동자대투쟁의 전국적 파급과정을 보면서 곧바로 민교연을 지역의 공개거점으로 삼고 현장의 노동자투쟁과 조직을 결합시키면서 노동자투쟁에 결합해 갔다. 지금도 그는 당시에 노동자들의 변화에 굉장히 빠르게 대응했다고 평가하고 있다.

또 다른 현실대응으로 그는 인천지역의 활동가들을 남부지역으로 파견하였다. 그 계기는 부천지역에서 활동하던 노동자가 공장 이전과 함께 구미로 지역을 이전한 것이었는데, 울산·거제 등지에 운동 경력이 많은 활동가들을 파견하기 시작했다.

또 하나는 87년 초기부터 부천에 지도부였던 사람이 활동도 정말 모범적으로 잘하고, 근데 회사가 구미로 가 버린 거야. 우리는 고민하다가 구미도 우리 활동영역에 포함시켜서 활동하는 것은 어렵다고 봤지만, 이 친구가 특기 있는 노동자 출신인데, 계속 거점을 갖고 활동하는 게 궁극적으로 좋겠다 싶어서 가는 걸 허용했어요. 그 친구가 가서 상담소에 혼자 있었어요. 간혹 우리가 몇 달에 한 번씩 가긴 했지만. 이 친구가 거기서 조금씩 지역을 넓혀 갔어요. 시기적으로 보면 경수노련, 서울노련은 통합 프로그램은 가능하지 않다는 게 거의 확인되는 상황이었고, 또 전국이 들끓는 87 상황이 왔고,

88년에도 계속 일어나잖아요? 근데 인천은 포화상태고. 그래서 우리가 지역으로 보내기 시작했는데, 그때도 난 참 잘했던 거 같아요. 초짜는 절대로 안 보내고 지역 책임자급, 이런 사람들을 울산은 이근원, 조승수, 신지호, 거제는 박신철. 일당백이 된 사람들을 보내기 시작했죠. 그게 87 이후에 달라진 거죠.

전국정치조직 건설 시도와 민중당

노회찬은 1989년 인민노련을 탈퇴하고 전국사업을 추진하기 시작했다. 그는 1987년 노동자대투쟁 이후 노동운동의 상황이 달라지자 그에 대한 대응을 위해서 정치조직운동 세력이 전국적으로 힘을 결집해야 한다고 판단했다. 나아가 그는 노동운동이 정치에 직접 개입하면서 정치세력으로서 노동운동을 드러낼 필요성이 있다고 판단했다. 이런 판단에 근거해 그는 1차 전국사업 프로그램으로 비합법 정치조직운동의 통일을 추진했다. 당시 노동조합운동이 전국화되고 있는 상황에서 산개해 있는 비합법 정치조직들이 결집해야 할 시기라고 판단한 것이다. 우선 그는 『사회주의자』를 창간하기 위한 편집팀을 꾸렸다. 『사회주의자』를 발간한 목적은 사회주의자로서 정세와 운동의 방향에 대해 어떻게 고민하고 실천할 것인가를 문제제기하기 위한 것이었다.

전국사업을 하기 위해서 정치적인 통일성이 중요하다고 본 거죠. 그런 점에서 『사회주의자』는 사회주의 이론을 보급하는 데 관심이 있는 게 아니었어요. 오히려 우리는 이론의 과잉이 더 문제였다고 봤고. 현실에 접목시키지도 못하고 현실에서 힘도 만들어 내지 못하면서, 이론만 공중에 떠 있는 것에 대한 경계심이 굉장히 컸기 때문에, 한국의 사회주의자가 이 상황을 어떻게 보고 어떤 행동을 해야 되는가, 심지어 내가 『사회주의자』에 쓴 글을 보면 '전교조 교사가 누군가, 교사를 우린 어떻게 봐야 되는가, 계급적으로 어떻게 봐야 되는가'부터 시작해서 전교조운동의 방향까지 제시하고. 이런 것들을 우리가 할 일이라고 봤던 거죠. 그리고 '지금의 정세를 어떻게 이해하나, 이 정세에서 우리는 어떻게 운동을 발전시켜 나갈 준비를 해야 되는가' 그런 걸 중심으로 해서 운동권을 통일시켜 내자고 해서 만든 것이고. 나중에 내가 안산이나 사람들을 만나서 얘기를 들어보면 그전부터 인민노련에서 『노동자의 길』과 『정세와 실천』을 뿌렸는데, 그것에 대한 신뢰가 상당히 있었고. 거기에 『사회주의자』까지 나오면서, 활동가들이 함께할 수 있겠다는 확인이 되었던 거죠.

이처럼 전국사업은 한편에서 조직원들을 다른 지역으로 파견하여 기반을 넓혀 나가려 했던 시도가 바탕이 되었고, 다른 한편에서 여러 지역의 정치조직들과 공동논의를 모색하는 것으로 나타났다.

상층에서 비공개리에 타진하고 시도되었던 경수노련, 서울노련과의 통합 프로그램이 무력화되어 성과를 갖지 못하고. 다시 전국사업에 대한 새로운 문제의식, 새로운 프로그램을 갖게 된 것이 1987년 이후예요. 우리는 끊임없이 그걸 시도를 했어요. 굵직한 몇 군데만 연합하는 문제가 아니라 '최대한 성격이 유사한 곳은 다 연합하자.' 모든 그룹을 그때 접촉해요. 안산노련, 노동계급, 삼민동맹, 거기서 안 된 게 사노맹이고. 또 지역에 파견했던 부분들이 지역에서 열심히 하면서 활동기반이 생기는 것이 도움이 됐고, 또 해당 지역에 있던 그룹들 예를 들면 대구에는 토박이그룹들이 있잖아요? 광주에도 그룹들이 있고, 강원도는 원주그룹이 있고. 그래서 우리가 내려가서 했던 부분들하고 지역그룹들이 같이 엮여져서 모여요.

그는 전국사업의 두번째 프로그램으로 합법정당 건설을 추진해야 한다는 것이었다. 합법정당 문제에 대해서는 이미 1986년 투쟁동맹 시절에 5·3인천항쟁을 보면서 합법적 중간계급정당의 필요와 활용에 대해 논의됐다. 당시에는 주체 역량과 정치상황이 맞지 않아 보류했던 사업이었다. 그러나 1987년 이후 노동운동의 발전과 6·29선언 이후 상대적으로 열린 정치상황을 적극적으로 활용하면 가능하다는 점과 노동자·민중의 목소리를 정치적으로 내기 위해서도 필요하다고 판단한 것이다.

두번째 프로그램은 비합법활동은 한계가 있는 것이고, 노동운동은 이미 자기 동력에 기초해 형성돼 가고 있기 때문에 나름대로 지도를 하면 되는 것이고. 문제는 정치 부분이 과거처럼 노동자의 목소리를 정치에 표현하는, 혹은 노동자의 관점에서 정치를 바라보는, 더 넘어가서 정치에 직접 관여하는 '정치의 장'에서 정치로서의 노동운동을 표현해 내는 게 필요하다고 봤던 거죠. 그것은 87년부터 시작된 거예요. 그래서 대선을 기점으로 독자후보를 냈을 때, 독자후보진영에 모인 쪽에서는 '민중의 목소리가 이 대선 마당에 나와야지, 다 부르주아, 소부르주아 목소리만 나와서 되겠느냐'고 해서 참여한 사람들도 있고, 여러 가지지만 우리는 선거 참여가 정당 만들기 위한 과정이었던 거예요. '민중의 당'이 조건의 한계로 인해서 우여곡절 과정을 거치고 다시 민중당까지 나가는데, 그 공간을 활용하는 것은 우리가 더 중요하게 생각하는 운동을 위해서 굉장히 필요하다고 봤던 거죠. 그래서 우리 내부에 '특수사업부'를 만들어서, 어느 정도 비중을 뒀냐 하면 정태인 씨를 내보네요. 그건 우리로서는 투자한 거고, 조직적 결의가 있었던 것이죠.

한편 『사회주의자』 전국사업은 인민노련 내에서 지속적으로 논의해 온 방향이었기 때문에 관건은 어떻게 성사시키느냐의 문제였다. 그러나 이 사업을 추진하는 과정에서 두 가지 사건이 일어났다. 하나는 인민노련사건으로 노회찬 등이 구속된 일이었고, 다른 하나는 사회주의권의 붕괴였다. 한사노당한국사회주의노동당 준비위원회으로 여러 정치세력이 모이던 과정에 일어난 사회주의권의 붕괴는 방향 전환을 빠르게 했다. 그 과정에서 선진노동자들과 활동가들은 충격을 받고 많은 혼란과 동요를 보이기도 했다.

비공개로 전국순회 토론회를 붙여요. 다행히 시기적으로 보나 그때 잘 맞아 떨어져서 됐죠. 거기까지는 잘됐는데, 문제는 90년, 91년 소비에트 붕괴가 돼서, 거의 같은 시기, 간발의 차이로 되면서, 우리는 노선을 겨우 모양새를 만들어 놨을 뿐인데 전면 재검토하는 상황이 된 거죠. 그리고 사실 전면 재검토를 신속히 한 편이죠. 제일 빨리 했죠. '신노선'을 채택하면서 프로그램 중에서 하나는 이제 없어지는 것이고[비합법 전국정치조직 건설], 하나는 합쳐지면서 합법정당

> 중심으로 가는 식으로 된 건데, 이때 문제가 발생한 거죠. 이걸 추동하는 과정에서 많은 토론이 있었어요. 나는 이걸 가볍게 보질 않아요. 특히 노동자 출신 활동가들은 이 과정에 대한 수용이 아무래도 다르죠. 나는 좀더 우리가 인내심을 갖고 노력을 했어야 됐다고 보는데, 노동자들은 어느 날 우리가 갑자기 말을 달리하는 식으로 받아들이는 거고, 그러면서 현장에서 상당히 혼란과 배신감이 있었죠. 또 이런 과정에서 신지호 동지처럼 부담과 후유증을 키워낸 경우들도 있었고, 완전히 확~ 뒤바뀐 것처럼 오해할 장면도 남겼으니까. 그럼에도 이 전환은 불가피했다고 보는 것이고, 다만 이걸 현실에 적용하는 데 있어서 상당히 서툴렀다는 것이죠.

감옥에서 노회찬은 밖의 사람들이 추진했던 한사노당이 1991년 사회주의권 붕괴 이후 '신노선'으로 전환하면서 한노당[한국노동당]을 거쳐 민중당까지의 과정, 그리고 실패의 원인에 대해 고민했다. 그는 사회주의 붕괴에 대해서는 현실에서 드러난 여러 문제점에 대한 반성과 새로운 성찰이 필요하다는 정도로 인식했다. 그렇기 때문에 그는 당시 '신노선'으로의 방향 전환에 대해서는 긍정적으로 판단했다.

> 우리는 노선 전환이 빨랐다는 것은 나는 장점이라고 봐요. 그게 우리 '기풍'이라고. 나는 오히려 완고하게 계속 안 갔다는 점에서 잘했다고 보는데, 다만 그것이 그렇게 간단한 문제가 아니기 때문에 노동자들이나 사람들에 대해 대처가 미흡했던 부분은 분명히 있다는 것이고.

그러나 그는 '신노선'으로 전환하는 과정에서 여러 문제가 있었다고 판단했다. 우선은 노동자들을 차분하게 설득하지 못한 채 일을 성급하게 추진하면서 나타난 붕괴 양상이 나타났다. 또 사회주의 이념으로 온몸을 바쳐 활동했던 활동가들이 운동을 정리하면서 나타난 붕괴 양상도 있었다.

> 그 뒤에 나타나는 붕괴 양상이 몇 차례 걸쳐서 있는데, 예를 들면 초창기부터 쭉 같이 활동했던 부천 책임자가 있는데, 나이가 나보다 어리지만 존경할 만큼 인품과 활동에 대한 자세를 갖춘 사람이었어요. 근데 이 사람이 사회주의권이 딱 무너지고 운동을 그만뒀어요. 사회주의 무너진 게 잘못됐다가 아니라, 또 실망해서가 아니라, 또 신지호처럼 생각이 바뀐 것이 아니라, 그나마 사회주의니까 모든 걸 다 바쳐서 했는데, 이게[신노선] 사회주의를 가지고 하는 건 아니라는 거죠. 그가 추구했던 사회주의의 원래 프로그램으로 계속하는 것은 아니라는 거죠. 그러니까 이 사람은 다 바쳐서 할 게 없다는 거지. 이런 경우는 정말 개인의 신념과 관련된 문제예요. 어찌 보면 사회주의를 무겁게 받아들이고 견지했기 때문이에요.

그는 실패의 핵심문제로 패권적인 시각에서 오만함을 갖지 않았는가를 자문했다. 그는 '신노선' 이전까지 능력부족이나 실수도 있었지만 오만하지는 않았다는 판단을 했다. 그러나 1991년 이후 '신노선'으로의 전환과 그 내용의 조직 내 소통과정에서, 그리고 한노당 창당과 민중당 통합과정에서 오만함이 드러났다고 판단했다. 오만함의 핵심내용은 '신노선' 전환이 조직형식적인 것에 그치고 운동철학의 내용면에서 전환이 이루어지지 않았다는 것이다.

> 오만함은 내가 볼 때, 나도 더 생각을 해야 되는 부분이고. 프로그램에서 신노선이 활동하는 철학과 자세의 신노선으로 이어졌어야 했는데, 그러지 못했다는 거고. 그 얘기는 신노선이란 게 '비합법 사회주의 정당건설을 폐기하자'는 것이고 비합법 정당이란 전반적인 운동을 지도하겠다고 자임하는 거잖아요? 그 노선 폐기는 단순히 당만 안 만드는 게 아니라, 그 물질화된 당으로 표현되는 지도성도 같이 폐기해야 되는 건데, 당노선은 폐기하되 전반적인 바탕은 그 당을 가지고 하려던 마인드를 그대로 갖고 있는 거죠. 그러니까 사고가 날 수밖에 없는 거지. 예를 들면 비합법당이 아닌 민중당을 '지도부 갈아야 되겠다. 우린 쪽수가 많으니까' 그런 식으로. 그 자신감의 근원에는 '쪽수가 많다'라는 아주 천박한 문제의식이고, 다른 한편은 껍데기만 버리고 알맹이는 못 버린 거죠.

진보정당 건설운동과 1980년대 노동운동

노회찬은 1992년 출감한 뒤에 진보정당추진위원회(약칭 '진정추')를 구성하여 여러 사람들을 만나면서 한노당-민중당의 실패원인에 대해 다시 분석했다. 1987년 이후, 특히 1991년 민중당운동의 문제를 크게 두 가지로 정리했다. 하나는 변혁적 정치운동 세력의 통일성을 확보하지 못한 것이었고, 다른 하나는 민주노조운동의 조직적 지지를 확보하지 못한 것이었다. 진보정당운동을 제대로 추진하기 위해서는 이런 문제를 해결해야 했다. 노회찬은 전자의 문제를 해결하기 위해서 정치입장이 다른 전국연합 쪽과도 소통하여 합의를 이끌어 내려 노력했고, 후자의 문제를 해결하기 위해서 민주노총의 지지를 확보하는 데 주력했다. 그는 이러한 노력의 결실로 노동운동 세력의 일정한 합의와 지지 속에 1997년 진보정당을 추진할 수 있었다.

> 내가 '왜 민중당은 실패했는가, 왜 한노당은 실패했는가' 그때 글을 썼었어요. 실패 원인을 내가 분석해 보니까 운동 진영들을 다 모으지 못했던 게 굉장히 컸거든요. 그리고 한노당을 뜯어 보면 노동이 상당히 참여를 많이 했어요. 그 당시 전노협 중앙위원 중에 40% 이상이 참여했다고, 개인으로. 당시 민중당의 100개 넘는 지구당 위원장 중에 절반 이상이 노동자였어요. 그럼에도 노동운동 조직의 공식적 지지를 얻어내지 못했잖아요? 그 위원장도 반대했으니까.
>
> 그래서 우리는 정당에 익숙한 사람으로서 당을 또 만들어 낼 수 있지만, 92년에 민중당 해산되고 '진정추'가 또 당을 만들려고 할 때, 내가 당을 천천히 만들자고 내세웠던 몇 가지 이유 중에 주요한 부분들이에요. 나는 '과거의 실패가 극복돼야지 반복되어서는 안 된다. 과거 왜 실패했는가. 운동권 분열, 그 다음에 노동을 얻지 못했다. 개인으로서는 많았지만 조직적 지지를 얻지 못했다' 이걸 주요한 두 가지로 얘기했던 거고. 이것을 변화시키는 데 몇 년이 걸린 거죠. 결국에는 민주노총이 지지한 거고, 그 다음에 전국연합에 가서 한 명씩 따로따로 설득을 했고. 그렇게 해서 같이 하게 된 거죠. 그게 97년도니까 근원으로 따져 보면 87년에서 10년 걸린 거죠.

이러한 노력의 결과 민주노동당이 결성되었고 그 뒤 분열을 겪어 진보신당으로, 현재 그는 정의당에 소속되어 정치를 하고 있다. 그는 1980년대 변혁적 노동운동에 대한 평가를 1987년 이전과 이후로 나눌 필요가 있으며, 그 핵심내용은 1987년 노동자대투쟁에 대한 노동운동 세력의 초기 대응을 엄밀하게 검토해야 한다는 것이다. 그는 1987년 이전의 노동운동이 1970년대의 조합주의적 노조운동을 극복하려 했고 혁명운동을 발전시키려 한 점이 실제 1987년 6월 항쟁을 통해 제대로 자리매김 되지 못했다고 비판하였다. 또 1987년 노동자대투쟁으로 노동운동이 전국적이고 대중적인 발전을 했지만 현실에 여러 과제를 남겼다는 것이다.

> 80년대 노동운동은 크게 두 시기적 단계를 구분하는데, 87년 이전과 이후로. 이전의 운동 성과 혹은 한계가 87년 이후의 운동의 발판 내지 장애물로 이어지는 것은 자연스러운 것으로 보여지는 거죠. 87년 이전의 노동운동은 한편으로는 조합주의적 노동운동에 대한 극복과 반성의 의미가 있는 것이고, 다른 한편으로는 지식인 중심의 민주화운동을 대중적 기반으로 혁명운동으로 발전시키려는 몸부림으로서 노동운동의 측면이 있는 거예요. 그런 양자가 다양한 시도와 사건을 만들어 냈던 것이고, 이런 것들이 87년 6월에 과연 어느 정도 의미 있게 반영됐는가에는 대단한 아쉬움이 많아요. 나는 그 점은 역사적 한계가 있었던 같아요. 예를 들면 87년 이전 상황에서의 노동운동의 치열한 문제인식이나 또 과감한 시도, 이런 것들이 사실 역사적 전환기인 87년 6월에는 인정받지도 못했고 또 역할을 맡지도 못했던 거고. 사실 87년 6월 인천에서 싸움은 노동자들만 싸웠어요. 퇴근하고 잔업하고 밤 9시부터 데모를 했지만 결

국에 87년 과실은 부르주아 정치인들의 손으로 넘어간 것이고, 다만 후퇴한 빈 공간에서 새로운 노동운동의 장이 펼쳐진 것이고, 이게 오늘까지 이어지는 과정이 된 거죠.

그런 점에서 87년 노동운동은 한편으로는 한국에서 남한정권 수립 이후에 노동운동의 새로운 전개라는 역사적 장을 마련했고, 또 다른 한편으로는 여러 운동이 발전하기 위해서 극복해야 될 많은 과제들은, 87년 한국에서 구조적인 부분도 있고, 또 87년 이후에 운동의 관성과 잘못된 전략, 전략적 결함에 기인 한 바가 매우 크죠. 따라서 현재 노동운동의 문제를 해결하는데 87년 이후의 초기대응에 대한 정밀한 평가가 반드시 필요해요.

이러한 1980년대 노동운동에 대한 평가를 바탕으로 그는 인민노련의 역할에 대해서 1980년대라는 시대적 한계 속에 있었지만, 과학적 사회주의 운동을 하려고 노력했고 그것이 1987년 노동운동을 만들어 내는 데 기여했다고 평가한다. 나아가 인민노련의 활동과 그 이후 합법정당 건설로의 전환 노력은 현실의 진보정치 세력을 형성하는 물적·이론적 기초가 됐다고 평가한다.

인민노련은 어차피 역사적 조건과 한계 속에서 움직이는 거니까, 좀 대중성을 가지면서 과학적 운동을 하려고 시도했던 몸부림이고, 87년 노동운동을 만들어 내는 데, 일정한 역할을 하지 않았는가. 특히 노동운동이 정치적 운동으로 발전해 나갈 수 있는 계기들을 마련하는 데 의의가 컸다고 보고. 결국에 오늘날 한국사회의 변화를 이끌어 내는 진보정치 세력의 80년대 차원의 기틀을 마련하는 역할이 인민노련의 공도 있고. 저보고 얘기하라면 오늘날 한국사회의 진보, 또 한국사회의 근본적 변화를 위한 진보정치 세력 구축의 이론적·물질적 그리고 조직적 기초를 이뤄 낸 점을 평가하고 싶어요.

3) 박성인의 구술생애사*

박성인은 제주도 노형(지금의 신제주)에서 2남 3녀 중 장남으로 태어났다. 그의 할아버지는 일본으로 건너가 살다가 해방이 되어 돌아왔다. 그 때문에 그의 아버지는 일본에서 태어났고 해방이 되면서 제주도에 들어왔다. 4·3항쟁 때 할아버지 집은 불타고, 할아버지와 친척들이 경찰에게 죽임을 당하였다. 그의 아버지의 바로 위 형님은 당시 20세였는데 인민유격대에서 활동하다가 1949년에 행방불명되었

* 박성인의 구술은 2010년 12월 23일 구술자의 사무실에서 진행하였다. 이 구술자료를 바탕으로 2015년 2월 9일 구술자의 수정·보완을 거쳤다.
• 박성인의 살아온 길 •
1959년 제주 출생.
1978년 연세대 사회학과 입학.
1982년 제주 학습모임 참여.
1983년 다산보임그룹 참여.
1986년 다산보임사건으로 구속.
1988년 울산지역 노동현장 취업.
1989·90년 울산노동조합협의회 준비위 간사.
1991년 제파PD사건 구속.
1995~2007년 한국노동이론정책연구소(정책위원장, 부소장, 소장).
1999~2008년 노동자의 힘(기관지위원장, 대표).
2009년 사회주의노동자정당건설 준비모임 강령위원장.
2010년 사회주의노동자정당건설 공동실천위원회 중앙위원.
2012년 18대 대선, 노동자대통령 김소연 선거투쟁본부 정책홍보위원장.

다. 당시 제주도는 좌익운동에 참여하는 사람들이 아니어도 대다수 주민들이 새로운 사회를 건설하려는 전망을 갖고 있었다.

박성인이 태어날 즈음에는 집안이 어려웠으나 아버지가 상업을 하면서 차츰 경제적 안정을 갖게 되었다. 그는 장남으로 집안의 총애와 기대 속에서 모범생으로 고등학교까지 제주에서 다녔다.

> 중학교 때까지는 진짜 공부를 잘했죠. 중학교 때는 전국적으로 학력 비교하는 시험들을 보면 학교에서는 물론 제주도에서도 1등이고 전국 10위까지 해봤어요. 근데 제주일고 입시에서 수석을 못하면서 엄청 충격을 먹고 고등학교 때부터는 공부를 안 했어요. 내가 학교 공부한 거는 고등학교 1학년 때까지고. 그래서 고등학교 3년 동안은 학교 수업만 듣고서 책 사다가 책만 보고. 과학책, 문학책, 고전들. 아버지 서가에 꽂혀 있던 역사책과 『대한민국 정치야사』라는 십 몇 권짜리도 읽고 그랬죠. 뭔가 삶과 진리에 대한 고민이 컸던 것 같아요. 고등학교 교과목으로는 이런 바람을 채울 수가 없었죠. 그래서 고등학교를 빨리 졸업하기를 바랐죠. 처음에는 의사가 되려고 이과로 갔다가, 고등학교 2학년 여름방학 때 의사에 대한 회의를 느껴 갖고 방황을 하다가 사회학과로 가기로 결정하고 이과에서 문과로 갔죠. 그 당시는 사회학이 사회에 대한 내 고민에 답을 줄 것 같았고, 또 신생 학문에 가까웠거든요.

삶의 방황과 운동 입문

박성인은 1978년 연세대 사회학과에 입학해서 서울로 올라왔다. 그는 고등학교의 분위기가 억압적이었기 때문에 대학에 가면 자유로워질 것이고, 그를 괴롭히고 있던 진리와 종교에 대한 고민도 해결될 거라 기대했다. 그러나 막상 대학에 입학했으나 해결되기를 바라던 삶과 진리의 문제가 정리되지 않았다. 그는 연세대에 유명한 운동권 서클인 '인간 걱정반'에 참여해 토론도 해보았으나 '어떻게 살아야 하는가'에 대해 답을 찾지 못한 채 방황을 계속했다. 결국 그는 1학년을 마치자 미련없이 대학교를 떠났다. 그후 신학 책 등을 보면서 '세상을 어떻게 이해하고 살아갈 건가'를 고민하다가, 군입대 영장이 나오자 1979년 11월에 군대를 갔다. 1982년에 제대를 한 그는 고향으로 내려가서 선배가 주도하는 학습모임에 참여하였다. 그는 학습을 통해 사회구조를 인식하면서 그동안 막혀 있던 자신의 삶의 문제가 개인적인 것이 아님을 깨달았다.

> 82년에 제대를 해서 제주도에 내려가서, 이때가 내가 운동을 본격적으로 한 건데, 그때 제주도 선배 중에 김○○라는 선배가 제주도에서 4·3항쟁에 대해 공부하는 팀을 만든 거예요. 그래서 그때 『4·3 인민들의 무장투쟁사』라고 하는 일본책을 일어 공부하면서 읽었고. 그 다음에 이때 아주 충격적으로 남은 게 뭐냐면 부총양삼도미즈카 료조富塚良三의 『경제학원론』을 공부했거든. 나는 이거 보면서 눈물을 펑펑 쏟았어요. 결국 내가 고민하던 삶과 진리의 문제가 완전히 정리가 되는 듯이 느껴졌죠. 가슴이 탁 풀리는 거야. 그리고 김○○이라는 친구와 제주도를 걸어서 돌아다니면서 할머니, 할아버지들하고 인터뷰하면서 주로 4·3에 대한 얘기들 듣고. 제주도의 척박한 역사와 그 속에서 살아온 민중이라는 것에 대해 관념이 아닌 현실

로 절박하게 느낄 수 있었어요. 그러면서 그동안 고민해 왔던 것들이 한 번에 탁 정리가 된 거예요. 83년에 대학교에 복학했지만 학교 다닌다는 생각은 안 하고 곧바로 노동운동을 시작했어요.

박성인은 학습모임을 통해 자신의 문제를 객관화시키면서 점차 사회문제를 해결하기 위한 데로 관심이 나아갔다. 그는 복학해서 학교에 적만 둔 채, 선배의 소개로 다산보임의 초기모임에 참여하면서 본격적으로 운동에 참여하였다.

다산보임그룹 참여와 활동

다산보임그룹은 밖으로는 기독교청년연합 탈춤반으로 활동하면서, 내부에서는 '진영'과 '화다'라는 모임의 틀을 가지고 전체 활동방향을 기획해 갔다. 박성인은 이 전체구조에 속해 있는 연합체인 '노티'대학교 노동서클팀에 참여하면서 각 대학에 노동 관련 서클을 만드는 역할을 하였다. 그는 '노티'의 독자적인 활동으로 학생운동가들에게 노동문제를 인식시키기 위해 방학 때는 공장활동을 참여하게 하거나, 노동운동에서 투쟁이 벌어지면 연대활동을 벌이기도 했다.

'노티'는 각 대학마다 노동과 관련된 서클들의 연합회였어요. 중앙대, 고려대, 서울대, 연대에 노티가 있어서 83, 84, 85년 여름방학하고 겨울방학 공활을 구로, 성수, 안산 등에서 했고, 85년도 구로동맹 파업 할 때도 이 노티에서 연대해서 싸웠어요. 학생들을 조직하고 노동 쪽으로 연결시켜 내는 게 일종의 '노티'의 역할이었죠. 그런데 84, 85년에 어떤 문제가 생기냐면, 캠퍼스 밖에서의 이런 체계를 구축하려 들어갔는데, 학교에서 '캠퍼스 이전론'이 제기되면서 굉장히 논쟁이 됐어요. 그러면서 이 시스템이 균열이 생겨 버린 거예요. 이 시스템으로 역량을 배치하는 게 아니라 연대면 연대, 서강대면 서강대가 캠퍼스 단위로 이전팀을 따로 구성해서 그냥 독자적으로 가 버리는 거죠. 그러면서 부딪힌 거였어요. 그게 '조직 지도선을 어떤 식으로 가져갈 거냐' 하는 문제인데, 어쨌든 캠퍼스 단위로 해서 지도선이 정리가 돼 버리는 거죠. 그러니까 이쪽 지도선 자체가 부정이 되는 거잖아요? 어떤 노선과 내용을 갖고 부딪쳤다기보다 그런 문제가 있고.

이런 갈등을 겪으면서 '진영'은 '다산'기획과 '보임'으로 조직 구조를 재편했다. '다산'의 역할은 변혁론 관련 이론을 준비하면서 구성원들의 정치교육을 담당하는 것이었고, '보임'은 문화활동을 중심으로 지역활동을 구축하는 역할을 맡았다. 이런 구성은 이들이 당시에 입론화한 OF-LM Out Field Labor Movement과 IF-LM In Field Labor Movement론에 근거한 것이었다.

성원들이 중복은 됐는데, 이 지도체계를 구축해 들어가는 것이 이 연합단위에서 하는 프로그램이 있었거든요. 그래서 만든 게 다산-보임, 그러니까 OF-LM하고 IF-LM인 거죠. OF-LM 주축으로 해서 이전 시스템을 구축하고 그 다음에 이를 연결하려고 했던 게 '다산기획'이었거든요. 다산기획은 변혁론, 이론과 교육을 담당해 나갈 시스템을 구축하려고 했던 거였고. 그래서 '다산'은 이론교육을 준비해서 정기적으로 교육시스템이 들어가고. '보임'은 문화 쪽인데, 이 부분도 아웃필드라는 시스템에 지역 차원에선 같이 조금씩 결합시켜 나가는 생각들이었고요. OF-LM은 주로 전통적인 레닌주의에 기초해서 지역 차원에서 정치선동 시스템을 만들려고 했던 거고. 여기에 문화가 지역 차원에서 플러스 되는 거고. 그러니까 완전히 존재이전론은 아니었죠. 그 다음에 IF-LM은 현장이전, 존재이전론으로 '지식인이 완전히 노동자로 존재이전을 해야 된다'는 거였거든요. 그래서 사람들이 현장으로 다 들어가고…. 결과적으로 보면 하나는 '현장 안에서부터 아래로 조직하고, 그 다음에는 지역 안에서 이걸 아우르면서 지역 역학관계를 만들어 간다' 이런 거죠.

박성인은 다산보임그룹에서 사회변혁론에 대한 고민을 같이 했다. 그 주요 내용은 OF-LM과 IF-LM론에 대해 각각의 내용적 근거와 변혁론과의 관련성에 대한 것이었다. 이에 대해 구성원들은 계속 학습과 토론을 진행했다. 당시 변혁론의 모색은 소비에트혁명과 코뮌혁명에 대한 고민과 연관되어 있었다. 박성인이 참여한 다산보임그룹은 무림-학림논쟁과 같은 운동권의 논의와는 달리 독자적인 개념을 사용하려 했고, 또 변혁 전망 및 당건설에 대해 독자적인 고민을 펼쳐 나갔다.

그 당시 변혁론과 관련해서 논의하고 입론하려고 시도했던 것은 '점화론'하고 '시추론'이었어요. 변혁론을 구상하는데 시추론은 대중 속으로 구멍을 깊게 뚫고 들어가서 밑에 고여 있는 대중의 혁명적인 잠재력이 솟구쳐 올라오게 한다는 것이었고, In-Field 노동운동론은 그런 입론에 따른 실천방식이었죠. '점화론'은 전위적인 활동가 집단이 먼저 선도적으로 불을 붙이면 대중의 혁명적 잠재력을 끄집어낼 수 있다는 것이었죠. 당시에는 IF-LM, OF-LM이 소비에트론하고 코뮌론하고 맞물려져 있다고 판단했어요. 그리고 이 두 가지의 역동적인 결합을 전망했죠. 어떻게 보면 기존의 도식화된 이론체계에 의해서 자기를 규정하지 않았다는 점에선, 스스로가 현실을 분석하고 고민하고 개념도 새로 만들어 내고 있다는 점에서는 굉장히 장점들이 있었는데, 당시에는 물론 지금까지도 객관화를 해내지 못한 지점이 있어요. 독특한 자기들만의 개념을 써서 보편화가 안 된 게 있어요. 우리는 노선으로 정리는 안 됐지만 기존의 무림-학림 논쟁구조하고는 별도로 '독자적 당을 만든다'고 하는 문제의식을 갖고 있었죠. 이론도 구체적인 현실에 대한 분석들 속에서 독자적인 변혁론 체계도 구축하고 독자적인 조직체계도 만들려고 했던 거였어요.

'다산기획'은 출판기획사를 표방하고 사무실을 구해 일을 하면서, 내부적으로 구성원들이 모여 학습하고 연구하며 변혁론을 모색했다. 이들은 학습과정에서 마르크스주의 원전을 번역해서 소개하려고 했고, 무엇보다도 한국 근현대사의 경험에 천착하려 했다.

'다산기획'은 성수동에다가 출판기획사 비슷하게 외형을 만든 거거든요. 사무실 구해 갖고 모든 자료를 거기다 다 모아놨고, 거기서 변혁론 정리 작업을 막 시작할 때인데, 일본의 암전홍이 쓴『국가와 혁명』이와다 히로시岩田弘의『현대국가와 혁명』이 영향을 많이 줬어요. 맑스주의 원전 자체가 번역이 안 된 상황에서 주로 일본책을 통해서 맑스주의 원전 내용을 조금이라도 확인하려 했어요. 원전들 몇 개 번역된 것들하고, 그 다음은 한국근현대사 쪽을 많이 공부했던 거 같애요. 근현대사 하면서 한국사회의 토착적인 변혁론을 많이 추구했고, 구체적인 경험들 속에서 찾으려고 했죠. 그리고 그때 '지적 게릴라전이다'라는 표현을 했었거든요. 왜냐하면 맑스주의나 레닌주의 원전들이 소개가 안 되고 책도 없고 하니까, 그런 혁명적인 문제의식들을 비판이론이라든지 아니면 일본 신좌파에 의해서 소개된 것들 속에서 찾아내려고 했거든요.

한편 박성인은 '노티'를 운영하다가 다산보임그룹 시기에는 OF-LM을 건설하는 일을 담당했다. OF에서도 OF이전팀을 구성해서 가동하여 성남지역으로 학생운동가들을 이전시키고, 다른 한편에서는 성남지역에서 유사한 정치 경향을 갖고 있던 정파들과 논의테이블을 만들기도 했다.

나는 아웃필드 책임지면서, 지역은 성남 쪽으로 잡고, 그때 성남에서 백○○, 위○○도 같이 활동했고. 당시 성남지역에는 지역 정파 논의 테이블이 다른 그룹들하고 같이 구성이 돼 있었어요. 그 과정에 문화팀도 이전을 시켜서 지역에 자리 잡게 해서 만나게 한다든가. 그리고 나는 '노티' 출신들하고 OF-LM 1기를 구성을 했어요. 이 팀은 봉천동 판자촌에서 방 하나 빌려 갖고 거기서 세미나 하면서, 진짜 그때는 먹을 것도 없고, 집에서 쌀 가져온 것들로… 반찬값은 겨울이었는데 학교 졸업식이 있으면 가서 꽃 팔아서 돈 모아서 사먹고, 반찬도 간장 찍어 먹는 거였죠. 진짜 참 힘들고 어렵게 운영하다가 1986년 3·25사건으로 정리된 거죠.

그의 기억으로는 1983년경부터 IF론자들은 인천의 대우자동차, 울산의 현대그룹 공장으로 투신해 들어갔고, 그밖에 부산·마산지역으로 이전하였다고 한다. 이처럼 이 그룹의 구성원들도 초기에는 개별적으로 노동현장에 투신을 했다. 그러나 1985년에 20여 명의 IF 1기 이전팀이 꾸려지고, 그 이후에는 이전팀을 운영해서 학생운동가들이 집단적으로 노동현장에 참여했다.

인필드의 이전팀이 따로 있어서 85년도에 한 20명 가까이 됐어요. 안양에 독채를 하나 빌렸어요. 거기에 78학번에서 80학번들까지 결합했고, 그 멤버들이 나중에 울산도 가고 전국적으로 다 흩어졌어요. …… 인필드론이 87년 노동자대투쟁을 직접적으로 예견했던 건 아닌데, 공장점거투쟁 사상이 있었던 거예요. 특히 대공장에서의 공장점거투쟁과 소비에트론을 갖고 현장에 들어간 거예요.

박성인은 다산보임그룹의 활동에 대해 전국적인 차원에서 이론과 교육시스템을 갖추고, 이를 근간으로 한편에서 노동현장으로 투신을 해서 공장점거투쟁 사상에 입각해 현장에 기반을 마련하고, 다른 한편에서 지역 차원으로 이전해서 현장을 지원하는 시스템을 갖추어 나가려 했다고 기억한다. 그러나 다산보임그룹의 활동은 이론을 정립하려는 단계에서 1986년 3월 25일 조직사건으로 중심 활동가들이 구속되어 일단락되었다. 여러 지역에서 활동하는 구성원들은 지역마다 독자 활동을 펼쳐야 했다.

> OF도 OF로 다 이전해서 지역 차원에서 꾸려내고, 한편에서 전국적으로 다산보임에서 이론들과 교육시스템들을 준비해 들어간다는 거였죠. 이때 노선이 정리가 안 되었거든. 당시에 NL과 CA가 있었지만 그건 아니라고 판단하고 있었죠. 그러나 아직 자신의 이론으로는 체계적으로 정리가 안 돼 있었죠. 그런 토론들을 하면서 변혁론을 정리하던 중에 3·25가 딱 터져 버리면서 어떤 사상적인 구심점을 형성하지 못한 거죠. 그러면서 그냥 지역으로 다 쪼개져 버린 거예요. 어쨌든 그 당시에는 '현장PD' 이런 수준이니까. 예를 들면 '노동계급'이나 '강단PD'와 달리 '현장PD'라는 정도의 개념 속에 있었던 거죠.

1986년 3·25 다산보임사건

1980년 광주민중항쟁 이후 급진화된 학출운동가들이 노동현장으로 진출하면서 1983년 말 이후 형성된 유화국면을 틈타 빠른 속도로 현장투쟁을 만들어 냈다. 이에 정권은 1985년 12월 민추위-'깃발사건'을 시작으로 노동운동과 학생운동 세력에 대한 대대적인 탄압을 가했다. '깃발사건' 이후 다산보임사건이 1986년 3월 25일 터졌고, 이어 서노련사건, 구학련구국학생연맹사건, 그리고 12월 ML당사건 등이 연속해서 만들어졌다. 박성인은 3월 25일 다산보임사건으로 감옥에서 약 1년 6개월을 보냈다.

내가 1년 반 징역 살면서 맨날 싸웠죠. 3·25 때 경찰에서 조사를 받고 그때 콩밥을 줬던 때였어요. 진짜 콩밥, 노랗고 큰 콩. 그 콩밥을 마지막으로 먹었어요. 감옥 안에서 안 해본 싸움이 없어요. 문 두드리는 건 기본이고, 관리실 점거하고 똥 뿌리고 운동장 점거까지 했거든. 그때 김문수 씨도 서노련사건으로 들어와서 같이 있었고, 구학련 멤버들도 있고. 나중에 '깃발팀'도 있고, 해외유학생간첩단사건의 김○○ 씨가 내 바로 옆방에 있어서 운동을 같이 나가 했거든요. 내가 '주체사상에 대해서 얘기 좀 해 달라' 하면, 그 사람이 그 얘기하면 표정부터 목소리 톤이 완전히 달라져요. 그때 주체사상 관련 책도, 공소장도 다 읽어 보고.

그는 서대문구치소를 거쳐 군산교도소에서 감옥생활을 하면서 한편에서는 감옥투쟁을 하고 다른 한편에서 그동안의 활동에 대해 정리했다. 1987년 6월 들어 그는 감옥 안팎의 분위기가 달라지는 것을 느꼈다. 6월 민중항쟁의 분위기가 군산지역을 휩쓸었고, 당시 군산 시내에 있었던 감옥 안에까지 날아들어 오는 최루탄 냄새로 그는 항쟁의 분위기를 느낄 수 있었다. 간수들이 재소자들을 대하는 분위기가 유연해졌다.

박성인은 1987년 7월 초에 가석방으로 출감했다. 그는 출감하자마자 7월 10일 시청광장의 이한열 장례식에 참여했다. 시청에는 100만 명 정도의 추모행렬이 참여했다. 당시 다산보임사건으로 서울, 인천, 안양, 부산에 분산되어 있던 세력들은 각 지역에서 정치서클을 형성해서 활동하고 있었다. 그가 감옥에서 나오자마자 각 지역그룹들은 자신들의 지역으로 와서 활동할 것을 제안했다. 예를 들면 인천그룹의 경우는 인천지역에서 정리한 「113문건」을 주면서 인천으로 올 것을 제안하는 등 전체적으로 통일된 방향이 없는 상황이었다. 박성인은 고민하던 끝에 여러 지역의 움직임과는 별도로 감옥에서 본인이 정리한 운동방향을 시도하기 위해 새로운 이전팀을 꾸렸다.

> 징역에서 뭐를 정리했냐면, 첫째는 노선 문제와 관련해서 기존의 NL이니 CA이니 이론논쟁이 이론적 베이스가 너무 약하다. 그래서 『자본론』으로부터 다시 시작을 해야 된다고 생각했어요. 그 당시 『자본론』 번역본이 감방으로 들어왔어요. 『자본론』부터, 맑스 원전에서부터 운동을 다시 새로 시작해야 된다는 판단을 했고. 두번째 정리했던 게, 노동현장으로부터 다시 시작을 해야 된다는 거였거든요. 운동을 밑으로부터 구축해야 된다. 계급운동에 철저하게 뿌리박으면서 해야 된다고.

새로 구성된 이전팀은 안양 석수 쪽에 작은 방을 빌려서 5~6명이 참여하여 6개월 동안 마르크스 원전을 읽고 토론하였다. 박성인은 이전 팀원들과 처음에는 안산지역으로 들어가 활동을 할 생각이었다. 그러나 수도권은 정치조직 상황이 복잡했다. 그는 워낙 현장에서 '원전과 현장을 결합시키는 새로운 주체를 형성한다'는 원칙을 세운 상태였다. 또 1987년 노동자대투쟁을 보면서 '정파가 없는 데 가서 아예 처음부터 시작하자'는 판단을 하고 팀원들과의 토론을 해서 의견일치를 보았다. 박성인은 전국 지도를 놓고 지역을 고민하다가 울산으로, 그리고 '대공장으로 가는 것'으로 방향을 정리했다. 87년 노동자대투쟁의 영향이었다. 팀 성원들은 1988년도 3월경 울산행 기차에 짐을 보내 놓고, 광주 5·18묘지에 가서 참배하고 지리산을 종주한 뒤에 울산으로 출발했다.

울산에서의 새로운 시작

울산에 도착한 박성인은 방을 구해 놓고 공사판의 일용직으로 노동을 시작했다. 박성인 등이 울산으로 간다는 얘기를 들었던 당시 한국노동자복지협의회의 방○○은 울산지역의 활동가를 소개시켜 주겠다고 제안했으나 박성인은 거절했다. 그는 '무조건 바닥에서부터의 활동을 통해 세워 나간다'는 원칙을 세웠기 때문이었다. 노동을 하며 지역 상황을 파악한 뒤 박성인은 현대자동차나 현대중공업을 들어갈 목표를 세웠다. 그는 목표사업장을 들어가기 위해 우선 현대중공업 하청공장인 도장공장을 다니기 시작했다.

> 울산에 가서 보문동 쪽, 그러니까 현대자동차 하청 쪽 있는 데다가 5만 원짜리 방 하나 구해 놓고…. 처음 내려가자마자 돈도 없으니까 다음 날부터 건설 노가다를 시작했어요. 노가다 몇 개월 하면서 거기서 공장에 어떻게 들어갈 건가 해서, 예를 들면 주민등록증부터 시작해서 모든 서류를 다 위조했거든요. 그 다음에 현대중공업 하청에 들어갔어요. 본사 들어가려면 서류 20여 가지가 필요했거든. 그래서 일단 본사 들어가는 걸 목표로 해서 현대자동차 쪽 하청하고 현대중공업 쪽 하청공장을 들어가는 거죠.

공장 진입에 대한 목표는 세웠지만 아무 연고 없는, 그것도 서울에서 꽤 먼 거리에 있는 울산에서의 생활은 그리 녹록한 것은 아니었다.

> 지역 내려가서 누구든지 부딪히는 문제인데, 그때는 진짜 이게 어떤 느낌이었냐면 '도대체 내가 왜 여기 있는 건가' 이것이 너무 괴로웠거든요. 가만히 보니까 아무것도 가진 게 없는 거라. 혁명에 대한 꿈 말고는. 그러다 나중에는 '아무것도 가진 게 없으니까 앞으로 하는 게 전부 남는 거겠다'는 식으로 정리했어요. 그러니까 진짜 맘이 편해지더라. 한편으론 공허하면서도, 한편으로는 마음이 정리가 되더라고. '아 진짜 아무것도 가진 거 없으니까 이제부터 할 수 있겠구나' 싶었어요.

그가 마음을 다잡고 현대중공업 하청공장을 다니던 중에 1989년 12월 현대중공업 노동자들의 파업이 일어났다. 그는 본 공장의 노동자는 아니었지만 하청공장 일을 하러 드나들 수 있어서 128일에 걸친 현대중공업 노동자들의 긴 파업과정을 간접적으로라도 경험할 수 있었다. 그는 낮에는 파업투쟁에 같이 참여하고 밤에는 로자 룩셈부르크와 레닌의 『파업론』 등을 공부하면서 현대중공업 노동자들의 파업투쟁 과정을 분석했다. 정리한 글은 노동단체의 기관지인 『우등불』에 연재를 했고, 그 다음해인 1990년에 일어난 현대중공업 골리앗투쟁에 대해 정리한 글은 『민주노동』에 연재했다.

이렇게 하청노동자로 일하면서 지역 조사를 하는 1년여의 시간이 흐르자 울산지역의 공장 곳곳에 학출활동가들이 다수 들어가기 시작했다. 또 현장활동만이 아니라 지역정치 활동을 할 주체를 세워야 할 필요가 제기되었다. 결국 박성인이 하청에서 하던 노동을 정리하고 지역활동을 담당하기로 결정되면서, 그는 1989년 울노협 준비위원회에 간사로 참여하였다.

> 89년도에 울산에서 우리 친구들이 하청도 들어가고 지역조사도 하면서 한 1년 가까이 그렇게 하면서 지역활동으로 조금씩 올라온 거죠. 그러다가 '아, 지역 쪽에도 누구 한 사람 포스트로 들어가자' 해서 내가 울노협 준비위원회 간사로 들어가고. 다른 사람들은 현장에 들어가 있고. 지역에서는 이미 관계들이 형성이 되니까 어떻게 해서든 운동하는 사람들을 찾아낼 수가 있었고. 그러면서 지역 시스템을 만들어서 나는 지역 쪽에서 일하면서 현대자동차 담당 그룹, 현대중공업 담당 그룹, 요렇게 해서 논의하는 모임을 만들어요. 서울에서 이전팀이 내려오면 같이 결합시키고. …… 90년도에 인천에서 울산으로 내려온 사람들이 따로 있었어요, 우리랑 안 합치고. 이 사람들이 현대자동차에 정규직으로 다 들어가 있었어요.

한편 박성인은 현대중공업, 현대자동차 쪽에 파업지원 활동을 하면서 사업장의 내부모임들을 만들어서 기본적인 정치교육을 위한 프로그램을 진행했다. 현장노동자들의 정치교육 활동은 1991년 박성인이 제파PD사건으로 구속된 뒤에 지역활동가들이 울산노동자교육협회를 만들어 노동자교육 활동을 하는 데 바탕이 되었다. 울산노동자교육협회는 전노운협전국노동운동단체협의회에서 분리되어 나온 전국노련전국노동단체연합에 참여하였다.

이와 같은 그룹 내부의 조직, 교육, 인적 연결 등을 관장하는 것

이외에도 박성인은 울산지역에 있는 인민노련, 노동계급 등 다른 정치조직들과 만나면서 지역정치 활동의 폭을 넓혀 나갔다. 1987년 노동자대투쟁을 거치면서 울산지역에는 수도권에 밀집되어 있던 정치조직들이 점차 조직원들을 울산에 파견하여서 독자적으로 지역정치운동을 펼치고 있었다. 지역정치 활동은 한편에서 현장투쟁에 공동대응하는 실천적인 모습으로 결실을 맺기도 했다. 예를 들어 박성인 그룹은 인민노련 쪽과 공동으로 현대중공업 파업을 지원하거나 지역에 선전할 문건도 공동으로 냈다. 이와 달리 현장 경험이나 기반이 현장에 없었던 정치그룹과는 논의와 활동의 원칙을 세워 좀더 넓게 관계가 형성되었다.

> '노동계급'하고도 테이블이 있었어요. 당시 정○○ 등이 '노동계급'을 만들어서 사상 지도부를 자처했잖아요? 이들이 울산에 내려와서 연결이 됐어요. 그런데 만나자마자 맨 먼저 나온 얘기가, 나한테 '지도를 받아라.' 그래서 내가 '좋다. 근데 딱 조건이 하나 있다'고 얘기했어요. 그들은 '정치선동론' 정리해서 사상적인 지도부를 자처한 거고. 그래서 내가 몇 가지 제기했는데 첫째, 울산에서 1년 이상 버텨라. 두번째, 너희들은 내려왔을 때 나 같은 사람들을 설득해서 조직할 생각하지 말고, 니네들이 현장노동자들하고 직접 결합을 해서 그들을 변화시켜 내고 그들을 너희 사람으로 만들어 가라. 그게 더 중요하다. 그래야 너희들이 가진 생각들이 현실 속에서 검증되면서 모여진다. 세번째는 우리가 먼저 내려온 입장에서 사람에 대한 인의 장막은 안 치겠다. 너희들이 어떤 사람을 만나고 싶다 했을 때 우리가 관계 맺은 사람들이면 다 오픈하겠다. 또 우리가 먼저

내려와서 나름대로 경험들이 있기 때문에, 이 경험도 자료도 너희들한테 다 오픈하겠다고 그랬죠.

그 다음에 또 하나 얘기한 건, 저들이 보기에는 자기들이 사상적으로는 더 우월하고 높이 있는데, 근데 내 같은 사람은 그런 정도는 경험으로도 무시해 버릴 수가 있거든요. 그래서 '너희들하고 우리하고 논의할 때 '경험 대 사상', 그러니까 '경험 대 이론이 부딪히는 방식으로 논의하지 말자' 그랬어. 이론적인 수준에서 논의는 이론적인 수준에서 하고, 경험적인 수준에는 경험적인 수준에서 하자. 안 그러면 서로 발전을 못한다고. 그래서 '노동계급' 사람들이 도서관도 만들어서 노동자들과 관계를 만들어 가다가 1년 후에 한 친구가 오더니 '잘못했다'고 하더라고. 자기가 너무 쉽게 생각했다는 거지.

지역 안팎으로 현장활동과 정치활동을 활발하게 하던 박성인은 1990년 서울그룹에서 신지도부가 등장하면서 이론작업을 위한 논의구조를 만들자는 제안을 받았다. 그는 그 제안을 받아들여 서울논의구조에 참여했다. 당시 각 지역에 흩어져서 활동하던 제파PD그룹들은 모두 '당건설'이라는 전망을 가지고 있었다. 차이는 당건설 경로에 대한 발상에서 나타났는데, 현장에 뿌리를 두고 실천적으로 구축해 가자는 경향과 노선을 정립해서 그 노선을 중심으로 당건설 주체를 세워 나가야 한다는 경향이 있었다. 서울그룹에서는 후자의 경향을 견지한 새로운 지도부가 형성되었다.

90년도 서울지역에 신지도부가 등장한 거예요. 당시 지도부가 이○○였고, 거기에 대해서 고○○ 등 3인이 신지도부로 등장하는 거예요. 여기서 노선에 입각한 운동을 주장한 거죠. 내부적으로 그런 욕구들이 문제제기가 된 거죠. '노선이 뭐냐' 해서. 정책입장과 이런 것들 세워 나가려는 방식을 주장하는 신지도부가 들어서면서 울산 쪽으로 제안이 온 거예요. '노선을 정립하는 데 같이 하자.' 그래서 협의 테이블이 구성이 되어 내가 1주일에 한 번씩 서울 올라와서 입장 정리작업들 같이 한 거였거든요.

반(反)한사노 전선의 형성 시도와 제파PD사건

서울의 논의모임에서 이론작업을 하는 과정에서 한사노당한국사회주의노동당 준비위원회이 출범을 하자 논의모임에서는 이에 대한 진단과 대응에 대해 논의했다. 이들은 '반反한사노 전선'을 만들어 대응해야 한다고 결론지었다. 곧바로 공동대응 논의테이블을 구성하였는데, 여기에는 안양의 제파PD그룹, 인천의 제파PD그룹, 그리고 '노동계급'의 소수파도 참여하였다. 이들은 논의내용을 가지고 한사노당에 대해 전면적으로 비판하는 문건을 작성하였다. 그 과정에 1991년 제파PD사건으로 박성인은 다시 구속되었다.

한사노를 비판했던 게, 첫째는 당건설론과 관련돼서, 그런 조직통합에 입각해서 한 당건설론을 비판했던 거고, 그때 강조했던 건, 서클을 뛰어넘는 내용이 생산돼야 된다는 게 하나 있어요. '어떤 당적 수준의 질을 갖고서 정리가 돼야 하지, 그냥 통합하는 방식 갖고는 안 된다'라는 게 하나 있고. 또 하나는 패권주의적인 방식으로 당 건설하는 거에 문제제기가 있었고. 그 다음에 조금 더 들어가게 되면,

그 당시 현실사회주의에 대한, 그때 한사노 같은 경우 한국사회 변화에 대한 인식에서, 이제 지자체 선거도 실시되고 그래서 부르주아 민주주의가 진전되어 있고, 그 '부르주아 민주주의를 최대한 활용하기 위해 선거 등에 적극 나서야 한다'라는 입장이었어요. 그런 주장에 대해 '여전히 국가보안법 살아 있고 부르주아 민주주의가 부분적으로 진전돼 지자체선거 있지만 그거를 한국사회가 부르주아 민주주의가 막 진전되었다고 보기 어렵다'는 입장으로 해서 전선을 쳤죠.

한편 박성인이 제파PD사건으로 잡혀서 조사를 받는 시기에 소련 사회주의 사회가 붕괴됐다. 그 소식을 접한 그는 당시 크게 충격받지는 않았다. 그 이유는 1980년대 다산보임그룹이 한국사회 문제를 접근할 때 소련 사회주의를 모델로 한 것이 아니라 한국의 현실과 문제를 해명하기 위해 필요한 이론을 모색하려 했기 때문이었다. 오히려 그는 소련 사회주의의 붕괴 원인에 더 관심을 가졌다.

나는 그렇게 큰 충격은 아니었어요. 강도가 좀 다를 수 있는데, 그게 80년대 우리가 현실을 접근해 들어가는 태도가 예를 들면 '소련이나 현실사회주의를 이상형으로 삼고 그걸 소개한다' 이런 게 아니었거든요. 지금 우리가 현실에 부딪히면서 이 문제를 해명하기 위해서 이론이 필요한 거를 해 들어가는 방식으로 접근했기 때문에. 그런데 어쨌든 현실은 알아야 되겠다는 생각을 해서 그 당시에 소련 관련된 책 나온 것들도 다 갖고 나와서. 그래서 원전을 보면서도 러시아혁명사와 관련된 책들을 다 보는 거죠. 어떤 맥락하에 그 문

> 제가 놓여 있었는지 보고, 거기서 나 자신의 해석과 판단이 중요하다고 생각을 한 거죠.

그 때문에 박성인만이 아니라 제파PD그룹에서 활동한 이들은 현실 사회주의국가의 붕괴에 대해 다른 정치조직 세력보다 상대적으로 충격을 덜 받았다. 그 이유에 대해 박성인은 한편으로는 한국의 역사와 현실에 착목한 것이 주요하게 작용한다는 점에서 긍정적이지만, 부정적인 측면은 이론적으로 둔감하기 때문이라고 진단한다. 즉 이론에 대해 다소 무시하는 경향이 제파PD그룹 내에 일부 있다는 것이다. 그는 두번째의 감옥생활 동안 마르크스주의 원전 학습에 집중했다.

> 나는 두번째 징역 때는, 다시 '맑스주의를 처음부터 다 정리를 해보자' 해서 다섯 가지 목표를 세웠어요. 첫번째는 맑스라는 사람 자체가 굉장히 궁금했고. 도대체 어떻게 생각했나뿐만 아니라 맑스는 어떻게 살았고, 예를 들면 노동자들하고 어떻게 만났고, 자기 친구들하고는 어떻게 만났고, 가족하고는 어떻게 살았지. 그 다음에 헤겔좌파라는 급진적 민주주의로부터 어떻게 맑스주의로 진전해 나갔을까, 세번째로는 맑스가 자기 사상체계를 구축하는 과정들, 논쟁들은 어떻게 했을까. 네번째로는 맑스 자신은 이론과 실천을 어떻게 결합시켜 나갔는가, 다섯번째로 맑스의 사상과 이론 체계 전체의 구조는 그 당시에 나왔던 맑스에 관련된 자서전, 번역된 책을 다 구해다가 다 봤어요. 근데 한국사회에서 이 맑스주의운동과 관련, 즉 사회주의운동 관련해서는 88년이 분기점이라고 생각하거

든요. 88올림픽을 하면서 금서들이 해지가 됐어요. 다 풀린 건 아니지만. 그래서 원전 자체가 대중적으로 오픈돼 버린 거죠. 이게 중요한 게 뭐냐면, 그 이전까지는 '누가 먼저 읽었느냐'가 중요했는데, 이제는 누구나 읽기 때문에 '누가 제대로 보느냐'가 더 중요해진 거죠. 누가 제대로 보고 또 현실을 설명해 내는 능력을 가질 수 있냐가 더 중요해진 거죠. 이런 과정에서는 기존의 정치조직들은 이런 거 갖고는 한계가 드러나는 거예요.

그는 원전을 학습하면서 한편에서는 1991년 소련 사회주의권 붕괴를 기점으로 다시 1980년대 변혁적 노동운동에 대한 평가, 그리고 제파PD그룹의 위치와 과제에 대해 재조명하였다.

징역 안에서 '현실사회주의 붕괴에 따른 이념과 사상상의 혼란과 좌절을 어떻게 극복할 건가' 고민 많이 했어요. 사회주의 사상이 어떻게 해체 당하지 않고 새롭게 할 거냐' 하는 게 굉장히 중요한 문제였으니까. 그래서 그때 내가 개인적으로 '맑스주의는 이제부터 시작이구나'라고 판단을 했어요.

그래서 80년대를 어떻게 평가했냐면 '혁명시대, 변혁의 시대' 이런 얘기하는데, '80년 광주민중항쟁으로 인해서 사회 전반적으로 급진화된 물결이 쳐서 우리를 어느 해변가까지 끌어왔다. 근데 그 안에는 소위 혁명적 민족주의와 혁명적 민주주의와 혁명적 민중주의, 여러 가지 흐름들이 다 변혁론이라고 하는 틀 속에 두리뭉실하게 있었다는 거예요. 근데 그 물결 속에서 우리도 같이 출렁이다가 어느 한 해안가로 우리를 내려놓은 거죠. 근데 바로 그 해안가에서 우리가 첫 발걸음을 내딛게 한 게 맑스주의다'라고 본 거예요. 그래서 이제는 맑스주의가 끝난 게 아니라 오히려 한국사회에서 이제야말로 맑스주의 운동을 제대로 시작할 수 있겠구나, 시작해야겠구나 생각했죠.

그게 한편으로는 '노동운동 쪽에서는 전노협을 중심으로 민주노조 운동의 새로운 주체들이 형성되고 있다. 그래서 이제야말로 이 주체와 맑스주의운동의 새로운 흐름이 결합돼서, 새로운 여정을 만들어 가야 되는 거다. 그래서 그런 첫발을 내딛는 거다.' 맑스주의 위기, 사회주의 위기를 얘기할 때 우린 그런 생각을 한 거죠. 한국에서 노동자계급이 드디어 서고 있고, 그 다음 사상적으로도 혁명적 민족주의 등 다 정리해서 진짜 맑스주의와 이 양자를 결합시켜 나갈 준비를 해야 된다는 고민을 한 거죠. 그래서 '오히려 시작이다'라는 생각도 한 거죠.

박성인은 2년 3개월의 감옥생활을 한 뒤에야 감옥을 나왔다. 제파PD사건의 다른 구속자들도 석방되었다. 서울 제파PD그룹은 석방된 이들을 포함하여 1993년 전체모임을 가졌다. 그 모임은 그동안의 활동에 대한 평가이자 동시에 공식적으로 해체선언을 하는 자리가 됐다. 그 이유는 이미 구성원들이 다양한 영역에서 경험하면서 생각의 차이들이 확인되어, 하나의 조직으로 묶여 있는 것이 불가능하다는 판단 때문이었다. 예를 들면 당시 '아래로부터 사회주의'라는 표현을 사용하는 사람이 있는 반면, 이에 대해 거부감을 갖는 사람들도 있었다. 그동안의 조직활동에 대한 평가는 서로 다를 수 있었지만, 해산에 이르게 된 과정에 대해서는 문건으로 정리했다.

비제도권 계급정당 건설운동

한편 박성인은 복귀를 앞두고 노동운동의 상황에 대해 다시 판단했다. 1990년대 들어 노동운동은 이념적으로 마르크스주의가 많이 해체되었고 조직운동에서도 해체되었다. 또 한편에서는 새로운 노동운동의 흐름들이 등장하고 있었다. 그는 울산에 대공장을 중심으로 한 노동운동을 이론이나 정책으로 지원해 줄 연구소를 만들 생각을 했다. 마침 서울에서 유사한 연구소를 만들려는 움직임이 있어서 그도 참여했다. 이 움직임은 1995년 한국노동이론정책연구소(약칭 '한노정연')로 구체화했고, 한국에서 본격화되기 시작한 신자유주의에 저항하는 정책을 생산하는 데 선도적 역할을 하면서, 새로이 형성되는 노동운동의 흐름을 지원하였다. 1990년대 초반에는 1980년대 형성되어 이어지던 정치운동 세력들이 해체됐다. 그나마 전노운협과 전국노련이 노동운동의 전선을 지키고 있었다. 이런 상황에서 박성인은 마르크스주의 사상과 정치노선을 새롭게 만들어 나가야 한다는 문제의식을 가졌다.

> 80년대 말에 당을 건설하려고 하는 흐름들이, 하나는 사노맹이 했던 거고. 내가 울산에 있을 때 그쪽에서 '사노맹 만들자'는 제안을 받았는데, 개별적인 수준이긴 했었는데, 움직이는 모습들이 전혀 신뢰감이 안 드는 거예요. 그 다음에 한사노 흐름이 있었던 거고. 그 다음에 전노운협 – 전국노련으로 갈라져 나갔던 경로들이 있었고. 근데 '당을 어떻게 할 거냐' 하는 데서, 90년대 초반 현실적으로 어떤 문제들이 걸리냐면, 현실 사회주의 사회가 붕괴되면서 사상적으로도 많이 해체돼 버린 게 있어요. 물론 그 와중에 전노협을 건설하

는 과정에는 이리저리 다 결합들을 해서 했거든요. 당시 전국노련, 전노운협 매개로 해서 나름대로 다 했는데, 근데 결정적으로 그런 것들을 묶어 낼 만한 내용들이 많이 깨져 버린 상황이었어요. 그래서 그거를 어떻게 모아 내고 조직할 건가에 대한 상까지 가는 단계는 아니었고, 전국노련을 틀로 해서 전국적인 노동운동가들의 접점들을 형성하는 게 있었죠. 정파적인 움직임들이 겹치면서 존재했었거든요.

그는 한국노동운동의 이념지형을 변화시킨 현실 사회주의 붕괴에 대해 당시 변혁운동 세력들도, 그리고 현재까지도 제대로 정리되지 않았다고 보았다. 심지어 그 문제를 부여안고 있는 세력들도 제대로 평가를 하지 못한 상황이라고 보았다. 그는 그 때문에 현실에서 노동자 정치세력화에 대한 논의는 1997년 이후 진보정당운동에 국한되는 한계가 있다고 판단했다.

몇 년 전에 진보신당 만들어지기 직전인가? 노동자 정치세력화와 관련해서 토론을 한 번 했었는데, 그때 내가 진보신당에 토론자로 갔었는데, 정치세력화 얘기하면서 다들 10년 평가만 하려 그래요. 10년 평가라는 게 뭐냐면 96~97년 총파업 이후의 일들이에요. '국승국민승리21'부터 시작해서 나타났던 현상들. 그래서 얘기했지, '정치세력화 문제를 다루려면 10년 갖고 평가하는 건 안 된다. 30년은 평가해야 된다.' …… 10년만 평가하는 거는 정치세력화의 문제를 완전 합법적 진보정당만으로 가두는 거다, 왜냐하면 자본주의체제를 극복할 변혁의 전망을, 그를 위한 정치세력화의 전망과 가능성을 제약해 버리는 거예요. 정치세력화의 전망을 더 넓혀서 세상 전체를 바꿔 내는 전망을 가져가려고 하면, '적어도 최소한 광주민주화항쟁 이후에 80년대 변혁운동에 대한 문제까지도 다 평가가 이루어져야 된다'고 했죠.

그는 1980년대 이후 현재까지 노동자계급의 정치세력화는 제도권 진보정당을 통해 가능하지 않다고 판단하면서, 1999년 비제도적 계급정당을 지향하는 '노동자의 힘'(약칭 '노힘') 결성에 앞장섰다.

'노동자의 힘'이 출범할 수 있는 가장 결정적인 계기는 96~97노동자총파업인 거고. 그 당시에 '노동자의 힘' 만들 때 전국노련의 체계가 일차적인 주축이긴 했지만, 이게 90년대 초반에 변혁운동들이 다 무너진 이후에 정치적으로 최초로 결집시켜 낸 거였거든요. 물론 그 이전에 '정치연대'라는 게 있었고, 또 그 전에 역동적인 움직임도 있었지만. 그래서 소위 사회주의 진영이든 정파든 모두 정치조직으로 엮어내는 거였는데, 여기서 프로젝트들이 있긴 있었는데, 가장 결정적으로 안 됐던 게 뭐냐면, 초기에 몇몇 정파들과 같이 해야 한다는 건 있었는데 '노힘'으로 결집을 못 시킨 거예요. 그래도 '노힘'이 출범할 때 옛날에 이러저러한 정파로 따지면 한 30몇 개의 서클들이 결합을 한 거였어요. 그런 점에서 소위 정파들을 정치조직으로 묶어 내는 데는 일정 정도 역할을 했는데, 가장 결정적인 문제는 노선문제였어요. 그 내용과 관련해서 '새롭게 뭔가 가져가야 한다'는 문제의식이 있었던 거고, 그걸 어떻게 만드는가를 계속 고민했는데, 결국 강령 문제를 완전하게 해결하지 못하죠.

그는 2009년 '노동자의 힘'이 해체한 뒤 '사노준'사회주의노동자정당건설 준비모임을 거쳐 다시 여러 정치세력들이 결합하여 만든 '사노위'사회주의노동자정당건설 공동실천위원회 결성을 주도했다. 그는 여전히 계급정당 건설의 경로 또는 노동자계급의 정치적·사상적 지도력을 형성하기 위한 경로를 모색하고 있다. 그 핵심 내용은 강령의 문제와 조직운영의 문제이고, 사회주의적 정치활동의 독자적인 상을 만들어 내는 것, 그리고 노동운동과 결합하는 문제 등이다.

> 요새 첨예하게 또 부딪히고 있긴 있는데 사노위라고 하는 걸로 결합을 해서, 소위 '사회주의를 전면적으로 내걸고 있는 정치활동을 하겠다'는 게 하나 있고, 그 다음에 '사회주의자들이 먼저 결집'을 해서 그 힘을 갖고 노동 쪽이든지 결합해 들어가려고 지금 시동을 걸거든요. 여러 진통들이 있는데, 그러면 이 과정에서 사상적인 지도력, 사상이론 문제의 가장 핵심, 지금 강령의 문제로 표현되는 건데, 그걸 어떻게 정리해 갈 건가가 하나 있고.
>
> 그 다음 지금 못 만들어 낸 게, 사회주의적인 정치활동의 독자적인 상을 못 만들었거든요. 예를 들면 어디 파업하고 투쟁한다 하는 거는 얼마든지 가서 다 하는데, 그 속에서 사회주의적인 정치활동의 틀을 못 만들고 있는 거예요. 그거를 어떤 지점을 통해서 돌파해야 하는가의 문제들이 있고.
>
> 그 다음에 세번째는 당 조직의 문제 자체가 있어요. 지금 사노위도 조직운영 문제 둘러싸고 굉장한 진통을 겪고 있거든. 기존의 전통적인 당 노선과 조직운영에 대해서 지금 첨예하게 부딪히고 있거든. 근데 이런 조직의 문제도 어떻게 이해하고 이걸 만들어 갈 거냐.

그러니까 그게 뭐냐면 두 측면이 있다고 생각해요. 하나는 조직에 속한 사람의 입장에서 내가 이 조직에 속한 거는 뭐냐면 '조직이 옳기 때문에 내가 조직에 있을 수 있지만 어떤 문제에 부딪혔을 때 이 조직이 그 문제를 풀어낼 수 있다'라고 하는 신뢰를 구축해 낼 수 있느냐의 문제예요. 조직이 항상 옳은 건 아니거든요. 그거는 얼마든지 잘못될 수 있는 건데, 문제는 조직에 대한 신뢰거든. 조직이 문제를 풀어내는 거에 대한 신뢰들이 있을 때 그 조직은 생명력을 갖거든요. 그런 점에서는 조직적인 효율성이 강조되는 경우는 규율이라든지 징계라든지 이런 걸 통해서 효율성과 집행력들을 가져가려는 게 있을 수가 있고, 또 좀더 내부적인 토론을 첨예하게 하면서 운영해 나가려고 하는 느낌이 덜 효율적일지라도 그런 부분들이 지금 막 부딪히는 거지. 그래서 조직적인 신뢰를 어떻게 구축해 나갈 건가, 요게 문제가 있고.

그 다음 가장 결정적인 것 중에 하나는, 노동운동과의 결합 문제예요. 그동안 노동자의 정치세력화 문제에서 옛날에는 '노동자의 독자적 정치세력화'를 얘기했거든. 근데 그게 민주노동당 출범하면서 그것이 '진보정당'의 문제로 딱 돼 버렸잖아요. 그러니까 당의 상 자체도 다 그렇게 생각해 버리기 때문에, 이것과는 다른 당의 상들을 만들어 내는 게, 노동운동 내부에서 중심적인 주체들을 형성하는 게 안 된 거예요, 우리가. 다른 쪽도 다 마찬가지지만 특히 사회주의 정치운동에 대한 주체가 취약한 건 분명하지, 노동 쪽에서도. 그런 점에서 노동 쪽의 주체들을 어떻게 세워 내느냐 하는 문제가 중요하고.

그 다음에 지식인들 문제도 있죠. 좌파지식인들이 지금 대부분 진보정당운동에 가 버렸잖아요? 그런 점에선 고립돼 있다고 봐야죠. 우리가 그 문제를 어떻게 풀어낼 수 있을지 고민해야 된다고 봐요.

1980년대 노동운동에 대한 평가의 관점

그는 1980년대 정치조직운동, 특히 그 운영 방식의 비민주성이나 정파적 폐쇄성에 대한 비판들이 제기되는 것에 대해 반비판을 한다. 비합법으로 운동을 해야 하는 상황, 그리고 전국적 정치조직을 결성해 본 경험의 취약함 등의 시대적 제약 조건을 고려하지 않고 비판에만 과도하게 착목한다고 보기 때문이다. 오히려 1980년대 변혁적 노동운동에 대한 그의 태도에는 사상에 대한 철학적인 문제들이 깔려 있어서 1991년 현실 사회주의 붕괴 이후 빠른 청산 혹은 1980년대 그 자체를 유지하려는 태도들을 비판한다.

그의 입장에서 1980년대 노동운동에 대한 평가는 현실의 실천적 문제의식과 떼려야 뗄 수 없이 연동되어 있다. 그는 1987년 노동자대투쟁기 같은 대중투쟁의 고양기와 대비해서 사회주의자들이 무엇을 준비할 것인가라는 관점으로 접근해야 한다고 생각한다.

우리가 지금 실천적으로 의미 있는 거는, 최근에 당 문제와 관련해서 교육 있을 때 그 얘길 했어요. …… 왜 지금 당을 얘기하냐면, 세계적인 공황, 자본주의 위기가 첨예해져 가는 과정들이 이후에 계급투쟁의 격화로 드러날 텐데, 계급투쟁의 격화과정 속에서 이후에 세상이 어떤 방향으로 갈 건가, 노동자라고 해서 항상 진보적이거나 이런 건 아니에요. 그러면 앞으로 다가올 것들을 봤을 때, 그것을 매개로 해서 예를 들면 사회주의 정치세력들이 어떤 투쟁을 매개로 해서 대중적으로 서 나가는 계기가 될 거라고 생각되거든요. 그 전까지는 나는 대중적으로 못 선다고 생각해요. 그 정치세력 등장이 어떤 의미 있는 등장이 돼야 되는 건데, 그래서 지금 우리가 80년대를 돌아본다 했을 때, 87년 6월 민중항쟁과 7~9월 노동자대투쟁이라고 하는 거를 놓고 보면, 가장 핵심적인 게 뭐냐면, 우리가 두 항쟁을 누구도 예측한 건 아니잖아요? 또 세상이라는 게 예측해서 되는 경우도 거의 없는 거잖아요. 예를 들면 노동자대투쟁을 거치면서 그 상황을 지도하진 못하지만 조직적으로 따라잡으면서 노동자들 내부에서 정치적인 주체를 형성해 냈다면, 노동자계급의 독자적 정치세력화는 지금과 다른 모습이 됐을 거예요. 그러나 그런 정치세력이 없음으로 해서 87년 체제의 민주화 흐름들 속에서의 성과를 사실은 자유주의자들이 다 가져가 버린 거잖아요? 물론 노동 쪽은 전노협도 만들어 내고 일정 진전은 했지만. 근데 전노협 사수투쟁 이후의 민주노조운동은 계급정치하고는 완전히 자립화 과정이 돼 버린 거예요. 이 자립화 돼 가는 것이 오늘날 민주노총까지 와서 노조운동이 개량화되고 관료화가 진행되는 거거든요.

그러면 '우리가 87년에 뭐를 준비했었어야 되느냐'는 거거든. 어떤 특정한 상황이 발생했을 때 뭐를 준비했어야 되느냐는 문제를 던져 볼 수 있다고 생각해요. 그런 점에서 그 당시 운동이 아주 초기 과정이고 주체들도 갓 형성된 거였다면, 어쨌든 지금 우리는 20~30년의 역사적 경험들이 있단 말이에요. 그래서 그런 국면들을 놓치지 않고 최소한 따라잡을 수 있게끔 하는 거를 대비를 하고, 그걸 어느 지점에서 어떤 방식으로 좀더 구체적으로 할 건가라는 전략이 잡혀야 된다고 생각하거든요.

이와 같은 관점에서 그는 1987년을 전후한 경험, 예를 들어 1986년 전후 사회구성체 논쟁과 1987년 6월 민중항쟁, 7·8·9월 노동자대투쟁 등에 대해서 재평가할 필요가 있다고 한다.

> 예를 들면 조직을 건설해 들어가는 과정 속에서 85, 6년에 사구체 논쟁을 하면서 그 논쟁의 결과로 그 다음을 예측하고 준비해 나간 게 아니라, 사실은 사구체논쟁하면서 현장에 들어갔던 많은 활동가들이 거꾸로 밖으로 다 나와 버리잖아요. 이건 뭐냐면 그 논쟁이 87년을 실천적으로 준비를 못한 거예요.
> 그 다음에 노동 쪽 같은 경우에는 6월 민중항쟁 과정 속에서 국민운동본부 산하의 노동대책위원회 형태로 가져갔는데, 그 정치적인 영향력이 미약했던 건데, 그러면 그런 것들을 지금 어떻게 준비해야 될 건지, 그런 예상을 해서 그 다음에 대중적인 운동의 전면적인 재편들이 이루어지는 건데, 특히 노동 쪽 같은 경우에 한국노총에서부터 소위 민주노동운동의 재편들이 이루어질 때, 그런 조직발전 역량들을 어떻게 가져갈 거며, 그 사람들을 정치적으로 조직할 건가 하는 데서, 지금도 그런 기회라 생각하거든. 민주노총과 비정규직 문제라든지, 전체적으로는 그럼 이 사람들을 어떻게 잡아갈 거냐. 고민을 해야 되고. 그래서 그런 '구체적인 전략들을 우리가 준비를 해야 된다'고 생각해요.

특히 그는 1987년 노동자대투쟁이 가능했던 이유에 대해 착목하고 현실에서 배워 나가야 할 점으로 '투쟁의 경험이 투쟁을 만들 수 있다'는 점과, '노동자계급 대중의 현실 정치적 감각을 따라가고 배울 필요가 있다'는 점 등을 들고 있다. 그는 1980년대에 대한 평가는 바로 미래를 어떻게 준비할 것인가의 문제라고 한다.

> 그러니까 지금 다가올 싸움들, 우리가 그거 때문에 조직도 만들고 유지하는 건데, 그렇다고 그것이 어느 순간에 갑자기 오는 건 아니잖아요. 예를 들면 87년 7~9월노동자대투쟁이 가능했던 거는 85년도 대우자동차파업과 구로동맹파업도 있었기 때문이에요. 87년의 경험들 속에서 두 가지를 얘기를 해요. 하나는 87년 투쟁들이 가능했던 거는, 첫째는 '가장 고통받는 사람이 가장 잘 투쟁하는 게 아니다.' 그거는 하나의 필요조건인 거지. 그러니까 '싸움도 싸움했던 사람들만이 그런 국면에 싸울 수 있다'는 점에서 87년 투쟁은 그 이전 투쟁이 축적된 성과다. 그럴 때 그런 투쟁들을 어떻게 준비하고 대비해 들어갈 건가, 투쟁 속에서.
> 두번째로는 투쟁이라는 거는 상대가 있는 거거든요. 근데 87년 노동자들이 치고 나올 수 있었던 거는, 정세적으로 봤을 때는 6월민중항쟁에 의한 지배계급 내부의 균열과 통제의 이완, 그게 아주 결정적으로 중요한 문제인데, 왜 그러냐면 노동자들이 그런 정치적 감각이 있다는 거예요. '아, 이거는 된다'라고 하는 게 있다는 거거든. 그건 뭐냐면 '지배계급 내부의 균열과 통제의 이완이 맞물리면서 치고 나가는 거다. 싸움이라는 거는 나만 잘 싸운다고 해서 되는 게 아니라는 거죠. 한국사회에서 노동자계급 대중들은 그런 정치적 감각이 있다' 그러니까 그런 것들을 읽어 내야 하는 거고. 그래서 우리

가 87년을 볼 때도 싸움에 대비해 들어가고 조직적으로 그런 것들을 키워 나가야 되잖아요? 왜냐면 투쟁 역량이라는 게 개별로 있는 게 아니라 조직적으로 유지되고 성장하는 거거든. 그걸 우리가 못 따라잡지요. 그런 점에서 우리가 지금 80년대를 본다는 거는 나는 미래에 대한 질문에 답하는 과정이라는 거죠.

4) 신정길의 구술생애사*

신정길은 1957년 경상남도 동래군 장안면 좌천리에서 대가족의 장손으로 태어났다. 그의 아버지는 초등학교 교사로 재직하였으나 한국전쟁 때 징집되어 7년간 복무한 후 제대하여 지방행정공무원으로 면사무소에서 일했다. 오랫동안 가난에 시달렸던 집안이 신정길이

* 신정길의 구술은 2011년 1월 22일 면담자의 용산사무실에서 진행하였다. 이 구술자료를 바탕으로 2015년 1월 30일 구술자의 수정·보완을 거쳤다.

• 신정길의 살아온 길 •

1957년 경상남도 동래군(현 부산 기장군) 출생.
1977년 성균관대 행정학과 입학. 학생운동.
1979~82년 육군 복무.
1983~84년 기능 습득. 제일여객 입사. 제물포여객 입사.
1985~86년 대우전자 인천공장 취업, 해고.
1986년 '인천지역노동자연맹' 해고자복직투쟁위 활동.
1987년 '인천지역민주노동자연맹' 참여.
1988년 '인천부천민주노동자회'(인노회) 참여.
1990년 인노회사건으로 구속.
1990~93년 인천민주노동자연합, 인천노동운동단체협의회, 인천연합 활동.
1993년 조국통일범민족연합(범민련) 남측본부 사무차장.
1994년 범민족대회 관련 구속.
1995년 범민련 조직사건으로 구속.
2003년~현재 부천 '평화와 통일을 여는 사람들' 공동대표.

초등학교 입학할 즈음 다소 형편이 나아졌다. 그럼에도 대가족이었기 때문에, 할아버지부터 어린 신정길까지 모든 식구들이 항상 부지런히 집 안팎의 일을 나눠했다.

> 장손으로 태어나서 집에서 귀여움을 많이 받았지요. 5대 할아버지 때까지는 아주 잘살았고, 그 근방에서는 이름 있는 집안이었는데, 고조부, 증조부로 내려오면서 구한말 시기에 가세가 기울었대요. 할아버지 때는 굉장히 살림이 어려워서, 일제 때니까, 일본에 가서 탄광에서 일하고, 철도 놓는 데 가서 일하고, 또 산속에서 나무를 해다가 팔아서 생활할 정도였대요. 아버지의 형제가 다섯 분이고, 우리 형제가 아들 둘에 딸 셋으로 다섯인데 같이 사니 엄청 식구가 많았어요. 그래서 그런지 할아버지부터 식구들이 모두 일을 해요. 나는 초등학교 때 아침에 일찍 일어나서 소를 먹이든가 염소를 내다 맨다든가, 내 동생들도 아침에 일어나면 닭 모이를 준다든가 그랬어요. 아침밥은 열몇 명씩 앉아서 먹는데, 할아버지가 항상 저한테 '정길이 오늘 아침에 밥값 했나?' 이렇게 물어보셨어요. 모든 식구들이 부지런히 살았어요. 사실 그런 게 몸에 배어서 지금도 내 생활에 체질이 되어 있지요.

그가 주위에 관심을 갖기 시작한 것은 어릴 때 동네 머슴들과 함께 소 먹이러 다니며 그들의 처지를 보면서부터였다. 그는 자신과 또래인 머슴들이 초등학교도 못 가고 일만 하는 모습에 의문을 갖기 시작했다. 또 그는 밀가루 배급과정에서 면서기들이 보인 행태와 경찰들의 패악질에 대해서도 문제의식을 가졌다.

> 60년대는 가난했기 때문에 밀가루 배급을 많이 줬는데, 가난한 할머니들이 밀가루 타려고 면사무소 마당에 줄을 서 있다가 앉아 있으면 면서기, 직원들이 아주 거만을 떨면서 그 양반들한테 욕도 하고. 이런 거를 제가 어릴 때 봤어요. 더구나 우리 외증조모가 아들들을 잃고 손녀들만 데리고 고생을 하면서 키우고 있는데, 그 할머니도 거기서 구박을 당하는 걸 내 눈으로 봤어요. 그 외에 시골에 순경들이 국민들에게 대하는 거, 다니면서 뜯어먹기도 하고 욕도 하고, 그런 거를 좀 많이 봤죠. 그 당시만 해도 시골에서는 순사라는 게, 참, 대단한 거잖아요.

이런 의문과 경험들 때문에 그는 고등학교 때 '사회정의 실현'을 위해 변호사가 되겠다는 생각을 했다. 또 그는 부산고등학교 2학년 때인 1974년에 '『동아일보』 백지광고사건'이 나자 친구들이 격려시를 보내거나 돈을 모아 보내는 것을 보면서 '사회가 뭔가 문제가 있다'는 것을 느꼈다. 더욱이 그는 서울로 올라와 재수하던 1976년 말 친구의 형이 구속되어 재판받는 과정을 지켜보면서 유신체제의 문제에 대해 감각적으로 알게 되었다.

> 76년도 11월인가 12월에 재수하는 도중이었는데, 우리 고등학교 동기 중에 박남운이라고 있어요. 하루는 남운이가 '형이 경찰서에 잡혀갔다'고 울더라고. 그 당시 박남운의 형이 우리 부산고등학교 선배였습니다. 그러면서 남운이가 '서울대학에서 시위를 주동하다 잡혀갔다' 그런 이야기를 했어요. 그래서 한번은 문래동에 있는 서울 남부지방법원에 그 친구랑 나랑 우리 친구들 몇 명이 방청을 갔

거든요. 법원 주위에는 경찰들, 형사들도 많이 있고, 재판정에는 남운이 형이 있고, 박병태라는 우리 고등학교 선배가 있고, 한 7, 8명 넘는 사람들이 재판을 받더라고요. 방청석에는 형사들이 쫙 깔려 있고. 형사들이 우리한테 '왜 왔나?' 뭐라 그러고, 우리는 모른 척하고 재판하는 거 보면서 듣기만 하고. 내가 유신문제를 직접적으로 겪었던 계기는 법원 주위에 위협적인 형사들의 모습, 선배들의 주장이나 항변, 그거 방청하면서였던 거죠.

학교이전 반대싸움과 이념서클 활동

이렇게 사회에 대해 조금씩 관심을 갖던 그는 변호사가 되겠다는 꿈을 접고 1977년 아버지가 지원하라고 제안한 성균관대 행정학과에 입학했다. 그가 대학 첫 발을 내딛은 성균관대는 캠퍼스를 수원으로 이전하는 문제로 학생들의 분위기가 어수선했다. 그는 입학하자마자 4월에 대학의 이전을 반대하는 유인물을 만들어 학내에 뿌렸다가 발각되어 훈방조치를 받았다.

서울에 와 가지고는 성균관대에 77년 3월에 1학년으로 들어왔지요. 입학을 해서 제일 먼저 '독서모임을 만들어야 되겠구나' 하는 생각을 했어요. 고등학교 다니면서 책을 읽을 기회가 없었고, 또 초·중학교 때도 시골서 크다 보니깐 책이라는 것을 접할 기회가 거의 없었던 거지요. 그러다 보니까 나도 모르게 독서에 대한 어떤 열망들이 많이 있었던 거예요. 그런데 4월 달쯤 됐는데 같은 과에 있던 이종결이라는 친구가 어느 날 나를 만나자고 해서 갔더니만, 이야기

요지는 '성균관대학교가 삼성재단인데, 경복궁 옆에 있는 무슨 초등학교를 인수를 해서 그 초등학교를 성균관대학교 안으로 이사를 오고, 그 다음 성균관대학교를 수원으로 옮기려고 한다' 그러면서 무슨 자료 같은 거를 주기에 받아서 나도 읽어봤어요. 그런데 다른 걸 다 떠나 가지고 '야, 이거는 너무 심한 거 아닌가!' 그래서 그 다음날인가 제가 유인물을 썼어요.

신정길은 작성한 유인물을 이종걸에게 넘기고 혹시 구속될지도 모른다는 생각에 늙으신 할아버지가 걱정되어 시골집을 다녀왔다. 이종걸은 유인물을 그의 여자친구에게 다시 쓰게 해 글씨체를 바꿨다. 두 학생은 복사한 유인물을 학교 곳곳에 돌아다니며 뿌렸다. 발칵 뒤집혀진 학생처에서는 유인물을 배포한 두 학생을 불렀고, 이미 부모님들도 불려와 있었다. 당시 대학 안에 상주하던 동대문경찰서 정보과 형사와 중앙정보부 정보원이 같이 있었다. 다행히 학교문제를 거론한 거라서 신정길과 이종걸은 훈계를 듣고 훈방되었다.

내용은 다 기억이 안 나는데, 첫머리는 '유구한 역사와 전통을 자랑하는 6천 성균인이여!' 이거였어요. '집에 도둑이 들어섰는데 주인이 이를 막지 않으면 그 누가 막으리오!' 이게 첫 구절이에요. 유신 시절이니까, 유인물 뿌리면 감옥 보통 한 3년씩 갔거든요. 그런데 우리 할아버지가 80세 가깝게 연세가 많기 때문에, 내가 유인물을 이종걸이를 줬어요. '네가 이걸 제작을 해라.' 그러고 나는 그날 시골을 내려가서 할아버지랑 할머니 주무시는 데서 하룻밤을 잤어요. 혹시 내가 이 일로 구속이 되면, 그 사이에 할아버지 돌아가실까

봐 걱정한 거죠. 또 집안에서 나한테 기대가 큰데 이렇게 가면 가슴 아파하실 것도 같고. 속으로 온갖 생각 들고. 다음 날 아침에 일어나 서울행 기차를 탔어요. 기차가 산모퉁이를 돌아가면서 우리 마을이 다 보이는 거죠. 그때 눈물이 핑 나더구먼.

5월, 6월을 지나면서 '학교이전 반대'를 위한 움직임은 각 학과별 대표들을 중심으로 모임들이 활발해지기 시작했다. 여름방학 동안에는 서울에 있는 학생들 간에도 활발히 교류가 이루어지면서 2학기 싸움을 준비했다. 1학년인 신정길은 방학 동안 시골집에 가 있다가 9월 개강을 하면서 서울로 올라왔다. 개강 직후부터 학교 분위기가 상당히 술렁이고 있었다.

아, 지금도 기억나는데, 우리가 2학년, 4학년 선배들하고 계획을 해요. 2학년 형들이 법정대학 건물 위에서 유인물을 뿌리고 메가폰을 잡고 연설을 하면, 우리가 교련을 받는 도중에 같이 일어나서 밀고 올라가기로 했지. 그래서 9월 20일, 교련을 받는데, 2학년 형이 법정대 건물 위에 올라가더라고. 그런데 원래 교련이 여러 학과가 같이 해서 4시간을 했는데, 그날따라 2시간 정도 하고 끝내더라고. 일찍 끝나니까 애들이 흩어지는 거예요. 2학년 형은 정한 시간이 되기를 기다리고 있고. 내가 도저히 답답해서 분수대에 올라가서 애들한테 '조금 기다려라. 그러면 무슨 일이 있을 거다' 다른 말은 못하고 계속 소리쳐요. 애들은 어리둥절해서 일부는 흩어지고, 일부는 앉아 있고, 일부는 도시락 먹고. 그리고 내가 2학년 형한테 '지금 시작해요!' 소리를 쳤더니, 그때 그 형이 유인물을 뿌리고 시작을 한 거지.

그런데 형사들이 바로 와서 그 형을 잡아가고, 그러면서 그날 시위는 크게 일어나진 못했어요.

그 다음 집회 때는 금잔디광장에 정말, 전교생이 다 모여요. 한 4, 5천 명은 모인 거 같아요. 잔디밭에, 언덕에, 계단에 꽉 찼으니까. 그 집회 끝나고 학교에서 4학년 제적, 2학년 3인은 무기정학, 1학년 6~7명은 유기정학, 다른 5~6명을 징계했어요. 우리는 징계대상에서 빠졌고.

전체 집회 이후에도 몇 차례 더 집회가 일어났다. 결국 학교이전 반대싸움이었는데, 삼성재단이 물러나게 되었고, 싸움과정에서 징계받은 학생들의 징계도 해제되었다. 사실상 이 싸움은 학생들의 승리로 끝났다.

이런 경험을 통해 신정길은 학생운동을 시작하였다. 당시 성균관대는 학생운동이 활성화되지 않았다. 이념서클은 해체되었거나 남아 있던 언어문화연구회, 농촌문제연구회도 활동이 미미하였다. 이런 상황에서 일어난 1977년 학교이전 반대투쟁은 성대 학생운동을 활성화시키는 중요한 사건이었다. 이후 이 싸움을 같이 했던 77학번들이 소모임을 만들었다. 신정길은 서울대에서 학생운동을 하는 친구에게 학습커리큘럼을 받아 성대에 보급하였고, 성대 서클들은 대부분 이 커리큘럼으로 학습을 하였다.

그때까지 성대 학생운동이 활성화가 안 됐었어요. 두 개의 이념서클이 있었지만, 활동도 미미하고. 그래서 성대 학생운동사에서 77년의 학교이전 반대투쟁이 굉장히 중요한데, 그걸 거치면서 새로운

전기를 맞이하게 된 거죠. 대중적인 운동이 그때부터 시작된 거죠. 그러면서 '같이 공부하자. 소모임 하자' 이런 제안들도 많이 나오고, 그래서 1학년들 중심으로 10여 명이 모였죠. 내가 대학 처음 들어올 때 하고 싶었던 독서모임이 된 거죠. 그 시절에 우리가 주로 봤던 게, 이규호 씨의 『사람됨의 뜻』, 한완상 씨의 『지식인과 민중』, 그리고 『전환시대의 논리』 정도가 나올 때니까, 그거를 봐요. 우리는 공부할 자료가 없어서 내가 서울대 박남운이란 친구를 만나서 거기 학습커리큘럼을 받아서, 그거에 맞춰서 다시 공부한 거죠. 그때 폴 바란, 돕-스위지, 『페다고지』 같은 책들을 우리가 읽고 토론을 하는 거죠.

우리끼리 앉아 가지고 토론하다 보니까, 그중에는 굉장히 논리적으로 잘하는 애들도 있고, 나같이 촌놈이 돼 가지고 안 보던 책 보니까 말뜻도 몰라서 맨날 물어보기나 하고. 나는 '야, 책 다 제치고 놀자', '책보다 사람이 중요하다' 이런 주의였고. 그렇게 그해 겨울에 공부를 하면서, 성대 학생운동이 과학적 접근을 할 맹아들이 만들어진 거죠.

이 시기에 시도한 소모임 구성과 사회과학 학습은 성대 학생운동이 본격적으로 사회과학 학습을 하는 이념서클과 학생운동 주체들을 형성하는 바탕이 되었다. 신정길과 그의 친구들은 1978년 들어 동양사상학생연구회('유도학생회'의 성격 변화), 무실학생연구회(도산사상연구회 후신), 휴머니스트라는 공개서클을 만들어 등록을 했다. 그로써 이전부터 있었던 두 개 서클과 함께 총 다섯 개의 서클이 본격적으로 활동하기 시작했다. 이들의 활동은 주로 학내 곳곳에 유인물을 배포하거나 대학연합 유인물 배포, 여름방학의 농촌활동 등 이었다.

1979년 3학년이 된 신정길은 동양사상학생연구회의 회장이 되었다. 그의 동기들도 각 서클의 회장을 맡으면서 서클활동이 더 활발해져 공개적인 대중활동을 펼치기 시작했다. 예를 들어 학생운동가들은 학도호국단이 주도하는 '놀자 풍'의 대학축제에 개입하여 '학술행사 중심으로 해야 된다'는 주장을 하면서 축제분위기를 바꾸려 했다. 이 시기 신정길은 반독재 민주주의, 미국에의 종속문제, 민중의 삶에 대해 감성적인 관심을 갖고 있었다.

> 1차적으로는 유신반대, 민주주의. 그 다음에 나 같은 경우는 '미국에 너무 우리가 예속돼 있는 거 아니냐'는 문제의식 정도였고. 구체적으로 알지는 못하지만 '미국 꼬붕이다', 그 다음에 '노동자나 농민들이나 이들이 가지고 있는 아주 어려운 생활환경, 이런 것에 대한 개선이 필요하다.' 그런데 그것이 '사회주의적 혁명이나 뭐 이런 것으로 가능할 수 있지 않겠느냐' 하는 정도, 또는 아닐 수도 있고, 그거에 대한 명확한 개념은 없었던 거지요.

특히 신정길은 전태일 분신사건, 광주대단지사건, 동일방직투쟁 등의 민중의 삶과 저항에 대해 르포르타주를 통해 알게 되면서 민중문제에 관심을 갖게 되었다. 그러나 그는 '민중의 고통을 개선해야 한다'고 의식했지만, 그 문제에 대한 사회구조적인 인식이나 해결방향에 대해 인식하지는 못했다. 더욱이 사회주의에 대해서는 막연한 동경 내지 상상 수준이었다.

전태일 분신사건도 있었고. 그 당시에 내가 연신내 헌책방들, 청계천 헌책방들 다니면서 『신동아』, 『대화』, 『다리』 같은 70년대 잡지들을 많이 구해 가지고, 거기 보면 르포들이 많이 나오잖아요? 광주대단지 사건이라든지, 전태일이라든지, 그 당시에 석정남의 '불타는 눈물'인가? 그런 것들을 나도 읽었지만, 다른 애들한테도 읽게 하고. 그러면서 노동문제, 농민문제는 많이 접하게 되죠. 그런 '민중의 고통을 보면서 이걸 개선해야 되겠다'는 생각이 먼저 있었던 거고, 그것이 '어떤 경로를 통해서 어떻게 의식이 될 것인가'에 대한 과학적인 인식은 없었고, 그냥 '사회주의는 그럴 수도 있겠다' 정도의 막연한 동경 내지는 상상? 그런 정도였지 명확한 개념은 없었고요.

인천지역의 노동현장 투신과 대우전자에서의 활동

당시 성대 학생운동가들은 졸업해 학생운동이 끝나면 대부분 대학원에 진학을 했고, 일부가 노동현장에 들어가거나 농민운동을 했다. 신정길은 1979년 강제휴학을 당하여 군대에 입대해서 1982년 4월 1일 제대를 하였다. 그는 복학을 앞두고 진로를 고민하다가 자본주의 사회에서는 노동운동이 핵심이라는 생각을 하였다. 그의 동료들도 각자 진로를 모색하다가 노동현장에 들어갈 사람들은 직접 행동으로 옮기기 시작하였다. 이들은 장기적으로 노동운동을 하려면 생계문제도 해결해야 하기 때문에 기능을 배워야 한다고 생각하였다. 그래서 일부는 직업훈련학교에 가서 밀링milling을 배우거나 또는 용접, 제관을 배우고, 다른 일부는 보일러기사 자격증을 따기도 했다.

79년 10월 30일에 군대를 가서 82년도 4월 1일 날 제대를 해서, 앞으로 활동할 방향에 대해 생각을 하는 거죠. '그래 농민운동보다 노동운동이 맞을 거다', 어쨌건 '자본주의사회에서는 노동운동이 핵심이다' 이렇게 난 생각을 하고. 그래서 '노동운동 중에서도 교통과 통신이 핵심이 아니겠나, 교통과 통신이 정지될 때에 세상이 멈출 수 있다' 이렇게 생각을 정리하고. 2학기 복학을 하려면 시간이 좀 있으니까, 4월인가 5월 달부터 한 2, 3개월을 자동차 정비를 배워서 자동차 정비기능사 2급 자격증을 땄죠. 우리는 노동조건 개선, 노동조합 민주화, 그런 정도만 생각한 거죠. 노동조건이 개선되려면 단결해야 되고, 그럼 노동조합을 만들어야 되고, 민주화시켜야 되고. 그런 정도는 확실한 개념이 있었던 거 같아요.

신정길은 1982년 9월 복학하였다가, 1983년 4월경 서울 불광동에 있는 제일여객에 정비보조사로 입사했다. 다른 친구는 마포에 있는 한 병원의 보일러실에서 근무하게 됐고, 또 다른 친구는 성수동에서 용접 일을 하기 시작했다. 신정길은 6개월간 기숙사에서 숙식을 해결하면서 일을 배웠다. 이처럼 노동현장에 들어갈 이들은 각자 준비하면서 서로 연락을 하고 있었다. 이들은 1983년 말에 모여 인천지역으로 같이 가기로 결정했다.

83년도 11월경 친구들을 만나요. 그때 한 친구가 제안을 해. '인천을 갔는데 공장도 막~ 많고, 사진에 나오는 것처럼 공장지붕이 좌~악 이어져 있더라. 우리가 갈 곳을 찾았다' 이거고. '그래? 한번 가보자' 해서 전철 타고 가봤죠. 인천 6공단 가니까 엄청 큰 공장들이 많거든. 그래서 83년 12월경에 주안역 뒤에 방을 얻어서 4명이 같이 살았어요. 나는 제물포여객에 들어가고, 한 친구는 인천제철 들어가고. 또 6공단에 한 친구가 들어가고, 다른 친구는 5공단에 들어가고 그렇게 6공단에 쫙 퍼져서 들어갔어요.

신정길은 인천 가좌동에 있는 제물포여객에 입사해 오후 5시 출근해서 새벽 7시에 퇴근하는 야간근무조로 일했다. 그는 버스 수리와 정비를 하였다. 공장이 바닷가 근처에 있어서 겨울에는 추위가 심했고 근무환경 역시 열악하였다. 특히 세끼를 공장에서 해결하는데, 나쁜 쌀을 사용하고 반찬도 김칫국, 김치나 단무지가 나오는 정도로 형편없었다. 신정길은 1983년 12월에 입사해 다음 해 2월까지 겨울 내내 공장에서 보내다가 결국 병이 나서 퇴사했다. 그 뒤 그는 몇 개월 건강을 돌보다가 다른 기술을 배우기 위해 부평 청천동의 아풍산업에 들어갔다. 아풍산업에서 용접을 배운 신정길은 다시 부개동에 있는 마치코바에 들어갔다. 그러나 공장이 폐업을 하자, 그는 다시 직장을 구하러 공단을 돌아다녔다. 그는 공단 게시판의 모집공고를 보고 다니다 부천의 신한일전기에 취업했다.

그런데 입사한 지 1주일쯤 지났을 때, 그에게 대우전자에 취업해 있던 학교 후배인 이금자가 생산직을 모집한다고 연락을 주었다. 그는 바로 대우전자 인천공장에 단순조립공으로 옮겨 갔다. 신정길은 입사할 때 본명을 사용했고 학력만 중졸로 바꿔서 들어갔다. 대우전자 인천공장은 노동자의 수가 2,500명이 넘는 대규모 사업장이었다. 노동자들은 인천기계공고 등 공고를 나온 이들이 많았고, 주야간 2교대 작업을 하였다. 또 대우전자에는 어용노동조합이 있었다.

그 당시 노동조합이 구미지부, 주안지부, 인천지부, 이렇게 지부가 있고, 그 다음에 본조는 서울에 있었어요. 대표적인 어용노조 중의 하나예요. 그리고 노조 대의원은 전부 조장과 반장으로 되어 있고, 생산직은 전체 지부 대의원 중에 아마 한두 명 정도였어요. 그것도 사무실의 관리과장이나 계장이 지명을 했다고. 몇 달 지나 일이 쪼끔 익숙해지니깐 작업 끝나고 나서 또래 친구들이랑 회사 앞에서 술도 한잔씩 하고, 또 일요일에는 소래 같은 데에 낚시도 다니고, 가끔 공도 차고 그러면서 조금씩 친해지고. 그러다 보니깐 우리 또래로 한 7, 8명 정도가 딱 조가 짜진 거죠. 남들이 보기에도 '저놈들 맨날 몰려다니는 그룹'이 된 거죠. 그중에서 눈에 띄는 한두 놈하고는 '노동법 공부하자' 해서 석탑 『노동법해설』 책을 사 가지고 보고. 그 다음에 아주 가벼운 책도 읽어 보라고 주고. 신문 보고 술 먹으면서 떠들어 대면서 사회문제에 대해 관심 갖게 하는 거죠.

대우전자에는 학생운동 출신 활동가들이 몇 명 있었다. 그중에 1985년 금형부에서 신분이 발각되어 해고되거나 전출당한 사람들도 있었다. 그러나 공장이 워낙 크고 노동자가 많아 활동가들도 그 상황을 알지 못했다. 그 무렵 인천지역에서는 '인천지역 노동3권 쟁취투쟁위원회'가 활동하고 있었는데, 그중 대우전자 담당자가 신정길을 찾아와 현장활동을 토론하고 지역운동 상황이나 정치상황에 대해서 논의하기도 했다. 신정길은 그를 통해 대우전자에 있는 다른 활동가들을 만나면서 '대우전자 활동가 모임'을 구성하였다. 이런 활동과정에 1986년 초 지부 대의원선거가 다가왔다. '생산직을 대의원으로!'라는 목표를 내세워 활동가들이 각 라인에서 생산직 노동자들을 대의원으로 뽑기로 했다.

> 우리 부서에서도 대의원을 반장이 하고 있었는데, 선거 때 기술직의 친구보고 나가라고 해서 그 친구가 대의원선거 등록을 했어요. 그런데 관리사무실에서 뭔가 심상치 않으니깐 유심히 본 거죠. 그러더니 관리자가 그 친구한테 '어떻게 해서 대의원선거에 나오게 됐냐' 물으니까, 그 친구가 '신정길이랑 애들이 나가라 해서 나왔다' 그렇게 말했대요. 그러니 회사에서 딱 보니깐 다른 애들은 고졸이고 공고 나오고, 내가 좀 학력이 이상할 거 아니에요? 거기에 내가 지금 생각해도 잘못했다고 보는 게, 그때 회사에 QC활동으로 제안제도가 있는데, 제안제도를 내가 몇 건 냈다고. 그걸 칠판에 써 가며 설명을 잘한 거예요. 내용도 생산성이 왜 떨어지는가, 생산성을 높이기 위해서는 노동조건을 개선하고, 뭐 이런 결론이었죠. 그러니까 '중학교 나왔다는데 똑똑하네!' 이렇게 된 거지. 여자애들도 '우~' 하고 쳐다보고. 그러다가 그런 일이 나니까 나를 주목을 했던 거 같아요. 그래 우리 시골집에 형사가 찾아가서 조사해 갔다고 하더라고요.

이처럼 신분이 발각된 듯하자 활동가 모임에서 대책을 논의했다. 그 결과 신정길과 이금자가 먼저 점심시간에 식당에서 유인물을 배포하며 시위를 주도하기로 하고, 나머지 활동가들은 상황을 보고 판단해 행동하기로 했다. 신정길은 점심시간 직전에 탈의장과 작업장에 유인물을 뿌리다가 사무실로 잡혀갔고, 이금자는 식당에서 기다리다가 식탁에 올라가서 유인물을 뿌리며 연설을 하다가 끌려갔다. 결국 둘 다 해고를 당하자 이들은 복직투쟁을 하였다.

인천지역노동자연맹 내부의 갈등과 '일동'그룹 결성

신정길은 해고된 뒤에 '인천지역해고자투쟁위원회'(약칭 '해투위')에 참여하였다. 해투위는 당시 인천지역노동자연맹(약칭 '인노련') 주도하에 있었는데 부평지구, 주안지구, 부천지구, 그리고 주안·하인천지구로 편재되어 있었다. 그리고 지구별로 해고자들은 세네 명씩 방을 구해 같이 살았다. 신정길이 책임지는 하인천지구 해투위는 초기 구성원이 10여 명 정도 되었다. 이들은 낮에는 전투훈련을 하고 밤에는 지역에 유인물 배포를 하였다. 또 이들은 인노련의 투쟁이 있을 때는 선봉대로 나섰다. 이들이 주도한 투쟁의 예로는 1986년 3월 10일 전등사 임투 집회, 4월 12일과 4월 30일 투쟁, 5·3인천항쟁, 5월 30일 정리투쟁 등이었다. 마지막으로 이들은 7월 27일 주안5동 성당에서 대중집회를 주도했다. 이 집회에는 권인숙 성고문사건 대책위원회의 사람들이 와서 상황설명을 하고 동참을 호소했지만, 신정길은 일어나 이 문제에 참여하는 것을 거부하는 발언을 하였다.

> 그 무렵에 인노련 내부는 어떤 일이 있었냐면, 그때 막 강철시리즈라든지, NLPD이론 관련 팸플릿이라든지 지도부를 비판하는 문건들이 나오기 시작했어요. 지도부에서는 그 문건을 조직원들이 읽으려하면 다 뺏어 갔어요. 이제 '지도부에서 내려주는 문건만 읽어라' 이런 식으로 했지. 그러면서 7월 27일 대중집회를 딱 끝내면서 '아, 이거 우리가 뭔가 잘못됐구나! 이런 생각을 하는 그룹들이 생겨난 거지. 그러면서 우리 해고자들이 마지막 평가를 안양유원지가 있는 산속에서 70시간 가까이를 했나? 2박 3일 정도 한 거 같아요. 거기서 빵하고 우유 하나씩 먹으면서 평가를 하기 시작한 거죠. 그때 나

온 것이 인노련 공식 지도부 외에 뭔가 있다는 걸 알게 된 거죠. 사실 우리가 '음모지도부'라고 부른 '안개그룹'의 실체가 드러난 거죠. 우린 몰랐는데, [공개]지도부들은 이미 느꼈다고 해요. [공개]지도부에서 결정이 났는데 실지로 비공개 하부단위인 해투위나 분회로 내려가면 다른 방향으로 집행이 되는 일이 있었다고 해요. 우리 해투위에도 '안개그룹'으로 지도 나왔던 친구인 김형보가 있었던 모양이야. 그래 가지고 해고자들에게 굉장히 비판을 받고, 그 친구가 자기반성도 하고. 그러면서 우리가 거기서 해투위 활동을 정리해요.

이런 내부갈등 속에서 인노련은 세 개의 그룹으로 갈라졌다. 일부는 인노련을 계승하여 삼민동맹을 결성했고, 다른 이들은 「강철서신」 등의 NLPDR노선을 접하면서 반지도부, 즉 반지그룹을 형성하였다가 조직을 탈퇴해 독자그룹을 만들었다. 마지막 그룹은 조직적 퇴각론을 주장하면서 활동평가를 제대로 공유해서 퇴각해야 한다는 주장을 했다. 이 그룹이 이후 '일동그룹'을 형성하였다. 신정길은 마지막 그룹에 속해서 1986년 하반기 내부 조직토론을 하였다. 이들은 인노련이 정치노선, 조직노선, 투쟁노선이 다 잘못됐기 때문에 새로운 노선정립이 필요하다는 것으로 결론지었다. 이 그룹은 정치노선을 NLPDR로 정리했지만, 한국의 특수성에 맞춰 독자적으로 민족문제와 통일문제를 모색하기로 했다.

정치, 조직노선, 투쟁노선 세 가지가 다 일치가 되어야 하는 건데, '현재 한국사회가 극단적인 폭압적인 파쇼체제이기 때문에 활동이 매우 면밀하게 중층화되지 않으면 안 된다. 그래서 조직노선도 크게 우리는 공개적으로 해 나가야 할 부분과 반공개적으로 할 부분과, 그 다음 철저하게 비합법적으로 나가야 될 부분을 구분해야 한다. 인노련처럼 섞여서는 안 되고, 주장도 어떤 때는 삼민이라고 했다가, 생활임금이라고 해서는 안 된다. 그래서 정치, 투쟁, 조직 노선이 일목요연하게 잘 정리돼야 된다.' 그러면서 '공개 조직은 거기에 맞는 정치강령과 주장을 내세우고 활동 체계와 활동 방식, 활동 내용도 거기에 맞게 할 것. 그 다음에 정치문제에 개입하기 위해, 국가보안법이니 여러 문제가 있으니까, 반합법적인 활동이 필요하다. 마지막으로는 뱅가드전위조직는 준비할 수 있는 수준에서 준비를 하는 것으로 해야 된다. 그 사람들은 정치적으로, 사상적으로, 투쟁 속에서 단련된 사람들로 극소수가 되더라도 준비를 해 나가야 된다.' 그렇게 해서 '내용과 형식과 활동 방식을 갖는 조직이 세 개로 분화돼야 된다'는 결론을 내린 거죠.

이런 논의를 통해 독자적인 정치조직을 형성한 이들은 반합법 조직으로 처음에는 '민주주의와 민족통일을 위한 노동자투쟁위원회'로 활동하다 다시 '일동'으로 이름을 바꿨다. 그 때문에 당시 노동운동 세력은 이들을 '일동그룹'이라고 불렀다. 공개 활동 부분은 노동조합, 인천지역민주노조건설공동실천위원회(약칭 '공실위'), 공개단체에 참여하였고, 핵심 역량을 준비하는 부위는 독자체계를 만들어 활동을 시작했다. 그러나 핵심 역량을 준비하는 이들도 비공개 활동과 동시에 공개단체나 대중조직에 적을 두고 활동을 하였다. 조직 내부의 소통은 점조직 형태를 취하면서 핵심 역량을 준비하는 부위에서 통일성을 담보하는 역할을 하였다. 실제 '일동그룹'은 1980년대 정권의 침탈을 당하지 않았다.

인민노련과 인천부천민주노동자회 참여

이처럼 1986년도 하반기에는 여러 정치그룹이 형성되어 각 그룹마다 내부에서 이론학습을 진행하면서 노선을 정립해 나갔다. 이 과정에서 1986년부터 1987년 들어 변화하는 정세에 개입하기 위해 여러 그룹들이 공동투쟁을 시도했다.

> 87년도 1월에 박종철 고문살인사건이 나면서 '모이자' 해서 수도권의 몇 개 그룹이 모였어요. 일동그룹, 타투, 영등포그룹, 광명그룹, 구로, 안양지역에서도 나오고. '공동투쟁을 조직하자' 이래서 조직한 것이 소위 말하는 '2·7투쟁'이에요. 우리가 남대문시장에서 2월 7일에 '고문살인정권 타도하자!' '박종철 살려내라' 이런 주장을 해요. '2·7투쟁'이 시민들로부터 굉장히 호응이 좋았어요. 그래서 곧바로 '3·3투쟁'을 조직했지요. 시청 앞이었던 거 같은데, 그때 남대문시장 안에도 가서 선동하고. 나도 그때 시청 앞 가로수에 올라가 연설도 하고. 그러면서 고문정국에 대한 투쟁이 학생, 재야세력에서도 시작하게 된 거죠. 그 과정에 4·13호헌조치가 나왔고, 4월에는 '호헌철폐 독재타도'라는 구호를 가지고 계속 투쟁을 전개한 거죠.

공동투쟁을 했던 그룹들 중에 인천-부천지역의 그룹들이 모여 상설적인 공동실천을 위한 조직건설을 둘러싼 논의를 진행했다. 논의 결과 참여자들은 '공동투쟁을 통해서 조직을 건설한다'는 기본

원칙을 세웠다. 신정길도 조직결성 논의에 참가했다. 그 결과 이들은 6월 민중항쟁이 한창 고양되던 1987년 6월 26일 '인민노련'인천지역민주노동자연맹을 공개적으로 결성하였다.

공동투쟁을 하면서 '한번 조직을 만들어 보자'고 해서 간 거죠. 어떻게 만들 것인가 논의를 하는데, 처음부터 의견이 안 맞는 거죠. 나는 '인노련의 경험으로부터 배워야 한다. 우리가 조직을 만들면 각 그룹들 다 모으지 말자. 분화를 시켜야 한다. 현장에서 활동할 사람들은 현장활동을 하고, 일부 필요한 사람들은 공개단체로 나와서 모여 반공개로 모이자. 공개 활동하고 나눠져서 정치적 대중조직을 만들고 거기에 맞는 강령과 조직체계, 활동 방식을 가져야 한다. 단순한 소그룹의 연합체라든가 이렇게 되어서는 곤란하다'는 주장을 했고. 그런데 내 주장은 관철되지 않고 여러 단위의 주체들이 다 참여하는 거예요. 그래서 나는 참여를 고민하는데, 우리 친구들은 '그거 또 분명히 깨진다. 하지 말자'는 주장이었고, 나는 '아니다. 그래도 하는 데까진 해보자. 설득해 보자', 그러고서는 나는 7월, 8월에 인민노련에 참여해요.

그러나 인민노련은 결성된 뒤 얼마 지나지 않은 9월경 대선방침을 놓고 내부 논쟁이 벌어졌다. 독자후보론와 후보단일화론으로 분리되었다가 결국 후보단일화를 주장하던 세력이 조직을 탈퇴하여 인천지역노동자연합준비위원회(약칭 '인준위')를 결성하였다. 후보단일화 입장에 있던 신정길은 인민노련을 탈퇴하지 않고 끝까지 토론하며 같이 하려 했다.

그러나 다른 이들과의 조직노선, 정치노선의 차이, 특히 대선방침에서의 차이로 갈등을 겪다가 결국 10월경 인민노련을 탈퇴하였다. 그는 12월 선거 국면에서 공정선거감시단활동을 하였다. 당시 대선방침 논쟁은 계속되었고, 신정길과 그 친구들은 애초 김대중으로의 후보단일화를 주장하다 12월 15일경 지지율이 높은 김영삼을 위해 '김대중 후보 사퇴'를 주장하는 성명서를 냈다. 그러나 대선은 패배로 끝났다.

한동안 고민하던 신정길은 인준위 활동가들과 함께 1988년 3월경에 부천그룹들, 인천그룹들과 같이 모여 새로운 조직결성을 시도했다. 신정길은 이 논의에서도 인민노련 결성 때처럼 조직성격에 따른 분립을 주장했으나 역시 소수의 주장으로 채택되지 않았다. 다시 여러 그룹이 모여 인천부천민주노동자회(약칭 '인노회')를 결성하였다. 그는 인노회에서 교육선전부 활동과 대의원대회 의장을 맡았다. 그는 지도부회의 때마다 조직론과 정치론에 대해 같은 주장을 계속했다.

> 이 친구들은 이미 MPO[대중정치조직] 쪽이니까, 분회가 있고 서로 공개하고 만나고, 서로 돕고 놀고 이런 거라고. 그래서 친목계처럼 생일잔치도 같이 모여서 하고. 내가 '그러면 우리 강령을 낮춰야 한다' 그리고 '활동 계획을 바꾸고, 또 집에선 ○○문건 읽는 건 안 된다'는 거를 처음부터 이 사건으로 구속될 때까지 주장한 거죠. 그런데 그 사람들은 거기에 대해서 뚜렷하게 문제의식을 안 갖고, 다분히 '우리 숫자 많다' 이거죠. 인노회가 한 200명 됐어요. 하인천에 육칠십 명, 부평 육칠십 명, 부천 육칠십 명. 그 인원들이 얼마나 귀한 존

재들이에요? 학교 다 버리고 현장 들어와 가지고, 몇 년간 현장에서 활동하고, 87년 6월항쟁과 노동자대투쟁을 다 거친 친구들인데, 그거를 뭐 하러 다 모아 가지고. 현장에 다 보내서 현장활동 하게 만들어야 되는 건데. 그러다 결국 조직사건으로 정리가 됐죠.

인노회는 사무국 체계의 조직활동, 투쟁지원활동, 그리고 분회로 구성되었다. 분회활동은 회원들이 모여서 교양공부를 하거나 친목을 도모하였다. 문제는 투쟁국 산하에 선동조가 만들어져 투쟁지원 등 공개 활동을 하면서 정보당국이 미행을 하여, 이들이 소속돼 있던 분회가 발각된 것이었다. 분회원들의 방이 털리고 '문건'과 책이 나오면서 조사 중이던 이들이 구속되었다. 이어 수사는 인노회의 사무국으로까지 번졌다. 당국은 활동 내용과 무관하게 이들이 소지하고 있던 문건 등을 근거로 인노회를 이적단체로 규정했다. 결국 인노회는 결성된 지 1년여 만에 조직탄압사건으로 해체되었다.

이 사건으로 신정길은 1989년 6월 구속되었다가 1990년 6월에 석방되었다. 석방 뒤 그는 인노회 회원 삼사십 명과 관계를 유지하다가 인천노복인천민주노동자연합에 합류했다. 당시 인천노복은 활동이 정체되어 있었다. 그는 1990년 9월 최연봉 위원장을 중심으로 주위의 활동가들과 노동자들을 모아 '인천민주노동자연합'(약칭 '인천노련')을 재건했다. 그는 사무국장을 맡아 처음으로 노동자교양강좌 등의 공개적인 교육활동, 노동조합 활동지원과 상담활동을 하였다.

한편 '일동그룹'은 1992년 대선이 끝나면서 반공개적인 활동을 해소하였다. 정치공간이 열리면서 그 일부가 공개 활동으로 이동했다. 이 무렵 인천노련을 재건한 신정길은 1990년 겨울 인사련인천지역사회운동연합 노동위원회, 인해협인천지역해고노동자협의회, 여성노동자회, 노동자문화모임 일터 등과 함께 인천노운협인천노동운동단체협의회을 결성하였다. 인천노운협은 인민련인천민족민주운동연합, 전국노운협, 전민련, 나중엔 민주주의민족통일인천연합과 전국연합에 가입하였다. 신정길은 1992년 국민운동 인천본부 상황실장, 인천연합 제도정치위원장, 전국연합 제도정치위원으로 활동했다. 이어 1993년에 범민련 사무차장을 맡아 활동하면서 1993년 11월 범민련 강령과 규약을 제정·선포하는 데 참여하였고, 이어 1994년 범민족대회 개최를 주도하였다. 그는 행사 주도 혐의로 9월 구속되었다. 신정길은 1년의 감옥생활을 하고 나왔다가, 1995년 범민련 활동으로 다시 구속되었다. 현재 그는 '평화와 통일을 여는 사람들'에서 활동하고 있다.

1980년대 노동운동에 대한 평가

'일동그룹'은 정치노선 등을 다소 늦게 정립했다. 그는 이미 1986, 7년경 노동운동의 중심세력으로 등장한 NL-PD구도에서 '일동그룹'이 제대로 평가받지 못하고 소수의 정치세력에 머물렀다고 평가했다. 그 때문에 '일동그룹'은 당시 노동운동이나 대중운동에 큰 영향을 미치지 못했다.

> 사실은 NL과 PD의 난립 속에서 우리 그룹이 설 수 있는 공간이 좀 협소했다고 보는 것이 맞을 거 같아요. 우리도 공실위 활동도 하고, 그러니까 현장에 있는 조직원들은 노동조합도 만들고, 노동조합 간부도 하고 학습서클도 만드는 활동을 하는 사람들도 있고, 반합법

으로 '일동'으로 나와서 활동하는 사람도 있고. 그런데 인천지역에서는 우리의 조직방침이 받아들여지지 않아 소수가 됐고, 대선방침도 소수가 되는 상황이었죠. 그래서 NL과 PD라는 거대 두 그룹이 항상 부딪치면서 그 가운데 심정적인 동조는 많이 받지만, 특히 PD쪽에서 많은 심정적 동의를 받아냈죠. 원래 PD쪽에서는 소수니까, 자기 편 들어주고 항상 가운데서 조정해 주고 하니까 좀 좋게 생각하는 정도였던 거 같아요. 오히려 NL그룹들은 저희를 굉장히 싫어해, '저들은 NL인데 왜 저러나' 이렇게 이단시하는 경향이 있었고. 우리가 정치적으로, 대중적으로 크게 확산될 수 있는 것은 되지 못했던 거 같아요.

그는 1991년 소련 사회주의가 몰락할 때에 큰 충격을 받지 않았다. 오히려 그는 소련이 사회주의체제를 만들었지만 사람이 사회주의 인간형으로 변화되지 않은 채 사회변화를 추진하였기 때문에 좌초된 것이라고 평가했다. 이런 판단은 1986년 인노련 정리과정에서 형성된 그들의 변혁적 인간관에 입각한 것이었다.

사회주의가 참 뜻도 좋고 이상이 좋은데, 왜 좌절했는가에 대해서, '우리가 혁명, 세상을 바꾼다는 것이 뭔가? 우선 세상을 이루고 있는 인간이 바뀌어야 되고 나아가서 제도와 체제가 바뀌는 것이다. 그리고 제도와 체제를 바꿨다 하더라도 인간이 바뀌지 않는다면 여전히 반동은 올 수 있는 것이고 그것으로 체제가 유지되지 않는다. 따라서 사회를 바꾸고자 하는 사람들은 자기 자신부터 먼저 바꾸고 주변을 바꾸는 힘을 가지고 대중과의 신뢰를 형성하면서 세상도,

체제도 바뀌야만 진정하게 세상을 바꿀 수 있는 거 아니냐', 이렇게 분명히 정리를 했죠.

우리가 인노련을 정리하면서 '야, 이거 사람의 문제다.' 그때 '품성론'이 나왔을 때부터 '맞다. 활동가들이 올바른 사람이 못 돼 가지고는 누가 우리를 따를 것이며 어떻게 세상을 바꿀 것이냐. 우리 자신이 파쇼체제하에서 파쇼통치자들의 모습을 보고 배웠다. 저 안개그룹들이 그런 모습으로 나타난 것이고, 또 우리들 속에 그런 모습은 없는가를 반성해야 한다.' 우리는 그 당시에 반성을 했어요. 세상을 바꾸려고 하는 사람들은 자기 자신부터 우선 바뀌야 한다고. 그래야 주변의 신뢰도 얻고 존경을 받을 때에 한마디, 한마디가 대중의 신뢰를 얻게 되고, 사람이 모여서 사람의 힘으로 체제와 제도를 바꿀 수 있다고. 그리고 위로부터 혁명이 먼저 있을 경우에는 반드시 사람을 바꾸기 위한 그런 솔선수범적인 뇌봉雷鋒레이펑: 중국인민해방군의 모범 병사 같은 인간형이 나오지 않으면 안 된다고 봐요. 막심 고리키의 『어머니』를 86년경에는 모두 다 읽었지만, 그냥 글로 읽고 말았던 거죠. 아무도 거기서 뭘 배우고 우리가 뭘 해야 했는가를 어머니의 품성, 어머니가 했던 것들, 그 많은 주인공들이 했던 헌신적인 노력들이 뭘 의미하는가를 관념으로만 이해한 거죠. 그래서 우린 사회주의가 좌절된 거에 대해 절망하지 않고.

또 그는 1987년 이후 직선제 실시, 문민정부 등장 등 한국정치의 변화과정에 대해서 기본적인 통치체제는 변하지 않은 채 부분적으로만 변화했다고 판단했다. 그 때문에 '일동그룹'에서는 1986년 이후 견지해 온 조직노선을 유지하는 것이 필요하다고 판단했다.

그 당시에 그렇게 생각했어요. 합법적 활동의 공간이 조금은 넓혀졌지만 기본적으로 식민지파쇼체제의 기본골격은 그대로 유지하고 있는 상황이다. 따라서 '노동에 대한 탄압, 또 민족자주에 대한 탄압, 이런 것들은 여전하다'고 판단하고. 그래서 '우리가 조직체계를 바꿔야 될 만큼, 또 활동 방식을 완전히 바꿔야 될 만큼, 모두가 제도정치권으로 나가야 할 만큼, 근본적 변화는 오지 않았다'고 보고 있었어요. 그래서 '제도정치 영역에서, 부르주아 민주주의 영역에서만 약간의 공간이 열렸을 뿐이다. 그런데 왜들 그쪽으로 다 몰려가는가, 안타깝다'는 생각을 하고 있었죠.

이런 판단 때문에 그는 일부 정치조직들이 소련 사회주의 붕괴에 영향을 받아 동요하는 것, 또 1987년 이후 한국의 정치변화를 과대평가하는 것에 대해 비판적이다. 즉 그는 이러한 과대평가가 합법정당운동으로, 그리고 대중운동과 분리되어 의회정치로 진입하는 것에 대해 비판적이다.

그분들의 경우에는 사회주의 좌절이라는 것이 크게 작용하지 않았나 하는 생각이 들고요. 다른 점이라면 제도정치권을 어떻게 바라보느냐의 관점에 큰 차이가 있다. 우리는 '제도정치라는 것은 제한적인 전술일 뿐이다' 이렇게 봤어요. 그런가 하면 그쪽 사람들의 경우는 '사회주의는 끝났고, 형식적인 민주주의가 열렸기 때문에 의회로 다 진출하자' 이런 분위기가 있었다는 생각이 들고요. 나는 기본적으로 대중운동을 중심으로 해야 하고, 제도정치라는 것은 극히 제한적으로, 부분적으로 취해야 할 전술에 불과하다고, 그때나 지금이나 생각하고 있어요.

오히려 신정길은 1980년대 노동운동, 특히 1987년 6월 민중항쟁 이후 열린 공간을 활용해 학생운동 출신 활동가들이 대대적으로 노동현장에 다시 진입해서 노동조합 결성 등의 활동에 집중했어야 한다고 평가한다.

지난날을 돌이키고, 지금 현재의 우리 운동 상황들을 보면, 87년도 6월항쟁을 승리로 이끌었을 때, 제한적인 승리였지만, 정말 우리가 눈을 돌리고 힘을 가져야 될 것은, 그때 비로소 다 현장에 다 들어가서 열린 공간을 활용해서 현장에서 조직을 만들고 활동을 해야 되는 시기였다고 봐요. 그런데 다 현장을 나와 가지고 '정치권으로 간다. 무슨 노동단체를 만들어 가지고 세를 과시한다' 이렇게 잘못된 방식으로 운동을 한 거지요. 그리고 잘못된 방식으로 운동했기 때문에 나중에 운동이 실패하고, 조직도 잘못 건사해서 다 깨놓고 나서는 '이제는 운동은 전망이 없는가 보다'고 자포자기하다, 자기가 새로운 존재방식으로 이전하면서 그걸 합리화시키는 방편으로 대중을 핑계 대는 경우가 많지 않나 생각하죠.

신정길은 1980년대 노동운동의 전반적인 한계는 노동운동을 이끌었던 학출활동가들의 한계라고 평가한다. 학출활동가들의 사회변혁에 대한 이해 부족을 주요 한계의 원인으로 들고 있다.

제가 볼 때는 노동운동을 하겠다고 많이 왔는데, 그중에는 정말 민중에 대한 애정을 가지고 왔던 사람들이 있는가 하면, 또 한편으로는 다 가니까 분위기 따라온 것도 있고, 또 일부는 '독재정권', '80년대 전두환 학살집단', '미국' 이런 적을 보고 들어온 거죠. 그러니 6월항쟁 거치면서, 특히 92년 대선 끝나면서 다 없어지는 거죠. 눈에 보이는 적이 없어지니까 '우리 할 일은 다한 거 아니냐'는 생각을 하는. 나는 NL이든 노동자 헤게모니이론이든, 또 당파성 문제라든가 이런 것에 대한 정파적이고 부분적 이해, 또 세상을 바꾼다는 것에 대해 제도와 체제를 바꾸는 것으로 이해하는 인식의 한계 등이 결합되면서 사회주의 꿈의 좌절도 영향을 미치고. 또 중요한 것은 운동 내부의 분열과 갈등을 통해서 신념·희망이 사실 많이 없어졌다고 봐요.

그는 1980년대 학생운동가들이 노동현장에 투신해서 일면 노동자들의 투쟁과 의식 변화에 긍정적 영향을 미쳤지만, 정파성, 분열주의 등의 부정적인 문제도 남겼다고 평가한다.

초기에는 헌신적으로 투쟁도 하고, 또 노동자 의식의 변화에 영향을 미쳤죠. 그렇지만 나는 전반적으로 폐해가 더 컸다고 봅니다. 지금은 학출들이 거의 없지 않습니까? 지금 보면 87년 이후에 노동조합운동이 성장해서 노동조합운동의 지도자들이나 중앙간부들이 대부분 노동자 출신들이라고요. 그들이 성장할 수 있는 데에 학출들이 어느 정도 영향을 미쳤지만, 그 학출들이 가졌던 정파성과 분열주의가 지금도 남아 있잖아요? 노동자들도 배운 거죠. 그래서 지금도 그 분열의 씨앗이 자라고 있고 계속 서로 부딪치고 있고.

그는 1980년대를 거쳐 온 자신의 삶을 긍정적으로 평가하며, 현재 자신의 영역에서 최선을 다하고 있다. 그는 노동운동의 분파성, 분열주의 등을 극복하기 위한 사상투쟁, 사상적 정풍운동을 전개하는 것이 현실운동의 과제라고 판단한다.

> 안타깝지요. 그 많은 활동가들이 자기를 버리고 현장도 오고, 구속도 각오하면서 그랬는데, 그런 열정과 헌신성들을 지도부가 잘 조직하고 이끌었더라면, 정말로 귀중한 사람들 아닙니까? 그래서 그들이 패배감에 빠져서 포기하고 가거나, 그 후과들이 지금까지도 노동계급 속에 남아 있거나, 이런 것들을 보면 안타깝기는 하지요. 난 내 자신의 삶을 돌이켜보면, 내가 지금 병도 들고 비록 몸도 아프고 하지만, 조금도 후회하지 않습니다. 그냥 '내가 할 수 있는 만큼을 했다. 그러나 아직 때가 안 됐구나' 이렇게 생각합니다. 그리고 제가 생각하기에도 지금 시기에서 가장 중요한 것은 정파주의나 분파주의와에 대한 사상투쟁이 필요하지 않나 생각합니다. 지금이야말로 사상적 정풍을 해야 될 때라고 봅니다.

5) 안재환의 구술생애사*

안재환은 1957년 서울에서 5형제 중 셋째로 태어났다. 그의 부친은 엔진 관련 부품을 개발하여 직접 제작하는 공장을 운영했는데, 1974년에 일시 부품생산에 성공한 것 이외에 계속 사업에 실패했다. 그 때문에 그는 어려운 경제조건 아래 산동네에서 성장했다. 그의 아버지는 1970년대 말부터는 소규모 정비센터를 운영하였다.

아버님은 직업으로 말하면 자동차산업 쪽을 하셨고요. 엔진 관련된 부품을 생산하거나 연구하시는 직업이었죠. 그걸 일제시대부터 하셨대요. 주로 직접 제작하는 사업을 하셨는데, 성격상 월급쟁이 생활을 못하셨나 봐요. 대부분은 공장 차리셨다가 부도 내고, 또 발명품을 만들었다가 부도 나고. 아버님이 만드신 엔진이 지금으로 말하면 친환경 알코올로 가는 차라고 해요.

그래서 70년대 우리 생활은 서울 변두리 산동네에서 어렵게 살았는데, 아버님은 항상 사업 아닌 사업을 하시느라 차를 끌고 다녀서, '저 집은 왜 월세 살면서 차를 갖고 다니나?'는 주위 사람들의 따가운 시선들이 있었어요. 어머니는 그 차 기름값을 대느라 고생을 많이 하시고. 아버님이 마지막에는 한남동에서 조그만 정비센터를 운

* 안재환의 구술은 2011년 1월 5일 구술자의 사무실에서 진행하였다. 이 구술자료를 바탕으로 2015년 2월 26일 구술자의 수정·보완을 거쳤다.

• 안재환의 살아온 길 •

1957년 서울 출생.
1977년 동국대 정치외교학과 입학.
1978년 긴급조치 9호 위반으로 구속(동국대 목요회사건).
1980년 동국대, 민주화의 봄 투쟁.
1984~85년 동흥전기노조 결성, 실패.
1986~88년 인천지역 비공개 활동.
1988~89년 '인천부천민주노동자회'(인노회) 회장.
1989년 인노회사건으로 구속.
1991~92년 '인천지역사회운동연합' 부의장.
1992~96년 한국노동운동단체협의회 사무국장.
1998~2004년 실업극복국민운동 부평지원센터장.
2001~04년 부평 남부 자활후견기관장.
2004~08년 인천 광역자활지원센터 사무국장.
2010~현재 인천민주화운동계승사업회 집행위원장.

영하시다가 돌아가셨어요. 제가 구속되어 있을 때 돌아가셨어요. 그래 아버님에 대해서는 쓸쓸한 기억만 갖고 있습니다.

안재환은 운동과정에서 자신의 성격이 중요하게 영향을 주었다고 생각한다. 특히 그는 어려서부터 형성된, 다른 이들에게 안 좋은 말을 못하는 등의 내성적인 성격이 운동하는 데 부정적인 영향을 주었다고 판단한다.

활동 관련해서는 제 성격이 중요한데, 모질지 못해서 사실 이런 험악한 운동이 안 맞는 성격이에요. 그래서 투쟁전술을 짤 때에 가두시위나 조직적 결정할 때를 보면, 어떨 때는 굉장히 좀 과격해졌다가, 어떤 분야에서는 극히 수그러들었다가, 그 다음에 공장시위보다는 가두시위 때에 더 과격해지는 면이 있어요. 반면에 일상적인 생활에서는 굉장히 나약해서, 제가 지금 아이들 시설에서 일을 도와주고 있는데, 아이들이 저한테 '거북선생'이라고 별명을 붙여서 부르는데, 나중에 친해지면 애들이 그냥 '거북아!', '거북아!' 하고 불러요. 집사람이 제가 여기서 빨리 손을 떼야 운영이 잘될 거라고 할 정도로, '애들과 친하게만 지낼 줄만 알지, 규율을 세워 주고 혼내 주고 이런 걸 할 줄 모른다'고 해요. 최근에도 지적받고 있는데, 아마 저의 제일 큰 단점인 거 같아요. 저의 이런 성격 때문에, 무슨 큰일을 벌이려면 주저하게 되는 게 좀 있습니다.

그러나 1980년대는 개인의 성격이나 성향을 드러내기 어려운 시대상황이었기 때문에, 그는 자신에게 주어진 일들에 대해 책임 있게 진행하였다. 그 때문에 그는 주위의 후배들에게 '강인한 인물'로 인식되었다. 현재 그는 자신의 성격을 돌아보면서 1980년대에 자신의 성격에 맞지 않는 과도한 역할을 맡았고, 앞으로 삶의 마무리는 자신의 특성에 맞는 일을 하고 싶다고 한다. 그럼에도 그는 여전히 인천에서 지역활동을 이끄는 위치에서 일하고 있다.

대학 입학과 유인물 배포사건

안재환은 1977년에 동국대 정치외교학과에 입학했다. 그는 청소년기까지는 육영수 저격사건을 보면서 잠시 관심을 가진 것 이외에 정치에 이렇다 할 관심이 없었다. 그가 삶의 방향을 전환하게 된 계기는 1977년 대학에서 주최한 독후감 대회였다. 그는 집안 형편으로 자라면서 책을 많이 읽지 못했기 때문에 책에 대한 관심과 독서욕구가 컸던 그는 학교에서 열린 독후감대회에서 총장상을 받았다. 그의 독후감 주제는 카뮈의 『이방인』에서 엿보인 실존주의에 대한 것이었다. 이 일이 있고 얼마 후에 그는 정치외교학과 선배에게 서클활동을 같이 하자는 제안을 받았다. 그 제안을 받아들여 그는 1978년 3월경 서클활동을 시작하였다. 서클의 분위기를 익혀 갈 즈음, 5월 초파일 기념행사에서 그는 동료들과 함께 유인물을 만들어서 행사장에 배포했다.

> 그때 저희들의 행동을 불러일으켰던 책은 『아무도 미워하지 않는 자의 죽음』이었고, 또 다른 대학에서 유인물이 나돌면 구해 보면서 '우리도 한번 하자' 했던 게, 당시 긴급조치로 제가 1년 넘게 구속생

활을 했어요. 21세 되던 해인데 '반성문 쓰면 내보내 준다'는데 끝까지 안 썼죠. 그래서 더 힘들었어요. 남산 중앙정보부 끌려가서 한 보름 동안 두들겨 맞고, 군대에 막 들어간 서클 친구를 불어야 되는데, 안 불어서 얻어맞고. 그 친구가 지금 국회의원을 해요. 나중에 보니까 그 친구도 수사를 받았다고 하더라고요. 그러니까 정보부에서는 다 알면서도 저희한테 수사를 일부러 가혹하게 들어왔던 게 남민전사건 수사 때문에 그랬던 거 같아요. 78년에 남민전사건이 터졌죠. 그래서 저희가 남민전 조직원이라고 생각을 하고, 캐면 불겠거니 했는데, 아무리 캐도 아무것도 없고. 얘들이 순진하니까, 좀 혼내 줘서 운동에 뛰어들지 못하게 하려고 한 거 같아요. 그때 선배랑 저는 구속되어 수감생활하고, 그 길로 제 운명이 바뀌죠.

안재환이 참여한 서클은 이름이 없었다. 그런데 정보당국이 이 서클이 목요일에 주로 스터디를 한다고 '목요회'라 이름 붙이고, 이 유인물사건은 '동국대 목요회사건'으로 명명했다. 그의 아버지는 의지하고 있던 아들이 구속되자 충격을 받아 다음해인 1980년에 돌아가셨다. 그의 어머니는 씩씩하게 아들의 면회를 다니면서 구속자 가족활동에 열심히 참여하였다.

운동의 관점을 확립한 감옥생활

그가 구속되어 있던 서대문구치소에는 학생들이 약 100여 명 정도 끌려와 있었다. 1978년 들어 서울대, 연세대, 고려대, 서강대, 성균관대, 인하대, 경희대 등의 대학생들이 유인물을 배포하거나 시위를 활발하게 벌였기 때문이었다. 안재환은 구속되기 직전에 서클에서 『전환시대의 논리』 등 사회과학 기초를 맛보는 정도의 학습을 했었다. 그는 감옥에서 민중신학, 정치경제학, 한국근현대사, 미·일 제국주의 문제 등에 대해 심화된 학습을 할 수 있었다.

거기서 다른 대학 선배님들한테 많이 배웠죠. 제일 많은 도움을 주신 분이 경희대의 김봉우 선배님이신데, 저희 또래들한테 정신적 지주 역할을 하셨고. 이우재 선배라고 서울대 75학번 선배도 있었고. 그 선배들한테 주로 좌파적 이념들, 그때 처음으로 이념에 대해 무슨 '주의'를 붙여서 하는 말을 처음 들었어요. 제가 78년도 학교 스터디그룹 할 때는 사회주의란 개념도 몰랐고, 그 다음에 한국사회에 대해서도, 미국문제라든가 일본문제에 대해서도 시각이 갖춰지질 못한 채 쪼금씩 눈을 뜨는 상황에서 감옥을 간 거라, 감옥에서는 좀 더 심화된 학습을 할 수 있었던 거 같아요. 그 선배들한테 주로 진보적인 이념 관련해서 아주 철저하게 많이 공부를 했고. 그때 각종 교육학 관련된 책부터 민중신학, 그 다음에 정치경제학에 대해 선배들이 영서로 강의도 해 주시고. 한국근현대사 공부를 많이 했고. 공부를 일정 짜서 철저히 많이 시키셔서. 창 밖으로 보면서 세미나도 하고 자체 발제도 하고. 근현대사로는 동학혁명 관련한 민중 중심의 사관들을 공부했고요. 그 다음에 세계역사를 통사 위주로 해서, 거기서 민중운동 관련을 뽑아서 공부를 하게 됐죠. 아마 서적을 구하기가 힘드니까 내용적으로는 많이 우회하면서 접근했던 거 같아요.

그는 서울구치소에서 대전교도소로 이감되었다. 그곳에는 빨치

산 장기수들이 다른 수감자들과 격리되어 특수사동에 있었다. 그는 특수사동에 있는 이들과 창문으로 통방하고, 면회나 운동을 오가면서 눈인사를 하기도 했다.

1979년 가을 출감한 안재환은 군입대 문제를 두고 고민하다가 동료들과 같이 미입대를 결정했다. 그는 천호동 건축현장에 숨어 지내던 중에 10·26사건 소식을 들었다. 그는 바로 건축현장을 정리하고 동료들과 선배들을 만나면서 복학을 준비했다. 다른 한편 그는 후배들을 조직해서 여러 서클을 만들었다. 1980년에 복학을 한 안재환은 '서울의 봄' 국면에 학내 민주화운동을 벌였다. 5월 들어 학내민주화운동은 정치민주화를 요구하는 가두시위로 발전했다. 안재환도 이 흐름에 합류하여 5월 시위의 결절점인 5월 15일 서울역 집회에 참여하였다. 이런 활동 때문에 그는 당국에 의해 수배가 되었다.

제가 79년에 감옥에서 나왔는데, 군대를 가야 한다고 해서, 친구들이랑 모여서 그때 말로 '도바리를 치자' 해서, 저는 건축현장에 숨어 지냈어요. 그러다 박정희 죽었던 10월 26일 소식을 천호동 아파트 현장에서 듣고 나타났죠. 나와서 동료들과 선배들도 만나면서 80년 '민주화의 봄'을 준비했죠. 그러면서 저는 학교로 와서 복학하기 전에 여러 준비를 하는데, 주로 78, 79, 80학번들을 직접 모아서 서클들을 여럿 만들어요. 그러면서 80년에 복학해서 학교에서 '어용교수, 학교민주화, 총학생회 부활' 운동을 하고. 그 다음에 정치민주화를 요구하면서 가두시위들을 하다가 5월 15일 서울역 집회에 참여해요. 그때 동국대 대표로는 이영우라고 75학번 선배가 학생지도부 회의에 들어갔거든요. 거기서 중심적인 내용들이 논의되었는데, 제가 잘 모르고요, 다만 그 전날에 탱크소리가 나고 '군대가 진입하는 것 같다' 그런 소문들이 퍼지고. 학생 지도부에서 퇴각결정을 하면서 '빌미를 주면 안 된다' 이러면서 퇴각한 걸로 알고 있어요. 그러면서 싸움이 끝나고 제가 수배명단에 오르게 됐어요.

인천 노동현장 투신과 동흥전기노조 결성 시도

그는 1980년 5월 투쟁 이후 학생운동을 정리하고 사회운동으로 진출하기 위해 모색을 했다. 안재환은 진로에 대해 학교 선배나 감옥에서 만난 다른 대학의 선배들과 토론을 했다. 그 결과 그는 노동현장에 투신하기로 결심했다.

당시 선배들 중에 이미 현장에 들어가 있는 사람들을 소개받아 만나 뵙고. 동대에서는 여익구·조영희 선배들이 현장 권유를 하셨던 거 같고. 그 다음에 김봉우 선배나 여러 선배들이 학생운동 끝나고 사회운동으로 전환할 때 같이 토론하고. 그러면서 농민운동 하러 들어간 분들도 있었고, 노동·빈민 쪽도 있었고, 종교 쪽도 있었고, 그 다음에 출판운동도 많이 나갔고요. 그렇게 역할분담을 하면서, 그런데 저는 누가 보더라도 '당연히 현장 가겠지' 그런 생각을 했던 거 같아요.

그는 노동현장에서 활동을 하려면 기술이 필요하다는 선배들의 조언을 들었다. 당시 선배들은 노동현장 투신에 대해 '장기론' 또는 '준비론'적 입장을 갖고 있었다. 그는 한 선배의 추천으로 1981년부터 일신동의 '중앙직업훈련원'에서 기술을 익히다가 1982년에 훈련원 과정을 끝마쳤다. 곧바로 1983년 그는 노동현장에 들어가기 위해 인천지역으로 내려갈 결심을 했다. 인천지역을 선택한 이유는 그의 이모들이 부평 산곡동에 살았고 사촌형제들이 공장을 다니고 있어서, 그들의 도움을 받을 수 있다는 판단을 했기 때문이다. 당시 인천에는 가톨릭노동청년회, 인천 도시산업선교회(약칭 '산선') 등이 주위 노동자들에게 영향력을 갖고 있었다. 그는 당시 지역운동 상황에 대해 산선에 있는 선배들에게 들을 수 있었다. 안재환은 우선 공장 경험을 하기 위해 부천의 작은 공장에 1년 정도 다녔다. 이어 그는 1984년에 공장활동을 하기 위해 주안의 동흥전기에 취업했다. 공장생활이 1년 정도 지나자 1985년 5월경 주위 노동자들과 같이 노동조합을 결성하려다가 실패했다. 그는 해고되자 인천해고자협의회에 참여했다.

> 저도 인천에 혼자 왔어요. 지역을 이쪽으로 하게 된 거는 저희 이모님 두 분이 산곡동에 사셨어요. 사촌 형님들이나 공장 다니던 사촌 여동생하고 가깝게 어울리면서 주위 분위기도 알고 있었고. 또 인천에 오면 친척들의 도움으로 소개도 받을 수 있을 거라는 판단으로 오게 된 거예요. 저만 그런 게 아니고, 각 서클들의 모태가 됐던 제 친구들도 비슷한, 아니 저보다 더 심하게 온 경우들이 많아요. 여기에 아무런 연고도 없는데 '인천이 공단이 많다. 그러니까 인천에 가야 된다'고 해서 왔던 친구도 있고. 또 어떤 친구는 자기 어머니의 직장이 여기 있어서 온 경우도 있고. 그렇게 다양한 방식으로 인천에 왔더라고요.

제가 82년 인천에 왔을 때는 가톨릭노동청년회가 제일 세력이 컸고요. 그래서 가끔 거기 들락거리고. 또 당시 인천 도시산업선교회에 선배들이 계셔서 거기 도움을 받기도 하고. 그 다음에 우리 동문들, 후배들을 우연히 지역에서 만나기도 하면서 주민증 위조에서부터 직업훈련까지 세팅을 해서 취업을 시키기도 했어요.

당시 여러 대학의 70년대 후반기 학번의 학생운동가들이 인천 지역으로 왔다. 이들은 인천에 공장이 많다는 막연한 생각을 갖고 온 경우, 또는 인천에 지인들이 살아서 온 경우 등 다양한 이유로 인천의 공장에 취업하기 시작했다. 이처럼 개인적으로 또는 몇몇이 그룹을 지어서 인천에 와서 노동현장에 취업하는 학생운동가들이 늘어나자, 점차 학맥과 인맥을 중심으로 한 '정치서클'들이 만들어지기 시작했다. 안재환도 동국대 출신의 동기들과 후배들을 중심으로 서클을 만들었다. 또 그는 감옥생활을 같이 했던 서울대, 고려대, 연세대 출신의 친구들을 우연히 만나면서, 이들에게도 자신의 정치서클에 참여하도록 권하였다. 1985, 86년경에는 현장노동자들도 정치서클에 참여하기 시작했다. 그는 서클을 운영하면서 후배들의 노동현장 취업이나 적응과정을 지원했다.

당시에는 서클들이라고 했는데, 대부분 학맥으로 이어졌어요. 저는 주로 동국대 출신의 몇몇 제 친구들하고 바로 밑에 78, 79, 80, 81학번들을 모아서 인천에 하나의 서클처럼 모임을 가졌죠. 제가 83년에 와서 첫번째로 끌어들인 사람이 홍영표였던 것 같아요. 직업훈련원 다니면서 만난 친구들이나 후배들이 83년도, 84년도에 인천으로 여러 명이 들어오게 되고. 또 감옥에서 만난 서울대, 고대, 연대 친구들을 우연히 길거리에서 만나는 경우도 있거든요, 좁은 동네니까. 또 공장에서 만나면 '야, 우리 이왕 하는 거 같이 하자' 해서 참여하게 하고. 그래 가지고 저희 동국대가 한 20명 정도 됐고, 다른 학교 친구들하고 합하면 한 30, 40명 되고. 저희들도 처음에는 다 인텔리들만 모여서, 꼭 학교가 여기로 옮겨온 것처럼, 이 동네에서도 다 그렇게 하지 않습니까? (웃음) 그러다가 현장에 들어가 있던 인텔리들이 노동자들에게 정치학습을 시켜서 이들이 서클에 참여시키는 수준이 되는 것은 한 1년, 2년 걸리거든요. 그래서 85, 86년쯤 되면 의식화된 노동자 출신들이 지역행사에도 나타나고, 저희들이 의도적으로 행사장에 노동자들을 내보내기도 하고, 그래서 선진 노동자 교육을 가톨릭노동청년회 또는 인천 도시산업선교회에서 반공개 형태로 해요. 그러면서 현장에 세대교체를 해가죠.

정치서클의 형성

1985년 즈음 인천지역에는 여러 정치서클들이 만들어졌다. 1986년에는 노동운동 내부에 이념적 분화가 시작되면서, 한국사회의 모순 중에서 민족모순을 중심으로 인식해야 된다는 입장을 가진 이들이 점차 모이게 되었다. 이들 서클들은 내부 토론과 사상교류를 활발하게 하면서 NLPDR론으로 정치노선을 정리해 나갔다.

서클들의 네트워크도 있었는데 모이면 서로 다 가명들 쓰고. 치안본부에서 인노회사건 때 가보니까 '인노회를 구성한 게 A서클에서부터 E서클까지 다섯 개 정도의 서클이 모여 인준위를 구성을 했다'고 하고, 그중에 'A서클이 지도적 입장에 있다. 여기가 주사를 도입했다' 이렇게 알고 있더라구요. 그래서 제가 어느 소속인지 캐묻고, 그 다음에 엔케이NK 쪽하고 관련이 있는지도 조사받고. 물론 나온 게 없지만, 치안본부에서 그렇게 파악을 하고 있더라고요.

서클의 정체성 형성에는 1986년 노동운동 내부에 돌려진 통혁당, 남민전사건 관련 자료나 팸플릿 등의 영향이 컸다. 안재환은 조직사업으로 각 서클들의 대표자들을 만나면서 이념적 정체성을 형성해 가는 한편, 노동현장 지원, 가두시위 조직 등의 활동을 벌였다.

서클 대표자들 만나면 어떨 때는 문건을 주고받기도 하고, 어떨 때는 '공부를 한번 해보자', 그래서 학습을 시키는 거죠. 그 친구들이 대부분 제가 제안한 거를 받아들이면 저희 쪽에서 교육담당자가 파견이 돼서 몇 개월씩 합숙을 하고. 그렇게 지도부가 학습이 돼서 엔엘피디NLPD나 자주·민주·통일을 받아들이면, 그 다음에 거기 회원들이나 선진노동자들까지도 하고, 그래서 저희가 이념적 교과서가 있어야 되고, 교육시스템이 있어야 되고, 그걸 조직하러 다니는 사람이 있어야 되고, 이런 게 다 갖춰져야지 서클 중에서 비교적 완성된 형태를 갖게 되는 거거든요.

선진노동자들의 정치교육을 위해서는 교재가 필요해 내부에서 만들어 사용해야 했다. 안재환은 조직원들의 교육에서 주로 한국근현대사를 강의했는데, 관련 내용을 직접 정리해 만든 교재를 사용하기도 했다. 활동가들의 교육은 1대 1로 하거나 2, 3명이 모여 하는 비밀 소그룹으로 진행하였다. 교재 이외의 정치토론 자료는 이론가들이 정리한 비공개 팸플릿, 「강철서신」 등을 보았다. 보안문제가 심각한 것들은 각 서클의 소수 핵심인물들만 보았다. 이렇게 서클지도부, 조직원, 선진노동자들의 학습 및 교육을 통해 서클간의 정치적 정체성을 형성해 갔다.

한편, 이들 서클들은 1986년 5·3인천항쟁 때 처음으로 반미反美의 입장을 밝히는 유인물을 배포하였다. 이를 통해 각 서클들은 조직력을 점검하였고, 그 과정에서 자신감을 갖기 시작했다.

> 각 서클마다 특성들이 다 틀려요. 노동조합과 관련이 많은 데가 있고, 이념적으로 강한 서클들이 있고, 또는 문화활동이 강한 서클 또는 종교 성향이 강한 서클도 있고. 특히 그 지도부가 어떤 사람이냐에 따라 가두시위 때 실력을 발휘하는 사람들이 있고. 부평 쪽의 서클은 야학팀, 교회팀, 성당 관련 팀 등 다양하게 분포되어 있었고. 각 모임에는 적은 곳은 2, 3명에서 많은 곳은 20명이 넘기도 했어요.

이렇게 안재환은 서클간의 네트워크를 통해 이념성 강화를 위한 학습활동 및 실천활동을 하도록 지원했고, 지역관계를 넓혀 갔다.

인민노련의 결성과 분리

이러한 활동과정에서 안재환은 1986년 5·3인천항쟁 이후 정세가 고양되면서 지속적인 투쟁 사안이 발생하자 지역의 여러 정치세력들과 공동투쟁을 벌이는 데 힘을 기울였다.

86년에 5·3항쟁이 있었고, 그 다음에 아시안경기 반대투쟁, 부천성 고문사건, 그 다음 87년 박종철 고문치사사건, 이렇게 넘어가지 않습니까? 그 다음에 87년 노동자대투쟁까지. 86년에 많은 가두시위나 투쟁을 NL서클들은 계속 연락망을 가지고 200, 300명씩 조직적으로 동원을 했고요. 그 다음에 저희가 제파PD, PD계열하고도 같이 투쟁했어요. 이렇게 할 수 있었던 거는 저희가 준비론이나 장기론보다는 즉각적인 반독재투쟁을 해야 한다는 입장이어서, 그래서 NL이든 PD세력이든 이념적으로 차이가 있지만, 이른바 선투론, 먼저 '정치투쟁과 현장투쟁을 결합해야 된다'는 거에는 동의되었고. 그래서 저희는 크게는 정치적으로 '현정부하고 적극적으로 싸워야 된다'는 흐름에 같이 한 거죠.

이런 공동투쟁의 경험을 바탕으로 NLPDR세력과 '투쟁동맹'인천노동자계급해방투쟁동맹 세력이 조직통합을 위한 논의과정을 거쳐 1987년 6월 인민노련인천지역민주노동자연맹을 결성하였다. 그러나 정치 경향이 다른 두 세력의 통합은 3개월도 못 가서 분열을 겪었다.

주안5동 성당의 반공개토론 때 PD그룹 지도부들이 '미국하고 싸우려면 미국 가서 싸워야지, 왜 여기서 그러느냐' 그런 말까지 나오고. 우리가 미국문제 제기하는 걸, 그쪽 지도부들이 '노자노동자-자본가모순을 희석'시키는 거라며 강하게 비판하더라고. 그 다음에 핵심적으로 대선방침에서 차이가 나면서, 그쪽은 독자후보론이고, 저희는 후보단일화를 주장하면서 입장이 갈렸죠.

안재환은 인민노련의 대의원대회에서 의견을 정리하는 과정에서 다수를 차지할 것으로 예측했었다. 그러나 결과는 안재환그룹이 '투쟁동맹'그룹에게 1표 차이로 밀렸다. 투표과정에서 NL그룹의 1인이 '투쟁동맹'측에 투표한 것이 결정적인 영향을 주었다. 이에 대해 안재환은 NL세력이 인민노련에 모두 참여하지 않았기 때문이라고 보았다. 그도 인민노련에 참여하지 않았다. NL서클들은 주로 정치적 활동이 가능한 이들이 인민노련에 참여해서 이중 멤버십을 갖고 활동하였고, 선진노동자들이나 현장활동 경험이 짧은 학출들은 참여하지 않았다. 이에 반해 '투쟁동맹'그룹은 모두 인민노련에 참여하였기 때문에, 그는 투표결과가 그와 같이 나왔다고 생각했다. 결국 표결에서 소수파가 된 NL세력은 인민노련을 나와서 독자적으로 인천지역노동자연합준비위(약칭 '인준위')를 결성했다.

인천부천민주노동자회의 결성과 활동

인준위는 1988년 '자주, 민주, 통일'을 정치 목표로 내세운 정치적 대중조직 인노회인천부천민주노동자회를 결성하고 해소하였다. 안재환이 인노회의 회장이 되었다. 그런데 연계를 갖고 있던 서클들의 구성원들이 모두 인노회에 참여한 것은 아니었다. 그 이유는 인노회가 내세운 '정치적 대중조직'의 성격 때문이었다. 정치적 대중조직의 운영은 조직 내부에서는 서로를 공개하고 대외적으로는 조직원들을 공개하지 않는 것이었기에, 비공개 활동이 필요하다는 판단을 한 이들은 인노회에 참여하지 않았다.

> 인노회가 '정치적 대중조직'이란 표현을 쓴 건 내부적으로는 공개하는데 대외적인 공개 활동을 당분간 지양하는 형태였죠. 그래서 저희는 사무실을 상근자들만 활용했고 외부단체나 회원 전체한테 공개하지 않았고, 공개는 지도부를 회원 전체한테 하고. 저는 이전의 관례에 따라 가명을 사용하기도 했지만 외부활동에서 다 공개하기로 해요. 그래서 저는 이미 단체대표자회의 같은 데서 아예 공개된 인물이기 때문에 거의 공개 활동을 했어요.
>
> 그 다음에 조직에 대한 이론적인 문제인데, 저희는 그 당시 노동조합, 정치활동을 주로 하는 정치대중조직, 당을 구분했어요. 당은 유일한 비공개조직으로 하는 거고, 그 외부적인 활동을 정치대중조직PMO이 하는 걸로 생각했었어요. 이때는 합법적인 당이 거론되기 이전이었죠. 그런데 당시 PD계열의 조직이론에서는 노동조합의 상이 혁명적 노동조합 노선에 가깝다고 봐요. 더구나 노동조합 자체를 PMO로 생각하는 정치세력들이 많이 있었거든요.

한편 인노회에 참여한 서클들 간에는 발언력의 차이가 있었다. 예를 들어 노동현장에 기반이 탄탄한 서클, 이념성이 강한 서클 또는 선진노동자들이 많이 참여하는 서클이 서클들 간에서도 발언력이 컸다. 안재환이 인노회의 회장이 된 이유도 그가 속한 서클이 노동현장과 긴밀하게 결합하고 있었기 때문이었다.

> 저한테는 애꿎은 운명이 됐지만, 제가 왜 회장이 됐냐면 저는 이념

적인 것보다는 현장성이 있기 때문에 '가장 현장성이 있는 사람이 책임을 져야 된다'고 한 거죠. 예를 들어서 85년 대우자동차투쟁 때 그 사업장 안에 몇 개 서클들이 있었는데, 홍영표가 거기 대의원도 하고 투쟁대표도 하니까, 저희 서클은 '대우자동차와 관련 있는 서클', 이렇게 알려지죠. 그 이후에도 인노협의 주축인 남일금속, 한독금속 코스모스 같은 노조들도 대부분 우리 서클 인맥들이 자리 잡은 곳이거든요.

안재환은 인노회의 조직원 선발기준을 놓고 고민을 했다. 당시 조직원으로는 선진노동자들과 학출들이 같이 참여했는데, 문제는 학출들이었다. 그는 인천지역에 형성된 정치서클들의 지도부들이 대부분 현장활동 경험이 거의 없는 활동가들이 많았고, 그 때문에 서클들이 노동현장에 뿌리내리지 못한다고 판단했다. 그는 인노회에서는 그런 현상이 나타나지 않아야 한다는 생각을 했다. 결국 그는 학출들의 조직참여에 대해 '1년 이상 현장활동 경험을 한 자'라는 제한을 두면서, 노동현장에서 1년이 안 된 학출들은 예비회원으로 참여하는 방식을 택하였다.

인노회는 주안, 부평, 부천에 지부를 두었다. 지부마다 조직원들이 50여 명 정도 참여하고 있었다. 지도부는 각 지회의 지회장들로 구성되었고, 각 지회에는 5~6명이 참여하는 분회를 두었다. 지부 밑에는 10개 안팎의 분회가 구성되었다. 그리고 부서로는 정책, 교육, 홍보, 투쟁지원부를 구성하였다. 인노회의 특징 중에 하나는 조직원들이 참여하는 노조활동에 대해서 지도부 또는 조직 차원에서 직접 개입하지 않았다는 점이다.

인노회와 노동조합과의 관계는 좀더 고민을 정리를 해야 되는데요. 아무래도 저희는 정치성향이 강하다 보니까 노동조합에 대해서, '단체가 노동조합 선거나 활동에 개입하면 안 된다. 단, 투쟁은 지원한다' 이러면서 우리가 노동조합을 지도하는 조직을 자임하진 않으려 노력을 했어요. '그럼 노동조합 지도를 어떻게 하면 좋겠냐'는 것에 대해 노조 지부장들이라든가 분회의 조합원들 중에 지도력이 있는 사람이 지도하면 된다고 본 거죠. 그런데 이게 나중에 보니까 우리한테는 약점으로 나타나더라고요. '인노회는 노동조합 지도력이 떨어진다'는 거죠. 그리고 학출 회원들이 노동상담소 쪽으로 많이 옮겨 가기도 했죠. 그 이유가 인노회가 정치적으로 너무 세기 때문에 탄압에 노출되기 쉽고, 노동조합에 대한 실무지도력은 떨어진다는 거고. 그래서 노동자대투쟁 이후 저희 약점이 노출되는 거죠.

인노회는 대중적인 교육이나 체육대회, 문화행사 등을 진행했다. 예를 들어 1988년 정석고등학교에서 진행한 체육대회에는 150여 명의 조직원이 참여했고, 또 인천대에서 축구시합을 열기도 하였다. 이런 대중활동을 통해 조직원들이 서로를 알게 되고, 거기에 지역집회나 시위현장, 또는 활동하는 공장에서 서로 부딪치면서 조직원들이 서로를 파악하게 되었다. 더구나 간부들은 투쟁을 지원하는 사업장에 가서 인노회 소속임을 밝히기도 하였다. 공개-비공개라는 조직운영의 원칙이 점차 훼손되어 가자, 이를 둘러싸고 조직 내부에서 문제가 제기됐고 논쟁이 벌어졌다. 그 결과 초기 조직운영의 원칙에서 벗어나지만 조직원들이 인노회 소속이라는 것을 공개적으로 밝히고 활동하기로 정했다.

한편 각 분회는 구성원의 자취방을 사용하거나 지역 거점을 정해 모임을 진행했다. 예를 들면 송림동의 사랑방교회, 골목집들은 주안분회들의 거점이었고, 부천은 교회나 석왕사가 거점이었다. 분회모임은 1주 1회를 기본으로 했다. 모임에서 정세교육, 교양교육 등은 회장인 안재환이나 지부장들이 진행했다. 지역투쟁이 있을 때는 분회가 투쟁을 준비하고 참여하는 단위가 되기도 했다.

> 주로 회원들을 만나러 가면 분회로 가는 거거든요. 그래서 저는 분회 소모임을 돌아가면서 직접 참여를 많이 했죠. 예를 들면 송림동의 사랑방교회, 골목집을 저희 주안분회들이 거점으로 삼았었거든요. 그렇게 지역마다 거점들을 하나씩 갖고 있죠. 부천에서는 교회나 석왕사에서 모임을 갖고. 그래서 일상적으로 회원모임의 교육은 정세교육이라든가 아니면 활동방향에 대해서 했죠. 분회원들이 1주일에 한 번씩 모임하면 제가 직접 가거나 다른 지부장들이 가서 교양도 하고. 그 다음에 주로 가투[가두투쟁]나 투쟁을 조직할 때 분회원들이 많이 움직였죠. 그리고 회원들이 파업 중인 경우에는 현장에 직접 가서 격려하기도 하거든요. 부천지부장인 최동이 분신했을 때, 그가 지도했던 부천 사업장을 제가 다녔던 생각이 나요. 저희 회원이자 일신전기노조 위원장을 한 사람이 대표적인 인물이죠. 그 다음에 부천의 전자회사인 아남전자노조 간부들 중에 저희 회원들이 몇 명 있어서 거기도 지지방문을 다녔고. 부평은 남일금속, 코스모스나 마이크로전자, 이런 데에 관련이 다 있는 거죠.

인노회의 중요 지역실천은 투쟁을 조직하고 정치폭로와 선전을 하는 것이었다. 예를 들어 1988년 부천연합시위 때는 인노회의 다른 지부 조직원들도 참여했다. 인천대 정문 앞에서 경찰들하고 몇백 명의 노동자부대가 전투가 벌어지면 인노회 간부들이 선두지휘에 나섰다. 또 이들은 지역에서 수차례에 걸친 시위를 벌이기도 했다.

한편 1988년 주요 정치문제 중의 하나는 광주민중항쟁에 대한 것이었다. 인노회는 '책임자 처벌'을 주장하면서 조직의 이름을 내걸고 인천대학에서 공개집회를 했고, 처음으로 광주에 조직적으로 내려가 집회를 벌이기도 하였다. 이 공개 대중집회에서 안재환은 인노회의 회장 자격으로 연설을 했다. 이러한 인노회가 주도하는 투쟁에는 정치노선을 같이 하는 인대협인천지역대학생대표자협의회과 노동단체 등도 함께했다.

저희는 부천지역에서 연합시위를 하거든요. 각 서클들 다 모여서 해요. 88년도 최동이 한참 활동할 때, 부천역 앞에 집회를 하고 시위할 때는 최동이 주동을 아주 책임 있게 했어요. 부천 회원들도 몇십 명 모이지만, 인천에서도 지원 가고 학생들도 오고, 그래서 한 100명, 많으면 200명 정도까지 모이죠. 그런 싸움들을 계속 해내고. 또 인천대학을 중심으로 해서 우리 조직의 주요간부들이 거의 거기서 먹고 자면서 시위를 조직하고. 그럴 때는 주로 인천대에서 우리 회원들은 밤새워 꽃병 만들기도 했어요. 그러다가 경찰 병력과 노동자부대가 학교 앞에서 전투가 벌어지면, 우리 간부들이 선두에 서서 열심히 싸웠어요. 그 다음에 88년 초에 광주항쟁 관련된 폭로가 많았거든요. '책임자 처벌하라'는 주장을 하면서 광주에 집결할 때 인노회 이름으로 여러 번 가고, 그때 저희가 처음으로 인노회 이름으로 인천대학에서 공개적으로 집회하고 몇백 명이 광주로 내려갔어요. 그때 제가 처음으로 대중집회에서 연설도 하고. 그리고 인대협은 저희와 노선상으로 같으니까 같이 하고.

또 안재환은 지역실천으로 NL경향의 학생운동 조직인 인대협, 전대협전국대학생대표자협의회과의 연대활동을 벌였다. 한편 그는 지역내의 다른 정치서클들과의 관계 문제, 노동단체 간의 연대문제에 대해 개입하고 참여하였으며, 전국적인 민족민중운동단체인 전국연합에도 참여하여 연대활동의 폭을 넓혀 갔다.

제가 각계각층 간의 연대를 위해 굉장히 많은 사람들과 단체나 조직들을 만났던 거 같아요. 인천지역에서만이 아니라 심지어 서울쪽 단체들도 많이 만나고. 그러니까 그 당시에는 인천이 워낙 과도할 정도로 많은 인력들이 들어왔기 때문에 인천이 거의 운동의 중심이 되는데, 6월항쟁 때나 아니면 전국연합 같은 연대조직들을 만들 때도 거의 그랬어요. 그 다음에 학생운동들도 인대협, 전대협 같은 대학생 조직들도 제가 다 만나고 그랬었거든요. 그리고 다른 정치서클들 관련한 연대활동들이나 연대사업들도 계속 다 했고요. 노동단체들의 연대실천은 인노운협인천지역노동운동단체협의회을 통해서 하고, 전국연합·전노운협은 제가 실질적으로 참여를 했었죠.

한편 인노회는 가장 중요한 민족문제와 반미문제를 제기하는 투쟁을 벌이거나 북한에 대한 인식전환을 위해 '북한바로알기운동'을 적극적으로 벌였다. 북한 관련 활동이 활발해지자 치안본부는 인노회를 '친북적인 조직'으로 규정하고 조직탄압사건을 만들었다. 안재환은 당시 조직사건이 대중적으로 부상되고 있던 통일문제를 당국이 사전에 차단하기 위한 것이라고 판단했다.

저희는 '민족문제나 미국의 개입에 대해 실천적으로 어떻게 할 거냐' 하는 문제가 있어요. 그리고 저희가 '북한바로알기운동'을 굉장히 적극적으로 했어요. 이게 저희가 수사에 들어가게 된 주요한 원인 중의 하나라고 보는데, 88년도인가? 부평 백마교회에서 인노회 이름으로 사진전시회를 했거든요. 그 당시 민청련에서 나온 금강산이나 '북한의 산야'라는 걸개그림, 큰 사진들을 부평공단의 파업사업장이나 백마교회에서 순회전시를 했는데, 그걸로 백마교회 목사님이 구속되셨고, 저희 회원도 구속이 되면서, 치안본부에서 '친북적인 조직이 움직이고 있구나' 한 거죠. 그동안 저희가 비공개로 활동을 하다가 이렇게 공개적인 활동을 하니까, 노태우정권 때 첫번째 조직사건을 당한 거죠. '왜 우리가 첫번째 타격이 됐을까' 하고 제가 여러 가지로 생각해 봤는데, 북한문제를 제기한 거가 저쪽에서 굉장히 눈에 거슬리지 않았겠는가, 통일문제가 아직까지 대중화되지 않았을 땐데, 그거를 차단하려고 했던 거 같아요.

안재환이 구속된 기간에 소련 사회주의가 붕괴되었다. 이 사건은 당시 변혁적 노동운동 세력에게 큰 충격을 주었다. 그러나 안재환은 소련 사회주의 붕괴보다는, 그 뒤에 나타난 북한 상황이 어려워진 것 때문에 고민을 했다.

91년도 일을 생각하면, 좌파계열 활동가들이 더 충격이 컸던 거 같고, 그래서 운동을 떠났던 것 같고. 전대협과 대립적인 위치에 있던 학생들이 많이 고민을 하고, 제가 그들과 토론을 했는데 많이 혼란해하는 느낌을 받았어요. NL쪽은 충격은 적었지만, 오히려 곧바로 북한의 어려움이 나타났기 때문에, 그것을 보면서 NL계열도 자주·민주·통일운동이 흔들리는 것은 아닐까 걱정했어요.

한편 인노회 사건으로 조직활동이 정지되고 안재환 등의 지도부가 구속되자, 남아 있던 50여 명의 구성원들은 사건 추이를 주시하다가 인사련 노동분과에 참여했다. 1992년 석방된 안재환은 인사련 부의장으로 다시 활동을 시작했다. 당시 인사련은 지역사회운동단체였기 때문에 노동분과에 참여한 인노회 출신의 노동자들도 다른 회원들과 같이 지역운동을 하기 위한 교육을 받았다. 이 시기부터 안재환 등 인노회 출신들은 노동운동을 넘어 다양한 지역활동을 벌이기 시작하였다. 이후 안재환은 한겨레노동자회에서 활동을 하였다. 이 단체가 IMF 직후 '실업극복국민운동'으로 전환하자 안재환 역시 실업문제를 해결하기 위한 활동에 참여했다.

1980년대 노동운동에 대한 평가

안재환은 1980년대 학출활동가들이 노동조합운동을 좌편향으로 이끌었다고 평가한다. 당시 활동가들이나 정치조직들이 '혁명적 노조운동론'에 입각해서 노동조합에 강한 정치적 요구를 했다는 것이다. 이런 점 때문에 그는 당시에도 노동조합운동이 어려워질 거라고 예상했다고 한다.

그렇게 된 이유는 활동가들, 정파조직들이 노동조합운동에 대해서 혁명적 노조운동론을 통해 노조에 대한 요구를 너무 세게 하고. 그 다음 노동자-자본가 간의 대립에 대한 좌편향적인 해석을 통해 사회주의 또는 그 이상의 이념을 실현하는 장으로 봤기 때문에 극단적인 전술들을 많이 사용하게 된 거죠. 자본가들을 한 하늘에서는 도저히 살 수 없는 것으로 보면서 노조가 대중조직으로서의 이해가 아니라 노자간의 계급모순을 보도록 강조해서. 결국 노조 자체가 대기업, 공공노조 이외에 그 많았던 중소기업 노조들이 대부분 폐쇄되게 되는 거죠. 물론 자본가들의 판단에 의해 그리된 것이지만. 결과적으로 많은 노조들이 문을 닫게 되고 조직률이 10% 이하로 떨어지게 되고, 결국은 투쟁노선이나 이념, 정치노선에서 좌편향이 주원인이 아닌가 생각해요.

그는 노조운동의 고립화에 대한 극복대안으로 노동조합이 보다 대중적인 권리확보나 임금문제를 중심으로 활동하면서 지역의 환경·복지·자치 발전을 위해 연대활동을 강화하고, 정치적인 문제를 풀기 위해서는 정치조직이나 정당이 필요하다고 생각한다.

노조 간부들이 돈을 모아 장학금을 주는 장학재단을 만든다든가, 아니면 회사와 임금교섭을 하면서 기금을 모아 지역복지사업을 한다든가 하는 것이 예전부터 더 많았어야 하는 거 아닌가 생각돼요. 노조가 혁명조직으로서의 역할보다는 시민단체처럼 시민사회의 활동을 하는 게 좋지 않았을까 하는 생각을 하고 있고요. 지금 그런 흐름이 있어서 반가워요.

그는 1980년대 정치조직운동이 노동조합운동을 지원하면서 결과적으로 노동조합이 갖는 대중조직으로서의 성격을 굴절시켰다고 보았다. 그 결과 노동조합운동이 활동 반경을 넓히지 못하고 오히려 협소해지면서, 현실에서 국민들에게서 고립된 측면이 있다고 비판한다. 또 안재환은 1980년대 노동운동이 이념적인 측면에서 사회주의 문제를 당면 과제처럼 제시하거나 또는 '노동해방', '자본가 타도' 등의 구호나 선전 등을 했던 것이 한국사회에서 노동운동이 국민들 속에서 고립될 수밖에 없게 만든 요인이라고도 평가한다. 이런 문제의식은 자신이 속한 NL세력에 대한 평가와도 연관된다.

한국사회에서 '노동해방', '자본가 타도' 이런 걸로 나타나는 구호나 선전 그리고 그런 지향이 오히려 좀 국민들에게서 고립되게 만들었다는 거고. 또 사회주의 문제나 이런 체제 문제들을 마치 당면의 과제처럼 제시한 점은 문제라고 보고요. 그리고 문제제기 차원의 이야기인데, 이념과 정치노선에서 저희는 계급모순과 민족모순 중에서 민족모순을 주요하게 생각했는데, 그게 노조라고 하는 공간에서는 매년 임금인상투쟁이라든가 자본가와의 싸움이 계속 반복되다 보니까 민족모순을 주요하게 생각한다는 것이 관념적으로 되고, 그래서 실패하게 된 거 아닌가 싶어요. 그래서 저희가 노조에 대한 영향력이 있었다면 계급투쟁으로서의 무기라는 역할 외에 지역의 다양한 사안들, 다양한 지역적 문제 등을 제기하도록 해야 한다고 봐요. 그런 것들을 통해 지역사회에서 영향력을 갖는 그런 노동조합 상을 갖도록 심어 주는 게 필요하지 않았나 싶어요.

안재환은 1980년대에 NL그룹의 활동에 대해서, 조직 내적으로 조직원들의 정체성이 강했고 지도부에 대한 신뢰가 강했던 점을 긍정적으로 평가한다. 그 때문에 이들의 관계가 현재에도 다양한 지역 활동으로 이어지고 있다는 것이다.

인노회는 조직원들의 정체성은 높았고 지도부에 대한 신뢰성도 높았는데, 그때도 그렇고 지금도 그래요. 그게 저희 쪽에 관련된 지도부들이 인천에서는 국회의원도 냈고 구청장도 냈는데, 정치적으로 연연해하지 않는 모습을 보이고요. 저희는 산개론의 영향으로 지역에 제대로 된 정치조직은 없지만 인간관계 등을 통해 그런 신뢰성을 확인하고 있는데요. 저한테 주로 지적하는 것은 '좀더 세게 정치를 하지', 또는 '그때 다시 조직을 만들었어야지' 이런 것들인데, 그건 쉽게 덤벼들 일은 아닐 거 같고. 지역사회에서 전문성과 대중성을 얻은 후배 활동가들의 몫이 아닐까 생각합니다.

6) 이훈구의 구술생애사*

이훈구는 1960년 서울 동대문구 용두동에서 태어나, 철거민들이 많이 살던 상계동에서 성장했다. 상계동으로 옮겨 온 대부분의 철거민들은 산비탈에 터를 만들어 집을 짓고 살았는데, 한쪽은 양지마을,

다른 한쪽은 희망촌으로 불리었다.

우리가 살았던 데는 산비탈에 형성된 희망촌과 양지마을 사이의 그나마 평지였어요. 거기가 버스에서 내려 고개를 넘어가서 아주 많이 걸어가야 되는 동네였는데, 우리가 처음 집을 지어 이사갔을 때는 버스도 안 들어갔었죠. 이사하고 나서 꽤나 오랜 동안 거기는 수도가 안 들어와서 물은 계곡물을 막아서 펌프로 해서 먹었고, 전기가 안 들어와서 호롱불을 켰어요. 그러니까 그게 다 청계천 철거민들이 대부분 이쪽으로 들어온 거고. 우리가 집을 지었을 때, 블록공장, 국수공장, 이런 게 있었고, 산 중턱을 깎아 가지고 블록으로 집을 짓는 중이고…. 어머니가 혼자였지만 생활력이 강해서 동네에서 반장도 하고, 산전수전 다 겪었어요.

그는 중학교를 졸업하고 인문계인 휘문고등학교로 진학했다. 그의 친구들은 어려운 가정 형편 때문에 공고나 상고 등에 다녔다.

* 이훈구의 구술은 2010년 12월 30일 면담자의 용산사무실에서 진행하였다. 이 구술자료를 바탕으로 2015년 2월 5일 구술자의 수정·보완을 거쳤다.

• 이훈구의 살아온 길 •

1960년 서울 출생.
1979년 아주공대 입학. 탈춤반 활동.
1980~82년 대학연합서클 '진영' 참여.
1982년 현대건설 직업훈련원 용접 수료. 현장 용접공 취업.
1984년 인천 반도기계 비정규직 취업.
1985~89년 지역서클 상임활동.
1989년 말 인천지역활동 정리. 생업.
1991년 마창지역활동 모색. 조직사건 여파로 정리.
1999~ 2004년 '노동자의 힘' 활동.
2003년~ 현재 한국노동안전보건연구소 활동.

상계동에 사는 이들은 대부분 가난으로 인해 중학교 졸업 후 이훈구와 같이 인문계를 진학하는 경우는 아주 드문 경우였다.

상계동은 어떻게 보면 있는 집 애들이 인문계를 갔고, 중학교 때 같이 놀던 친구들은 대부분 공고나 상고를 갔어요. 나처럼 인문계를 간 것 자체가 약간 별스러운 거고. 애들이 중학교 때까지 나랑 친구였는데 고등학교 1년이 지나니까 공고, 실업계 고등학교에 진학한 친구들은 요즘 학교 일진회처럼, 양아치같이 하고 다니면서 나랑 점점 달라져요. 그래도 고2까지는 친하게 지냈는데. 거기 동네 문화가 특별히 가능성이 있지 않으니까. 고2 땐가? 애들이 막 여자애를 윤간하는 사건이 벌어져 가지고, 근데 그게 다 내 친구들이에요. 그 여자애도 초등학교 동창인데, 그래 동네가 다 들쑤셔졌어요. 거기에 노름, 도둑질, 맨날 패싸움 하고. 고등학생 되니까 애들이 다 담배 피고, 술 먹고, 본드 하고, 환각제 같은 거 먹고. 그런데 나는 그런 거는 안했어요, 이상하게 담배도 안 피고.

그는 어려서는 과학자, 군인, 경찰이 되기를 꿈꿨지만 고등학교를 다니면서 어려운 집안 현실을 알게 되면서 전망 있는 직업, 안정적인 직업을 갖기를 원했다. 그의 어머니 역시 대학을 가는 것보다 취업하기를 원했으나, 대학을 가야 한다는 누나의 주장으로 그는 대학 진학을 결정했다. 실제 그는 고등학교 때 수학 이외에는 잘하는 과목이 많지 않았고, 또한 열심히 공부해야 한다는 의지도 없었다.

나는 수학은 자신이 있었는데 영어를 잘 못했어요. 그래서 2학년 겨울방학 땐가? 절에 가서 성문종합영어를 혼자 막 공부했어. 그거 말고는 특별히 공부를 판다든지, '공부 열심히 해야겠다'는 것도 아니고, 더구나 대학에 꼭 가야 된다는 스트레스도 없었던 것 같아요. 어머니는 나의 대학 진학에 관심이 없었는데, 그런데 누이가 '그러지 말고 대학을 가야 된다' 그래서 대학을 가게 된 거죠. 학비는 누나가 좀 보태 줬고, 삼촌들도 좀 도와줬고요. 아주공대 택한 것도 장학금을 받으려 지원한 건데 그건 못 받고, 그냥 입학만 한 거죠.

대학 입학과 탈춤반 참여

이훈구는 '안정적인 직장'을 갖기 위해 1979년 아주공대에 진학을 했고, 전공 선택 역시 당시 유망분야인 전자공학과를 지원했다. 그는 입학하자마자 고등학교 동창 두 명과 함께 탈춤반의 신입생 환영회를 갔다가 탈춤반에 가입하였다. 아주대 탈춤반은 민중문화가 확산되던 분위기를 타고 77학번들이 만들었다. 그는 탈춤반에서 탈춤 연습을 하거나 다른 대학의 공연을 쫓아다니면서 여러 대학의 탈춤반과 교류했다. 또 그는 탈춤반에서 사회과학 기초학습을 했다. 초기 학습은 주로 잡지에 실린 민중의 삶과 관련된 '르포'를 보았고, 이어 철학, 한국근현대사 등을 공부했다. 그는 1학년 말 처음으로 학교에서 탈춤공연을 하였고, 대학 탈춤반들이 하는 공연과 뒤풀이에 거의 빠짐없이 참여하였다.

1학년 때 탈춤반에 들어가자마자 맨날 쪼그려 일어났다 앉았다 하는 거 하는데, 처음 하니까 근육통으로 계단을 못 내려가요. 그렇게 우리들끼리 연습하고. 그 다음에는 1학기 때는 공연을 하는 데가 있으면, 주로 서울에 있는 대학 탈춤반들과 함께 했는데, 그 사람들과 교류한다는 취지로 막 쫓아다니고. 탈춤을 계속 추면서 세미나는 주로 르포 같은 걸 많이 했던 거 같아요. 1학년 때는 함석헌의『씨알의 소리』,『한국으로부터의 통신』, 그 다음에『신동아』나 여러 잡지에 있는 사람들의 삶과 관련된 르포,『난쟁이가 쏘아올린 작은 공』과『어느 작은 돌멩이의 외침』류의 소설·수기 같은 게 주 텍스트였어요. 2학년 때부터는 보통 커리큘럼이 정비되어서 민중문학, 철학, 근현대사, 정치경제학 관련해서 공부했고, 일어 원서로 세미나를 하려고 일본어 강독공부도 했던 것이 기억나네요. 일본어 강독교재 제목이 휴머니즘에 대한 것이었는데, 활동을 하면서 꽤나 오랜 동안 기억이 나고 나름 영향도 받은 것 같아요. 그렇게 거기에 몰입하는 과정들이 있었던 것 같고. 공동체 문화와 민중의 삶에 대한 직간접적인 경험들, 사회와 체제에 새로운 인식에 대한 것들, 이런 새로운 관계와 경험들이 탈춤반 서클활동을 계속 하게 했던 거 같아요. 지금도 활동을 하고 있는 것에 영향을 미치지 않았나 싶어요.

그는 첫 공연을 10월 26일 낮에 해야 했다. 보통 밤에 하는 탈춤 공연은 횃불을 켜고 진행했고 공연 뒤에 시위로 이어지기도 했기 때문에 학교측이 시위 방지 차원에서 밤공연을 허락하지 않았던 것이다. 그는 공연을 마치고 밤공연을 못하게 한 학교에 화가 나서 과음을 하고 기절했다. 그날 박정희 대통령이 죽었고, 그 다음날인 10월 27일 아침부터 군인들이 학교 교문에 총을 들고 서 있는 모습에 충격을 받았다.

1980년 2학년이 된 그는 후배들을 지도하면서, 자신은 일본어 원서인 『경제학원론』 같은 정치경제학 책과 철학책을 놓고 강독으로 세미나를 했다. 또 동료들이 번역한 영어 원서인 『자본주의 구조와 발전』, 마오쩌둥의 『실천론』, 『모순론』 등을 강독하기도 했다. 그는 1982년 상반기까지 학내 탈춤반 활동을 계속 했다.

> 나도 스스로 대학을 왜 다녔는지 이해를 할 수 없을 정도로 학업에는 전혀 관심을 두지 않고 활동에만 몰두했었던 거 같아요. 그러니 당연지사, 졸업을 못한 것은 물론이고, 1학년 1학기 학점만 고등학교를 졸업하고 입학한 기본실력으로 낙제를 면했을 뿐, 모든 학기 모든 과목이 낙제수준이었거든요. 거기에 3학기 연속으로 F학점을 받아 잘리고 입학금을 다시 내고 재입학하는 무리를 했어요. 아마도 세상과 권력을 바꾸는 운동을 해야 하고 헌신해야 한다는 강박에 가까운 결의가 있지 않고서는, 다니지도 않고 졸업도 하지 않을 학교에 재입학을 위해 어떻게 어머니가 가지고 있던 패물을 팔아서 입학금을 냈을까. 지금 생각해 보면 휴학을 하거나, 자퇴를 하는 것이 바람직하지 싶은데.

당시 아주대는 학생운동이 형성되지 못한 상황이었는데 그나마 탈춤반이 유일하게 학생운동의 맥을 만들어 가고 있었다. 그러나 탈춤반의 구성원들은 학생운동을 발전시키기 위해 시간과 노력을 투여할 여건이 되지 못했고, 탈춤반 자체를 운영하기도 버거운 상황이었다.

그렇다고 탈반에서 총학생회를 만든다든가 활동을 넓혀서 학생운동의 힘을 좀 키운다든지 그런 생각을 하진 않은 것 같아요. 그거보다는 탈반 자체를 하기도 되게 벅찼던 거 같고. 그러니까 취직을 해야 되니 취업준비를 해야 되고, 그렇지 않으면 돈 있는 집 애들이야 괜찮겠지만 다들 어려운 집안 환경이라서 아르바이트를 해서 학비를 번다거나, 그런 부담이 있었던 거 같아요. 그래서 중간에 1학년 마치고 또는 2학년 마치고 군대를 가기도 하고. 그 당시에 친구들이 '데모를 대충해 잡혀가서 군대를 면제받자' 이런 얘기도 돌았고. 그런데 나는 신검을 빨리 받고 군복무를 면제받았고, 학비도 어렵지만 누나가 큰 힘이 되었고요.

대학연합 탈춤반—'진영' 활동

이훈구는 1980년에 78학번 선배의 소개로 기독교장로회청년회라는 이름을 내건 비공개서클인 '진영'에 참여했다. '진영'은 대학연합의 성격으로 구성원들이 각자 소속 대학에서 후배들을 개별적으로 데려와 구성원들을 확대해 나갔다. 그 때문에 여러 대학에서 '외풍문제'가 일어나기도 했다. 대학 안팎으로 이중 멤버십을 가진 구성원들이 소속 대학에서 나름의 활동공간에서 활동하면서 '진영'의 결정 혹은 문제의식이나 학습프로그램 등을 가지고 학내 문제에 영향을 미치기 시작했다. 그러자 대학에서만 활동하는 학생운동가들이 '외부에서 자주적인 활동을 침해해서는 안 된다'고 비판이 일어나기 시작했다. 대학의 학생운동가들은 외부의 영향력을 차단시키고 자주적인 논의와 실천을 중심으로 활동하려 했다. 이 과정에서 대학 내의 학생운동가들과 '진영' 소속 학생운동가들 간에 심한 갈등이 나타나기 시작했다 특히 서울 어느 대학의 경우는 '외풍논쟁'을 하면서 학생운동가들 간에 첨예한 갈등을 겪기도 했다. 이처럼 '진영'은 1980년 들어 '조직을 다지고 성원들을 확장하기 위한 씨 뿌리는 과정'이었다. 1980년 광주항쟁은 이 집단에도 작은 파문을 일으켰다.

> 80년 5월에 서울역에서 투쟁할 때 '진영'의 우리 친구들이 다 나갔거든요. 그리고 광주항쟁이 일어났는데, 당시 우리들 몇몇이 '진영' 그룹 내부에다가 '광주항쟁에 호응해서 뭔가 도움이 되는 그런 실천을 해야 하는 거 아니냐?'고 문제제기했다고. 그런데 선배들은 별다른 반응이 없고, 오히려 뭔가 하려는 우리를 막았어. '거기 가지 마라. 공부나 열심히 하라'는 거예요. 광주에서는 사람이 죽어가고 싸우는데 어떠한 조직적 실천도 하지 않는 모습을 보니까, '에이, 내가 왜 진영활동을 하는지, 이런 조직이 왜 필요한지' 회의가 오더라고요. 여튼 그때 선배들은 아직 조직을 건설하는 시기니까 조직체계도 잡고 역량을 키우는 것을 우선해야 한다는 판단을 했던 것 같아요.

한편 '진영'의 성원들은 탈춤을 연습하고 공연을 만드는 일뿐만 아니라, 사회과학 학습을 지속적으로 진행하였다. 또 방학에는 농촌활동, 공장활동을 집단적으로 시도하였다. 이훈구도 1980년 겨울방학에 처음으로 공장활동을 경험했다.

> 2학년 때부터 여름에는 농활, 겨울에는 공활하면서 '현장에 가서

직접 보고 만나고 일하면서 노동현실을 경험해 봐라' 이거죠. 나는 처음 공활을 구로공단에서 여러 가지 박스를 만드는 회사에 갔는데, 어휴, 정말, 그때 생각하면. 숙소에 쥐가 나오고 식사는 시래기국에 김치 하나, 고추장이 없으면 도저히 밥을 먹을 수 없는 거야. 육체적으로 힘든 것은 견딜 만했는데. 그때 제일 기억에 남는 건 노동자 간의 서열 같은 거였어요. 기숙사생활을 했는데 기술 있고, 경력이 오래된 돈을 많이 받는 노동자들이 얼마나 못되게 구는지. 그래서 나오기 직전에 술 먹고 막 싸우기도 했죠.

'진영'은 대학에 기반을 만들면서 한편으로는 구성원들에게 공장활동을 경험하게 하며 노동운동 쪽에도 관계를 만들어 갔다. 이훈구는 영등포 도시산업선교회 프로그램, 원풍모방노조의 탈춤반이나 안양지역 근로자회관 노동교실에 참여하기도 했다.

80년 당시 학생운동은 물론이고 모든 운동, 특히 노동조합 활동 자체가 불온시 되고, 민주노조는 극소수에 불과했던 시기였거든요. 영등포 산업선교회가 노동자들의 투쟁을 지원하고 교육을 하는 프로그램을 앞서서 했었는데, 내가 영등포 산업선교회에서 진행했던 투쟁결의 집회나 노동절 프로그램 등에 결합하기도 했어요. 또 원풍모방노조는 한 손에 꼽을 만큼 몇 개 안 되는 민주노조 중 하나였는데, 당시 방용석 위원장과 여성 조합 간부들을 만나면서 일하는 현장도 들어가서 보고, 이야기도 하고, 탈춤도 함께 췄었죠. 사람 팔자 모른다고 했던가요? 당시 원풍모방 방용석 위원장은 나중에 근로복지공단 이사장이 되어, 2005년에 우리가 노동자 건강권투쟁으로 싸웠던 하이텍 알씨디 코리아 여성노동자들의 산재인정투쟁 때 다시 볼 수 있었거든요. 아는 놈이 더 무섭다는 거 확실하게 느꼈어요.

거기에 1학년 때 세미나를 했던 『어느 돌멩이의 외침』을 쓴 유동우 선배를 직접 만나 나름의 힘을 보탰던 기억이 나네요. 불과 1년 전에 글로 봤던 당사자를 직접 만나다니, 만난 것만으로도 참, 가슴 벅찼죠. 그런데 가톨릭에서 하는 안양근로자회관에서 개최한 안양노동법교실을 유동우 선배가 주관했어요. 내가 보조스태프로 참가해서 노동자들과 토론도 하고 탈춤도 가르쳐 주면서 작지만 힘을 보태는 경험을 함께했어요. 이 프로그램은 회관에 오는 열악한 환경에서 일하는 노동자들에게 숙식만 제공하는 게 아니라 노동법을 알게 해서 권리의식을 갖도록 하고, 그것을 노동조합으로 이어지게 하자는 거였어요.

그는 1981년, 크리스천아카데미가 주관한 농촌 부문 농민활동가 양성프로그램의 보조스태프로 참여했다. 크리스천아카데미는 1979년도 탄압사건 이후 중심 운영진이 학생운동가 출신의 연구자 혹은 사회운동가들에서 목회자들로 바뀌었다.

수원에 있는 크리스천아카데미 연수원에서 삼사십여 명의 농민 혹은 농촌 목회자들이 참여하는 합숙 프로그램으로 1박 2일짜리도 있고, 3박 4일짜리도 있는데. 예전 활동가 양성프로그램과는 다르게 농촌교회 목회자와 교회에 다니는 농민들을 대상으로 농업문제를 포함한 사회문제도 포함되기는 했지만, 재정사업 사례발표, 신앙생활에 대한 프로그램이었던 것 같아요. 나는 거기 가서 보조스태프

> 로 아침에 일어나면 탈춤체조를 만들어 가지고 가르쳐서 함께 체조도 하고. 학교 탈춤반 동료와 함께 약식 탈춤공연도 하면서 힘다지기 문화프로그램도 했어요. 참여자들의 조별토론과 사례발표하는 걸 도와주기도 하고. 예전에 79년 국가보안법 탄압사건 전의 프로그램은 농민운동가 양성프로그램이 29박 30일, 노동운동가 양성프로그램도 29박 30일, 14박 15일, 6박 7일도 있었다고 하더라구요. 농민운동가 양성프로그램을 마친 사람들은 이후에 가톨릭농민회와 기독농민회 활동에 주요한 역할을 했는데, 노동 쪽도 민주노조 활동에서 영향력이 있는 활동가들을 많이 배출했다고 들었고요. 운동가 양성프로그램은 나중에 자료를 통해 확인할 수 있었는데, 내용은 철학, 근현대사, 정치경제학, 사회학, 국제 공산주의운동사, 국가론 등 운동 전반을 망라했고, 강사들과 진행자들도 대단했던 것으로 기억나요. 그 커리큘럼과 프로그램을 참조하려고 내가 챙겨서 '진영' 선배들과 다른 동료들에게 보여 줬어요.

'진영'은 현장지향성을 갖는 인필드 부문과 이론, 정책, 문화 쪽 구성원을 확보하는 역할을 담당하는 아웃필드 부문으로 분화를 준비했다. 특히 구성원의 확보가 학생운동가들 통해서 이루어졌기 때문에 학생운동 부문을 분화시켰다. 또 아웃필드에서도 독자성을 갖게 되는 팀들이 생기면서, 다른 부문운동이나 새로운 영역의 운동으로 전환하는 사람들도 있었다. 이 과정에서 1982년 이훈구는 학교의 일을 중단하고 노동현장에 투신하기 위해 '진영'의 첫 이전팀에 참여하였다. 신념과 결의도 있었지만, 개인 신병상의 이유로 군징집이 면제됐고 학교 졸업에 대한 부담이 없었기 때문에 가능했다.

우리가 이전팀 1기인데, 여자 셋, 남자 둘이었고. 낮에는 직업훈련 다니면서 기술을 배우고, 여자들은 봉제를 주로 많이 했고, 남자들은 용접을 배웠죠. 직업훈련원이 1년짜리였는데, 6개월은 가르치고 6개월은 현장실습을 보냈어요. 저녁에는 세미나 하는 거니까, 합숙하는 거예요. 기간은 1년이었나. 그래서 여자 방, 남자 방이 있었고. 세미나 내용은 철학부터 시작해서, 정치경제학, 근현대사, 국제노동운동사, 노동조합운동론 등을 커리큘럼을 짜서 했어요.

이훈구가 건설회사 직업훈련원에서 용접을 배우고, 이전팀을 마치면서 첫 실습을 나간 곳은 삼천포 화력발전소였다.

실습 마치면 '일자리를 보장할 수도 있다'면서 현장실습이라는 이유로 급여도 조금 주면서 막 부려먹고, 숙소도 발전소 부지 안에 허름한 군 막사 같은 곳에 자게 했다니까. 돈도 없고 여유도 없었던, 기술도 별로였던 직훈직업훈련원 사람들이었지만, 이렇게 살 수는 없어서 발전소 근처 민가나 삼천포 시내 여관에 숙소를 구해 이사해서 다니기도 했어요. 그러면서 직훈 동기 몇몇과 매우 친하게 지냈고. 그곳에서 현장실습을 마치면서 나는 경험을 더 해보겠다는 생각으로 현장실습을 함께 했던 직훈 동기 3명하고 같이 대우조선소 사내 하청노동자로 취직해서 용접을 했어요.

대우조선소 하청노동자들은 대부분 건물 밖 노천에서 일을 하더라고요. 무더위와 추위를 온전히 견뎌야 하는 것은 물론이고, 경험이 부족한 노동자들이 받는 쥐꼬리만 한 임금을 보충하기 위해 잔업과 특근을 하는데, 보통 철야를 한 달에 서너 번씩 했다니까요. 거기에 식사는 줄을 서서 기다릴 수밖에 없는데, 그래도 매 끼니마다 육류가 제공되었어요. 숙소는 삼천포 화력발전소에 비하면 호텔 수준이었지만, 한 방에 2층 침대 3~6개가 배치된 조선소의 숙소생활을 하다가 자유로운 개인시간을 갖기 위해 조선소 인근에 방을 구해 나가는 이들이 적지 않았었죠.

그 사이 '진영'은 새로운 이전팀들을 구성하여 학습을 진행한 뒤 현장 접근방법 프로그램을 준비하였다. 이 이전팀에서 이훈구는 자신이 직업훈련원에서 기술을 익힌 과정과 현장에 취업하기까지의 과정에 대해 정리해서 현장이미지론, 현장활동론 등으로 교육을 하였다. 또 그는 이들에게 용접 등의 기술교육을 하기도 했다.

인천지역의 노동현장 투신과 지역서클 활동

그 뒤 이훈구는 영등포기계공단에 있는 포클레인 제조업체에 취업해서 기름통과 땅을 고르는 블레이드라는 부품 용접을 6개월가량 하러 다녔다. 그러나 그곳에서 활동 가능성이 보이지 않는다는 판단으로 회사에서 나왔고, 자리를 잡기 전까지 지하철 통풍기 설치와 영동대교 수중보조기둥 작업의 용접 노가다를 하기도 했다.

그후에 그는 지역활동 거점을 인천과 부천으로 삼았고, 인천으로 내려가서 사료차와 콘크리트 믹서차를 만드는 반도기계에 비정규직으로 취업했다. 그 회사에는 연세대 출신의 학생운동 출신자 2명이 있었다. 그는 이들과 같이 비정규직 노동자들의 체불임금문제로 싸움을 만들어 체불임금을 받아내는 성과를 냈다. 그러나 고용안정을 보장받는 문제와 노동조합을 결성하는 일은 실패로 끝났다.

1985년 반도기계를 나온 이훈구는 지역활동을 담당하면서 다산보임그룹의 인천지역 노동운동을 본격적으로 준비하였다. 지역활동은 주로 개별적으로 분산되어 있는 현장활동가들을 모으는 일과 다산보임을 통해 이전하는 학생운동가들의 취업, 현장생활과 활동을 지원하는 일이었다.

> 85년경 지역에 거점을 만들죠. 공식적인 직함은 없었고. 개별화된 사람들을 모으고, 끊어졌던 관계를 다시 만나도록 연결하고. 그 다음에 이전팀을 마치고 현장으로 오는 사람들을 지도했던 사람을 만나서 이전팀 출신 활동가들을 소개를 받아 취업하게 하고. 이런 일들이었으니까. 다산보임에서 운영한 이전팀을 하고 내려온 친구들이 있고, 부천지역에서 독자적으로 학생활동했던 친구들처럼 직접 만나서 탈춤도 가르치고 세미나도 함께하면서 이전팀을 지역에서 직접 운영하기도 하고, 특정 대학 출신 이전팀을 연결받은 친구들도 있고, 그래서 이들이 현장 들어가는 데 직간접적인 도움을 주었죠. 87년 즈음엔 인천·부천 지역에 삼사십 명가량 되는 활동가들이 있었던 것 같아요. 활동 방식은 내가 대부분 활동가들의 개인 방을 순회하면서 미팅하면서 개별관리를 하죠.

서클의 규모가 커지면서 개별적 관계방식에서 지구별(부천, 부평, 인천)과 업종별(섬유, 전자, 자동차, 금속)로 활동 주체들의 관계를 진전시키기도 했다. 그러나 1986년 다산보임사건이 일어났다. 다행히 인천지역 활동가들은 드러나지 않았지만 혹시 모를 탄압에 대비하면서 조직활동이 움츠러들었다. 조직 보위를 이유로 이훈구는 현장활동가들을 일대일로 만나면서 현장활동 상황과 노동운동 상황을 공유하고 토론하는 방식으로 조직관계를 전환했다.

1987년경에는 조직규모가 확대되었으나 이 서클의 현장활동가들은 현장 진입기 혹은 정착 단계였기 때문에, 그는 정치서클의 이름을 내걸고 공식적인 지역정치 활동을 하지 않았다. 1987년 6월 민중항쟁이 일어나자 인천지역 곳곳에서 가두투쟁이 일어났다. 그는 취업준비 중이었던 구성원들을 모아서 가두투쟁에 참여하였다. 투쟁이 격화되어 백골단들과 투쟁을 하기 위해 나름의 참여지침을 만들어 서클 차원에서 집단적으로 항쟁에 참여했다.

뒤이어 1987년 7월 울산에서 시작된 노동자투쟁의 바람이 8월 인천, 부천 지역에도 거세게 불어왔다. 이 서클의 현장활동가들도 여러 사업장에서 투쟁을 벌였다. 주안공단, 부평공단, 부천지역의 현장활동을 하던 사업장에서 임금인상투쟁 및 노조 결성투쟁에 참여했다. 이훈구는 혼자 지역활동을 했기 때문에 여러 사업장의 투쟁을 지도하거나 지원하기 어려웠다. 따라서 지도보다는 상황 공유, 투쟁기조와 방안에 대해 의견을 제안하는 수준의 활동을 전개하였다.

> 어떤 딜레마가 있냐면 87년 투쟁을 하면서 우리 친구들이 막 조합을 만들고 싸움을 만들어 가고. 그런데 사전에 기획된 싸움이 아니고 단위 사업장 중심의 투쟁이었기 때문에 특정 사업장의 투쟁과정에서 갈등이 있는 거예요. 우리가 아직 실질적인 지도력인 공동 활동의 축적 부분들이 미약하고, 반대로 현장에서 싸움을 하는 과정에서 새로운 지도력이나 새로운 관계가 만들어지거든요. 그러니까

이쪽에서 조직선이라고 해서 투쟁사업장에 갔는데 현장에서는 안 먹혀요. 현장활동가들 입장에서는 노선문제나 소속 조직문제도 약간 있었을 테고, 자기가 이전티에서 했던 것들과 현장에서 달라지기도 하니까.

그래서 특정사업장의 경우 지역 차원에서 해당 투쟁을 조직적으로 풀어 나가야 하는데, 지역 역량이 부족하잖아요? 그럼 현장에서 사람을 뽑아 올려서 토론을 해야 되는데, 그럼 늦죠, 여기서 막 벌어지고 있는 일에는. 그러니까 문제는 토론다운 토론이 안 됐던 게 더 크다고 봐야죠. 토론이 방치되거나 해태되기도 하고. 그 결과 조직관계라고 하기는 뭔가 부족했지만, 같은 내용의 이전팀 학습을 했다는 동질감이 현장활동과정에서 다른 조직으로 혹은 다른 생각으로 이어지기도 했어요.

그럼에도 급속히 확산된 대중투쟁의 분위기를 타고 이 서클의 조직원들은 활발하게 현장활동을 벌였고, 현장노동자들과의 관계도 넓게 형성되어 갔다. 이런 활동력에 근거하여 1988년경부터 이훈구는 제파PD그룹의 이름으로 지역정치 활동에 나서기 시작했다. 그는 비공개 정치조직 간의 만남에서 공동실천에 대하여 논의하였다. 그 결과 삼민동맹과 인천 '일동그룹'이 정치노선의 유사성을 확인하였고, 공동실천 경험을 축적해 가면서 조직 통합을 계획했다.

인민노련이 대세였고, 나머지는 다 소수서클 혹은 그룹이었던 거죠. 그래서 제파PD가 삼민동맹, 일동, 지역토박이 제파PD지역PD그룹들에게 만나서 논의를 하자는 제안을 해요. 그래도 우리가 힘이 있었죠. 바닥의 힘을 가지고 '어떻게 갈 거냐?' 했는데, 나머진 다 안 됐고, 삼민동맹 쪽만 조직통합 논의를 하면서 인노동을 출범시켜요. 인천지역노동자동맹. '연맹이나 연합이 아니다.' 그래서 이름을 '인노동으로 하자' 해 가지구. 조직으로 합치기 전에 '투쟁을 통한 조직 건설', 이런 입장 아래 '공동활동을 축적해 가자.' 그래서 89년 논의하는 중에 '선진노동자들을 조직해야 한다'는 필요를 공감하면서 부평에 노동회관이란 단체를 같이 만들어요. 그쪽이랑은 비슷했기 때문에 창립선언문도 내고 인노동 명의로 유인물도 한두 차례 냈을 거예요. 그러면서 우리가 내부의 노선상의 문제가 생기죠. 89년부터 흔들흔들하다가 이걸 조직적으로 담지를 못하고 끝나요.

삼민동맹과의 논의구조 이외에도 이훈구가 지역 공동 정치활동을 시도한 곳은 토착PD그룹, 그리고 '일동'그룹이었다. 이훈구는 당시 '일동'그룹이 NL세력과는 달리, 주체사관에 입각해 있지만 독자성을 추구해 나갔던 그룹이며, 대중투쟁을 중요하게 인식하고 있었기 때문에 지역 차원의 공동실천 모색이 가능하다고 판단했다. 그러나 이들의 공동실천 논의는 3, 4차례 진행되다가 일동그룹 내부의 문제가 생기면서 연결선이 단절되어 중단되었다. 이처럼 이훈구는 지속적으로 지역의 정치세력들과 공동실천을 추진했다. 그 방식은 단위사업장 차원에서는 현장활동가들 간의 공동논의 구조를 통해서 추진되었고 또는 지역 차원에서는 비공개 논의구조를 만들어서 공동투쟁을 기획하고 준비하는 것이었다.

한편 1988년 말 이훈구를 비롯한 조직 지도부들이 전위정당 건설에 대해 새로운 방향을 모색했다. 이 시도는 인천그룹의 내부논쟁과 전국에 흩어져 있는 제파PD그룹이라는 이념적 동질성을 갖는 지역 성원들 간의 논쟁을 불러일으켰다.

우선 이훈구 등의 인천 지도부는 전체 제파PD그룹 차원에서 조직의 복원에 대한 논의를 재기할 것을 제안했다. 인천그룹 지도부에서는 이를 위해 「113문건」을 작성했는데, 문건의 내용은 한국사회의 성격, 혁명운동의 방향 등 제파PD그룹의 이전팀에서 학습한 내용을 정리한 것이었다. 이는 연구자 내부에서 사회구성체 논쟁의 한 의견으로 인용되기도 했던 것이었다. 이런 내용을 담은 「113문건」이었기 때문에, 인천지역 지도부는 다른 지역의 제파PD그룹들에게 충분히 동의를 얻을 수 있다는 판단을 했다. 이훈구 등은 여러 지역에 분산되어 활동하고 있는 제파PD그룹을 찾아가 논의를 제안하고 설명 및 토론을 했다.

> 86년 다산보임 조직사건 이후에 조직복원 얘기가 다시 나오는데, 거기서 「113문건」에 대한 자리매김이나 이런 게 좀 불충분하고, 불균등했어요. 그게 어떻게 된 거냐면 우리 인천에서 「113문건」을 만들어서 그걸로, 제파그룹이라는 동질성 아래 노선과 조직에 대한 논의가 가능하다고 판단하고, 군대를 다녀온 70년대 학번 11명이 참여한 이전팀 성원들, 성남·성수·구로·안양 등 지역에서 활동 중인 이전팀 출신 성원들과 논의를 위해 찾아다녔죠. '「113문건」을 자리매김하고 이걸로 다시 조직을 재건하자', '흩어져 있는 거를 모아야 된다'고 제안하는 건데, 그거에 대해서 다들 반응이 긍정적이지 않았고. 거기에 '논의테이블을 구성하자'는 와중에, 성수동하고 안양에서 조직사건이 터져서 또 단절되는 거죠. 그게 어떻게 보면

'이론적 타워를 재구성하자'는 문제의식도 있었고. 이전에 재건을 위해 몇 차례 회의를 했는데 그것도 잘 안 됐기 때문에, 우리가 다시 시도한 건데. 그때 아마 인천 쪽은 좀더 강력하게 '재건을 내실 있게 하자' 이런 입장이었고, 다른 쪽에서는 '지역별로 각자 가는 게 더 낫지 않냐, 보위력이나 조직력 상태로 볼 때' 이런 이야기들이 많았고. 또 상대적으로 「113문건」에 대한 경계도 많았던 것 같아요.

조직 내부의 갈등과 분열

한편 인천의 활동 주체들 내부에서는 통합지도부 건설 및 조직운영과 관련한 조직체계 논의가 진행되었다. 그 핵심은 이론적 지도부에 대한 필요성을 주장하는 측과 현장에서 정치활동의 중요성을 제기하는 주장이 대립한 것이었다. 그는 인천지역을 떠난 뒤에 그 논쟁을 되돌아봤을 때, 당시 논쟁이 된 두 주장이 상호 대립되고 갈등할 문제가 아니라, 오히려 두 내용의 통합방식에 대한 논의가 진행됐어야 했다고 판단했다.

현장을 강조하는 쪽에선 '현장에 대해서 뭘 안다고 무슨 이론지도부냐? 현장 해보지도 않은 사람들이 무슨 이론지도부냐?' 뭐 이런 약간 과잉의 평가가 있었고. 이론 쪽은 '현장에서 맨날 그게 뭐하자는 거냐? 노선에 입각해서 그것을 진전시킬 수 있는 정세분석도 하고 이렇게 가야지, 노선에 맞춰서 현장활동을 모아 가야지' 그런 거였는데, 그렇게 쟁점이 안 붙고 현장을 강조하는 쪽, 이론을 강조하는 쪽, 이렇게 붙게 되죠. 그래서 그게 깨지죠. 그 과정에서 기관지를 위해 『햇빛』 준비호를 두 번인가 냈고, 이 논쟁을 거치면서 『햇빛』팀이 소수파가 되죠. 또 이 과정을 겪으면서 현장에 들어갔던 사람들이 대거 이탈해요, 현장에서 투쟁했던 사람들, 이전팀 출신의 활동가들이 조직에서 이탈하는 거죠. '이런 조직은 아니다. 정치활동은 그게 아니다' 하면서 나갔죠.

인천지역 활동은 인천지역과 부천지역을 통합해 운영해 왔는데, 이 논쟁을 거치면서 인천지역과 부천지역으로 조직분리가 됐다. 이훈구는 계속 인천조직책으로 활동하면서 기관지 『햇빛』팀에 참여했다. 그런데 논쟁과정에서 조직원들이 대상화된 측면이 부각되면서, 일부 조직원들이 조직에 비판을 제기하였고, 일부는 조직운동에 회의를 느끼면서 조직을 나가기도 했다.

그때 조직 내부의 논의과정은 전체 논의를 일부 하기는 했지만 이게 성원들의 전체적인 토론의 수렴으로 마무리하지 못한 거, 혹은 과정 자체가 미흡하고, 예를 들어 지도부 내부의 논의 와중에서 파탄이 나니까, 지도부가 사실상 해체되는, 지도력을 부정당했다고 보는 거죠. 「113문건」을 작성하고 주장했던 사람들이 사퇴하게 되는데, 실질적으로 지도력 자체가 상실된 거니까, 이 논의도 없어지게 되죠. 그러면서 이 과정의 보고가 깔끔하게 안 되면서 소통이나 공유가 거의 없다시피 하고. 지도부 내부 논의 중에 일부 지도부의 이탈, 이렇게 된 거죠. 그러니까 남아 있는 사람들이 '어떻게 된 거야?', '뭐야?' 하는 반응이었죠. 남은 사람들이 지역에서 다시 자체적으로 지도부를 꾸릴 수밖에 없는데, 이걸 지도부로 인정을 하느나면 또 그렇진 않았지요.

이훈구는 당시 상황에 대해 실제 '왜 지도부 내부 논의로만 됐는가'에 대해서 비합전위당 조직노선이었기 때문에 지도부가 선판단해서 지도해야 한다는 판단, 그리고 보위문제, 마지막으로 조직 운영력에서 문제가 있었다고 판단했다.

그 문제의식이 배경이 있어요. 우선 소위 비합전위당 조직노선과 대중투쟁에 대한 강조점. 강조점은 유지했지만, 전위당 노선의 제일 위험한 측면이 뭐냐면 '추수주의'하고, '내가 지도편달을 해야 된다'는 이런 강박이 있었다고 봐야죠. 그러니까 조직보위라고 하는 기제, 그 다음에 위계적 질서하고 민주적 운영능력의 문제, 실질적인 지도력 등 이런 것이 사실은 지도부 내부의 논의과정으로 제한되게 하죠. 또 하나는 배경으로 「113문건」을 통해 전국적인 결집을 하려다가 실패하게 되잖아요? 조직재건이라고 하는 것이. 이것도 영향을 주었죠.

결국 논쟁의 핵심은 당건설 기조의 일상적 유지문제와 당건설 방향의 문제였다. 이훈구는 논쟁의 초기에는 양측을 중재하거나 조정하려 했었다. 그러나 중재가 안 되면서 최종표결을 하게 되자, 그는 『햇빛』 쪽을 지지했다. 토론은 종결되었고 최종결정이 났으나, 『햇빛』을 중심으로 이론적 지도부를 구축하자고 주장했던 세력이 소수파가 되었다. 그 결과 소수파는 지도력을 상실하였다.

인천지역 조직의 정리와 새로운 모색

1990년에 이훈구가 인천지역의 활동을 정리하고 나온 지 얼마 안 돼서 소련 사회주의가 붕괴하였다. 그는 소련 사회주의 붕괴로 인해 큰 충격을 받지는 않았다. 인천지역의 활동을 정리한 이훈구는 그동안의 활동을 정리할 겸 휴지기를 가지면서 생계를 위해 1년 6개월 정도 생업에 종사하였다. 그 뒤 그는 다시 활동하기 위해 마산·창원지역으로 내려갔다.

> 우리는 정치적 입장이나 기풍 때문이기도 한데 '러시아 망했다. 잘못했으니 망했지' 이렇게 생각하는 사람들이 많았고, 그것 때문에 충격받은 일부의 사람은 떠났고. 나 같은 경우에 '잘못됐으니까 사단이 났지, 그런데 왜 사단이 났을까' 그러면서 그 영향도 있고, 나는 일단 인천 나와서 정리도 할 겸 활동을 안 했어요. 근데 도저히 안 되겠더라고요. 사는 게 이게 뭐 미치겠으니까. '이렇게는 못 산다' 싶어서 다시 '새로운 지역을 가서 활동해야겠다' 해서, 오랜 동안 마창노련에서 활동하던 동지가 있었어요. 이 전에 두 명을 마창지역에 내려 보내고 1년에 한 번이나 볼까 말까 하면서 선배들이 배치했던 이전팀 출신 성원들이 있었죠. 그래서 창원으로 간 거죠. 그렇게 방치되거나 개별화된 상황에 있었던 다산보임의 이전팀 출신 성원들이 몰라서 그렇지, 여러 지역에 적지 않게 있었을 거예요.

이훈구는 마창에서 활동하는 이들을 만나서 『마창노련신문』을 구해 분석했다. 그는 신문을 통해 노동조합의 교육·선전 활동을 살펴보고, 현장에서 제기되는 문제들을 검토했다. 그는 이를 바탕으로 실천방향을 모색하였다. 그러면서 나중에 건설노조의 한 축으로 역할을 하기도 했던 마창일용공노조 사람들과 함께 일이 있을 때마다 노가다 노동을 하였다. 내려가서 채 1년도 안 된 시점에 다시 조직사건이 터져 부천지역과 부산지역의 제파PD그룹 사람들이 연행당하였다. 이 사건의 여파가 마산의 이훈구에게도 미쳤다. 그가 생활하며 모임을 하던 집에 안기부 직원이 들이닥쳤다. 다행히 이훈구는 서울에서 밤새 내려온 안기부 차안에 1시간 가량 갇혀 있다가 풀려났다.

그때 조직사건이 터져서 부천, 부산이 다 털리고. 그런데 누가 나를 불었다는 거야. 그러니까 내가 잡히기 전날에 안기부 애들이 왔는데, 내가 불을 켜놓고 잤거든, 불이 안 꺼지니까 못 들어온 거예요. 그러다가 아침에 내가 일어나서 화장실 갔다 나와 다시 집에 들어가려고 하는데, 탁, 나를 낚아챈 거야. '같이 가자' 어쩌고 그러더니, 막 집을 털더라고. 내가 추리닝 바람으로 차에 탔더니, 한 놈은 협박하고, 한 놈은 나를 회유하고, 그런 식으로 했어요. 그러니까 애들이 나를 추적했대.

내가 이 지역에서 이사를 세 번쯤 한 건데, 그 집에서 달린 거야. 그러니까 살던 집도 다 알고 있는 거였고. 그러고 '너 왜 여기 왔냐?', '니가 여기 영남책이다' 이래요. 내가 '넌 나를 잘 찾아다녔으면 어디서 어떻게 살았는지 다 알 텐데, 너무 일찍 온 거 아니냐?' 사실 속으로 큰일났지. '이 지역밖에 사람이 없는데 여기까지 날아가면 어떡하나.' 그래서 일면 거짓말, 일면 사실을 얘기해요. 거기에 집에 있는 자료를 털었는데, 자료가 별로 없어요, 내려간 지 얼마 안 됐으니까. 1시간 정도 지나서 나를 놔주면서 '우리도 먼 데서 왔으니 증

거자료로 자료는 가지고 갈 테니 포기각서를 써 달라' 그래서 포기각서 써 줬지. 다시 그동안 활동에 대해 쓰라고 해서, 그것도 써 줬어요. 괜히 나 때문에 이 지역에서 오랫동안 힘들게 활동하는 사람들이 조직사건의 피해를 보면 안 될 거 같아서. 그러고는 풀려나왔어요.

서울로 다시 올라온 이훈구는 상황 정리기간을 보낸 뒤에 1999년에 결성한 비제도권 계급정치운동을 지향한 '노동자의 힘'에 참여하여 활동하였다. 그는 '노동자의 힘' 조직활동을 하면서 '막걸리 연대투쟁 폐기', '공장점거투쟁', '위력적인 총파업과 가두투쟁', '공동실천을 통한 조직 건설', '비제도적 투쟁정당 건설' 등의 단어들을 기억에 남겼다. 그는 5~6년가량 활동하다가 '노동자의 힘'을 탈퇴했다. 2003년부터는 당시 노동자 건강권 쟁취와 현장통제 강화를 기조로 창립한 한국노동보건연구소를 만드는 데 기여했고, 현재 연구소에서 10년 넘게 연구소 상임활동을 하면서 노동운동을 하고 있다.

이훈구는 1980년대의 노동운동이 사회변혁 지향성이라는 측면에서 '경향'에서 '노선'으로 변화하는 과정이었으나, 노선의 과잉으로 조직 중심적인 활동과정이 활동가들에게 많은 어려움을 남겼다고 평가했다.

80년대의 활동은 '공상에서 과학으로' 이런 과정을, 그게 어떤 경향에서 입장으로 굳어지는, 견결해지는 과정이었다고 보고. 그 다음에 하나 문제가 되는 거는 조직운동 경험, 그 당시 서클운동을 하면서 노선의 과잉이랄까? 그래서 노선의 과잉이 오히려 활동하는 사람들의 일상이나 활동을 포괄하지 못한, 당연히 조직 중심이 되겠죠. 조직 성과적인 건 아니었지만, 뭐랄까 활동의 성과? 얼마나 헌신적인 활동을 하느냐, 책임 있게 하느냐, 예를 들면 활동가로서 사회주의자로서 어떻게 그걸 담지하고 있느냐, 이런 거 중심이었다고 생각이 들죠. 근데 그 과정에서 아쉽거나 힘들었던 일들이 다수의 경험으로 안 만들어졌고, 오히려 개인의 트라우마로 꽤나 부정적인 영향을 미쳤다는 거죠.

그는 개인적으로는 그 시대에 다양한 활동 폭을 거친 덕분에 현장에 있는 사람들, 여러 정파의 활동가들, 내부의 논쟁 등을 경험하면서 많은 경험과 역량을 쌓았다고 스스로 평가한다. 그러나 그는 당시 활동했던 이들의 경험이 개별화되어 다수에게 이어지지 않는 점에 대해 매우 아쉬움을 갖고 있다. 그 때문에 그는 1980년대와 유사한 운동의 한계가 현실의 정치조직운동을 하는 사람들에게도 여전히 노동운동 내부의 극복과제로 남아 있다고 생각한다.

1980년대 경험이 개별화되어 있고 단절되어 있다는 거죠. 활동했던 사람들 내부에서조차. 조직노선상의 비합전위정당노선, 또 공산주의적 이념 이런 부분들이 멀리 있는, 또 공포나 실패의 어떤 기억으로 왜곡된 부분이 아니려면, 그것을 왜 그랬는지, 혹은 그것은 어디까지 와 있는지, 어떤 것이 모자랐는지, 어떤 건 참 좋았는지, 이런 부분들이 훨씬 사람들에게 많이 알려져야 되는데, 운동은 되게 무겁지, 불친절하고. 그러니 노동자들하고 얼마나 멀었겠어요? 일상을 현실로 살아가는 사람들에게. 운동은 그런 일상과 현실을 녹여야 그게 지향이나 이런 것들로 만나질 수 있는 건데, 그게 참 어려운 거 같아요. 사실은 운동보다 더 어려운 게 삶일 수 있으니까. 살아가듯이 운동을 하는 방식으로의 전환, 이게 좀 필요하고요. 그래서 운동가의 운동이 아니고, 사는 사람들의 운동으로 자리매김되는 것이, 어떻게 보면 필요하지 않나 싶어요.

세미나를 할 때 많이 얘기한 기억이 있는데, 크렘린궁 앞에서 반혁명 시기, 이중정부 시기 때 그 궁을 지키고 있는 늙은 노동자에게 '볼셰비키를 지지하냐? 당신은 볼셰비키냐?' 이럴 때 '난 볼셰비키를 믿는다'고 말했던, 그런 게 어떻게 형성됐을까? 그런 신뢰, 그런 지도력이라면 가능할 텐데. 또 관객이 아니고, 그걸 지지하고 함께 궁을 지키는 역할이라도 그걸 하는 것이 세상을 바꾸고 사람을 바꾸고 이런 원동력이지 않을까. 내가 만약에 기획자라면 '그들을 어떻게 할 건가', '그들과 어떤 관계를 맺을 건가?' 그들의 독립성을 보장하면서도 '내가 생각하는 거를 어떻게 지지하게 할 것인가', 아니 '어떻게 행동에 동참하게 할 건가' 이런 의식들로의 진전이 아니면 노동운동은 점점 작아지지 않을까 그런 생각이 들어요.

이런 문제의식이 그가 '노동자의 힘'을 탈퇴한 이유 중의 하나였다. 그는 조직 중심적인 운동방식, 조직이 판단의 중심이고, 조직원들은 배치되고 동원되는 방식이 사람관계에 상처를 주고 운동의 활력을 소진시킨다고 생각했다. 그는 이런 문제가 현실 정치조직운동에서 나타나는 이유를 1980년대 정치조직운동의 경험이 소통되거나 성찰되지 않았기 때문이라고 생각한다.

1980년대 노동운동에 대한 평가

그는 1980년대 노동운동에 대해 옳고 그름의 이분법적 잣대로 평가하기보다는 그 시대와 활동, 그리고 활동가들이 변혁운동사에서 어떤 역할을 하고 있었는지를 자리매김하는 것이 중요하다고 보았다. 다른 한편에서 그는 1980년대의 지나친 이념 지향성, 계급과 조직의 대리운동방식 등으로 인해 많은 사람들에게 공감받지 못했던 것들을 돌아보고, 다양한 사람들이 공감하고 참여할 수 있는 방식의 운동으로 추진되기 위한 성찰이 필요하다고 보았다.

> 지금 생각해 보면 80년대, 그 당시처럼 할 수 있을까? 불가능하겠지. 그것이 옳고 그름으로 이분법적으로 평가되기보다는, 그게 통사적으로 어떤 함의와 실천 및 관계들을 형성하였는가에 대해 자리매김을 할 필요가 있고. 그렇지 않고 그걸 그냥 '87년 노동자대투쟁이 필요하다' 이런 걸 자꾸 꺼내면 87년 대투쟁처럼 만들면, 일정 시간이 경과한 지금처럼 똑같은 상황이 될 거 아녜요? 그러니까 87년 대투쟁에서 혹은 96년 총파업에서 착목하려고 했던 교훈이 지금의 비정규투쟁 조직화과정 같은 데서 똑같이 그냥 세 불리기, 직접적 이해 중심, 분노, 절박함, 이렇게만 어필되면, 이게 세상 사람들에게 어떻게 공감을 주느냐는 거죠. 세상을 바꾸려면 주력이 어떤 사람들이냐 이런 것도 있겠지만. 그러니까 사회구성체론, 계급론, 국가론, 조직론, 또 활동론, 여러 가지 투쟁론, 이런 여러 가지 측면에서 당사자는 물론이고 그걸 하는 조직들도 마찬가지고, 계급이면 계급일 수 있고, 그 사람들이 어떤 이념에 의해서, 어떤 조직에 의해서, 어떤 활동에 의해서 이게 대행된다면 그게 가능할까, 이런 부분

들을 제대로 주시하고 성찰하여야 할 부분이 아닐까 싶어요.

그때의 기획도 그런 세상을 담을 기획은 아니었죠. 세상의 일부, 세상의 중요한 요소를 담을 기획은 있었지만, 그러니까 세상을, 세계를, 일국을 고민하고 이야기는 하는데, 실제로 실행계획은 현장에서 '어떻게 소그룹을 만들 거냐'고 하는 데 있으니, 너무 격이 안 맞는 거죠. 그런 점에서 보면, 우리가 훨씬 주목해야 할 거는, 지금도 운동을 하는 사람들의 기억도 중요하지만 운동을 정리하고 나간 사람들의 기억도 살펴야 한다고 생각해요.

그렇기 때문에 그는 1980년대의 패러다임을 비판하면서 현실에서도 또 다른 패러다임을 중심으로 한 접근에 대해 비판적이다. 그는 1980년대가 변혁을 위한 거대담론에 머물렀다면, 현재는 이를 의제와 필요 중심, 사람 중심, 행동 중심 등의 패러다임으로 구체화시키고 전환시켜야 할 때라고 판단했다.

전체적으로 보면 패러다임의 전환이라고 하는 게, 중요한 론이라고 얘기했던 활동을 구성하는 여러 가지 부문 요소들인데, 그런 부분들에 대한 전반적인 패러다임의 전환으로 구체화되지 않으면, 또 다른 어떤 상징적 담론이죠. 여전히 노동중심성이나 조직노동자, 대공장 남성노동자 중심성이라는 비판에 근거해서 적녹보 패러다임으로의 전환, 풀뿌리정치로의 전환, 이런 건 뭔가 앙상하다는, 또 다른 이념 편향의 담론이지 않을까 그런 생각이 들고.

이념 혹은 가치 지향성은 기본이긴 하겠지만, 보다 많은 이들에게 보다 큰 힘으로 이어질 수 있도록 의제와 필요 중심, 사람 중심, 또 행동 중심의 패러다임으로 어떻게 각급 구성요소들이 진전돼 가야 할 건가, 어떻게 구체화돼야 할 건가가 중요하고, 지금은 논쟁을 통해서 될 시기는 아닌 것 같아요. 여러 실천적 문제인식을 담는 실천적 제안을 통해서 이게 더 나누어지고 토론되어지고 회자되고 다시 수정되어지고, 이렇게 가야 되는 게 아닌가 하는 생각이죠.

그는 1980년대 제파PD그룹의 활동에 대해서 이론적인 측면, 구체 현실을 담지하면서 직접행동을 중요시하는 관점 및 행동 등이 현재의 계급정치운동으로 계승되고 있다고 평가하고 있다.

하나는 이론적인 측면에서는 전체적인 틀거리를 자리매김했다고 그럴까, 사회구성체론, 계급론, 투쟁론, 조직론, 선전선동론, 이런 점에서 끊어졌던 것들을 모아낸 거죠. '제파PD 전략전술론이 뭐냐' 이럴 때 그런 중요한 요소들을 한군데로 총화해 냈다는 점, 혁명론을 내려면, 그게 강령이라고 얘기하기도 하고, 그런데 강령은 대체 뭐로 구성할 거냐고 봤을 때, 이런 구체적인 총체를 구성해야 할 영역들을 입론화, 또 이론적으로 제기한 역할이 하나 있는 것 같고. 내용적으로는 물꼬를 트는 거겠지만.

그 다음에 '못다 핀 꽃'이죠. 나는 지금 그런 걸 하고 싶지는 않은데, 80년대는 아마 좌절과 개별화과정이 있었지만 여전히 맑스-레닌주의적 전통에 입각한 현실을 분석하고 어떤 계획을 내고 행동 제안을 하는 부분으로 지금까지 이어지고 있는 게 아닌가 싶어요. 그런 걸 견지하고 제안하고 대중노선을 견지하는, 오히려 우리 입장에서 보면 주체사상, 주체노선을 중시하고, 대중행동, 직접행동을 중시하고. 또 어떤 주의주장보다는 구체적 현실을 담지하면서 진전해 가려고 했던 노력이나 그런 문제의식이 여전히 이어지고 있다고 봐요.

그는 1980년대 정치조직운동의 과정에서 민주적인 소통과 훈련이 부족했으며, 또 이념적 경직성 때문에 타자와 타자의 이야기에 대해 일방적으로 규정했던 인식과 태도가 문제였다고 평가한다. 그런 일방적인 규정이 스스로에게 검열을 가했고, 운동주체들의 자아실현적 측면보다는 운동에의 '헌신'을 강제하는 이데올로기로 작동하는 문제가 있었다고 평가한다.

1980년대에는, 지금도 그런 요소가 없지 않아 있는데, 상당히 아픈 기억이고, 지금도 주의해야 할 것이라고 생각을 하는데, 소위 딱지, 탁! 개량주의자, 기회주의자, 관료주의자, 조합주의자, 소부르주아지! 이렇게 수없이 단정하는 딱지 붙이기. 사람이 평생을 살아가는데 얼마나 우여곡절이 많고, 개별은 얼마나 더 다층다양하겠어요. 그런 점에서 그런 역동성이나 통사성을 빼 버리고, 그 다음에 그의 현실성, 이런 걸 빼 버리고, 거기다 '딱지', 단정을 하는 게 아주 일상화됐죠. 그런 것이 검열을 만들고, 경직을 만들고, 헌신의 담론을 누적시키고. 그래서 헌신하지 않으면 배반이고, 불충실한 거고, 비운동적이고 반조직적이고, 이런 식의 거를 나는 80년대 내내 견지해 왔던 것 같아요.

그걸로 인해서 그런 행위를 당한 사람들은 어떨까? 또 그렇게 해 놓고 난 다음에 그와 어떻게 관계를 맺어 왔는가? 관계가 끝이죠, 끊어지고. 그런 부분들이 지금도 주의하려고 하지만, 이게 쉽지 않죠. 왜냐면 그렇게 오랜 기간 동안 습관으로 내면화된 측면이 있기 때문에. 그렇기 때문에 그런 부분들을 늘 일상적으로 주목하고 주시해야 하는 게 아닌가 하는 생각이 들고. 80년대에 제파PD도 그런 부정적인 경향들, 태도들, 조직관행들을 만드는 데 일조했던 점들은 주목하고 주시해야 될 문제들이지 않나 싶고, 넘어서야 될 문제들이고요.

이훈구는 1980년대 평가에 대해 1980년대의 경험과 기억이 개별화되고 파편화된 채 그 세대의 집단기억으로 모아지지 않는 것을 문제로 여긴다. 그는 당시 다양한 주체들의 다양한 경험들이 개별화된 속에서 부정적 기억으로 작동되는 측면이 있다고 말한다. 그는 그런 개별화된 기억들 속에 당시 부족했던 지점, 굴절된 지점들을 소통하고 공유해서 집단적으로 다시 끌어안아 가는 것이 1980년대를 제대로 자리매김하기 위한 출발점이라고 생각한다. 이훈구는 자신이 이 구술작업에 참여한 이유도 그 때문이라고 했다.

운동을 그만둔 사람들의 생각이나 행보는 지금 많이 달라졌겠죠. 서로 다른 기억의 흔적으로 있겠고. 근데 기억이 개별화됐을 때는 되게 힘을 못 써요. 불편한 거, 공포, 부채, 모자람, 다 이런 부정적인 이미지로 남기 쉬운데, 그래서 그 기억을 집단화하는 노력이 중요하죠. 그래서 이 인터뷰도 하고 있는지 모르겠는데, 조각을 맞춰서 그 당시를 살았던 사람들의 집단적 기억으로 자리매김하려고. 그래야 이게 부정적인 자리매김이 아니라, 긍정적인 '아, 그때 그랬었지', '아, 그때 뭐가 모자랐지', 여기서 그때 반성의 지점들을 내팽개치고 고립되고 단절된 게 아니라, 다시 찾아서 그때 뭐가 안 됐고 나는 어떤 점에서 모자랐고, 이런 걸 찾는 것도 상당히 긍정적이거든요. 불편함을 찾을 때 그 불편함으로부터 독립할 수 있지, 자주적일 수 있는 거 아니겠어요.

그런 점에서 80년대를 살았던 사람들이 87년 노동자대투쟁을 경과하면서 겪었던 '하면 된다', '할 수 있다' 이런 기억, 이런 건 상당히 큰 기억이고. 왜냐하면 한 번도 그래본 적이 없던 거를, 그리고 싸워서 6·29선언이 됐던 어떤 정치적인 입장을 끌어냈던 그 경험이 집단적 감성으로 자리매김 된 게 아니고, 20년 동안 까먹어 가는 과정이고. 거기에 91년의 기억이 내용적으로나 인적으로나, 행위적으로, 많이 악영향을 미쳤다고 생각해요. 그런데 그게 꼭 부정적이라고만 단정할 필요가 있는가? 그 기억은 또 다시 넘을 수 있는, 넘어서야 할 것이기 때문에. 80년대는 나름대로 의미 있는 시도이기는 하지만, 그걸로 누구를 설득하고 논의를 진전시켜 갈 수 있는 힘이라고 생각하는 건 오만이고, 잘못이고, 모자람이라고 생각해요.

2절

구술자의 현재 위치와 1980년대 노동운동 경험의 관계

정치조직에서 주도적 역할을 했던 6인은 〈표 7〉에서처럼 현재 제도권 진보정치(노회찬), 노동자계급정치운동(박성인), 노동운동(이훈구), 통일운동(신정길), 지역운동(안재환), 지역제도정치-생업(김진국) 등으로 다양한 위치에 있다. 이 구술자들이 현재 위치와 가치관에 따라 과거 경험을 어떻게 다르게 평가하는지, 또는 과거의 경험들이 이들의 각기 다른 현재의 위치에 어떤 영향을 주었는지에 대해 위의 구술자료를 통해 재구성해 보고 그 결과를 정리하고자 한다.

김진국은 인노련과 삼민동맹에서 주도적인 역할을 했는데, 현재는 생업에 종사하면서 제도정치에 입문하려 한다. 2000년대 그의 삶은 1980년대에 지향했던 이념성과는 궤를 달리하고 있었다. 그는 1989년부터 사회주의 이념과 전위정당 건설에 대해 회의하기 시작하면서 이를 전환시킬 방법을 고민했다. 조직사건을 계기로 방향 전환을 꾀했는데, 1989년 구속되었다가 1992년 출감했을 땐 이미 합

〈표 7〉 구술자 6인의 주요활동 사항

이름	김진국	노회찬	박성인	신정길	안재환	이훈구
출신학교 (학번)	서울대(77)	고려대(79)	연세대(78)	성균관대 (77)	동국대(77)	아주대(79)
노동현장 투신시기	1982년	1982년	1983년 조직운동 1988년 울산 현장	1983년	1982년	1983년
대중활동	한일스텐레스 해고	취업 경험	취업 경험	대우전자 복직투쟁	동흥전기 노조 결성 시도	반도기계 일상투쟁
정치조직	인노련 삼민동맹	투쟁동맹 인민노련	다산보임 울산제파PD	인노련 '일동'그룹 인민노련 인노회	인노회	다산보임 인천제파 PD
구속경험	1989년 조직사건	1989년 인민노련 사건	1986년 다산 보임사건 1991년 제파 PD사건	1989년 인노회사건 1994,95년 범민족대회 개최건	1989년 인노회사건	없음
노동운동 정리시기	1992년	1992년	지속	1993년	1992년	지속
현재	지역 제도정치	제도권 진보정당	계급정치 운동	통일운동	지역운동	노동운동

법정당 추진 시도가 실패로 끝난 상황이었다. 그 때문에 그는 새로운 길을 모색해야 했다.

그는 2000년대 등장한 진보정치운동에 대해 비판적인데, 그 이유는 진보정치 세력들이 여전히 1980년대 가치와 단절하지 않은 채 대중정당을 추동한다는 것이었다. 예로 1980년대 시작된 정치노선을 둘러싼 갈등과 분열이 2000년대에도 여전히 지속되고 있다는 것이다. 그는 2000년대 진보정치는 1980년대 식의 진보정치운동과 궤를 달리해야 하며, 그 주체 역시 새로운 세대로 이루어져야 한다고 보았다. 그는 '열 걸음 앞의 진보가 아니라 한 걸음 앞의 진보'를 모색하면서, '대중정당'이라면 당면 현실의 정책 대안을 제시해야 한다고 생각한다.

이러한 김진국의 시각은 1980년대 노동운동을 둘러싸고 사회주의권 몰락과 1987년 이후 한국 정치국면에 대한 평가에서도 나타난다. 우선 그는 1980년대 정치조직운동은 광주민중항쟁을 경험하면서 '근본적인 변화', '적과의 비타협적 전투' 등으로 상징되는 사회변혁을 지향하며 혁명적 전위정당을 건설하려 했고, 이러한 지향과 열정을 제도권 정치에서는 담을 수 없다고 생각했다. 그러나 이런 변혁 지향성은 1991년 소련 사회주의 붕괴와 1987년 이후 한국 정치지형의 변화 속에서 급격한 방향 전환을 할 수밖에 없었다고 판단했다.

이런 판단과 연관되어 그는 1980년대 정치조직운동이 1987년 6월항쟁과 노동자대투쟁이 일어나자 전국적인 대중운동을 조직하는 데 힘을 쏟아 전노협을 결성했으나, 정치 국면의 변화와 노동운동의 변화를 바탕으로 한 전략적 방향을 잘못 설정했다고 판단했다. 당시 정치조직들은 전국적 규모로 대중운동이 성장하자 그에 따른 단일한 전국정치조직 건설이라는 방향을 지향했다. 그러나 그는 이런 지향이 국내의 정세변화를 인식하지 못했기 때문이라고 비판하였다. 이는 그가 구술자료에 명시적으로 표현하지는 않았지만 정치세력들이 당시 제도권 정치에 참여할 필요가 있었다는 것을 암시하는 듯했다. 이는 그가 당시 "학생운동 세력이나 민주화운동 세력이 제도정치권에 참여한 점"과 비교하는 것에서도 엿보인다.

이와 같은 해석은 1987년 이후 한국 정치지형의 변화에 대한 당시 평가와도 연관되어 있다. 그는 1988년 이후 한국 정치가 부분적이나마 민주주의로 변화해 가고 있는 상황, 그리고 소련 사회주의 붕괴와 연동해서 그동안 견지했던 이념과 조직관의 심각한 동요를 겪었다. 그는 삼민동맹 활동을 하면서도 이 조직운동들을 어떻게 정리해야 하는가를 심각하게 고민하였다. 그 과정에서 조직사건이 일어나자, 그는 자신을 지키지 않고 구속되었고 이것을 그동안의 활동을 정리하는 계기로 삼았다. 그는 감옥 안에서 조직사건으로 구속된 노회찬, 이진경, 김학원 등과 운동상황에 대해 논의했다. 그 결론은 그동안의 비합법 전위정당 건설운동을 정리하고 합법적인 노동자정당운동으로 방향 전환이 필요하다는 것이었다. 그는 논의 결과를 감옥 밖에서 활동하는 이들에게 알렸고, 이 과정을 통해 그동안 고민했던 이념과 조직문제를 정리했다.

그는 한 개인으로는 1980년대 역사의 한복판에서 주도적으로 살았던 것을 복이라고 받아들이면서, 2000년대의 새로운 시대를 여는 일은 새로운 세대가 주도해야 한다고 생각한다. 그 때문에 그는 1980년대 노동운동의 역사적 평가, 특히 학출활동가들의 노동현장 투신에 대해 자신(그 세대)이 평가하기보다는 다음 세대의 몫이며, 그 시대를 살았던 주체들은 당시의 생각과 활동에 대해서 말할 수 있을 뿐이라고 생각했다. 이는 1980년대 세대가 운동을 할 때, 그 앞 세대에 대해서 비판적으로 평가를 하면서 자신들의 운동논리를 세워 활동한 것처럼, 새로운 세대 역시 1980년대 평가를 바탕으로 새로운 역사를 만들어 가야 한다는 것이다. 그러나 이러한 생각 저변에는 노동운동을 정리하고 제도정치에 관심을 갖는 그의 현재 위치가 1980년대의 활동과 멀어진 탓도 있는 것으로 보인다.

노회찬은 현재 제도권 정당인 정의당의 정당인으로 일하고 있다. 그는 1987년부터 1991년까지 인민노련과 전국정치조직 건설을 추진한 핵심 주체였다. 그는 1989년 구속되었다가 석방된 뒤에는 진보정당 건설을 추진하기 위해 1993년 진보정당 추진위원회를 결성하였다. 이런 움직임은 1996, 97년 노동법개악저지투쟁을 통해 가시화된 노동자 정치세력화에 대한 대중적 요구와 결합하였다. 그 결과 그는 1997년 '국민승리 21'을 결성하였다가 이후 민주노동당을 창당하는 데 주도적 역할을 했다.

이런 행보에서 알 수 있듯이 노회찬은 현재 제도정치권에서 진보정치를 추진하는 입장에서 1980년대 노동운동을 평가하고 있다. 즉 현재의 가치가 과거를 해석하는 데 반영되었으며, 이는 거꾸로 과거의 가치와 판단이 현실의 행보로 이어지고 있음을 보여 준다.

이에 대해 구체적으로 살펴보면, 그의 조직운동은 1991년을 기점으로 그 이전과 이후의 두 시기로 나눠진다. 두 시기를 관통하는 것은 그의 구술에서 자주 반복된 '실사구시적 관점'이었다. 이는 현실적이고 실용적인 입장으로 운동방식을 정해 나간다는 것으로, 정치 지형과 주체 역량에 따라 그 지향과 조직형식을 달리할 수 있다는 것을 의미했다.

우선 첫 시기는 1985년 지역서클을 관리하던 때부터 1989년 조직사건 및 1991년 '신노선'으로의 전환 직전까지로 볼 수 있다. 그는 1985년경부터 과학적 사회주의를 지향하면서 하인천지역을 중심으로 지역정치 건설의 기반을 마련하려 했다. 그 과정에서 부평, 부천 지역그룹과 통합하여 투쟁동맹을 결성해 지역정치조직 건설에 박차를 가했다. 이후 1987년 정치적 대중조직인 인민노련 건설을 거쳐 NL세력이 분리해 나간 뒤에는 정치조직으로 재정립하기 위해 마르크스주의에 입각한 조직 정체성을 형성해 나갔다. 이어 그는 1989년부터는 정치조직들의 전국적 통합을 위해 『사회주의자』 발간 사업을 추진했다.

노회찬은 이 시기까지의 1980년대 노동운동에 대해, 한편으로는 "조합주의적 노동운동에 대한 극복과 반성의 의미"가 있고, 다른 한편으로는 "지식인 중심의 민주화운동을 대중적 기반으로 혁명운동으로 발전시키려는 몸부림"의 시기였다고 평가한다.

그러나 그는 1980년대 노동운동 세력이 1987년 6월항쟁에 전국적으로 열심히 참여했으나 그 역할을 제대로 인정받지 못했고, 또 항쟁 국면 속에서 뚜렷한 역할을 맡지도 못했다고 보았다. 그 때문에 6월항쟁의 성과가 부르주아 정치인들의 손으로 넘어갔고, 이런 양상은 현재까지 지속된다고 평가한다.

또 그는 1987년 노동자대투쟁이 남한 노동운동의 새로운 전개라는 역사적 장을 마련한 점에 대해 긍정적으로 평가한다. 그러나 노회찬은 1987년 이후에 운동의 관성과 전략적 오판, 또는 전략적 결함이 있었다고 보았다. 그렇기 때문에 그 연속선상에 있는 현재 노동운동의 문제를 해결하기 위해서는 "87년 이후 초기 대응에 대한 정밀한 평가가 반드시 필요"하다고 제기한다. 문제의 지점은 열린 정치 국면에서도 정치조직운동이 여전히 비공개 전위정당운동을 지향했다는 점이다. 그나마 그는 인민노련이 1987년 이후의 노동운동의 변화에 발 빠르게 대응해 대중운동과 결합하면서 당시 상황 변화에 적절하게 대응한 것으로 평가하고 있다.

이와 같은 1980년대 노동운동의 평가를 바탕으로 그는 인민노련에 대해서 1980년대 시대적 한계를 바탕으로 1987년 노동자대투쟁 이후 노동운동의 형성, 특히 노동운동이 정치운동으로 발전하는 계기를 마련한 점에서 의의가 크다고 평가한다. 또 인민노련이 한국 사회의 진보정치운동을 구축하는 데 이론적·물질적·조직적 기초를 이루었다고 높이 평가한다. 구체적으로 인민노련–『사회주의자』 활동은 1991년 이후 합법적 진보정당운동으로 전환해서 2000년대 진보정치 세력을 형성하는 바탕이 되었다는 것이다.

그의 활동에서 두번째 시기인 1991년 직후에 대한 평가, 특히 1991년 '신노선'에 대한 평가는 그가 처한 현재 위치와 가치가 잇대어 있다는 것이 보다 확연하게 드러난다. '신노선'은 1991년 소련 사회주의의 붕괴와 1987년 이후 한국정세의 변화를 기점으로 혁명노선 폐기, 프롤레타리아트독재와 비합법 전위조직 노선을 폐기하면서 합법적인 노동자정당 추진으로 방향 전환을 한 것이었다. 이 흐름은 진보정당운동을 태동시켜서 한사노당→민중당 통합 추진→진정추→국민승리 21→민주노동당→진보신당으로 귀결되었다.

그는 '신노선'으로의 전환문제에 대해 국내외의 정세 변화에 빠르게 대응한 것이라는 긍정적인 평가를 하였다. 그는 '신노선'이 제기될 당시 인민노련사건으로 구속되어 있었다. 그는 '신노선'과 합법적인 노동자정당 추진과정, 특히 한사노당을 추진한 시기부터 주체들이 일면 '오만하고 성급했다'는 평가를 한다. 그 이유는 노동자들에게 상황 변화를 설득하여 그들이 동의할 때까지 기다리지 않았다는 점, 운동 세력의 분열과 붕괴 양상을 야기한 점 등을 들고 있다. 특히 '오만함'의 근원은 노선전환과 동시에 당의 '지도성'도 폐기하고 새로운 합법정당의 철학과 자세로 정체성을 변화시켜야 했는데, '지도성'을 여전히 견지하는 의식에 머물렀다는 데 있었다. 이러한 평가는 초기 노동자 중심의 진보정당운동에서 국민적이며 대중적인 진보정당으로 전화하려는 그의 현실상황과 맞물린다. 그 바탕에는 노동자·민중의 정치세력화와 거리를 두려는 대중정당관과 같은 맥락이 놓여 있는 것으로 보인다.

요컨대 노회찬의 구술생애사에는 전위정당운동→진보정치운동→대중적 진보정당으로 변화하는 현실의 움직임과 가치관이 반영된 1980년대 노동운동 평가가 이루어지고 있었다. 이와 달리 그의 현재 위치가 1991년 사회주의 붕괴와 1987년 이후 한국의 정치지형 변화에 영향받아 등장한 '신노선'으로 전환과정에서부터 형성되었다는 것을 알 수 있다.

박성인은 현재 제도권 진보정당운동과는 달리, 사회변혁의 전망을 견지한 속에서 '비제도권 계급정당'운동인 사회주의노동자정당 건설추진위의 중심인물로서 계급정치운동을 하고 있다. 그가 추진하는 이 운동은 1980년대 노동운동에서 설정했던 전위정당 건설운동에서 시작되어 시대상황의 변화에 따라 새롭게 정립된 형식이었다.

다산보임그룹에 참여하면서 형성된 그의 한국사회의 변혁운동에 대한 시각은 1986년 다산보임사건으로 감옥생활을 하면서, 당시 운동의 과제를 '마르크스주의 원전에서 시작할 것, 그 지향을 현장에서 실천하는 계급운동에 뿌리박아야 한다'고 설정했던 것에서도 엿보인다. 그는 이 시기에도 마르크스주의에 입각한 계급정치운동을 모색하였고, 이를 실천하기 위해 1987년 석방 뒤에는 울산지역으로 내려갔다. 또 박성인의 사회주의 계급정치운동에 대한 지향은 당시 반反한사노당 전선을 만들려는 움직임을 추동하는 것으로도 나타났다. 당시 그가 한사노당에 대해 가졌던 문제의식은 정치서클들을 통합하는 당건설 방식 및 패권주의적 방식에 대한 것이었는데, 가장 중요한 문제는 한사노당 추진 세력들의 현실 인식에 대한 문제였다. 한사노당 추진 세력이 당시 한국 정치의 변화에 대해 부르주아 민주주의가 진전되었기 때문에 합법정당 건설로 가야 한다고 주장한 것에 대해, 그는 한국사회의 민주주의가 부분적으로 진전되고 있지만, 여전히 국가보안법이 살아 있고 그 진전의 폭도 그리 넓지 않은데 이를 과대평가한다고 비판했다.

이런 시각은 1991년 소련 사회주의 붕괴에 대한 반응에서도 보인다. 박성인은 그 사건에 큰 충격을 받지 않았는데, 그 이유는 그가 현실사회주의를 이상형으로 삼지 않았으며, 자신들은 당시 한국의 문제를 해명하기 위해서 필요한 이론을 접근하는 방식이었기 때문이라고 했다. 이런 인식은 그가 1991년 제파PD사건으로 구속되었다가 석방된 1993년 이후 노동운동의 상황을 놓고 고민했던 내용으로 연결된다. 당시 노동운동은 1991년 소련 붕괴 이후 사회주의에 대한 전망이 상실된 분위기였고, 또 민주노조운동의 전국조직인 전노협이 건설되어 있는 상황이었다. 이런 상황에 대해 그는 1980년대 변혁적 노동운동에는 혁명적 민족주의와 급진적 민주주의자들이 혼재되어 있었는데, 사회주의권의 붕괴로 인해 이들 세력이 분리해 나가면서, 오히려 계급운동의 주체와 마르크스주의 운동이 결합하면서 한국사회의 마르크스주의 운동이 새로운 첫발을 내딛을 수 있을 것이라고 판단하였다.

그는 1980년대 노동운동의 평가에서도 사회주의자로서, 계급 정당 건설의 지도력 형성 관점에서 해석하고 있다. 예를 들어 그는 1987년 6월항쟁과 대투쟁의 관계에 대해 재평가가 필요하다고 주장하였다. 1987년 노동자대투쟁은 자연발생적으로 일어났고 활동가들 및 정치조직들은 그 뒤를 좇아가는 방식이었는데, 실제 폭발적 대중투쟁을 누구도 예측할 수 없었다. 그 때문에 1987년에 정치조직운동은 무엇을 준비했어야 되는가, 즉 특정한 상황이 벌어졌을 때 정치조직운동이 무엇을 준비했어야 하는가라는 문제를 던져야 한다고 제기한다. 그런 점에서 1987년을 전후한 운동의 경험에 대해 현실의 실천적 관점에서 재평가해 볼 필요가 있다는 것이다.

이런 시각에서 그는 1980년대의 주요 지점인 1985,6년 사회구성체 논쟁에 대해 비판적이다. 그 이유는 논쟁의 결과가 그 이후 실천을 예측하고 이끌어 간 게 아니라, 오히려 논쟁이 벌어지면서 노동현장에 들어갔던 활동가들이 현장 밖으로 나왔고, 결국 1987년 노동자대투쟁을 실천적으로 준비하지 못했다는 것이다.

또 6월항쟁에서 노동운동 세력은 국민운동본부 산하의 노동대책위원회 형태로 참여했으나 그 정치적인 영향력이 작았다. 그 때문에 그는 6월항쟁의 경험이 이를 뛰어넘기 위해 어떻게 준비해야 할 것인지를 현실과제로 제기했다고 평가했다.

한편 그는 1987년 노동자대투쟁은 1985년 구로동맹파업, 대우자동차파업 등의 투쟁경험들이 있었기 때문에 가능했다고 본다. 그는 1987년 투쟁은 그 이전 시기의 투쟁들이 축적된 성과라는 점을 강조하면서, 노동운동 세력이 투쟁들을 어떻게 준비하고 대비해 들어갈 것인지를 고민해야 한다고 제기한다. 또한 노동자대투쟁은 6월 민중항쟁으로 인한 지배계급 내부의 균열과 통제 이완 등의 정치국면이 중요한 영향을 주었다. 이 과정에서 중요한 것은 노동자들이 현실정치에 대한 감각을 가지고 있다는 점이다. 그 때문에 그는 대중들의 정치 감각을 제대로 읽어 내고 결합해 나갈 힘을 키우는 것이 중요하며, 특히 이를 조직적으로 보존하는 것이 중요하다고 보았다. 그러므로 그에게는 현재 시점에서 1980년대를 돌아본다는 것은 미래에 대한 질문이기도 했다.

이처럼 박성인은 현실 계급정치운동의 관점에서 1980년대 노동운동에 대한 평가 관점을 제기하고 있다. 이와 달리 그에게는 1980년대 형성된 마르크스주의 이념과 전위정당 건설의 지향이 현실에서 시대상황을 반영한 비제도권 계급정당추진운동을 하도록 영향을 미쳤다는 것을 알 수 있다.

신정길은 민족문제·통일문제를 중심으로 한 '평화와 통일을 여는 사람들'에서 활동하고 있다. 그는 현실운동에 대해 사상적 정풍, 사상투쟁이 필요한 시기라고 판단한다. 이러한 관점은 1980년대 노동운동에서부터 형성되었고, 또 그 시대를 평가하는 기준으로도 작용한다.

그가 현재 활동하는 영역인 평화통일운동, 민족문제와 통일문제에 관심은 1980년대 노동운동에서 시작되었다. 그는 1986년 인노련 해체과정에서 '조직적 퇴각론'을 주장한 세력에 합류하여 인노련의 활동평가를 바탕으로 새로운 노선을 정립하였다. 정치노선은 NLPDR로 정리했지만, 주체사상파와는 구분하여 한국의 특수성에 맞춰 독자적으로 민족문제와 통일문제를 모색해야 한다는 것이었다. 조직노선은 1980년대 한국사회가 폭압적인 파쇼체제기이므로, 단련된 극소수의 사람들이 준비해 나가는 비합법 전위조직 건설론을 취했다. 또 이 시기에 그는 사회변혁적 인간관을 새롭게 정립하였다. 이는 1986년 노동운동에 돌려졌던 팸플릿인 「품성론」에 영향을 받은 것이었다. 그는 인노련 지도부가 노선만이 아니라 사람됨에서도 문제가 있다고 비판하였고, 그 자신의 모습에 대해서도 반성했다. 왜냐하면 사회변혁은 사람들 스스로부터의 변혁에서 시작되며, 그 과정에서 대중의 신뢰를 얻고, 그 힘으로 체제와 제도를 바꿀 수 있기 때문이다.신정길은 이 당시에 형성된 운동관을 1990년대 전반기까지 견지했고, 이는 현재의 통일운동 과정에서도 지속되고 있다.

또 그는 이 관점을 사회주의권 몰락에 대한 해석에도 적용했다. 소련 사회주의가 붕괴한 것이 사회주의적 체제와 정치제도의 변화에만 치우쳐서, 그 체제 안의 사람들이 자신의 변화를 놓치고 있었기 때문이라고 해석하는 것이다. 그는 사회주의 사회란 그 사회를 이루는 사람들이 우선 사회주의형의 인간으로 되어야만 이루어질 수 있다고 믿었다. 이런 관점에서 그는 한국사회의 변혁운동도 운동하는 주체들이 스스로 새로운 사회주의형 인간으로 변화하는 것이 중요하다고 보았다.

한편 1987년 6·29선언 이후 직선제를 확보하면서 문민정부가 등장하는 정치적 변화과정에 대해, 그는 합법적인 활동공간이 다소 넓어졌지만 기본적으로 식민지파쇼체제의 기본골격은 그대로 유지된 상황이라고 판단했다. 따라서 '노동운동에 대한 탄압, 민족자주운동에 대한 탄압들은 여전했다. 그러므로 조직체계와 활동 방식을 완전히 바꿔야 할 만큼, 또 모두가 제도정치권으로 나가야 할 정도로 근본적 변화는 오지 않았다고 보았다. 그 때문에 신정길은 당시 약간 열린 제도정치 영역으로 진입을 시도했던 세력에 대해 비판적이다. 실제 이 문제는 제도권 정치를 어떻게 바라보는가의 관점 차이도 있었다. 그는 제도권 정치 참여는 제한적인 전술로서 활용되어야 하고, 기본적으로 대중운동을 중심으로 사회변혁을 지향해야 한다고 생각한다. 그 때문에 합법적 진보정당운동을 추동한 세력에 대해 비판적인 시각을 갖고 있다. 그는 이런 관점을 지금까지 견지하고 있다.

그는 1980년대 노동운동 세력이 변혁사상에 대한 낮은 이해도, 소련 사회주의 붕괴의 영향, 한국의 형식적 민주주의에의 순응, 운동 내부의 균열과 분열 등의 한계를 보였다고 평가했다. 이는 그가 처한 현실운동에 대한 입장을 반영하는 것이기도 하다. 특히 그는 1987년 6월 민중항쟁이 제한적인 승리로 끝났을 때, 당시 활동가들이 모두 노동현장에 들어가서 힘을 키워야 했다고 반성적 비판을 했다. 상대적으로 열린 정치 국면이 조성됐기 때문에, 이를 활용해서 노동현장에서 조직을 만들고 투쟁해야 할 시기였다는 것이다. 그런데 그는 많은 활동가들이 제도정치권에 들어가고, 현장 외곽에서 노동단체를 만들려고 하는 잘못된 방식으로 운동을 했다고 비판한다. 이런 잘못된 방식 탓에 운동이 실패하고, 조직이 와해되자 운동 전망의 부재 등을 합리화의 수단으로 삼아 노동운동에서 이탈해 갔다는 것이다.

또 그는 1980년대 학출활동가들의 역할에 대해서도 비판적이다. 당시 노동현장에 투신한 학생운동가들이 민중에 대한 깊은 애정이나 사회변혁에 대한 깊은 이해를 바탕으로 행동한 경우는 일부였다는 것이다. 오히려 다수의 학출활동가들이 그 시대 노동현장 투신의 분위기를 쫓아서, 또는 독재정권, 학살집단, 미국의 존재 같은

'적'을 보고 노동현장에 투신했다. 그 때문에 6월항쟁을 거치고, 특히 1992년 대선이 끝나 '문민정권'이 등장하면서 가시화된 '적'이 사라지자 노동운동을 정리하거나, 노동운동을 하면서도 개인적인 권력욕을 일정하게 제도정치에 참여하는 것으로 급속하게 진행시킨 측면도 있다고 비판한다.

이런 상황이 일어난 근본적 원인으로 그는 당시 활동가들이 세상을 바꾼다는 것에 대해 제도와 체제를 바꾸는 것으로 이해하거나, 노동자계급의 헤게모니론, 당파성론을 견지하는 것으로 인식했던 한계를 꼽는다. 그 때문에 그는 노동운동 내부의 분열과 갈등이 야기되었고 그것이 활동가들에게 영향을 주어 신념, 희망을 빼앗기도 했다고 보았다.

이처럼 신정길은 1986년에 정립된 운동관, 인간관에 근거하여 장기간 활동하였고, 그 영향력 속에서 현재도 평화·통일운동을 벌이고 있다. 또한 이렇게 형성된 현재의 관점에서 그는 1980년대 노동운동을 평가하고 있다.

안재환은 현재 인천에서 생업에 종사하며 지역운동을 하고 있다. 그는 1982년 인천지역 노동현장에 투신하였고, 1986년 전후 NL 경향의 서클들이 형성되고 지역네트워크를 형성하는 데 중심적인 역할을 했다. 1988년에는 그는 인노회를 결성하고 회장으로 활동했다. 그러나 안재환은 1989년 조직사건으로 구속되었고 남아 있던 구성원들은 인사련 노동분과에 참여했다. 이후 그가 인노회 조직을 재건하지 않은 이유는 조직탄압사건으로 조직활동에 타격을 받은 것도 있지만, 1986년 이후 여러 지역에서 NL그룹들이 조직사건으로 탄압받자 조직방향을 '산개론'으로 전환한 것과도 연관이 있었다.

당시 '산개론'의 방침에 대해 안재환은 긍정적인 평가를 했지만, 현재는 같이 활동하는 이들이 조직적으로 결집할 거점이 없다는 점에서 다시 고민하고 있다. 한편 '산개론'은 1988년 이후에 NL세력들이 노동문제 중심에서 벗어나 다양한 지역주민운동으로 전환하는 계기가 된 것으로 보인다. 그 때문에 1992년 석방된 안재환은 인사련의 부의장으로 활동을 하기 시작했고, 노동분과에 참여한 인노회 구성원들도 다양한 지역운동을 모색하기 시작했다. 이때부터 NL계열에서 지역운동 개념을 사용하기 시작하면서 지역사회복지, 생활협동조합 등 다양한 지역활동을 시도하였다. 이후 안재환은 '한겨레노동자회'에 참여해서 활동을 하였고, 이 단체는 IMF 직후에 다시 '실업극복국민운동'으로 전환하였다. 이 시기에 안재환도 실업극복운동을 벌였고, 다른 일부의 성원들은 지역활동을 벌였다. 이처럼 그는 노동운동으로 시작했으나, 민족문제를 중심으로 1990년대 이후부터 현재까지 다양한 지역의 의제, 생활의제를 매개로 지역활동을 하면서 주위 사람들에게 영향력을 갖고 있다.

이러한 안재환의 행보는 1980년대 형성된 NL세력이 운동의 주체 형성 방식과 활동방향에 큰 변화가 있었다는 것을 보여 준다. 이런 변화는 1980년대 정치조직운동과 노동조합운동에 대한 평가에도 반영된다.

그는 1980년대 노동운동과정에서 NL그룹이 미친 영향에 대해, 노동조합의 전술과 실무적인 측면이 부족했기 때문에 노동조합에 대한 영향력이 크지 않았다고 평가한다. 그럼에도 그는 NL그룹의 선진노동자들이 인노협과 전노협을 만드는 데 기여를 했고, 실제 이들 중에 일부는 인노협의 초기 중심 간부로 활동을 했다고 평가한다.

그러나 그는 1980년대 정치조직운동이 노동조합운동에 미친 영향에 대해서는 대단히 비판적인 시각을 갖고 있다. 이는 노동조합운동에 대한 그의 현재 시각이 투영된 평가로 보인다. 그는 1980년대 노동운동, 특히 1987년 이후 성장한 노동조합운동은 임금 및 근로조건 개선 등을 중심으로 활동하는 것이 기본이었는데, 정치조직운동이 노동조합운동에 정치문제, 정치투쟁의 경향을 결합시켜 내려 했던 '좌편향'의 문제를 보였다고 평가하였다. 다른 정치세력과 마찬가지로 그 자신이 참여한 NL세력도 민족문제와 관련한 의제를 노동조합운동에 제기하고 결합하려 했던 점에 대해 반성적인 태도를 보였다. 이런 그의 시각은 현실의 노동조합운동이 노동자들의 이해를 반영하는 일상활동을 하면서도, 지역 차원에서는 하나의 세력으로 지역주민들과 결합할 수 있는 활동이 필요하다는 판단과 잇닿아 있다.

이처럼 안재환은 1986년 즈음에 형성된 민족문제 중심의 정치인식을 현재의 활동방향으로도 견지한다. 이와 달리 그가 현실에서 지역운동을 하고 있는 위치 및 관점에서 1980년대 노동운동을 평가한다는 점도 알 수 있다.

이훈구는 계급정치운동인 '노동자의 힘'을 거쳐, 현재 한국노동안전보건연구소에서 노동자 건강문제를 중심으로 노동운동을 하고 있다. 그는 현실의 노동운동이 발전하기 위해서는 '세상을 바꾸려는 주력 형성'의 문제에서 나아가 '세상사람들과 어떻게 공감을 형성하는가'라는 문제인식을 갖고, 그간의 노동운동 방식을 성찰할 필요가 있다고 생각한다. 더불어 그는 노동운동의 주체들이 이념에 의해서, 조직에 의해서, 활동에 의해서 대행될 수 있는가, 또한 그렇게 된다면 사회변혁이 가능한가라는 문제제기를 던진다.

이를 좀더 살펴보면 이훈구는 현실에서 1980년대 패러다임을 비판하면서 새로운 '패러다임으로 전환'이 필요하다는 주장에 대해 비판적이다. 이에 대해 그는 이론, 조직, 활동을 구성하는 여러 부문 요소들의 패러다임으로 구체화하지 않으면, 그 역시 대체된 '상징적 담론'일 수밖에 없다고 본다. 그러므로 그는 현실 노동운동을 진전시키기 위해서 중요한 것은 의제 중심, 사람 중심, 행동 중심의 패러다임으로 어떻게 각급의 구성요소들을 진전시킬 것인지, 또 이를 어떻게 구체화시킬 것인지 등의 문제인식을 담는 실천적 제안, 그리고 이것으로 소통하고 다시 의제와 실천방향이 수정되는 방식으로 가야 한다고 생각한다.

또 그는 1980년대 노동운동이 일상생활을 하는 노동자들과 분리되어 있었다고 지적한다. 그 이유는 당시 노동운동이 일상과 현실을 제대로 녹여 내지 못했기 때문이라고 본다. 그러므로 그는 현재의 노동운동이 '삶을 살아가는 사람들이 하는 운동' 방식으로 전환할 필요가 있고, 동시에 '운동가들의 운동'이 아닌 '생활하며 사는 사람들의 운동'으로 자리매김 해나가는 것이 필요하다고 보았다.

이런 그의 현실적인 문제의식은 1980년대 노동운동에 대한 평가 지점에도 반영된다. 우선 그는 1980년대의 노동운동은 '공상에서 과학으로'의 변화과정을 거치면서 변혁지향적 경향에서 정치적 입장과 노선으로 견결해지는 과정이었다고 평가한다. 그러나 그는 이 시대 노동운동의 문제는 (정치)조직 중심적인 운동, 노선의 과잉 등으로 활동가들이 겪는 일상이나 구체적 활동 내용을 포괄하지 못하면서 '조직 중심'으로 운동이 귀결되는 결과를 낳았다는 것이다. 그 때문에 그는 1980년대 거대담론이 활동가들을 주체화하지 못한 채, 담론과 조직에 대한 헌신과 충성을 강요하는 것으로 귀결되었다고 문제를 제기한다.

또 그는 1980년대 평가에 대해 옳고 그름의 이분법적인 평가보다는 80년대가 통사적으로 어떤 시점에 있었는지를 보아야 한다고 생각한다. 나아가 1980년대 노동운동에 대해 집단적 성찰의 필요, 특히 개별화된 기억을 집단화하는 것이 필요하다고 강조한다. 당시 활동했던 많은 사람들의 경험이 개별화되어서 다수의 집단적 경험으로 이어지지 않는 점에 대해 문제제기하고, 또 이런 개별화의 문제는 현실의 정치조직에서 활동하는 이들에게도 여전히 남아 있어서 극복해야 될 과제로 보고 있다. 이훈구는 자신이 구술작업에 참여한 것도 이런 인식의 일환이라고 했다. 특히 그는 1980년대 비합법 전위정당노선, 사회주의 이념들이 공포나 실패의 기억으로, 그리고 왜곡된 부분으로 남지 않으려면, 당시 왜 그랬는지 혹은 그런 지향들이 현재 어디까지 와 있는지, 부족한 점, 긍정적인 점들이 사람들에게 많이 알려지고 소통되어져야 건강해질 수 있다고 생각한다.

이어 그는 제파PD그룹이 이론적인 측면에서는 전체적인 인식틀인 사회구성체론, 계급론, 투쟁론, 조직론, 선전선동론 등 혁명론에서 중요한 구성요소들을 입론화하는 역할을 했다고 평가한다. 또 그는 1980년대 제파PD운동이 좌절과 개별화과정이 있었지만, 마르크스-레닌주의적 전통에 입각해 현실을 분석하고 계획해서 행동제안을 했던 점, 대중노선을 견지하면서 대중의 직접 행동을 중요시한 점, 또 구체적 현실을 담지해서 진전하려 했던 문제의식과 노력 등이 현재까지 이어지고 있다고 긍정적으로 평가한다. 그러나 민주적인 소통과 훈련의 한계, 그리고 이념, 조직 중심이었던 점에서 한계가 있었다고 제기한다.

이처럼 이훈구는 현재 노동운동가라는 위치에서 1980년대 노동운동을 평가하면서 그 역사의 개별화 문제를 제기하고, 집단화가 갖는 의미를 강조한다. 이런 가치는 1980년대 그가 겪었던 정치조직운동의 경험(길등, 균열, 분열, 내상화 등)에서 갖게 된 문제의식이 현재 그의 존재를 다시 위치 짓고 있다는 것을 보여 주는 것이기도 하다.

* * *

구술자 6인에 대해 현재 위치와 1980년대 노동운동에 대한 평가, 특히 1987년 6월민중항쟁과 노동자대투쟁, 1987년 이후 정치지형에 대한 인식, 1991년 소련 사회주의의 붕괴가 미친 영향 등에 대해 살펴보았다. 1980년대 정치조직운동에서 주요한 역할을 했던, 그리고 1980년대 노동현장 투신의 선도적 위치에 있었던 6인의 공통점과 차이를 살펴보겠다. 우선 6인의 공통점은 다음과 같다.

첫째, 이들 중에 5인은 1980년대 학생운동가들의 집단적 노동현장 투신이 본격적으로 진행되기 직전에 노동현장에 참여했고, 박성인만이 초기 노동운동 접근방법에 차이를 보였다. 그러나 박성인도 1988년 울산지역의 노동운동이 태동하는 시점에 조직운동에서 노동현장 투신으로 전환하였기 때문에, 결과적으로 6인은 유사한 노동운동의 경험을 갖고 있다. 또 안재환, 신정길, 이훈구, 김진국의 경우 노동현장에서 크고 작은 투쟁을 경험했다. 이후 6인은 1980년대 중반기부터 집단적인 노동현장 투신을 하는 학출활동가들을 조직해서 지역정치서클을 형성하는 주체로 활동했다는 점에서 공통점을 갖는다.

둘째, 6인은 1980년대 변혁 지향성을 견지하면서 정치조직 건설을 위한 활동에서 중심 역할을 했다. 이훈구와 박성인은 같은 정치적 경향을 가졌으나, 다른 4인은 정치적 입장 혹은 정치노선이 달랐다. 그러나 이들은 변혁운동의 주체를 형성하기 위한 조직론에서 전위정당 건설 또는 당건설을 목적으로 했다는 점에서 공통점을 갖고 있다.

셋째, 6인이 1980년대 견지한 정치노선이나 정치입장을 선택하는 과정에서 다소 차이를 보인다. 박성인이나 이훈구는 대학 선배의 소개로 다산보임(제파PD)그룹에 참여하여 학습하고 실천하면서 이 그룹의 정치적 경향을 공유했다. 이에 비해 안재환과 노회찬은 지역정치서클을 먼저 만든 이후에 정치노선을 만들어 갔다. 또 김진국과 신정길은 1986년경 인노련이 해체되면서 형성된 NL노선, CA노선에 대해 비판적으로 검토하고, 집단적인 학습 및 토론을 통해 정치노선을 정립하였다. 그러나 이들은 정치노선이 달랐지만 이를 정립하는 과정에서 공통적으로 각자가 판단하는 한국의 현실상황을 중심에 두고 이에 맞는 정치노선을 모색하고자 하였다.

다음으로 구술자 6인의 차이를 살펴보겠다. 6인은 정치노선의 차이가 있었지만 전위정당 건설을 지향했다. 그러나 이들은 1987년 이후 한국의 정치지형과 1989~91년 소련 사회주의 붕괴를 경험하면서 그 활동의 상像과 경로가 달라졌다. 이들 중에 안재환은 1989년 인노회사건으로 조직이 심각한 타격을 받고, 당시 NL세력의 활동 방식이 변화하자 1992년 출감 이후 지역운동으로 전환해 갔다. 이와 비슷한 시기에 노회찬, 김진국도 조직사건으로 구속되면서 조직이 타격을 입었으나, 그것이 방향 전환의 이유가 아니었다는 점에서 비교가 된다. 안재환을 제외한 5인의 경우 1987년 이후 한국사회의 정치상황 인식, 그리고 사회주의권 몰락에 대한 태도에서도 차이가 나타났다. 이에 대해 살펴보면 다음과 같다.

첫째, 1987년 이후 한국의 정치상황에 대해서, 김진국과 노회찬은 유사하게 1987년 6월항쟁에서 직선제를 확보하면서 '한국의 민주주의가 진전되어 가는 상황'이라고 보았다. 이에 따라 이들은 활동방향과 방식의 전환이 필요하다는 판단을 했다. 이와 다르게 신정길, 박성인, 이훈구는 1987년 이후 한국의 민주주의가 부분적으로 변화했지만, 여전히 국가보안법이 존재하고 노동운동·민중운동에 대한 탄압이 지속되므로 정치지형의 변화가 크지 않다고 판단했다. 따라서 기존의 활동 방식을 유지해야 한다고 판단했다.

둘째, 소련 사회주의 붕괴 이후의 판단을 살펴보면 다음과 같다. 김진국은 사회주의와 전위정당 건설을 지향한 기존의 운동방향과 방식을 포기해야 한다고 판단했고, 노회찬도 유사하였다. 이들은 감옥에서 만나 상황 판단을 논의한 뒤 운동방향과 방식의 전환을 공유하였고, 자신들이 속했던 조직에 전달했다. 그러나 석방 뒤 두 사람의 행보에는 차이가 있는데, 이는 두 사람의 조직기반의 차이에서 기인한 것으로 보인다. 한편 신정길, 박성인, 이훈구, 안재환은 정치노선에 차이가 있음에도 소련 사회주의 몰락에 대해 큰 영향을 받지 않았다. 그 이유는 이들이 사회주의를 지향했던 것이 소련식 사회주의를 모델로 한 것이 아니라는 점, 그리고 한국이 자본주의 사회구조라는 점을 중요시했기 때문이다. 다만 차이는 안재환은 사회주의 몰락보다는 당시 북한의 상황이 어려워졌기 때문에 민족운동이 동요

할까 고민했다는 점에서 차이가 있다.

이처럼 1987~91년을 거치면서 6인의 구술자들은 큰 흐름에서 보면 각자가 상황을 판단하고 선택한 운동방향에 따라 그 이후의 움직임에 차이가 나타났다. 또 이 시점에서 각 주체가 설정한 경로를 통해 현재의 위치가 귀결된 측면이 있다. 다만 이훈구의 경우는 1980년대 조직운동 경험에 대한 문제의식을 가진 채, 2000년대 계급정당운동을 하였으나 결국 유사한 문제의식으로 조직을 정리하였다. 그 뒤 그는 거대담론 중심에서 의제 중심, 행동 중심의 노동운동을 지향하는 활동 변화가 있었다.

셋째, 이처럼 6인의 1987년 이후 한국 정치지형, 소련 사회주의 붕괴에 대한 판단 차이와 이로 인해 발생한 위치의 차이는 다시 6인의 1980년대 노동운동에 대한 평가의 차이로 나타났다. 이는 현재의 위치와 가치관의 차이가 과거 평가에 반영된다는 점을 보여 준다. 예를 들어 1987년 6월 민중항쟁과 노동자대투쟁에 대한 평가를 보면, 김진국과 노회찬의 평가에는 당시 평가와 달라진 현재 시각이 반영되어 있다. 즉 정치조직운동이 1987년 열려진 정치국면과 대중운동의 고양에 적극 대응하기 위해서는 제도정치에 개입하는 것이 필요했는데, 그 이전의 조직노선을 유지하여 전국적 정치조직 건설을 지향한 점에 대해 비판적으로 평가한다. 그 때문에 이들은 1987년 이후 노동운동이 전략과 대응에서 한계를 가졌다고 평가한다.

이와 달리 안재환은 노동자대투쟁 이후 정치조직운동이 노동조합운동의 독자적 특성인 노동자들의 이해와 권리보다는 정치투쟁적 경향으로 몰았다고 비판적으로 평가한다. 이는 그가 현재 지역운동을 하면서 형성된 시각으로 노동조합운동을 바라보기 때문이다.

이런 평가들과 달리 현실에서 계급정치운동을 추동하는 박성인은 노동운동이 노동자대투쟁의 평가를 통해 배울 점은 대중의 자생적인 힘의 분출 경로와 정치 감각에 대한 것으로, 현실의 계급정치운동은 이후 전개될 대중운동의 분출 가능성을 대비하면서 고민을 이어가야 한다고 했다. 이휴구도 1987년 노동자대투쟁의 핵심을 그동안 노동운동의 패배를 넘어 노동자대중의 역동적 진출의 경험을 통해, 그 투쟁이 어떤 조건에서, 어떻게 가능했는지를 파악해서, 당시와 동일하지 않는 현실의 노동운동이 무엇을 해야 하는지를 설정해야 한다고 제기한다. 이 두 사람은 계급정치운동과 노동운동이라는 영역의 차이는 있지만, 자신들의 운동에서 실천적 관점으로 과거를 평가한다는 점에서 공통적이다.

한편 1991년 이후 등장한 '신노선'에 따라 등장한 한사노당-한노당, 노동자정당운동의 추진에 대해서도 현실 위치의 차이가 평가의 차이를 가져온다. 노회찬은 현실 진보정당의 시각에서 당시 '신노선'으로의 전환은 발 빠른 대응이었고, 이후 진보정당운동의 인적·이념적 기초를 마련하였다고 평가하였다. 이에 반해 박성인은 그들이 취했던 당시의 비판적 평가처럼 합법주의로의 전환, 사회주의 이념의 포기에 대해 여전히 비판적이다. 특히 그는 '신노선' 이후 등장한 합법정당운동이 1997년 이후 민주노동당으로 등장하여 노동자 정치세력화의 상이 합법정당운동에 갇혀 있다고 비판적으로 평가하였다.

요컨대 위의 6인 구술자들은 대체로 1980년대 노동현장 투신과 노동운동에 대해 일정하게 자긍심을 갖고 있었다. 이들의 구술자료를 분석해 본 결과 한편에서는 현실의 존재에 따라 과거를 해석하는 측면이 부각되기도 했고, 다른 한편에서 1980년대의 정치조직운동, 특히 1987년 이후 한국의 정치지형과 1991년 소련 사회주의 붕괴에 대한 평가가 반영되어 이들의 현재 위치가 만들어진 측면이 있음을 보여 주고 있다.

3장

1970년대 학출활동가들의 구술생애사

1960년대 말에서 1970년대 전반기의 학생운동은 1960년대와는 달리 민중에 대한 관심과 사회구조에 대한 관심이 극소수의 학생운동가들 사이에 싹트기 시작했다. 1970년 전태일 분신사건을 통해 세상에 알려진 노동 현실은 참혹했다. 학생운동의 일부 세력은 노동문제에 관심을 기울이는 것에서 나아가 '노동자가 되어 살아갈 것'을 결심하기도 했다. 학생운동가들은 처음에는 가장 고달프다는 노동현장인 탄광노동자로 들어갔다가 점차 공장노동자로 길을 바꿨다. 이들은 노동자로 평생 살기 위해 기술을 배워야 했고, 가슴 깊숙한 곳에 사회구조를 변혁시킬 꿈을 품고 있었다.

이 책의 구술자들 중 1960년대 말에서 1970년대 전반기 학생운동 출신 활동가들은 13인이다. 이들 학출활동가 중에 노동조합 활동 및 노동자투쟁을 경험한 69학번 황인범, 72학번 이동섭, 73학번 최봉영의 구술생애사를 살펴보려 한다. 구술작업은 생애사적 방법으로 진행했다. 여기에서는 출생에서 현재까지 구술자들의 삶의 맥락을 살펴보지만, 지면의 제한으로 1970, 80년대 학생운동과 노동운동을 중심으로 정리하였다. 특히 구술생애사에서는 1권에 담지 못했던 구술자들의 당시 활동과 삶에 대한 다양한 평가나 소회가 담겨 있다.

우선 황인범은 서울대에서 교련반대시위, 낙산사회과학연구회 활동, 빈민촌 봉사활동 등의 학생운동을 했고, 1974년 민청학련전국민주청년학생총연맹사건으로 구속되었다. 그는 1979년부터 노동현장에 참여하여 수원의 남지전자와 성남의 대영상사를 거쳐 대동화학에서 활동하다가 해고되었으나, 긴 기간의 해고무효소송에서 승리해 1988년 복직하여 파업을 이끌었다. 또 황인범은 노동현장에서만이 아니라 동부노동상담소, 서울노련서울노동조합운동연합, 서울노운협서울노동운동단체협의회 등의 노동단체에서도 활동하였다.

이동섭은 강원대를 다니던 보수적인 대학생이었으나, 시대상황에 분노하여 1974년 선전물을 배포하다가 강제징집 당해 인생행로가 바뀌었다. 그는 제대한 뒤에 1979년 강제징집자 모임을 통해 사회과학 학습과 토론을 하면서 노동운동에 뛰어들었다. 1980년 광주민중항쟁 기간인 5월 24일에 동료들과 단성사 시위를 기획하기도 했다. 이어 그는 1984년 탄광노동생활을 거쳐 택시노동자로 노동운동을 시작했다. 다수의 학출활동가들이 생산 공장을 중심으로 활동을 하던 때에 그는 1985년 동양콜택시에서 어용적인 택시노조를 민주화하기 위한 활동을 하면서 취업카드 철폐투쟁을 벌였다. 1989년 민주택시노조에서 노조 간부로 활동하면서 택시노동자들의 파업을 이끌기도 했다.

최봉영은 고려대에서 학생운동을 했지만 개인으로 활동했다. 그는 1974년 시위를 주동하고, 1975년 도서관 철야농성투쟁에 앞장서기도 했으며, 1980년 10월 시위에도 앞장을 서는 등 열혈 학생운동가였다. 그는 1982년 부광택시에서 운전을 경험하고 1984년에는 동광택시노조에서 부위원장이 되었으나 회사측의 농간으로 현장을 등져야 했다. 그 뒤 그는 창동 동아건설에 입사하여 1987년 노동자들의 노조 결성에 합류해 노조 기획실장, 사무국장으로 활동하면서 세 차례에 걸친 파업투쟁에 앞장섰다.

이처럼 3인의 구술생애사에는 그동안 학생운동사와 노동운동사에서 제대로 알려지지 않았던 대학 내의 시위나 서클활동, 노조활동과 투쟁활동, 그리고 당시 활동과 삶에 대한 개인적 생각들이 담겨 있다.

1.
황인범의 구술생애사

• 황인범의 살아온 길 •

1948년 충남 부여 출생.

1969년 서울대 문리대 입학.

1971년 교련반대시위 참여. 낙산사회과학연구회 참여와 뚝방 빈민촌 봉사활동.

1974년 민청학련사건 배후조종으로 구속.

1979년 배관공 자격증 습득. 병점 남일전지 입사.

1980~82년 성남 대영상사 기관사로 입사.

1983~85년 대동화학 기관사로 입사, 노조활동과 해고

1985~87년 동부노동문제상담소.

1987년 서울노동조합운동연합 위원장.

1988년 서울노동운동단체협의회 공동대표. 전국노동운동단체협의회 활동. 국가보안법 위반 구속. 해고무효소송 승소. '야당대통령후보 단일화운동협의회' 공동대표.

1989년 현장 복귀. 비상임시대책위원장으로 파업투쟁. 해고

1990년 업무 방해 및 노동쟁의조정법 위반으로 기소. 구속.

1991년 행당2동 재개발 강제철거 반대투쟁. 세입자대책위원회 대책위원장

1995년 구청장선거 무소속 출마.

1996년~현재 자연의학 연구 및 강의. 요가·명상·환경운동. 사회복지사로 봉사활동.

⁂ 황인범의 구술은 민주화운동기념사업회가 발주한 '1970년대 노학연대' 구술작업의 일환으로 2009년 11월 1일 면담자의 용산사무실에서 진행되었다. 이 구술자료를 바탕으로 2015년 2월 4일 구술자의 수정·보완을 거쳤다.

장남으로 총애받던 어린 시절

●●● 자료를 보니 출생 연도가 49년으로 되어 있네요. 이게 맞는지요?*

원래는 48년 1월 1일인데 호적을 쪼끔 늦게 올려서 그리된 것입니다. 충남 부여군 은산면이라는 데서 태어났어요. 3남 1녀에서 장남이고, 바로 남동생이 밑으로 둘이 있고, 막내가 여자동생입니다.

●●● 아버님은 어떤 일을 하셨어요?

아버님은 공무원이셨는데, 부여군 은산면 면장, 부여읍 읍장, 이렇게 하셨죠. 그런데 아버님이 공무원이 되시기 전에는, 그러니까 제가 국민학교 2학년까지는 저희 집이 굉장히 어렵게 살았어요. 할아버지가 남의 집 산지기를 하셨어요. 은산면이 아주 깊은 시골이었는데, 그런 시골에서 어렵게 살다가, 아버님이 어떻게 공무원시험에 합격하셨어요. 그때 부여로 와서 공무원생활 하시면서 조금씩 생활이 나아지다가 나중에는 읍장 되시고, 지역에서는 좀 유지급이 되신 거죠.

●●● 성장과정에서 선생님의 삶에 영향을 받은 것들이 있다면 어떤 것들일까요?

집에서나 학교에서도 그렇고 주변 어른들로부터 총애를 많이 받았어요. 집에서는 장남이라고 대접해 주었기 때문에 다른 형제들이 엄청 소외당하기도 했던 것 같아요. 학교에서는 공부를 항상 전교에서

* 이하 ●●● 표시 다음의 질문들은 이 책의 편자인 유경순의 것이다. 또 구술자의 답변 속 괄호 안의 질문이나 말들도 역시 편자의 것이다.

1, 2등 하다 보니까 좀 선생님들이 총애해 주셨고요. 또, 그때는 얼굴이 굉장히 예뻤었던 모양이에요. (웃음)

●●● 그랬을 것 같아요. 지금 제가 보기에도 멋지세요.

그렇게 주변으로부터 많은 총애를 받으면서 살아서, 나중에 우쭐감을 갖지 않았는가 할 정도로. 그래서 오히려 어떤 면에서는 좀 마이너스 요인도 되지 않았나 하는 생각도 들 때가 있었어요.

●●● 학교는 계속 충청도 쪽에서 다니셨어요?

예. 은산국민학교를 2학년 때까지 다니다가, 그때까지 굉장히 어렵게 살았을 때였죠. 이제 아버님이 공무원으로 부여로 오시면서 나도 아버님 따라서 부여국민학교로 옮기고 쪼끔 나은 삶을 살기 시작했죠. 그래서 중학교도 부여에서 마치고, 고등학교는 서울로 진학을 하려고 했어요. 면접만으로 특차모집을 하던 용산고등학교에 면접응시를 했는데, 거기 실패를 했어요. 그래서 제가 검정고시 공부를 해서, 69년도에 서울대 문리대 사학과에 입학을 했죠.

●●● 사학과를 선택한 특별한 이유가 있나요?

우리 고향이 부여니까. 고적古蹟지대죠? 그 분위기에 쪼끔 익숙했던 것 같고, 역사에 대해서 관심이 좀 있었어요.

●●● 음. 대학 들어오기 전까지는 본인 성격은 어땠어요?

조금 급한 편이고, 뭐 한군데 빠지면 다른 데 관심을 두지 못하는 조금 집중형이라고 그럴까, 그랬었죠. 그리고 어떻든 조금 총애를 받다 보니까 주변 친구들로부터도 많이 질시를 받았고, 그래서 때로는 좀 외로움을 느낄 때도 있었던 거 같아요.

●●● 혹시 나중에 그게 운동하면서는 어떤 영향을 미치나요?

음, 사실 저는 이 인터뷰에 응하면서, 이걸 내가 해야 되는지…. 왜냐면 너무 부끄러운 게 많고, 운동을 해오는 과정에서도 너무 자만에 빠져서 해왔던 부분들이 많은 거 같아요. 그렇기 때문에 이게 기록이라니까 응하긴 하겠는데, 이걸 개인적인 걸로 뭐하는 거라면 아마 응하기 힘들었을 거예요. 너무 부끄럽게 생각하니까. 아마 그게 어렸을 때에 성장했던 면하고 좀 연관이 있지 않은가 하는 생각이 들어요.

이념서클 활동과 민청학련사건

●●● 음, 선생님께 말씀하시는 '과거가 부끄러웠다' 이런 말을 사람들이 대체로 안 하더라고요. 그래서 선생님은 오히려 구술을 하셔야 될 것 같아요. 그래서 대학 입학하시고, 69년이면 학교 분위기가 좀 시끄러웠을 때죠?

바로 교련반대시위가 시작됐을 때예요. 저도 69년, 70년 교련반대시위에 참여를 하게 되죠. 그 전에 제가 서클을 하나 만들었는데, 그게 '충무회'였어요. 제가 충무공 이순신 장군을 좋아해 가지고, 그를 모범 삼아서 따라 배우자는 활동을 했고. (웃음) 또 한편으로는 유네스코 학생회에 가입해서 활동을 좀 했는데, 교련반대시위가 진행되어 거기에 참여하면서 학생운동을 시작하게 된 거죠.

●●● 교련반대시위는 어떻게 진행되죠?

정부가 학교를 병영화 시킨다고 학생들이 반대시위도 하고, 교련수업을 안 받은 거죠. 그러니까 교련수업은 의무학점이기 때문에 학점이 부족하게 되고 그러면 나중에 졸업이 좀 늦어지고 이랬었죠. 73년 8월 후기졸업을 하게 돼요. 그때 군대는 제가 신체검사에서 발이 좀 평발기가 있어서 그랬는지, 보충역으로 판정이 나더라고요. 이건 순전히 자연스럽게 그렇게 되어 버렸어요.

●●● 교련반대시위에 참여하면서 그 당시 본인이 느꼈던 건 뭔가요?

선배들 속에 끼었는데, 같은 학년들 중에서 제가 학교를 늦게 들어갔기 때문에 나이가 많은 축에 들었죠. 어쨌든 분위기가 좋았어요. 같이 어울리고 활동하는 게 굉장히 좋더라고요.

●●● 시위 참여 이후에는 어떻게 하셨어요?

시위 끝나고 아는 선배가 소개를 해줘서 낙산사회과학연구회라는 서클에 가입을 해서 나중에는 회장까지 맡았어요. 사회과학서클 활동을 시작한 것이지요. (서클 규모는요?) 회원은 제법 많았던 거 같아요. 왔다갔다 하는 사람들까지 하면 훨씬 많은데, 그중에 한 스무 명 정도가 핵심적으로 활동했던 거고. 그때는 서클마다 규모가 좀 달랐어요.

●●● 서클에서 초창기에는 어떤 활동을 하셨나요?

그때는 시국이 어수선해서 한창 시끄러울 때니까 학습보다도 주로 바깥 활동이 많았어요. (구체적으로?) 그러니까 시위하고, 시위와 관련된 오리엔테이션이라든가 주로 그런 거 하고. 특히 이화여대 같은 여학교하고 교류가 많았어요.

●●● 학습은 주로 어떤 교재를 가지고 해요?

그 당시에 아무래도 마르크스와 관련된 책들이 주류를 이뤘죠. 주로 선배들이 직접 번역한 게 많았죠. 아직 1학년이라 우리가 원서를 보기에는 능력이 좀 달리니까, 나중에 학년이 올라가면 원서를 보지만. 그래도 『역사란 무엇인가』 이런 쉬운 건 원서로 본 것도 있었어요. 그때는 책 하나 가지고 완전하게 익히는 건 아니고, 여러 책들을 많이 추천해 주어서 읽었는데, 지금은 기억이 가물거려 정확하게 뭐라고 말씀드리기는 힘드네요.

그리고 마르크스 관련된 책도 사회를 이해하기 위한 하나의 방편으로 선배들이 추천한 거지, 선배들이 꼭 마르크스주의자였기 때문에 권한 건 아니었죠. 그런 책을 읽는 게 하나의 유행인 것도 있죠. 그리고 농촌 등을 이해하기 위한 거라든가, 그 당시 판자촌 같은 데서, 굉장히 활동이 활발할 때거든요. 노동운동, 농민운동보다도 판자촌 쪽이 굉장히 활동이 활발할 때라 그런 거 관련한 공부도 좀 하고.

●●● 예. 71년도에 광주대단지 사건도 있었고.

예. 그리고 그 당시 우리가 방문했던 데가 성동구 송정동 한양대학교 뒤쪽에 뚝방이 있었는데, 거기 지금 보수 쪽에서 위력을 날리고 있는 김진홍 목사. 아, 그 사람이 대구대학 철학과 출신인데, 그때 뚝방에 있었던 판자촌에서 활동할 때예요. 그때 우리가 뚝방 판자촌을 방문하고, 또 생활도 같이 해보면서, 참, 재밌게 지냈었는데. 오늘날 보면

김진홍이라는 사람이 왜, 이렇게 딴 사람처럼 보이는지. (웃음)

●●● '재밌었다'는 건 구체적으로 어떤 걸 말씀하시는 건가요?

서로 통하니까! 서로 소통이 되고. 또 당시 우리가 얼마나 그분을 존경했는데요, 대선배이기도 하고, 또 현장에서 몸소 실천하니까 대단했죠. 우린 학생이니 가서 봉사 정도 하는 거니까, 정말, 대단하게 보였죠. 그리고 2학년 때는 교련반대시위 때문에 거의 활동을 못하고, 실질적으로는 3학년 때부터 많이 활동했던 거 같아요.

●●● 유신이 선포되기 이전하고, 선포된 이후하고 학교 분위기는 어땠나요?

분위기가 아무래도 한층 격앙되었죠. 그렇기 때문에 전국적인 시위, 반유신 이론화 작업, 실천적인 변혁이론, 이러한 것들이 필요한 것 아니냐는 공감대들이 형성되기 시작하고. 그래서 전국적인 활동을 펼치기 위해서 다각도로 활동이 펼쳐지고 여러 사람들에 대해 섭외도 들어가고 한 거죠.

●●● 민청학련 관련, 대학 내에서 반유신 활동으로 분위기를 모아가는 활동은 어떻게 진행되었나요?

우선 각 서클 내에서 토론을 통하여 의견을 모으고, 그 다음에 서클 간의 연대들을 해야 되니까, 마로니에 광장에 문리대가 있었죠? (예.) 거기를 중심으로 해서 자주 연합모임들을 개최하고. 그렇게 하면서 시위를 조직해서, 73년 10월 2일 반유신시위소위 '10·2 사태'로 서울 문리대가 제일 먼저 기치를 올렸죠. (그렇죠.) 그 다음에 서울대

법대, 상대로 옮아가고, 이러면서 점차적으로 각 대학을 접촉해서, 74년 봄에 대규모적인 전국적 시위를 하기 위해서 만들어진 게, 민청학련이었죠. (주도세력은요?) 그게 미완성된 민청학련이라는 틀에서만 보면, 소위 이철·유인태 등이라고 흔히 알려져 있죠. 그런데 이 시위계획을 앞에 두고 학생들뿐이 아니고 아주 많은 세력들이 음으로 양으로 참여 양상을 보였어요. 반유신 전국시위가 실제로 성공을 했다면 주도세력의 변화가 어떻게 되었을지 모르지요. 드러난 것만이 전부는 아니니까요.

●●● 당시 정부가 발표한 민청학련사건 조직도를 보니까 선생님은 배후 조종자로 나왔던데요?

왜 그러냐면 그 당시에 군대를 갔던 사람들이 군대 공백이 3년이잖습니까? 그런데 제가 보충역으로 편입이 되어 있어서 군대를 안 가고 먼저 졸업을 했어요. 제가 졸업생으로서 문리대 10월 2일 반유신 시위부터 가담이 되었고, 이때 배후에서 영향력을 미쳤다고 해서 즉심에서 구류 29일을 선고받고 동대문경찰서에서 구류를 살고 나왔어요.

또 제가 향린교회에서 재야에서 활동을 하시던 천관우 선생 등을 모시고 '역사모임'을 주도했었죠. 여기에는 서울의 여러 대학의 학생들이 참여를 하였고, 그뿐이 아니라 이 모임은 재야운동의 청년그룹과도 일정한 관계를 가지고 있었어요. 그 대표적인 인물 중에 지금은 여당에서 활동을 하는 이재오 씨도 있었지요. 그 이후 서로 가는 길이 달랐지만 말입니다. '역사모임' 활동은 크게 드러나지는 않았지만 내가 일정한 영향력이 있다고 판단한 중앙정보부가 나를 구속시켜야 하는데 배치할 데가 마땅치 않잖아요? 그러니까 배후세력으로 집어넣은 거예요. 그 당시에 배후세력으로 선배 배후세력하고, 소위 '인혁당' 배후세력, 그 다음에 일본 기자들 배후세력, 크게 세 개의 배후세력을 조직도표에 집어넣었거든요. 그런데 나는 선배 배후세력에 명단이 들어가 있고. (웃음) 그 다음에 대구를 중심으로 한 '인혁당' 선배들이 '인혁당' 배후세력이 돼 있고. 일본에서 온 기자들 두 명인가? 이 사람들이 일본을 통해서 이북에서 무슨 조종이나 받은 것처럼 배후세력이라 해놓고. 이렇게 세 개로 해놨었어요. (웃음)

●●● 이 조직도는 저쪽이 그려 놓은 상태에 사람들을 배치해서 만든 거네요?

그려 놓은 거죠. 단순히 졸업했기 때문에 배치할 때가 마땅치 않았다는 거죠. (웃음)

●●● 졸업생이라는 조건에서 선생님은 학생들하고 어떤 관계를 갖고 있었던 건가요?

졸업을 했어도 졸업한 지 몇 년 된 것도 아니니까, 당연히 서클 중심, 아니면 과를 중심으로 관계를 맺고 유지했어요. 그리고 또 선배니까 후배를 사회운동으로 인도하기 위해서 하는 활동을 끊임없이 했으니까요. 앞에서 말한 '역사모임'도 그 일환이었고요. 지금 야당에서 국회의원으로 정치를 하고 있는 강창일 의원, 정동영 의원도 저의 사학과 후배로서 일정한 시기 동안 저와 같이 활동을 했지요. 그런 관계는 있었지요. (예.) 있었지만 저런 엄청난 무슨 국가를 전복하고, 이런 거하고는 사실 거의 무관하고. 관계가 있다면 시위를 조직하는

데 있어서 선배라는 입장에서 도와주기 위해 인맥이나, 아니면 방법론상으로 도와줄 수 있었다고 보는데, 무슨 국가전복의 배후세력이라니. 그건 순전히 반유신 민주화운동인데.

●●● 예. 그러면 졸업 얘기가 나왔으니, 잠깐 얘기를 바꿔 여쭤 보면, 민청학련사건 이전에 사회운동 모색은 어떻게 하셨어요?

그때는 특별한 지향점을 확실하게 정하지를 못했고, 아까 얘기했던 것처럼 가장 가까운 쪽이 판자촌이었어요. 그래서 그쪽으로 생각을 하고 있었는데, 그 생각을 정리하기 전에 민청학련사건이 딱 터져 버리니까 바로 실행을 못했지요.

●●● 그 시기에는 다른 학생운동가들이 사회운동으로 나간 방향은 어땠나요?

그 당시는 시기적으로 좀 애매했죠. 왜냐하면 학원의 분위기가 전체적으로 뭔가를 같이 움직여야 할 때였기 때문에 개인적으로 다른 지향을 구체적으로 정하고, 또 구체적으로 그걸 해나가는 상황은 좀 못됐었죠.

●●● 제가 얼핏 들었던 게, 당시에도 '현장지향성을 갖고 도시산업선교회와 연관돼서 학내 시위를 안 하고 그쪽으로 가자는 흐름도 있었다'고 하던데요?

아, 물론 관심들은 현장에 있었죠. 현장지향적인 분위기는 뜻이 있는 사람이면 다 갖고 있었어요. 문제는 그걸 구체적으로 어떻게 풀어내는가 하는 데에 있어서는 '당장 주어진 이 문제를 우선해야 된다'는 데에 초점을 맞추는 사람들이 있을 것이고. 개별적으로는 '이건 일시적인 거니까 장기적인 안목을 가지고 원칙적으로 접근해 나가자' 해서 준비를 조금 더 빨리 한 사람도 있을 테고. 아마 그렇게 됐을 거예요.

●●● 그럼 다시 민청학련 관련 얘기를 할까요. 민청학련이 조직된 목적이 뭐죠?

유신헌법에 반대하고, 그 유신헌법에 근거한 정권에 대해서 반대하기 위한 반유신 전국반대시위운동이고, 시위조직이죠. 뭐냐면 반유신은 맞지만 어떤 이념에 입각해서 국가를 전복해 가지고 새로운 정부를 세우려고 한다든가, 이거는 말이 안 되죠. 역량도 되지도 않거니와, 그건 말도 안 되는 거죠. 물론 거기에 음으로 양으로 영향을 주거나 관계가 있었던 특정한 세력이나 특정한 개인으로서는, 이 시위 이후까지 생각하면서 좀더 혁신적인 생각도 품고 있을 수 있지요. 그렇지만 전체적인 흐름은 반유신 민주화운동이라고 보아야지요.

●●● '인혁당' 쪽은 민청학련에 실제로는 어느 정도 관련된 건가요?

소위 '인혁당 재건' 조직의 구성원이라고 지목되었던 분들 중 일부가 개별적으로 관련이 있었죠. 그게 시위에 결정적인 영향을 미쳤다든가, 아니면 '인혁당' 관련한 모든 분들이 조직적으로 움직였다든가, 조직의 어떤 특정한 목적을 가지고 움직였다든가, 그런 건 별로 없다고 봐야지요. 그분들이 좀 혁신적인 생각을 가졌던 분들임에는 틀림없지만, 그렇다고 해서 조직적으로 시위를 그쪽으로 몰고 가려고 했다든지, 더구나 국가를 전복하고 노농정권을 수립하기 위해 배후에서 영향을 미쳤다고 하는 건 안기부의 조작이지요. 왜냐하면 상황이나 역량이 그렇게 하고 싶어도 그렇게 할 수 있는 상황이 아니잖아요? 만약 그분들이 그런 생각을 했다면 허무맹랑한 일이지요. 전혀 있을 수가 없는 일이에요.

●●● 그러면 아주 소수를 제외하고는, 전체적으로 운동권이 반정부적인 의식 수준이었다는 거죠? 그리고 그건 일반 대학생들도 대체적으로 가질 수 있는 의식이잖아요?
그렇죠. 그게 가장 중요한, 핵심적인 거죠. 그래서 일반 학생들이 어느 정도 따라올 수 있는 수준이라 그걸 차단하기 위해서는 우리하고 학생들을 분리시켜야 했던 거죠. 그러니까 거기에 색깔을 아주 진하게 칠해 버렸죠. 그래서 '인혁당사건'을 조작해서 그것과 연결해 우리 사건을 만들었는데, 나중에 그게 부메랑으로 정권에게 다시 돌아가 버렸지만.

●●● 그 사건으로 선생님은 형량을 얼마 받으셨어요?
저는 졸업을 했었으니까, 그런데 교사 하러 갈 생각은 안 했으니까 교사자격증을 따지 않아서 잠정적으로 영등포에 있는 장흥중학교에 역사교사로 좀 있었어요. 그런데 4·3긴급조치가 떨어지고 수배령이 막 떨어진 거예요. 그래서 한 달도 학교에 다니지 못하고 피해서 거의 한 달 가까이 수배 때문에 도피생활을 했어요. 그러다가 74년 4월 25,6일경에 제가 검거가 됐죠. 그래서 국방부 고등군법회의에서 징역 15년에 자격정지 15년을 선고받았어요. 그런데 감옥에서 지낸 지 1년도 안 되어서, 75년 2월 17일 날 형집행정지로 감옥에서 나왔죠.

●●● 잡혀서 수사받으실 때 심한 고문을 받으셨나요?

다 받았죠. 고문의 정도가 어떤가 하는 차이는 있었어요. 저는 다른 사람들하고 비교해 볼 때, 좀 늦게 검거된 탓도 있어서 더 심한 고문을 당한 거 같진 않았어요. 그럼에도 최소한 무릎 꿇리고, 무릎 사이에다가 각목 껴놓고 밟는 거라든가, 아니면 주먹으로 때린다든가, 이런 건 항상 하는 거예요. 이런 고문이 그 당시에 그렇게 심각한 정도는 아니에요. 물고문, 전기고문도 있었다고 하니까요. 또 그렇게 고문해야 할 만큼 캐야 할 거리가 별로 없다고 자기들도 판단했을 거고. 그리고 검거되어 안기부에서 내가 진술할 건 거의 없어요. 자기들이 작성해 놓은 거에 '도장을 찍느냐, 안 찍느냐' 가지고 서로 실랑이하고 '물고문, 전기고문 하겠다'고 협박하고 공갈하고 이런 거였지. 자기들이 그려 놓은 그림에 맞추기만 하면 되는 거니까.

●●● 집에서는 선생님이 구속되면서 반응이 어땠어요?

그 당시에요? (예.) 아무래도 집안에서 중심적인 위치인 데다가 신망을 받던 입장에 있다 보니까, 내가 하는 일에 대해서 가족들이 크게 문제 삼거나 싫어하거나 하는 분위기는 아니었어요. '어련히 알아서 하겠냐' 이러고. 단지 어머니 같은 경우에 '아, 앞으로 커서 판검사나 크게 되리라'고 기대를 하고 있었지만, 자질구레하게 '이거 하지 마라. 이거 안 된다' 이런 분위기는 아니었어요. 그래서 그 일 때문에 어머니 꿈이 깨지진 않았을 거예요. 오히려 그 이후에 꿈이 깨지셨지. 왜냐면 그 당시는 내 나이가 몇 살 안 됐고 앞날이 창창하니까, 나중에라도 얼마든지 되리라고 기대를 했겠죠. 그런데 두고두고 보니까 이거 아니거든. 판검사가 되는 것도 아니고. (웃음) (갈수록 이상한 데로 가는… 허허.) 노동운동 한다, 뭐 한다면서 이렇게 돼 버리니까, 그때부터는 조금씩 '아이구, 이게 아닌데…' 하신 거고. (웃음)

●●● 감옥생활 하시면서 기억나시는 거는?

감옥생활은, 참, 재밌게 했어요. (음, 동료들이 같이 있었으니까.) 그렇죠. 같이. 아, 처음에 조사받을 때하고 감옥 막 들어가서 잠깐 동안은 굉장히 삭막하고 엄혹하고 그랬지, 그 시기 지난 다음부터는 거기가 완전히 자유공화국이야, 거기가. (웃음) 처음에는 완전히 독방인 데다가 그렇다고 물건이 들어오길 하나, 아무것도 못 들어오게 만들어서 화장실도 제대로 못 갈 정도가 됐으니까. 나중에 조금씩 감시가 풀어지면서 나아졌고. 또 방도 모자라고, 우리가 자꾸 싸워 가지고 합방을 했어요.

그래 우리끼리 합방해서 거기서 세미나도 하지. 이 사람, 저 사람, 개인적으로 먹을 거 들여 보내준 걸 합치면 먹을 것도 많아요. 또 운동시간에 운동하지. 그래서 나중에는 그렇게 재밌었을 수가 없었어요. 매일같이 그렇게 세미나를 어디서 어떻게 하겠어요. (웃음) 그리고 처음에는 웬만한 책들을 안 넣어 줬는데, 나중에는 조금씩 들어오고 그랬으니까. 이때는 비밀통로가 많아 가지고. 또 간수들 중에 접선을 해주는 간자間者들이 제법 있었어요. 그때는 그런 간수님들이 많았어요.

●●● 주로 같이 하셨던 분들은요?

그때는 '인혁당' 선배들도 있었고, 우리 학교 동창들도 있었고, 다양한 분들이 있었는데, 그런데 누구누구 같이 있었는지는 사실 기억은 안 나는데…. 많은 동료들이 안양교도소에 있었는데, 대개 한 방에 6~7명씩 있었고. 그런데 완전히 우리가 한 개 동을 차지하고 있어서 그 동 자체가 해방구가 되어서 왕래도 자유롭게 해서 내 방에 누구 누구 있었는지 헷갈려요.

출감과 출판사 취업

●●● 구속됐다가 75년도에 나오셔서, 어떻게 방향을 정하세요?
그러니까 그 방향은 감옥에 있으면서 정리를 좀 했죠. 책 보고 생각하고 서로 세미나 하고, 이런 거밖에 할 게 없으니까, 시간 여유가 생기잖아요. 그때는 '나가서 현장생활을 좀 해야 되겠다'고 확실하게 정했죠. 감옥에 있던 분들이 다 그렇게 생각한 건 아니고요. 거기에 나이 드신 분들도 있었고, 여러 층이니까. 그러나 '현장활동을 해야 된다'고 하는 거에는 똑같이 생각을 하면서 공감대가 있었죠.

●●● 선생님께서 '노동현장을 가야 되겠다'고 생각하신 근거는 무엇이었나요?
당시 분위기가 아무래도 영향을 줬겠죠. '노동자들의 생활상, 노동자들의 조직상황, 이런 것들을 볼 때 역시 우리 인텔리 계층이 어느 시기까지인지는 모르겠지만 노동운동에 헌신을 해야 되지 않느냐' 하는 문제의식하고. 또 하나는 '우리들이 직접 가서 체험을 또 해봐야 그분들의 고통이나 요구들을 절실하게 느끼지 않겠는가' 하는, 두 가지 이유였죠. 그 이유 때문에 그게 어느 시기까지인지는 모르겠지만, '일단은 노동운동을 해야 되겠구나' 이런 생각을 갖게 됐죠. 그리고 70년 전태일 분신사건도 당연히 영향을 미쳤고요.

●●● 음. 혹시 전태일 분신사건을 접했을 때, 어땠나요?

아유, 그때 많이 울었죠. 그건 상상도 못할 사태니까. 사람이 살해당한 것도 아니고, 또 누가 그런 상황으로 몰아간 것도 아니고 죽지 않으면 안 되는 상황도 아닌데, 어떻게 자기 몸을 불살라 가지고 온몸으로 호소하면서 노동자를 대변한다는 것이 쉬운 문제가 아닌데, 참, 그렇게 했다는 것에 대해서 어떤 위대성도 느끼고. 또 그 길밖에는 없는가 하는 생각에, 참, 서글프기도 하고. 해서 그 당시에 속으로 많이 울었어요.

●●● 그럼 감옥 나오시면서 현장 들어갈 준비를 바로 하신 건가요?

처음에는 출옥했어도 법에 묶이고 제한당하고 감시당하고 아무것도 할 수 있는 게 없었어요. 형집행정지로 나와 가지고, 형기도 아직 남아 있어서, 저들이 언제든지 나를 잡아넣을 수도 있거든요. 그래서 공부도 할 수 없고 취직도 할 수 없고, 뭐, 아무것도 할 수 없었어요. 그런데 그때 감옥에서 나왔을 때, 아버님이 몸이 아프셔 가지고 아무 일도 못하셨어요, 그러니 집안이 경제적으로 굉장히 어려웠어요, 굉장히. 그 전까지는 바로 제 밑에 있는 동생이 어떻게 벌어서 생활을 꾸렸어요. 그런데 제가 나오자마자 동생이 군대를 들어가 버렸거든요. 또 둘째동생은 고등학생이었고, 마찬가지로 여동생도 중학생이니까 집에서 돈을 버는 사람이 아무도 없었어요. 그러니까 당장 현장 들어갈 준비한다는 것이 쉽지 않았어요. 그래서 취직한 곳이 신경림 선생이 소개해 주었는데, 태극출판사였어요. 그 사장이 고대 철학과 출신이었고. 제가 출판사라는 데를 처음 들어가서, 글자 고치는 거 하고. (웃음) 그런데, 참, 지금도 생각하면 내가 신경림 선생께 너무 죄송한데, 이게 노동운동에 대한 머리가 딱 박혀 있으니까, 거기서도 가만히 있지 못한 거야. 그래서 거기 직원들한테 노동법 읽히고. (웃음)

●●● 거기서 현장 조직화 연습을 하신 거네요.

예. 그러고 때로는 무슨 행사가 있을 때, 그 행사에 맞춰서 모습을 깔끔하게 해줘야 되는데, 항의한답시고, 막, 수염을 기른 채로 행사에 참석한다든가, 못된 짓을 했어요. 지금으로서는 도저히 있을 수 없는 행동인데, 내가 죄송하다는 말을 못 드렸는데. (웃음) 굉장히 죄송하단 생각을 신경림 선생한테 하고 있죠.

●●● 그런 생각은 나이 드셔서 하신 거죠?

저도 그 이후에 활동을 하다 보니, 다들 그렇게 하셨지만, 밤낮없이 일을 하다 보니까 조용히 앉아서 나를 되돌아보고 반성할 만할 여유를 거의 갖지 못했어요. 그냥 내가 활동 속에 매몰되어 가지고 그때그때 성과를 올리는 게 중요했기 때문에, 그러면서 거의 돌아보는 걸 못했죠. 그러다가 한참 후에 내가 명상수련을 하면서 많이 반성을 하게 된 거죠.

●●● 흠. 이 출판사에서는 얼마 정도 계셨어요?

출판사에는 75년 10월 달에 들어가서 76년 1월까지 있었어요. 그리고 바로 금성출판사로 옮겨서, 그러니까 76년 1월 달에 들어가서 77년 11월까지 한 2년 다녔죠.

그런데 금성출판사 다니던 어느 날 갑자기 막 출근하려고 일어났는데, 가슴이 막 쥐어짜듯이 심한 통증이 있는 거예요. 그래도 출근을 안 할 수가 없더라고요. 생계의 본능이 '내가 출근하지 않으면 우리 집안이 살 길이 없다' 해 가지고 버스 타고 가는데, 콩나물시루 같은 버스 안에서 참기 어려운 통증 때문에 이를 악물고 겨우겨우 회사에 갔어요. 그런데 출판사에 도착해 좌석에 앉자마자 쓰러져 버렸어요. 회사가 저기 명동 성모병원 있죠? (예.) 바로 그 옆에 있었거든요. 바로 성모병원으로 이송돼 가지고, 응급치료 받고 겨우 위기를 넘겼지요. 그런데 당분간 병원에 있어야 한다는 걸, 의식이 돌아오니까 그대로 못 있는 거야. '퇴원해야 한다. 그래야 살아갈 수 있다' 더 생각할 것도 없이 바로 퇴원해서, 그 다음날 출근했어요.

그렇게 두 번을 그랬는데, 당시에는 그게 무슨 병인지 몰랐어요. 지금 보면 그게 협심증이었어요. 누가 나한테 얘기해 주는 것도 아니고. 또 내가 의사 말에 귀를 기울인 게 아니라 나는 빨리 거기 나와 가지고 생업에 종사하는 게 중요했지, 내 병이 뭔지 이런 거는 별로 관심이 없었거든요. 만약 그게 잘못됐더라면 저 세상으로 가는 거거든요. 그걸 어떻든 용케 버텼어요. 그렇다고 계속 치료받은 것도 아니거든요.

내가 그게 협심증이라는 것을 알고 나서 왜 협심증에 걸렸을까 하고 생각해 보는데 처음에는 너무 밤낮없이 뛰어다녀서 건강관리를 안 해서 그런가 하고 생각했어요. 그런 원인도 있겠지만 그것보다는 옥중생활을 잘못한 거야. 너무 많이 원칙없이 먹은 거야. 그 당시는, 참 이상한 풍조가 있어서 밥에 계란 풀고, 또 설탕도 넣고, 또 마가린 넣어서 비벼 먹고. 전부 나쁜 것들이거든. 그러니까 그전에

68kg 정도 나가던 몸무게가 감옥 나와서 재니까 74kg 나가더라고요. 그때는 살이 좀 붙으니까 보기도 좋고 오히려 좋아했지요. 정말 무지했지요.

노동현장 준비와 남일전지 입사

●●● 그러면 현장 갈 준비는 어떻게 하셨어요?

제가 불광동에 방을 구해서 생활하면서 금성출판사 다닐 때, '아, 내가 이렇게 해서 어느 세월에 내가 하고자 하는 일을 하겠느냐' 해 가지고, 그때부터 기능기술 공부를 시작한 거예요. 열관리, 배관, 또는 용접, 그 다음에 환경관리. 이런 공부를 저녁에 학원도 나가서 배우고, 대부분은 책 사 가지고 혼자 공부하기 시작한 거예요. 그러다가 77년 11월에 출판사를 그만둬요. 여기서도 내가 또 가만히 안 있었어요, 지금 생각해 보니까 가는 데마다 속을 썩였어요, 좌우간. (웃음) 그러다가 77년 11월 달부터 본격적으로 기능기술 공부를 해서 79년 2월 달은 배관공 자격증을 따 가지고, 79년 3월에 수원 병점에 있는 남일전지에 입사했어요.

●●● 노동현장에 들어가신 목적은 무엇이었어요?

원래 출발은 아무래도 이념적인 것이 매우 강했다 보아야지요. 개인적으로는 다 품고 있었죠. 단순히 그냥 노동조합운동이 아니고, 단지 당시 내놓을 수 있는 정도가 반합법이니까 그렇게 하자는 것뿐이지 개별적으로는 다 이념성이 있었다고 봐야죠. 현장노동자 출신 같은 경우는 그게 좀 약했고. 그래도 학생 출신들은 거의 어떤 이념지향이 많건 적건 있었다고 봐야 돼요. 단지 이게 하나의 조직으로 갖추는 과정에서 '요것만 하자. 제한하자' 이렇게 된 거지. 현장 준비할 때부터 이념성이 없었다면, 고생하면서 현장에 갈 매력이 별로 없었을 것이고, 거기에 '내 생활 바치자' 할 수 없었던 거 아니겠습니까? 그때 당시 또 사회과학서클에서 학습 자체가 맑시즘을 많건 적건 간에 공부 안 하고 관심없이 출발했다는 건 거짓말이거든요. 그러니까 생각만이라도 어느 정도 이념이 있다고 봐야 되는 거죠. 그런데 그걸 얼마나 구체적으로 심화시키고 얼마나 실천했느냐 하는 것은 둘째 문제고.

●●● 현장 들어가신 뒤에 다른 활동하시는 분들은 안 만나셨나요?

정윤광이라던가 가까운 친구들은 가끔 보면서 잘 먹지도 못하는 술도 마시고 했어요. 그렇지만 서울상대 출신이라든가 고대라든가 이런 친구들은 만나기 힘들었어요. 조직적으로 준비를 안 하고 따로따로 준비를 하니까, 무엇을 같이 할 상황은 못 됐고. 무엇보다도 현장에서 자리 잡는 것이 우선 순위였으니까. 그래도 '누구는 어느 지역에서 활동한다더라' 이런 소식은 듣죠. 그리고 이 당시 그런 걸 공개할 상황이 못 되잖아요? (그렇죠.) 숨어서 해야 되니까. 또 신분을 속여야 되니까. 몸조심을 하다 보니. 어떻든 현장에 들어갔으니 현장부터 지켜야 했어요.

●●● 그런데 수원에서는 어떻게 공장을 다니신 거죠?

거기에 방 하나 얻어 가지고 자취생활하면서 주말에 쉴 때 가끔 집은 들르고 했어요. 여기서 79년 7월까지 있다가, 그 다음에 성남의 대영상사로 옮긴 게 80년 1월 달이죠.

●●● 보일러공 자격증을 따신 거예요?

예. 시험 보는 거니까 땄어요. 실기는 용접은 보지만 보일러 관리 같은 경우는 없어요. 그래서 당시 현장 기는 사람들이 보일리공을 많이 했어요. 좀 접근하기가 쉬우니까.

●●● 혹시 그 이전 세대들이 현장에 들어갔던 얘기, 들으신 적은 없으세요?

과거에 혁신운동들은 그렇게 그냥 인텔리층으로서의 사상적 영향을 주는 방식으로 활동했지, 노동현장에 직접 들어간 선배들은 많지 않아요.

●●● 불꽃회 쪽, 김정강 씨의 경우는 현장으로 갔지요?

그러니까 그분을 포함하여 몇 분 정도인데. 그분들도 우리처럼 그렇게 현장에 오랫동안 붙박여 있지 않은 것으로 알고 있어요. 어떻게 보면 그냥 활동으로 접근하기 위한 수단이라고 그럴까? 그런 정도지, '내가 몸소 몇 년이고 같이 생활해 보겠다. 노동자로 살아가야겠다' 이런 건 좀 아니었던 거 같아요. 그런 면에서는 우리 세대가 거의 1세대에 가깝다고 할 수 있을 거 같아요. 이게 과거 활동하던 사람들하고 맥이 있는 것도 아니고, 누가 인도해 주는 것도 아니고. 우리 세대는 다 각자 알아서 개척을 해야 되는 거였고.

●●● 그래서 수원에서 성남으로 옮기는 건, 어떻게 된 거였나요?

그거는 여기저기 수소문해서 '자리가 있는지 없는지' 알아보고, 그리고 가급적이면 작은 사업장에서 큰 데로 가려고 했지요. 병점에 있는 남일전지는 규모가 한 300명 정도 될까, 대영상사는 자전거를 만들고 타이어도 만드는데, 1,000명이 넘는 굉장히 큰 회사였거든요. 노동운동 하려면 가급적 큰 데 가야 한다고 생각했으니까. 그래 직업소개소에도 알아보고 용케도 뚫고 들어간 거죠. 직장 동료들에게도 당분간 신분이 드러나면 안 되니까, 거기서도 방 하나 얻어 가지고 있었던 거죠.

●●● 보일러공은 생산라인에 있는 게 아니라서 사람들을 접하는 게 어렵지 않나요?

그렇죠. 생산라인에 스팀을 공급해 주거나 난방을 공급해 주거나 이런 일을 하죠. 그래서 활동에 불리한 점도 있을 수 있지만, 총체적으로 볼 때 꼭 불리하다고 할 수만은 없어요. 왜냐하면 자유롭거든. 보일러는 항상 돌아가, 내가 보일러를 꼭 지키고 있지 않으면 안 되는 게 아니고 틀어 놓고 가끔 돌아봐서 이상만 없으면 특별히 할 일이 없는 거지. 그리고 현장에 뭐를 고치러 다니거든. 스팀이 샌다든가 아니면 물이 샌다든가, 다 기관실 보일러실에서 하는 거거든요. 보일러실이라 안 그러고 기관실이라 그러거든요. 그러니까 어느 부서든, 내가 누구를 좀 의도적으로 만나야 되겠다는 판단을 하면, 그냥 가서 만나고 친해질 수도 있는 거고. 그런 점에서는 훨씬 유리하기도 해요. (그럴 수도 있겠네요.) 그 대신 하나의 팀으로 묶을 수 있는 조직력이 아무래도 취약하죠.

●●● 예. 여기서 활동은 어떻게 하신 거였죠?

거기도 노사 간에 크고 작은 일들이 있잖아요? 그런 일들에 조금씩 관여를 하는데, 신분이 신분이니만큼 앞장서는 건 어렵지요. 음성적으로만 하는 거죠. (본인 이름으로 들어간 거죠?) 그렇죠. 그때는 신원조회만 때려 보면 나오는데, 회사에서 철저하게 조시를 안 한 거지. 그리고 자격증이 있는 사람을 써야 되고, 있던 사람이 나가거나 그러면 우선 자격증 있는 사람이 중요하거든요. 이 사람이 일을 잘하느냐 하는 거보다도 자격증을 걸어야 하니까. 그러니까 자격증이 유력한 작용을 한 거죠.

●●● 처음 현장 들어가서 노동자들을 봤을 때, 아니면 노동생활을 해 보니, 어땠어요?

아무래도 어색하죠. 나의 삶하고 그들의 삶을 융화시킨다는 게, 참. 그런 데다가 원체 나는 술을 별로 잘 못 먹어요. 한 잔만 마셔도 얼굴이 빨개져 가지고, 이게 간에서 흡수가 잘 안 되는 모양이야. 그러니까 굉장히 불편하죠. 그쪽 분위기는 술 마시면서 얘기 시작하고, 술 가지고 얘기 끝내는 그런 분위기인데, 그래 내가 굉장히 애로가 많았어요. 그래도 마음으로, 진심을 다해 접촉하고, 그러니까 친해질 수 있었던 거 같아요. 아무래도 술도 잘하고 사귐성이 좋은 사람보다는 조금 어려웠지만 나름대로 관계가 만들어지더라고요. 또 자취하고 있었으니 사람들 자취집에 데려와서 대화도 나누고.

●●● 두번째 현장에서는 어떤 활동을 하셨어요?

이제 시작단계니까 정말 친한 사람하고만 음성적으로 만나면서, 주로 공장 안에서 어떻게 내가 터전을 잡을까 하는 데 초점을 맞췄던 거였어요. 그러다가 82년 10월경에 해고를 당했어요. 왜냐하면 많이 움직이지는 않았는데, 마침 그때 도시산업선교회 문제가 터지면서 시끄럽다 보니까, 회사에서 좀 의심스럽다고 생각되는 사람에 대하여 신원조회를 한 모양이에요. 그래서 해고됐는데, 여기에 노골적으로 대응하기에는 사회상황이나 개인적인 조건이 좋지 않아서, 그냥 조용하게 회사를 옮긴 거죠. 거기 나와서 그 다음에 대동화학에 취업해요. 거기는 대영상사보다 더 규모가 컸지요. 성동구 광장동에 있는 공장인데, 지금은 회사가 다른 데로 옮겨 가고 아파트 지대로 변했는데, 이게 말표 신발을 만들던 회사예요. 나중에는 등산화, 군화, 이런 것도 다 여기서 만들었어요.

●●● 남일이나 대영, 대동 쪽에서 선생님이 받으셨던 임금이 얼마였는지 기억나세요?

액수는 정확하게 기억을 못하는데, 그런데 우린 기능직이니까 보일러가 생산직보다는 쪼끔 높았어요. 그때 그냥 월급 받으면 집에 좀 생활비 보태 주고 내가 쓰면서 그럭저럭 살 만했어요. 더군다나 대동화학은 기관실의 기관장이니까 조금 더 보수가 높았어요.

●●● 전자 쪽하고 화학 쪽이 노동환경이나 현장 분위기가 다를 것 같은데 어땠나요?

아무래도 전자 쪽은 작업환경이 더 깔끔해요. 화학공장은, 정말, 천연이 아니고 순전히 독성으로 된 물질들을 다루니까, 그 많은 독성을 마시면서 일해야 되니 직업병들도 굉장히 많이 생기고, 냄새에 코가 문드러질 정도니까. 참, 내가 목적이 있으니까 일부러 들어간 거지, 그렇지 않으면 일부러라도 거기 피하고 싶은 정도의 현장상황이었어요. 고무 냄새, 화공약품 냄새, 말도 못했어요. 어휴.

대동화학의 활동과 해고

●●● 대동화학은 어떻게 들어가신 거예요?

직업소개소 통한 거죠. 다른 데는 그냥 일반 직원으로 들어갔는데, 여긴 내가 기관장으로 들어갔어요. 관리자는 아닌데 현장노동자들의 기준으로 볼 때는 팀장급, 이렇게 되는 거죠. 그러니까 몇 사람을 거느리는 자리라 영향력을 좀더 발휘할 수 있었고. (웃음)

●●● 그럼 여기서는 활동을 하셨어요?

그러니까 보일러실 사람들을 기본적으로 장악하고 있으면서, 노동법이나 노동문제 가지고 공부시키고. 그런데 대동화학의 노동조합이 그 당시 화학노조에 속해 있었는데, 나름대로 민주적인 노동조합이었어요. 그러나 우리 눈으로 볼 때는 마음에 안 차는 거죠. 노조가 활동하는 것도 애매하고. 처음에는 민주적인 노조에 속하니까 우리가 노조를 도우려 했어요. 음성적으로 신분 노출을 안 시키려고 노력하면서. 그런데 보니까 노동자들이 노조에 불신도 많고 여러 가지 문제가 있더라고요. 그런 상황에서 신분을 너무 노출시킬 수가 없으니까 음성적으로 많은 사람들과 친해지려고 노력했고, 보이지 않게 모임 형성하고 했는데, 거기에 나만 있는 게 아니라 여러 활동가들이 들어와 있더라고요. (웃음)

●●● 아, 83년이니까!

그러니까 현장에서 여러 사람을 만난 거야. 어느 사람은 구두 만드는 데, 어느 사람은 자전거 만드는 데. 그러니 회사 장악한다는 게 어려운 건 아니었죠. 그때 대여섯 명 된 거 같아요. 남자활동가가 한 명이 더 있었는데, 우리 세대보다 조금 낮은 학번이었고. 그 다음에 나머지는 여성들이었는데 학생 출신도 있고 현장에서 교육받은 노동자 출신도 있었고 그런데 같이 만나니 좋은 점도 있었지만, 그 당시에 얼마나 파派가 많았습니까? 그로 인한 갈등도 있고, 그런 게 서로 중첩이 되어 있었어요. 그런데 제가 제일 연배가 많고, 또 선배이다 보니까 아무래도 중심적인 구실은 했지만 내부적으로 볼 때는 갈등이 보이지 않게 있었죠.

●●● 83,4년경이면 노선이 드러날 시점은 아니잖아요?

아니, 지역적으로는 있었어요. 우리가 성수지역에서 가까우니까 거기 단체도 몇 개 있었고. 이념, 이런 큰 형태보다도 조직 간의 갈등, 그러다 보면 또 활동 방법상의 갈등도 있었고, 또 이니셔티브initiative 문제, 그런 것도 있을 수 있고. 그런 건 어디나 있는 거 아닙니까. 그렇지만 그런 것들이 전체적인 활동이나 관계를 파괴할 정도로 아주 심각한 건 아니었어요.

어떻든 활동가들이 만나게 되고, 각자의 현장 조직기반, 아니면 지지기반들을 가지고, 음으로 양으로 노동조합 위원장에게 어떤 건 도와주고, 어떤 건 압력도 가하고 했어요.

그런데 이때 내가 신원이 드러나요. 기관장인데도 회사 편에 서서 일을 하는 게 아니라 노동자나 노조 편에 서서 바른 말을 잘하니까 좀 의심이 들었는지 신원조회를 해본 거예요. 신원이 드러나니까 회사측이 나를 활동 못하게 하느라고, 85년 3월 13일자로 5급으로 승급시키고, 3월 18일에는 부산으로 발령을 내요. 그래서 처음에는 내가 여기서 잘려서는 안 되겠다는 판단으로 일단은 부산으로 내려갔어요. 그런 다음에 지방노동위원회에 원직복직구제신청을 해서 부산 발령에 대한 이의를 표시한 다음, 서울로 다시 올라와서 총무부로 출근하기 시작합니다. 총무부에 앉아서 버티기투쟁을 하는 거지. 그랬는데 서울 지노위[지방노동위원회]에서 기각당했어요. 그게 85년 3월 30일 날이에요. 그 다음에 중노위[중앙노동위원회]에 재심신청을 했는데 5월 7일 날 중노위에서 다시 기각당해요.

그래서 법원에 행정소송을 걸어 놓고 바로 이어서 승진 및 전직 효력정지 가처분신청을 법원에 내요. 근데 이것이 받아들여져서 회사에서 내린 인사명령이 잘못된 것으로 된 거야. 그런데 회사에서는 기관실로 복귀를 안 시켜요. 총무부 안쪽에 전무 방이 있었는데, 전무가 자기 방에 와 있으라는 거야. 딱히 총무부에도 내 자리가 있는 것도 아니니 오히려 전무 방에 가 있는 게 마음은 편하더라고요. 전무 방에 가서 전무하고 대화도 나누면서 앉아 있는 거예요. 전무가 또 충청도 동향 사람이고, 육사 출신인데도 막무가내는 아니더라고요. 그래서 농담 반, 진담 반으로 대화하면서 매일 그렇게 지내는 거예요. 물론 전무야 '좋은 조건을 가진 사람이 괜히 이런 데서 고생하냐'면서 사장에게 말해서 이사직이라도 줄 터이니 고집을 꺾으려고 계속 설득을 했어요.

그런데 85년 5월 30일에 승진 및 전직 효력정지 가처분신청이 받아들여져서 일단 나에게 법적으로 유리한 상황이 전개되지요. 그런데 회사에서는 설득도 안 되는 데다가 이대로 회사 출근을 시켜서는 안 되겠다고 판단했는지, 결국 그해 7월 15일 날 해고를 시켜요. 그래 당연히 부당해고신청을 하게 되죠.

그리고 이전에 중노위 결정이 부당하다고 행정소송 했다고 그랬죠? (예.) 이게 87년 8월 25일에 '중노위 부당노동행위 구제 재심 결정처분 취소소송에 대해서 이의 있다'고 고등법원에서 중노위 결정을 취소시켜요. 회사측의 조치가 부당노동행위라는 거지. 그래서 노동위원회에서는 패소를 했지만, 법원에서는 85년 5월 30일 가처분신청 승소에 이어 87년 8월 25일, 26일 양일에 걸쳐 중노위 결정무효, 해고무효라는 판결이 나요. 회사를 상대로 완승을 거두는 쾌거를 올리게 된 거죠. 이런 쾌거는 노동운동사에서 그리 흔하지 않은 것으로 알고 있어요.

●●● 그럼 해고되시고 소송 중에는 어떻게 지내셨나요?

그 사이에 회사도 못 나가니까, 바로 지역에 동부노동상담소를 만들어서 활동을 해요. 그리고 연대활동을 통해 서울노련서울노동조합운동연합을 결성하고 87년 11월부터 그 위원장을 맡게 돼요. 그 다음에 서울지역노동단체협의회 공동대표 맡고, 또 전국노동운동단체협의회에 참가하게 돼요. 거의 87년에서 88년까지 이뤄지는 일들인데, 그때 전국적으로 진행되는 것이 '야당 대통령후보 단일화운동협의회'가 구성이 돼서 야당후보 단일화운동이 펼쳐지거든요. 이 협의회 노동운동 부문 공동대표를 제가 맡게 됩니다. 이게 부끄럽게도, 내가 태어나서 정치적인 영향력을 가장 발휘했던 시기예요. 그때는 노동운동 대표라고 하면, 공동대표라 하더라도 실질적으로는 전체를 대표하게 되어 있었어요. 그런 위치이기 때문에 내가 후보단일화운동 대표 자격으로 후보단일화협상을 위하여 김대중 씨하고 김영삼 씨를 남산 밑에 있는 외교구락부에 초대를 합니다. 그때 독자노선을 걷던 백기완 씨는 '단일화협상만 되면 본인은 후보를 사퇴하겠다'는 약속을 이미 했어요.

그런데 나하고 양 김씨 3인이 협상을 하자고 마련한 자리에 김영삼 씨는 나왔는데, 김대중 씨가 나타나지를 않았어요. 단일화협상이 결렬된 거예요. 그게 후보단일화운동의 끝이야. 각자 갈 길을 간 거지. 대통령선거에서 양김의 분열로 노태우에게 대통령 자리를 넘겨주게 된 거예요. 그때 김대중 씨 쪽에서는 '단일화운동 세력은 김영삼 세력이다'라고 오인을 한 것 같아요. 사실은 그게 아니었는데. 물론 이 당시 정세가 단일화로 가면 김대중 씨에게 불리했던 측면이 있어요. 그러니까 사실여부를 떠나서 '이건 김영삼을 대통령 만들기 위해서 단일화운동을 하는 거다' 이렇게 몰아붙인 면도 있는 것 같아요. 이 당시 사정이 어떻든 김대중 씨의 단일화협상 거부는 명백히 과오예요. 야당 대통령후보 단일화는 국민의 열망이기도 했고, 민주화를 앞당길 수 있는 절호의 기회이기도 했는데, 그 기회를 놓쳤으니까요.

단일화협상 실패 후인 88년 4월 14일에 내가 구속이 돼요. 서울노련에서 발간된 『통일단결』이라는 기관지가 있었어요. 그 기관지가 국가보안법에 위반된다고 해서 이적출판물 제작배포혐의로 수배령을 때려요. 처음에 내가 피해 다니다가 구속이 돼요.

●●● (성명서를 내밀며)이게 그 사건에 관련된 성명서 같아요.

예, 바로 [성명서를 손으로 치며] 그거예요. 근데 여기 성명서 보니까 그런 내용은 없는데, 내 판단으로는 군부세력이 우리가 단일화운동에는 실패했지만 대통령선거를 앞두고 당시에 재야운동에서 중심 위치에 서 있던 나를 격리시키기 위한 전술이라는 측면이 강했다고 봐요. 서울노련 기관지 『통일단결』이 이미 오래전부터 공개적으로 발행된 것인데, 하필 대통령선거를 앞두고 수배령을 내리고 구속시킨 것도 그렇고, 대통령선거가 끝나니까 바로 기소유예로 나를 풀어줬거든요. (허 참.) 그래서 88년 4월에 구속됐다가 5월에 나왔던 거죠.

●●● 석방되어 나오셔서 어떻게 활동을 하나요?

상층활동도 할 만큼 했고 내가 아니어도 할 사람 많지 않은가. 게다가 복직판결도 받았으니 다시 현장으로 돌아가자고 마음을 굳혔지요. 이제 신분을 속이지 않고 공공연히 활동할 수 있으니, 개선장군이 되어서 당당하게 현장에 복귀하는 것처럼 행운이 어디 있어요? 이건 마다할 아무것도 없잖아요? (그렇죠.) 내가 현장에 있지 못하니까 바깥에 나와 있는 거였지. 그러니 당연히 현장 복귀를 했지요.

대동화학 복직과 임금인상투쟁

●●● 그럼 복직하신 게 언제죠?

89년 1월이에요. 그래서 바로 2월 달에 대의원이 되고, 그 다음에 노동조합 활동을 하면서, 5월 17일에 비상임시대책위원장을 맡게 되는 거죠. 공개적으로 활동을 하는 거죠. 아무것도 걸릴 게 없으니까. 그해 임금인상 교섭시기가 결정적으로 노동조합과 우리 활동가 집단이 결별을 하는 시기예요. 그 전까지는 우리 중에 몇 사람이 각 부서에서 조합원들에 의해 뽑혀서 대의원을 했었어요. 나도 대의원이었고요. 그래서 노동조합으로 같이 묶여져 활동하는 거죠. 그런데 임금인상 협상시기에 결정적으로 노조 집행부하고 결별을 하고, 비상대책위원회를 구성을 해요.

●●● 노조와의 분리는 임금인상 요구안이나 싸움 방법의 차이를 둘러싼 건가요?

예, 그렇죠. 노조 집행부는 힘을 전혀 못 쓰지, 우리가 회사에서 노동자들의 분위기를 완전히 장악하고 있으니까. 그렇다고 노조가 우리 주장을 받아주거나 아니면 같이 어떻게 해 보려고 한 게 아니라, 안전하고 무난하게 요령 있게 해서 임금인상문제를 어떻게든 빨리 끝내려는 분위기였어요. 우리는 '요구조건으로 볼 때 이건 너무 합당치 않다. 그러니까 이건 싸워서라도 어떻든 해야 된다'는 거고. 그때 회사가 법정관리 상태에 있었거든요. 조흥은행에서 관리를 했는데, 우리는 비상대책위원회를 구성해서 파업을 하는 거예요. 노동조합의 결정, 위원장의 의사와는 관계없이 조합원의 힘으로 파업을 하게 되죠. 그때는 우리가 회사를 완전히 장악했으니까, 참, 재미있었어요. 조흥은행이 은행관리를 하니까, '조흥은행이 소극적이다' 해 가지고 광교 쪽에 조흥은행 본점이 있잖아요? (예.) 거기 가서 투쟁했어요. 무슨 투쟁을 했냐면, 10원짜리, 100원짜리 동전, 잔뜩 갖다가 예금시키고 찾고, 또 예금시키고 찾고. (웃음)

●●● 허허, 완전히 업무방해였네요.

아주 지능적으로, 몇백 명이 가 가지고, 재밌었어. 좀 악랄했지만. 예금을 안 받을 수 없지, 돈 찾는 데 안 줄 수 없지. 은행에서 아주 골치를 앓았었어요. 그러니까 안 되겠다 싶었는지 6월 달에 공권력을 투입해요. 마침 내가 바깥출입을 못 하다가 업무를 보기 위해서 은밀히 담 넘어서 외출했을 때인데, 새벽에 투입이 됐어요. 그 당시 나는 검거가 안 됐다가 1년 정도 도피생활을 하다가 검거됐어요. 그래서 업무방해, 노동쟁의조정법 위반으로 90년 5월에 기소가 돼요. 90년 6월 26에 징역 1년에 집행유예 2년으로 판결을 받고 나왔죠. 이걸로 노동운동은 끝이었죠. 여기까지.

서울노동조합운동연합 활동

●●● 서울노련은 어떻게 만들어졌고, 어떤 활동을 하셨는지?

동부노동상담소를 거의 개인적으로, 대동화학 해고자들·활동가들하고 현장노동자들까지 한 20명 해고됐으니까, 그 사람들을 중심으로서 만들어 운영을 한 거죠. 그래서 개인적인 노동문제 상담도 해주고. 그러고 있는데 '단체 만들자' 해 가지고 여기저기서 참여해서 서울노동조합운동연합서울노련이 구성이 된 거예요. 그 당시 뭐라고 할까? 온건파라고 그럴까? 이념 색깔이 다른 데보다는 쪼끔 약했고, PDPeople's Democracy 반대적인 성향이 좀 있었고, 대중성을 좀더 강조했고. 청계피복노조 자체가 우리한테 들어왔다고 할 정도였으니까. 거의 청계 멤버가 같이 활동했는데, 황만호, 김영대 같은 사람들도 있고. 어떻든 숫자로 볼 때 중심은 현장 출신들이고, 학출은 현장 출신에 비하면 한 5분의 1이나 될까? 아무튼 얼마 안 됐어요.

●●● 결성 초동멤버들은 구성이 어떻게 되죠?

그런데 그걸 기억을 못해요. 왜냐면 그 당시 이름이 드러났던 김영대라든가 황만호라든가 이런 경우는 알지만, 나머지 학출활동가들은 다 가명을 썼어요. 그러니까 이름을 지금도 몰라요. 서울노련이 반공개로 활동하면서 나는 위원장이니까 신분을 노출시킬 수밖에 없는 거고, 나머지 밑에서 뛰는 중견 간부들은 거의 가명이죠. 그래 내가 서울노련 기관지 문제로 끌려가서 안기부 장안동 분소에서 조사받을 때, 조직원 이름을 대라고 추궁을 많이 받았어요. 내가 진술서에 적었던 게 '우리는 다 가명이다. 진짜 이름은 아무도 모른다. 내가 아는 사람은 황만호, 김영대밖에는 없다. 나도 모르는 걸 어떻게 진술을 하냐.' 그래 그 사람들도 알 거 아니에요? 가명 썼다는 거를. 그래서 넘어가면서 조직이 전혀 훼손 안 됐어요. 그때 부위원장 신분인 황만호만 불려가서 조사받았지만, 기관지 내용은 나의 결제하에 실렸다고 했으니, 황만호가 책임질 만한 일은 없었어요.

여하튼 나는 동부지역에서 활동하고 있었고, 각 지역에서 정치성향이 비슷한 사람들이 연합해서 만든 단체로 봐야지, 내 개인의 역량으로 조직해 낸 거는 아니에요. 단지 여러 가지 면에서 '이 사람이 위원장을 맡아야 되겠다'고 판단들을 했기에 내가 위원장이 된 거지, 내가 위원장을 할 만큼 무슨 탁월한 능력을 발휘한 것도 아니고. 단지 다른 사람에 비해서 내가 해고자라서 걸리는 게 별로 없고 시간을 여기에 바칠 수 있는 여지가 있었고, 또 공개된 신분이라 공개해야 하는 위원장의 위치에 적격이었는지도 모르지요.

●●● 서울노련을 결성한 목적은 뭐였어요?

가장 큰 목적은 '노동조합 활동을 활성화시키자. 그런데 시기적으로 볼 때 현장에서만 활동해서는 어렵다. 그러니까 바깥에 조직이 있어서 노동자 활동을 지원해 주고, 또 현재 존재하는 합법노조들이 할 수 없는 활동의 일부를 반합법 단체에서 담당해 나가야 된다'는 정도죠.

●●● 그럼 다른 노동단체들이랑 활동이 비슷한 것 같은데요?

그렇죠. 그 당시는 여러 상황으로 큰 규모의 운동이라는 게 힘들었잖아요? 그러니까 한 조직이 전국적으로 못하니까, 각 지역마다 자생적으로 생긴 노동단체들이 모여서 협의회를 구성해요. 서울지역에 만든 게 서울노동운동단체협의회이고, 그 다음에 전국적으로 만든 게 전국노동운동단체협의회가 되죠. 그때 인민노련, 이런 조직들도 같이 움직이는 거죠.

●●● 반공개 활동을 하면서 밑으로 비공개 활동도 하는 거죠?

그럼요. 그러니까 반공개 단체인 거죠. 제일 상층은 공개를 하고, 조직 이름도 공개를 하고, 그러니까 『통일단결』이란 잡지도 공개적으로 낸 거고. 저쪽에서 사상적으로 문제를 삼았지만. 그러나 하부 조직원에 대해서는 일체 공개를 안 하고, 이름도 가명을 쓰고. 그리고 아무래도 노동운동단체니까 사상성이 내용적으로 적건 많건 있는 거거든요. 그래도 사상적인 부분은 가급적 확연하게 드러나지 않게 하고, 언제 탄압받을지 모르니까 그 탄압에 대비를 하는 상황이었죠.

철거민투쟁과 지방자치선거 참여

●●● 90년 6월에 출감하신 뒤에는 어떻게 하셨어요?

출감해서 당장 부닥친 게, 철거민투쟁이었어요. 우리가 처음에는 구의동 쪽에서 살다가, 그 다음에 우리 처가 어린이집을 성수지역에서 운영하다가 행당동 산동네 쪽으로 옮겨서 했어요. 그러다 인연을 맺은 거야, 철거민투쟁을 하려는 목적은 전혀 없었어요. 오히려 이제는 나를 되돌아보는 시간을 갖기 위하여 활동을 자제하려고 했는데, 같은 지역에 살면서 과거에 활동하던 사람이 나 몰라라 하면서 멀뚱멀뚱 쳐다볼 수 없잖아요? 그래서 어쩔 수 없이 철거민투쟁에 관계하게 됐어요. 그래서 세입자대책위원회를 구성해서 그 위원장을 맡아요. (웃음) 하도 그런 일을 많이 해서, 다시는 안 하겠다고 했는데, 운명인 모양이지.

그런데 거기서도 활동을, 참, 재밌게 했어요. 철거지역을 완전히 방패물로 둘러싸서 해방구를 만들었으니까. 반대로 욕한 사람들도 많았을 거야. 철거민 단체들이 여러 개 되잖아요? 이게 서로 조직 간에 싸움을 벌이니까 내가 연대를 안 했어요. 나는 연합단체에 가입은 안 했어도 투쟁은 같이 해주고 도와주고 했는데, 서로 싸우면서 '내 조직으로 와라', '우리 조직으로 하자' 이런 요구가 많으니까, 내가 그게 싫은 거예요. 그러니까 다른 데 가면 욕을 하겠지. '저 사람 연대 않고 뭐 한다'고. 그때 유일하게 연대 안 하고 철거민투쟁을 성사시킨 데가 아마 우리일 것 같아요.

어떻든 완전히 담으로 둘러싸 가지고 해방구를 만들어서 격렬하게 싸움을 했죠. 한 명인가 구속됐는데, 아주 작은 희생이죠. 그렇게 해서 가수용 단지 따내고, 그 다음에 20여 세대 되는 미해당자들도 전부 공공임대아파트를 주는 걸로 협상이 돼서 완전히 성공을 했어요. 아마 전국적으로 철거반대싸움을 단독으로 했던 건 없을 거예요. 운이 좋았는지 잘 마무리 됐어요.

그러다가 한 사건이 있어요. 지방자치 처음 실시할 때, 이게 1995년인가? 이때 내가 무소속으로 구청장선거에 출마를 했어요. 정치하겠다는 거보다는 지역운동의 한 방법, 또는 활성화의 수단으로써 생각을 했던 거예요. 원래 처음에 무소속 출마를 생각했었는데, 많은 사람들이 '출마가 중요한 것이 아니라 당선이 돼야 일을 할 거 아니냐' 하는 거예요. 철거민들 부대를 믿고 시작한 건데, 계산 착오한 게 몇 가지 있죠. 나를 선생처럼 따르는 숫자도 몇백 명 되지만 나를 완전히 적대시하는 세력도 집주인들을 비롯해서 꽤 많다는 사실, 그게 또 얼마나 무서운가도 알고 있어야 되는데, 그런 걸 계산 못한 것도 있고, 아니 애써 무시했겠지요. 어쨌든 서울에서 국회의원이 됐든 구청장이 됐든 간에 '무소속으로 출마해서 당선된다고 하는 건 하늘의 별따기보다도 어렵다. 그리고 우리가 가진 역량으로도 그건 어렵지 않느냐.' 그래서 주민들이 '민주당 입당해라' 하는데, 정당은 정치 신념에도 맞지 않고 대외적으로 하는 게 싫었어요.

버티다가 내가 마음만 변하지 않으면 되지 않겠나 싶어서, 그때 지구당 위원장인 조세형이를 직접 만나서 담판을 했어요. '나를 공천해 달라는 게 아니다. 단지 공천할 때 공정하게 공천선거를 치러서 해라. 그러면 나와 우리 조직원들이 입당을 해서, 내가 정정당당하게 공천싸움을 해보겠다. 약속을 하겠느냐?' 이 협상을 벌였어요. 조세형이가 '하겠다'고 그랬어요. 참, 내가 닳고 닳은 정치꾼들을 믿은 걸 나중에 후회를 했는데. 그런데 내가 입당원서를 냈을 때가 공천을 위한 대의원투표가 한 달 정도 남은 시기예요. 우리 철거민 50여 명 말고는 아무것도 없는데, 일단 했어요. 내가 좀 해볼 만하다고 생각했던 게, 물망에 오르는 후보들을 쭉 보니까, 인물 면에서는 경쟁구도가 안 될 것 같았어요. 이 정도면 내가 한 달 동안 대의원들을 휘어잡을 수 있지 않겠는가라는 계산이 서서 모험을 한 거예요. 경선투표 한 5일 전에 계산을 해보니까 대의원 표의 80%를 확보할 수 있을 거 같더라고요. 그런데 조세형이가 약속을 파기하고 후보 선출 하루 전에 선임방식을 바꿔 버렸어요. '지구당 위원장이 임명하는 10인 내외의 심사위원으로 결정한다'고.

●●● 정말, 정치적이네요.

그러니까 조세형이는 내가 돈을 바치는 사람도 아니고, 자기 세력도 아니고. 그런데 내가 당에 들어옴으로써 자기 자리를 위협하는 존재잖아요. 그런 판단을 분명히 했어야 되는데, 내가 그 사람 말만 믿고 했던 거예요. 그래서 우리 조직원들이 모여서 결정하길 '후보를 사퇴하고 탈당하되 심사위원회에 가서 심사위원들에게 경위를 밝히자.' 그래 그 자리에 가서 얘기를 했어요. '이렇게 약속을 했었는데 지금 이렇게 됐다.' 그랬더니 거기 심사위원 중에 세 사람이 화를 내면서 '조세형 위원장이 그럴 수가 있느냐'며 자리를 박차고 나갔어요. 한참 지구당에 내홍이 있었어요. 결국 조세형의 오른팔 역할을 하는 고재득을 낙하산 후보로 만들어요. 나는 무소속으로 나갔고. 무소속 치고 표를 많이 얻었다고 하는데, 실패한 거죠.

●●● 구청장 선거 실패로 마음이 안 좋으셨을 텐데, 그 이후 어떤 일

을 하셨나요?

그 이후부터 사회활동을 접고 칩거해요. 인도에 아난다 마르가라는 대단히 큰 명상센터가 있는데, 그 지부가 한국에 들어와 있어요. 96년에 이 명상센터에 입문을 해서 명상수행을 시작하지요. 그러면서 침술, 마사지, 식이요법 등 대체의학 연구도 같이 하게 돼요. 97년에 아난다 마르가를 떠나 지금까지도 적을 두고 있는 국제명상협회로 명상센터를 옮겼어요. 명상센터와 대체의학연구에서 어느 정도 자리가 잡히면서 조금씩 대민활동을 하게 됩니다. 명상요가 지도자로 활동을 하면서 2000년 초부터 주로 노인복지관이나 노인정에 가서 침술, 마사지 같은 걸로 노인들에 대한 봉사활동을 시작했어요. 그러다가 2009년에는 사회복지사 1급 자격증을 따고, 요양보호사 자격증도 따게 되어요. 그 후부터는 노인복지관 등에서 의료활동과 같이 사회복지 상담활동을 해요. 그리고 우리 명상센터의 입문조건이기도 하지만 완전한 채식주의자vegan가 되어서 환경운동, 생명운동도 같이 펼치고 있어요. 육식은 건강문제도 일으키지만 환경문제도 심각하게 일으키고 동물의 생명권까지도 위협하거든요. 그렇게 지금은 예전과는 전혀 다른 모습으로 세상에 다시 나온 거지요.

노동운동 정리 이유와 현재의 삶

●●● 90년 출감하셨을 때, 노동운동을 일정하게 정리했다고 하셨는데, 그 이유는 뭐죠?

대동화학에서 활동할 때에도 회사 활동가들이라든가 지역활동가들만 접촉을 했지 대외적으로 거의 접촉을 안 했어요. 과거의 전국노운협하고도 접촉을 안 했어요. 활동을 자제하고 축소하는 방향이었어요. 철거민투쟁도 어쩔 수 없어서 했고, 지방자치단체장 출마도 지역운동을 하다 보니 그 연장선으로 가본 것이고. 낙선이 나로 하여금 그 동안의 활동을 뒤로 돌리고 칩거를 하면서 다른 세계로 발길을 돌리게 하는 결정적인 계기가 된 것이죠. 여하튼 운동을 정리한 이유는 과거의 활동이 내가 볼 때 부족한 것이 많아 부끄러웠고, 부족한 나를 돌이켜 보고 반성하는 시간이 필요하다고 느낀 거예요. 활동과정에서 나로 인해서 상처받은 분들도 있을 거예요. 그런 분들에게 속죄하는 의미에서도 상당한 기간 수행이 필요하다고 생각했어요. 내가 너무 자만심에 빠져서 활동한 점도 있었을 거예요.

내가 쭉 사회운동을 하다 보니까 가장 문제가 되는 게 내 마음이에요. 어떤 때는 내 마음이 바르지 못하니까, 이념이라는 게 나를 세우기 위한 도구로 전락하는 것 같더군요. 내 마음이 잘 서고 도덕 윤리적으로 기본이 되고 거기에 이념이 서거나 해야지, 그걸 갖추지 않은 상태에서 이념적으로만, 사회과학적으로만 의식이 성장하다 보면 그건 무너지지 않는가. 나이가 들수록 권력이나 자리에 집착하게 되고, 돈에도 욕심이 생기고, 이러다 보면 변절하는 거지요. 그래서 김문수 같은 친구도 나오고, 허허. 참, 나는 김문수가 당혹스런 사람이야. 나하고 변절 하루 전에 만났었어요. 청계피복 갔다가 어딘가에서 만났는데, 아주 열정적으로 나한테 외쳤어요, '앞으로 우리는 좀 더 혁신적인 노동운동을 해야 하고 어쩌고….' 아니, 그런데 다음날 보니까 엉뚱한 데서 기자회견 하더라고. 현실정치를 하겠다고, 그것도 현 여당에 입당해서 말이야. '아, 이거 아닌데….', 나한테 한 1년 후배 되지. 이재오 씨도 비슷한 모습을 보였고. 그런 일도 많이 당했고. 나도 돌이켜 보니 잘한 것만 있는 거 같지 않고. 그런 점에 대해서 나부터 먼저 솔직하게 사죄하고 싶어요.

나는 앞으로 활동가들이 마음 닦는 작업들을 소홀이 하면 우리 운동은, 그게 환경운동이 됐든 민주화운동이 됐든 뭐가 됐든 간에, 그건 아마도 삼천포로 빠지기 쉬울 거라고 생각해요. 그러니까 '지도자들이 마음을 옳게 세워야 된다. 자기를 정말로 희생할 수 있는, 마음을 비울 수 있는, 이런 게 없으면 정치적 이념이나 사상이라는 것이 자기 출세의 도구로 전락한다'고 봐요. 그러면 운동은 실패하는 거죠. '나도 알게 모르게 혹시 그런 짓을 저질렀던 거 아니냐' 그런 회한이 많이 있어 수년 동안 칩거하면서 수행을 한 것이지요. 물론 수행이라는 것이 세상을 멀리하고서만 이루어지는 것이 아니고 일상생활 속에서 이루어져야 하고, 일상생활 자체가 수행이 되어야 하는 것이지만 현실의 무게가 너무 무거울 때는 때로는 현실로부터 격리되어 수행할 필요도 있는 것입니다. 아직도 부족하지만 언제까지나 칩거하는 것이 능사는 아니고 대중봉사도 해야 한다는 생각을 하면서 이전과는 다른 방법으로 이 세상에 대한 봉사를 조금씩 하고 있는 것이지요.

●●● 전노운협, 대선 후보단일화, 그 시기까지 활동하셨는데, 운동의 어떤 부분에서 문제의식을 가지셨는지요?

예를 들어서 88, 89, 90, 91년은 단체운동이 필요한 시기이잖아요? 거꾸로 얘기하면 노동운동이 이제 대중 속에 뿌리내리면서 전국성을 가져 가기 때문에 단체운동이 필요했던 시기라는 생각이 들어요. 그런 운동의 경향성이나 방향 자체가 잘못되었다는 것은 아닙니다.

활동가 자신의 문제, 나 자신의 문제, 즉 인간 자체의 문제지요. 서로 간에 너무 불필요한 다툼이 많고, 이념을 위한 이념이라든가, 단체를 위한 단체라든가, 이런 논란들이 너무 많이 섞이고, 그런 분위기 속에서 어떻든 좀 피로도가 있었던 거 같아요. '이거 문제가 있는 거 아니냐' 이런 생각이 좀 들었다가, '어, 내가 이렇게 너무 붕붕 떠다니다가는 나도 모르게 그 분위기에 의해서 저 밑바닥으로 추락하지 않겠는가' 이런 생각까지 들고. 그래 가지고 '아이구! 이거 얼마나 잘됐느냐, 현장 가고 싶어도 못 가는 사람이 숱하게 많은데, 복직 판결이 어디 하늘에서 떨어진 별이야!' 아주 나는 좋았어요. 그리고 과거에 대한 회한들도 많아서, 이제는 그런 관계는 청산해야겠다는 판단으로 나온 거죠. 그러면서 돌이켜 보지요. 왜 운동이 지리멸렬해졌는가를, 무엇이 그 주요 원인인가를.

••• 노동현장 세 곳을 경험하셨는데, 선생님이 현장 들어가시기 전에 생각했던 노동자의 모습하고, 현장에서 마주쳤던 노동자의 모습은 어땠어요?

아무래도 들어가기 전에는, 내가 가서 하면 잘되지 않겠느냐는 막연한 희망을 갖고 갔지만 실제 노동자들 접하면서 괴리감이 아무래도 존재하니까, 그런 걸 메우는 데 상당히 많은 어려움을 느꼈고. 그럼에도 시간이 흐르면서 나의 마음이 전해지고 나중에는 그렇게 어려운 일만은 아니더라고요. 이런 점을 대동화학에서 상당히 깊이 느꼈고. 그래서 거기 활동할 때 아까 '재밌다'는 표현을 했는데, 참, 열렬한 지지 속에서 그게 이뤄진 거거든요. 그러니까 아까 은행 가서 싸울 때에도 재미 느끼면서 아주 즐겁게 한 거거든요, 그런 운동들이.

그러니까 참 좋았어요. 그런 분위기였고, 조금만 나한테 시간을 더 줬더라면 좀더 나은 활동을 하지 않았을까 하는 생각이 들 정도였어요.

●●● 현장에서 80년대 학출들을 봤을 때, 활동 방식이나 분위기가 어땠어요?

우리는 이념 지향적인 게 있었으나 그걸 바깥으로 막 노출시켜서 뭔가 커다란 논쟁을 하는 분위기는 별로 없었거든요. 지금 여기에서 좀더 충실히 하는 분위기였는데, 허허, 우리 후배들을 보니까 논쟁이나 그런 게 굉장히 강하더라고요. 그런 게 상당히 겪기 힘든 분위기였어요. 그래도 활동을 해야 되니까 같이 안 할 수는 없고. 그런 모습은 서울노련 할 때도 마찬가지였죠.

●●● 그동안 운동했던 분위기나 활동 방식 등에 대해서 평가를 한다면 어떨까요?

지금 입장에서 보면, 학생운동 시기가 됐든, 노동운동 시기가 됐든, 또는 철거민투쟁 시기가 됐든 간에, 한때 일정한 어떤 운동 과정에서는, 기쁜 마음으로 열렬한 감정으로 활동한 것도 있지만, 또 그에 반해서 많은 부분이 불필요한 갈등, 또는 마음의 닦음이 거의 없거나 적은 상태에서 오는 이념의 형해화라든가, 또는 무슨 단체를 위한 단체 활동, 이런 것들이 많은 문제점을 야기하는 걸 보고, 또 스스로들이 그런 걸 자처하는 걸 발견하면서 '이게 아니다.' 그래 가지고 아까 얘기한 것처럼 마음을 닦는 작업이 기본적으로 이뤄져야 그런 문제들을 근본적으로 해결할 수가 있지, 그렇지 않고는 어떤 이름을 빌리든, 어떤 이념을 빌리든, 어떤 명분을 세우든 간에, 그 운동은 아마 궁극적으로 실패할 거라는 생각을 했죠.

●●● 공장을 안 다니셨을 땐, 경제문제는 어떻게 해결하셨어요?

활동할 때는 경제를 걱정 안 했어요. 그래서 내가 부끄러움을 느끼는 건데, 여기저기서 그냥 뭘 갖다 주며 보조들을 많이 해줬어요. 단체 보조도 있고, 개인 보조도 많았고. 그 정점의 시기가 대통령후보 단일화운동일 겁니다. 그러니까 그 전에 몇 년 동안은, 이거 부끄러운 얘긴데, 돈 걱정 때문에 활동을 못한 거라든가, 생활이 어려워서 활동을 못한다든가, 그런 건 없었던 것 같아요. 물론 우리 아내가 어린이집을 해서 기본적인 생활은 되죠. 그런데 그게 활동하는 데 큰 도움은 안 되잖아요? 그런데도 돈이 없어서 걱정이 될 정도는 한 번도 없었거든요. 그런 시기가 있었어요. 그 시기가 딱 지나니까 어려움을 한참 겪더라고요. 지금은 아이들도 다 자라 자기 몫을 하고 있고, 봉사활동만 하는 것도 아니고 강의도 해서 수입도 생기고. 요즘 봉사활동은 교통비라도 좀 주는 경향이라 그럭저럭 지낼 만해요. 내가 칩거기간 많은 자격증을 따놓은 게 제법 쓸 데가 많아요. 커피 바리스타 자격증도 있고, 얼마 전까지는 환경관리기사 대기 1급, 열관리기사 1급 자격증도 쓸모가 있었어요. 내가 대체의학 공부를 90년대 후반에 시작했거든요. 김남수 옹이라고, 침뜸으로 유명한 김남수 옹이란 분한테 침뜸도 배우고. 이리저리 건강분야에서 자격증도 많아, 웬만한 건 다 해요. 향후 수행과 대중봉사를 쌍두마차처럼 계속 굴려갈 것입니다. 이 마차는 조금씩 조금씩 땅을 다져 나갈 것입니다. 이런 쌍두마차는 여기저기 계속 늘어나리라 기대합니다. 나비효과도 나타날 것입니다. 아니 이미 나타나고 있는지도 모릅니다.

2.
이동섭의 구술생애사

• 이동섭의 살아온 길 •

1954년 강원도 춘천 출생.

1972년 강원대 행정학과 입학.

1975년 김상진 자살사건으로 유신체제 비방하는 선전물을 배포, 구속. 강제징집.

1978년 구로공단의 소공장 취업 후 퇴사.

1980년 복학. 5월 제적. '5월 24일 단성사시위사건' 계획과 구속.

1981년 풀무원 취업.

1984년 강원도 탄광에 광부로 취업. 서울 부광실업 택시기사.

1985년 동양콜택시 민주파 조합원들과 취업카드 철폐투쟁.

1989년 민주파 노조 집행부 장악. 전국택시노동조합연맹 서울시지부 쟁의차장, 교선부장, 부위원장.

1990년과 1991년 파업과 차량시위.

1992년 투쟁으로 구속. 석방 뒤 복직. 노동운동 정리.

2004년 석탄공사 감사.

2004년~ 현재 '사랑의 연탄나눔' 운동.

⁂ 이동섭의 구술은 민주화운동기념사업회가 발주한 '1970년대 노학연대' 구술작업의 일환으로 2009년 11월 30일 구술자의 사무실에서 진행되었다. 이 구술자료를 바탕으로 2015년 2월 26일 구술자의 수정·보완 과정을 거쳤다.

가족 상황과 중학교 시절의 봉사활동

●●● 어디서 태어나셨어요?

강원도 춘천에서 태어났습니다. 1954년생 말띠인데, 위로 형이 있습니다.

●●● 아버님은 어떤 일을 하셨어요?

내가 네 살 때 아버지가 돌아가셨기 때문에, 기억이 많이 나지 않습니다. 그래서 직접 본 거는 아니고 얘기를 들었어요. 내가 어렸을 때 할아버지하고 아버지의 제사가 같은 날 지냈거든요. 중학교 때인가 '왜 두 분 제사 날짜가 같으냐?'고 물었더니 금광사고로 아버지와 할아버지가 한날 돌아가셨다고 합니다. 아버지는 여러 가지 일을 하셨는데, 마지막 직업이 할아버지하고 같이 금광을 하셨다고 해요. 금광은 투기성이 있는 사업인 것 같습니다. 투자를 해서 금이 나오면 돈을 벌고, 안 나오면 망하는. 그런데 아버지는 몇 번 투자하여 재미를 보았던 것 같습니다. 돈을 좀 벌면 놀면서 금맥을 찾으러 다니고 금맥을 발견하면 그때부터 모든 재산을 다 거기에 집중 투자를 한다고 합니다. 그러다가 사고가 났대요. 광산이 옛날에는 시설이 굉장히 안 좋았겠지요. 환기시설도 제대로 되어 있지 않을 테고 그러던 중 인부가 갱내에서 가스사고로 두세 사람이 사망하는 사고가 났나 봅니다. 그러니 그 시체를 걷어 와야 되잖아요? (예.) 할아버지가 체격이 좀 좋으셨던 것 같아요. 할아버님이 직접 갱에 내려가서 인부 셋인가를 끌어내고, 아버지도 같이 시체를 끌어내다가 가스사고로 돌아가신 거죠. 요즘같이 방독면이 있던 시절도 아니고 또한 보험도 있던 시절이 아니어서 그러니깐 할아버지는 가산을 다 탕진하고 자식도 죽고 하니까, 충격으로. 아무튼 그날 돌아가셨대요.

●●● 할아버님과 아버님이 다 돌아가셨으면 집안 살림은 어떻게 해결하셨어요?

근근이 지냈어요. 그 시대에는 우리집만 어려운 게 아니라 다 어려웠던 때니까, 특별히 내가 더 어려웠다고 얘기하기는 좀 그렇습니다. 그럼에도 내가 대학교까지 다니게 된 거는 집에서 엄마가 고생을 많이 하신 거죠. 우리가 살던 데가 춘천인데, 지금 강원도 도청 옆이에요. 옛날에는 집 주변이 다 논밭이었죠. 할머니는 좀 활달하신 분이라 남자 역할을 하시면서 집안일을 이끌어 가시고, 어머니는 하숙을 하면서 닭, 돼지 등 동물도 키우고 고생을 많이 하셨어요. 그렇게 키운 돼지를 팔아 등록금을 마련해 주셔서 학교를 다닌 것 같아요.

●●● 자라면서 집안 분위기나 혹은 주위에서 영향받은 것들은 어떤 게 있나요?

제가 지금은 자원봉사를 주로 하고 있잖아요? (예.) 그런데 이 일을 하게 된 것이 어려서부터 조금씩 영향을 받은 게 있지 않았을까 생각합니다. 제가 중학교 때는 보이스카우트, 고등학교 때는 JRC, 주니어 레드 크로스Junior Red Cross라는, 말하자면 청소년적십자단 활동을 했어요. 그때 봉사활동을 하면서 굉장히 보람을 느꼈어요.

얘기를 껑충 뛰어서, 왜 지금 제가 연탄나눔운동을 시작했냐면, 사실은 제가 밑바닥 생활만 했지 않습니까? (예.) 거의 살아온 삶의 대부분이 낮은 데서만 쭉 머물다가, 2004년에 1월, 석탄공사 감사로 갔어요. 신문에 제가 제일 많이 났습니다. 낙하산 인사라고. (웃음)

저는 낙하산 인사가 아니라 점프 인사라고 봅니다.

석탄공사 발령받기 전에는 연탄을 사용하는 분들이 얼마나 되는지 잘 몰랐습니다. 나도 90년대 중반 이후에는 연탄을 사용한 적이 없으니까요. 그래서 석탄공사에 근무하며 업무 보고 받는데 '연탄 사용하는 사람들도 꽤 있다'라는 얘기를 듣고, 그 사람들 생활상을 들어보니 '대부분 다 저소득층'이라는 거예요. 그래서 내가 '그럼 이 사람들을 도와줄 길이 없겠냐?' 우리 석탄공사 직원 중에 몇 사람에게 물어보고, 이 문제에 대해서 같이 논의를 했습니다. 그랬더니 직원들이 '좋으신 거 같다. 한번 같이 해봅시다' 이렇게 얘기가 됐어요.

그런데 석탄공사 직원들은 공사 안에서 온실 속의 화초처럼 커온 사람들이지요. 그러니까 사람을 어떻게 조직하고 일을 추진해야 하는지 잘 몰라요. 그래서 '제가 발 벗고 나서겠다'고 한 거죠. 제가 옛날부터 하던 게 사람들 조직하는 거니까. 저와 가까웠던 친구들과 석탄공사에서 뜻을 같이 하는 몇 분과 일주일에 한 번씩 모여 사랑의 연탄나눔운동을 만들기 시작했습니다. 그해 6월에 63빌딩에서 '연탄나눔운동' 창립식을 가졌어요. (와, 거창하게 하셨어요.) 예. 한 1,000명 가까이 오고, 쫙~ 알려지니깐 사람들이 다 놀란 거죠. 또 처음에 북한에도 연탄 보낸다고 했을 때 '설마 저걸 하겠냐' 했는데, 정말 북한에도 연탄을 보냈어요. 그래서 현재 북한에 1천만 장, 국내에 2천만 장 정도의 연탄을 지원하게 되었습니다.

그런 게 어려서 자랄 때 봉사활동 했던 경험이라든가, 그 이후 살아왔던 아래로부터의 삶, 이런 것들의 영향이라고 보는 거죠. 제가 운동을 왜 했겠어요? 단순하죠. 같은 사람으로 태어났는데, '다 같이 인간답게 살자'고 하는 게 운동 아닌가 싶어요.

김상진의 죽음과 선전물 배포사건

●●● 대학 선택은 어떻게 하신 거예요?

글쎄, 그 당시 큰 고민 없이 선택했습니다. 왜냐하면 가정형편이 어려워 선택의 여지가 없었지요. '국립대밖에 갈 수 없다'고 해서, 춘천에 살았으니깐 강원대학을 자연스럽게 가게 된 거예요. 공부도 잘한 것 같진 않고, 여러 가지 이유가 있었어요. (웃음)

●●● 72년에 대학 들어가셨으면 유신정권 등장 전후인데, 강원대의 분위기는 어땠어요?

72년에 대학 입학했는데, 1학기 때는 신입생이어서 평범한 학생으로 지내고 여름방학 끝나 2학기 시작한 지 얼마 안 돼 유신이 선포됐습니다. 그리고 바로 학교 정문에 군인들이 탱크 몰고 학교를 지키고, 무한정 휴교라서 학교생활이 별로 없었던 것 같습니다. 개인적으로 앞으로의 진로문제, 삶에 대한 고민도 많이 했던 것 같습니다. 그래서 73년도엔 1년 휴학을 했습니다. 학비도 좀 벌어야 되고 지난 이야기지만 저의 고모가 용산구청에 근무하여 고모의 소개로 공공근로 등 일을 하다 음악다방 디제이도 했습니다. 74년까지는 개인적인 삶에 대한 고민으로 사회적인 문제 등에 관심을 갖지 못하고 학교를 다녔어요. 그러다가 75년도에 김상진 열사의 소식을 듣고 제 삶이 바뀌게 되었죠.

●●● 강원대학에서는 서클활동 같은 건 없었나요?

서클이 있기는 있었는데, 공개적으로 활동하는 게 아니고 음성적으로 움직이는 거였고. 그때 저는 정치사회에 대하여 무관심하여 학생들이 데모를 한다고 하면 '왜 학생들이 저런 행동을 하는 거지' 반문할 정도였어요. 강원도 사람들이 보수적인 데다가 반정부적인 발언을 한다는 것 자체가 그 당시에는 바로 감옥 가는 일이어서 가급적이면 정치적 입장에 대하여 노코멘트 하는 경우가 많았습니다.

그러다가 김상진 열사사건을 접하고 유신반대 등 여러 가지 일들을 보면서 '왜?' 하는 강한 의문을 갖게 됐어요. 처음으로 유신문제, 긴급조치 문제에 대해 고민을 하게 됐고. 그래서 이병길·김종익 등 후배들하고 세상문제에 대하여 '야! 이건 정말 뭔가 부도덕한 것 같다. 우리라도 뭔가 세상에 알리는 일을 좀 해보자.' 술도 먹고 서로의 마음에 있는 말도 하고 그래 가지고 후배들 불러서 저희 집에다가 가리방이라고 하죠? (예.) 등사기, 펜하고 몇 가지 도구 사다가 성명서 쓰는 작업을 했어요. 당시에는 제가 『논어』나 다른 고전들을 많이 봤기 때문에 그런 책에서 문구를 좀 인용해서, '나라를 다스리려면 국민의 뜻을 받아들여야 하며…' 어쩌고 하면서 우리가 정치하는 데 대의라고 생각하는 얘기를 써서 성명서를 하나 만들었어요. 그리고 그 성명서를 학내에 배포했는데, 그게 구속사유가 된 거죠.

●●● 시위를 하신 건 아니고, 선전물 배포만 하신 거예요?

당시의 분위기는 정보과 형사들이 학내에 상주하던 시절이고, 학생들은 박정희 유신정부의 폭력에 힘들어했으니까, 누군가 도화선에 불만 붙이면 확 타오르는 그런 시절이었지요. 그래서 우리가 선전물을 배포하고 구호라도 외치면 '우르르~' 시위에 동참하지 않을까 하는 간절한 마음에서 유인물을 만들었던 것입니다. 그런데 유인물 배포하던 날, 학생들이 모이지 않았어요. 그래서 그냥 유인물 배포로 끝나고 나중에 잡혀가서, 제가 3일 구류 받고 좀 있다가 강제징집 되어 군대로 갔습니다.

75년 6월경 의정부에 소집되어 논산으로 가게 되었는데, 13명이 같이 갔습니다. 저는 학교에서 제적되고 저 스스로도 미래에 대해 어떻게 해야 할지 전혀 예측하기 어려운 시절이어서 굉장히 '외롭다' 속된 말로 '쓸데없는 짓을 해서 내 인생 망쳤구나', 이런 생각을 하게 되었지요. 그런데 의정부에서, 수영연대 그리고 논산훈련소에 입소하기까지 한 달 가까이 머물러 있었는데, 그곳에서 학교에서 제적되고 군대 끌려 온 13명이 같이 지내다 보니 동지라는 생각, 나 혼자가 아니라는 생각을 하게 되었지요. '아! 데모하다 나처럼 군대에 끌려 온 사람들이 많구나. 나 혼자만이 아니었구나.' 저는 혼자가 아니라는 사실, 그리고 많은 사람들이 이 정부에 반대하는 것을 알게 되었습니다. 그때 만났던 사람이 이래경, 이석원 등이 있는데 아직도 만나고 있지요.

●●● 그러면 75년 선전물 배포사건 이전에 강원대에서는 데모가 없었나요?

아니 있었어요. 71년도에는 교련반대데모가 있었고, 74년도 민청학련사건 때도 한두 사람이 연류가 되었다고 하는데, 그때 최열 선배하고 정재돈 씨가 연관되었다는 것을 나중에 알았어요. 나중에 그분들은 제가 노동운동하면서 만나서 선후배지간으로 잘 지냈어요. 그런데 당시엔 워낙 탄압이 심했던 시절이라 학생운동이 대중적이지 못하였고 개별적이거나 매우 미약했고 야학 등 온건한 운동이 일반적이었다고 생각됩니다.

●●● 3학년 때 선전물 배포하는 행위가 장래에 미칠 영향 같은 건 생각 안 하셨어요?

당연히 생각했죠. 학교는 못 다닐 수도 있고. 어쩌면 인생이 바뀔 수도 있다고 생각했습니다. 그래서 가까웠던 주변 친구들은 저를 '인생 망친 친구'라고 위로해 주기도 했어요. 그런데 지금 와서 생각해 보면 천 번 만 번 잘했다는 생각을 합니다. 하지만 당시엔 저의 장래에 대해 많은 불안감을 갖고 있었던 것은 사실입니다. 하여튼 그런데도 제가 좀 다혈질 같은 게 있나 봐요. 처음 경찰서에 잡혀가서 뭐라 그랬냐면요. '나는 젊은 피 끓는 사람하고만 대화하겠다. 당신들하고는 대화를 안 하겠다' 그랬더니, 경찰이 '그래 너 얼마나 피 끓냐' 그러면서 때리고. 경찰들이 뭐라 그러면 내 나름대로 호기 부리고 막 대들다가 죽도록 맞은 거죠. 그때 참, 많이 맞았어요.

●●● 어떤 분은 군대생활 할 때는 강제징집자에 대해 왕따 같은 분위기도 있었다고 하더라고요. 선생님은 괜찮으셨어요?

저는 강원도 양구에 있는 32연대 말단 소총수에 근무하였는데 인격적으로 부족한 소대장을 만나 고생을 했어요. 아마 대학 다닌 사람에 대해 콤플렉스 같은 게 있었는지, 암튼 고생을 많이 했습니다. 그거 말고는 크게 힘들었던 건 없었어요. 그런데 제가 군대에서 깨달은 거는 우리가 굉장히 혜택받은 사람이라는 겁니다. 군대 가기 전까지는 잘 몰랐죠. 예를 들어 1개 중대원이 120명 정도 되는데 그중 대학 물 먹은 사람들이 다섯 명 안짝이에요. 고등학교 졸업자가 15명 정도, 평균 학력이 거의 중졸이었습니다. 말단 소총수 중에 대학 다닌 사람이 거의 없었던 거지요. 그래서 중대본부에서 대학 다녔다고 서류라도 좀 정리하는 걸로 쓰려고 부르면, 보안사에서 문제 삼아서 그 다음날 바로 쫓겨나고, 그런 경우가 계속 있었죠.

72학번 강제징집자 모임과 노동운동 투신

●●● 제대는 언제 하신 거죠?

78년 3월 달에 군대에서 나왔어요. 아, 그때 처음 알게 된 게 인천 동일방직사건이에요.

●●● 아, 똥물사건!

제대할 때쯤 되면 사람들이 3년 동안 군생활로 인해 모두 군대의식으로 바뀌잖아요? (그렇죠.) 저도 군에서 제대하니 사고가 군인으로 바뀌었지요. 그런데 제대하고 친구들을 통해서 노동사건들을 접하게 되었습니다. 당시 유신 말기로 치달으면서 정보당국이 민주화 세력에 대한 감시랄까, 이런 것들이 좀 심해집니다. 그래서 '아, 정말 참혹한 세상이구나.' 세상을 새롭게 바라보게 되었지요. 말하자면 군인 사고에서 다시 민주화운동을 깨닫는 사람으로 바뀌게 되었지요.

●●● 그런데 이 똥물사건을 전해 준 친구들은 어떤 분들이셨어요?

제대한 뒤 서울에 있으면서 이래경, 박우섭 씨, 이런 친구들에게 들죠. 그러다가 얼마 안 돼서 72학번 모임을 한 번 가졌어요. '학교에서 잘린 사람들 모여 보자' 해 가지고 한 50명 정도가 모여요. 거기서 여러 가지 난상토론도 하고, 앞으로 어떻게 살 건가, 이런 고민들도 토론 했어요. 그런데 그 모임이 계속 되다 보니 나중에는 한 10명 정도로 줄어들더라고요. 그래 10명 정도로 모임을 유지하면서 사회에 대해서 고민을 나누기도 하고. 우리가 주로 중국집에서 만나서 *Mans Worldly Goods*리오 휴버먼의 책. 『자본주의 바로 알기』란 제목으로 번역되어 있음, 『페다고지』, 『역사란 무엇인가』, 『전환시대의 논리』 같은 책들을 보고, 나중에는 김윤환 교수의 『노동운동사』도 보고. 그때는 사회문제를 제대로 이해하기 위해 다양한 책들을 보는데, 그래도 노동문제 쪽을 더 집중해서 보았어요.

●●● 어떤 분들이 그 모임을 같이 하신 거죠?

박우섭 씨도 있었고, 지금은 고인이 된 강구철 씨도 있고, 박광순, 이래경, 박석두 등 여러 명이 있었는데, 40년 되다 보니 이름도 잊었습니다. 제일 막내는 김삼수라고 지금은 대학교수인데 그 김삼수 씨가 나를 아주 많이 교화를 시켰어요. (웃음) 나이는 어린데 '형, 현장 들어가야 된다.' 그리고 제대한 이후에 노동자들의 현실에 대해 알게 된 것도 있고, 모임에서 공부하고 토론한 것도 있고, 가장 큰 거는 그 친구 영향을 받아서 제가 79년도에 현장을 갑니다.

●●● 그분은 무슨 근거로 현장을 들어가야 된다고 하신 거죠?

김삼수가 74학번인데 굉장히 똑똑한 친구예요. 그래서 '우리 사회는 민주화만 해서는 안 되고 사회구조를 바꿔야 한다. 그러려면 현장에서 노동자, 농민들을 변화해서 사회혁명을 해야 된다'라는 주장을 끊임없이 하고, 그중에서 나하고 몇 친구를 꼬셨어요. 아주 선진적인 생각을 하고 있었던 거죠.

●●● 아, 그래서 감화를 받으셔 가지고 현장 가셨어요? 허허.

79년도에 갔지요. (웃음) 그때는 현장 갈 때 다 독고다이스스로 결정하여 홀로 일을 처리하거나 그런 사람을 속되게 이르는 말로 갔죠. 좀 조직해서 집단적으로 들어간 거는 82~83년 중반 정도에나 나타나고. 그때는 어디 공장 들어가 있어도 자기가 가 있는 곳을 밝히질 않는 분위기였죠. 그러니까 '현장에 있다' 그러면 '어, 현장에 있나 보다', 구로동이면 '구로동에 있는가 보다' 하지 물어보는 것도 실례고, 서로 전화번호나 연락처도 다 머릿속에만 있지 메모도 안 하고 살던 시절이니까. 괜히 서로 연관되어 잡혀서 잘못되면 안 되니까. 거기에 79년도 말에 남민전사건이라든가 이런 조직사건들이 자꾸 터지니까, 자신의 행보에 대해, 특히 노동현장 들어가는 거는 아주 조심해야 했어요.

●●● 음. 현장 가실 때는 운동 방향이나 업종 결정은 어떻게 하셨죠?

그 당시엔 워낙 엄혹한 시절이라 운동 방향이나 업종 결정에 대하여 아주 가까운 사람 아니면 상의하기 어려웠습니다. 그래서 일반적인 분위기는 다 개개인이 결단하여 현장에 들어가는 경우가 많았습니다. 조직사건에 대해 피해의식도 있었고. 저의 경우도 그랬습니다. 하여튼 사람들을 변화시키려면 오랜 기간 현장에서 생활해야 하는데, 그때 현장 간 친구들 대부분이 1년을 넘기지 못했던 것 같아요. 그 이유가 현장에 적응을 못하는 거예요. 내 친구의 경우 용접을 배웠고 나는 선반을 배웠습니다. 용접할 때 불을 들여다보면 안 되는데, 눈이 안 보이니까 어디 엉뚱한 데 붙일까봐 불을 들여다보게 되지요. 그렇게 용접을 하다가 눈이 탱탱 붓고, 아파서 며칠씩 결근하고. 결국에 그 친구는 두세 달 다니다가 '현장에 못 있겠다'는 판단하고 정리를 했어요. 사실 용접하는 사람들은 모두 겪는 경험인데 정보교환도 없고 그런 현장에서 평생을 보낸다는 데 대한 확신이 없어 포기하는 경우가 많았습니다.

●●● 선반 기술은 어디 가서 배우셨어요?

구로공단에 있는 약 40명 정도 되는 작은 마치코바에서 4개월 정도 일하면서 배웠는데, 잘 못했죠. 제가 눈이 좀 나쁘잖아요. 그런데 노동현장에 있는 사람들이 안경 쓴 사람이 거의 없는 거예요. 그때만 해도 위장취업자니 뭐니 이런 얘기는 없었던 시기인데, 제가 안경 쓰고 다니니까 사람들이 '반반하게 생겼는데 왜 여기까지 왔지?' 하면서 의아스럽게 생각하더라고요. 거기에 현장에서 계속 일했던 사람들은 일에 대한 숙련도가 높고 민첩한데, 그 사람들에 비하면 모든 것이 낯설고 처음인 나는 굉장히 굼뜨잖아요. 그러니깐 그 사람들이 '야, 나 배울 때는 맞으면서 컸는데, 너는 때릴 수도 없고 속 터진다' 고 답답해하면서 구박하고, 어떤 작업 도구를 갖다 줘도 이름이 다 일본말로 사용하니까 잘 알아듣지 못해 끙끙대니 타박하고. 그런 상황에서 '현장이라는 데가 정말 을씨년스럽고 팍팍한데, 내가 여기서 뭘 하겠나' 하는 의문과 회의가 많이 들었어요. 내가 생각하는 노동자가 아닌 거예요. (웃음)

1980년 5월 투쟁과 감옥생활

●●● 현장 나오신 다음에 어떤 활동을 하신 건가요?

거기 나와 있는데, 경희대에서 퇴학된 이상희 씨가 '우리 출판사나

하자' 해서 출판사를 79년도에 한 6개월 정도 했습니다. 그런데 79년도에서 81년도까지 짧은 몇 년 사이에 여러 작은 사건들이 많아서, 서울에 있는 경찰서는 거의 다 드나들었던 거 같아요. (웃음)

●●● 어떤 사건들이죠?

예를 들어 YH사건으로 권순갑 씨랑 연관되어서 어떻게 나까지 잡아간 거예요. 그래서 잡혀가서 몇 대 맞고 '강원도 촌놈인 내가 어떻게 그 유명한 YH 권순갑을 아냐?' 핑계대기도 하고. 그러다가 나중에 '니가 제일 친하다는데?' 그러면서 밤새도록 쥐어 맞고. (웃음) 그런 일들이 많이 있었는데, 문제는 잡혀가서 조사받는 과정이 너무 힘들었어요. 조사과정에서 사건이 만들어지는데 일반적으로 폭력이나 고문으로 사건이 만들어지지요. 그런 와중에 나의 경우 '내가 다른 사람에게 피해를 주지 않을까? 나로 인해 누굴 불어서 어떻게 되지 않을까' 이런 힘듦이 있어요. 차라리 징역 안에 들어가 있으면 오히려 편안해요.

그러다가 저는 80년도에 대학에 복학해서 두 달 정도 있다가 5·17 계엄이 확대되면서 강원대학 시위로 수배가 떨어져서 서울로 도망 왔죠. 그때 박우섭 씨와 같이 도망 다니다가 광주소식을 알게 됐어요. 그 전에 제가 한빛교회를 1년 정도 다녔었습니다.

당시 5·17계엄 확대 이후 매우 살벌하던 시기 대부분의 복학생들이 수배가 떨어졌지만 숨어 다니면서 모임을 계속 가졌었습니다. 그 와중에 '광주항쟁 소식을 듣게 되고 광주에서 올라온 유인물을 보게 됩니다. 너무 엄청난 일들이 벌어지고 있어 광주상황을 온 국민에 알려야 된다, 그렇게 논의하던 중 한빛교회 청년부하고 복학생 일부가 앞장서기로 하였지요. 그래서 '5월 24일 단성사 앞에서 한빛교회 청년부가 시위를 주도'하기로 모의하였습니다. 나중에 김대중 내란음모사건의 맨 끝자락에 있는 소위 '단성사 앞 시위사건'이 바로 이 사건입니다. 70년대에는 화염병을 만든 적이 없었는데, 광주에서 '여자의 젖가슴을 잘랐다'느니, '임산부 배를 갈라서 뭐 했다'는 전단지와 이야기를 들으니까, '서울에서 뭔가 피를 봐야 국민들이 분노하지 않겠냐' 해서 제가 화염병을 준비하였지요. 그런데 불발로 끝났지요.

●●● 아, 그런 시도가 있었구나. 처음 들었어요. 그래서 시위는 어떻게 됐어요?

1980년 5월 24일, 한빛교회 청년부들이 준비해서 단성사 앞에 갔어요. 사실 저는 그때 죽을 각오도 했습니다. '누군가 죽어 피를 흘려야 국민들이 분노한다, 내 하나의 희생으로…' 그런 생각을 했지요. 모의할 때 저의 역할은 화염병을 경찰 닭장차에 던지기로 하였습니다. 굉장히 과격파지요. 화염병 운반은 여자들이 하기로 했어요. 당시는 여자들의 가방은 잘 검사하지 않았으니까요. 몇몇 여자들한테 '화염병을 가져오라'고 하고. 그래서 갔는데 핑계 같지만 나 하나의 희생으로 나라를 살려보자는 다짐이 부족했던 것 같습니다. 그날 11시에 한 친구가 구호를 외치고 선창하면, 그 다음에 내가 화염병을 던지고 시위한다는 계획을 잡았어요. 그런데 생각보다 사람들이 너무 적게 모인 거예요. 거기에 선창하기로 한 친구도 극장에서 사람들이 우르르 나올 때 구호를 외쳐야 했는데 타이밍을 놓쳤어요. 그러니 화염병도 못 던지고, 시위가 불발된 거죠. 너무 속상해서 청계천에 가서 유인물만 뿌리고 허탈하게 돌아왔지요, 허허. 그게 일명 '한빛교회 단성사 앞 사건'이라고 해요.

●●● 그럼 복학생이 중심이 된 모임에서 시위준비를 했으면, 각 학교들마다 연관을 가지면서 만난 건가요?

학교마다 연결을 하려 했는데, 한 열댓 명 모였나? 복학생들이 많이 안 모였죠. 그때는 점조직이 쭉~ 있어서, 그 밑에 조직은 서로 한사람씩만 알지 다른 사람들은 모르고. 그렇게 연계성을 갖고 있었던 거고. 그러다가 서울대 대학원 다니는 이호열이랑 몇몇 친구들이 또 '6월 13일에 시위를 하자'고 해서 준비를 했어요. 그런데 이것도 준비만 했고, 불발로 끝났어요. 그 전에 저는 6월 9일 포고령 위반으로 잡혀 가지고 구속이 됐거든요. 저는 감옥에 있다가 그 다음해인 81년 5월에 특별가석방으로 나왔습니다.

●●● 감옥 안에서 지내시는 건 어땠어요?

감옥 안에서는 재미나게 지냈죠. 저희들이 서대문에서 열심히, 아주 극성스럽게 싸워 가지고 안양교도소로 33명 정도가 한꺼번에 이감이 됐어요. 그래서 안양교도소에서는 재미나게 있었고. 비슷한 친구들을 모아 놓으니까 학습도 같이 하고. 그때 신학대 학생들도 꽤 있었어요. 그런데 종교가 70년대까지 민주화운동에 굉장히 큰 방어막이 됐는데, 80년도 광주항쟁을 거치고 전두환 들어오면서 달라져서, 방어 역할을 못하는 거예요. 광주항쟁에서 굉장히 많은 사람들도 죽게 되니깐, '신이 있냐'면서 종교적 믿음도 다 무너진 거고. 그러면서 변화되는 게 사회주의, 맑스주의 원전을 본 친구들도 있고, 그래서

'사회의 근본적인 변화는 사회구조를 바꿔야 한다'고 주장하는 친구들도 좀 생겨나고. 그러니 교도소에서 같이 공부하다 보니까 종교운동 했던 친구들이랑 맑스주의 공부한 친구들이랑 갈등이 심했던 것 같아요. 방마다 좀 차이는 있었지만.

●●● 감옥에서 어떤 책을 가지고 공부하셨어요?

그때는 잡학이었죠. 1년 정도 엄청나게 많이 봤으니까. 그런데 김태촌을 만나서 유치장에서 며칠을 같이 있었는데, 그때는 내가 김태촌이 누구인지 몰랐어요. 그런데 김태촌이 장영달, 김지하도 얘기하고, 그래서 '어, 이 양반이 정말 주먹계 사람인가?' 했다니까. 외모는 아주 얄쌍하게 생겼어요. 그런데 어느 날 김태촌이 나에게 자기 과거를 쫙~ 얘기하는 거예요. 어려서부터 광주 서방에서 어떻게 지냈고, 걸물인 자기 누나 이야기도 하고. 그 얘기를 다 들어보니까 김태촌이 나보다 세 살 정도 위였는데, 그때까지도 인생의 절반은 감옥에서 생활한 거예요. (어휴.) 소년원에 1년 있다가 밖에 나와서 한 달 정도 있다가 다시 감옥 들어가고, 그런 생활의 반복이에요. 그렇게 살아오고. 그래서 그날 저녁에 밤새도록 별의별 소설 같은 얘기를 하기에, '어, 그런가 보다' 했지. 그러면서 둘이 인간적으로 굉장히 친해진 거야. 어떻게 보면 그 친구가 나한테 고해성사를 한 것처럼 되어 버렸는데.

그 뒤로 얼마 지나서 내가 서대문구치소로 넘어갔어요. 서대문구치소에서는 내가 5사하 1방에 있었는데, 그게 면회실 가는 길 옆이에요. 그럼 김태촌이 면회 가려고 지나가다가 큰소리로 얘기를 해요. '야, 동섭아! 잘 있었냐? 건강하냐?' 그러니까 다른 파의 조폭들이 (형님으로 모셔요?) '야, 이 사람이 어마어마한가 보네!' 이러면서 굽혀요. 거기다가 우리 정치범의 수감 번호표 색깔도 다르니양심수 표시해 놓는 거, 다른 사람들이 '야, 이거 대단한 사람이여…' 더 그렇게 보니까 나는 방장도 하고 아주 잘 지냈어요. (웃음) 또 그때는 굉장히 추웠어요. 5사하 1방 바로 옆이 목욕탕인데, 거기서 냉기가 들어와서 벽에 얼음이 얼었을 정도였다고. 그래서 다들 동상 걸리고 그러거든요. 다른 사람들은 겨울 한복이 다 흰색이었어요. 그런데 저는 집에서 옥색 비슷한 한복에 솜을 두툼하게 넣어서 들여보내요. 집에서 들여보내 준 옥색 솜옷을 입고 있으니까 딱~ 폼도 나고, 김태촌은 가끔 가다 안부 묻고. 그러니 저한테 함부로 못하죠.

그러면서 우리들이 샤우팅shouting하고 싸우면, 다른 폭력들이 막 뭐라고 그런다고요. '조용히 해!' 하면서 욕도 엄청나잖아요. 그런데 그때 김태촌파 식구들도 군데군데 있었거든요. (식구들?) 내가 그 파 부두목도 아니까, 내가 웬만하면 형이라고 해요. 그래서 내가 '형! 거기 어때?' 그러면 부두목이 '어, 누구야?', 그럼 제가 '나 아무개다' 그러면 그 사람이 '아, 나도 너네 응원해 주고 있어'. (웃음) 그러니깐 김태촌 파들이 응원하니깐 다른 깡패들도 따라서 응원하고, 지네들도 같이 구호 외쳐 주고 그랬어요. (웃음)

●●● 인간성으로 주위를 다 조직을 하시네. (웃음)

이런 게 있는 거 같더라고요. 김태촌 씨 입장에서는 우리 운동권 쪽 사람들이 달라 보이는 거예요. 김태촌 사람들이 밖에 나가면 정말 세상 떵떵거리며 밤의 황제답게 부족한 게 없이 살잖아요. 그런데 딱 하나, 여기 와서 판사, 검사 앞에 무릎 꿇고 '죽을죄를 지었다'고 잘

못을 빌고 애걸하는데. 그런 판사, 검사들한테 삿대질하고 욕하고 싸우며 확신에 찬 사람은 운동권밖에 없거든. 그러니깐 이 사람들이 우리 쪽에 대해서 나름대로 존경심이 있더라고.

●●● 정치적 내용이 아니라 힘에 대해서?

(웃음) 그래서 인간적인 신뢰를 하는 거 같고, 존경심도 있는 것 같았어요

●●● 구속된 게 처음이셨잖아요, 집에서는 어떤 반응을 보이셨나요?

저희 고모가 아주 열심히 저를 뒷바라지를 했습니다. 집에서 뭐 반대하고 그런 건 없었고. 할머니는 그냥 울고불고 하셨고, 하지만 연로하셔서 면회는 못 오시고. 엄마는 시골사람이라 표현력이 부족해요. 가끔 면회 오셔서는 '몸 건강히 잘 지내라'는 말씀만 하셨죠. 엄마는 항상 눈물만 흘리는 그런 분이었습니다. 그때 광주항쟁이 워낙 커다란 충격이어서 나의 개인적 삶을 이야기한다는 것은 매우 하찮게 느껴졌지요. 여하튼 감옥생활은 아주 열심히 즐겁게 했습니다. 이런 말하면 우습지만 수배당해 도망 다니던 일, 남산이나 치안본부 특별수사본부에서 조사받는 일에 비하면 서대문구치소는 천국입니다. 하루 세 끼 꼬박꼬박 주지요, 노역도 없지요, 그냥 책만 보면 되는 곳이니 얼마나 좋은 곳입니까? (허 참, 그리 비교하니 또 그러네요.) 제가 폭력 방에 있어서 주로 동네 깡패나 조직 폭력배들과 있었는데 사람과 쉽게 친하는 내 성격과, 또 많은 분들이 면회 오셔서 먹을 것을 들여보내 주면 같이 나눠 먹었어요. 그러니까 그 사람들이 자연히 나를 방장으로 편하게 모시지요. 그래서 편하게 지냈습니다.

탄광노동자에서 택시노동자로의 전업

●●● 81년에 석방된 다음에는 어떻게 하셨어요?

석방되어서 한 3년 정도 풀무원에 있었어요. 제가 풀무원 초창기 멤버예요. 80년 여름에 경기도 양주에 있는 풀무원 농장에서 농산물 판매할 곳을 압구정동에 차립니다. 그때 신동수, 원혜영 선배, 둘이서 시작해요. 그런데 1년이 지나 신동수 선배가 나한테 '같이 하자'고 제안을 해요. 그때는 감옥 갔다 나오면 대부분 현장을 가야 한다는 강박관념이 있잖아요? (그렇죠.) 그래서 나는 현장 가겠다고 했는데, 그 선배가 그냥 '이거 같이 해보자.' 그 당시 신동수 선배는 나에게는 거의 하늘 같은 선배였습니다. 그래서 풀무원에서 일해요. 겨울엔 채소 생산이 많지 않아 판매할 식품이 별로 없어서 저한테 두부를 만들어 보라고 했던 것 같아요. 제가 두부를 3개월 동안 연구해서 기존에 없던 포장두부라는 걸 처음 만들어 내요.

●●● 아, 풀무원에서 포장두부를 처음 만들었구나.

거기서 3년 많은 고생을 했죠. 그러면서 제가 현장에 있는 후배들을 만났는데, 한 3년쯤 지나니까 내가 후배들을 지도할 만한 밑천이 없더라고요. 80년 초 노동현장 분위기도 많이 달라진 거 같았구요. 우선 현장에 많은 사람들이 들어가기 시작했고요. 의식도 많이 달라지고, 그런 데다가 후배들은 계속 학습하고, 우리도 학습은 하지만, 현장의 분위기랄까? 이런 거에 대해 감이 자꾸 떨어지니까 나도 지도할 밑천이 없는 거예요. 그때 강원대학에서도 그렇지만, 서울에서도 우리 연배는 좀 위 선배 아닙니까? (그렇죠.) 현장에 대해 뭔가 설명해야 되고, 지도도 해야 되는데 바닥이 난 거예요. 그래서 '아, 나도 현장에 들어가야겠다. 그러려면 풀무원을 접어야 되겠다. 이제는 나도 쉴 만큼 쉬었다'는 생각을 했어요.

현장에 들어가기로 마음을 먹고, 이왕이면 좀 어렵고 힘든 곳에 들어가려고 생각했습니다. 80년도에 사북탄광 쪽에서 굉장히 크게 싸웠잖아요? (맞아요.) 그래서 '그쪽에 가서 한번 해보자' 해서 고한으로 내려갔어요. 그때가 84년 8월 말경입니다. 하여튼 그 즈음 강원도 고한으로 내려가서 삼척탄광의 덕대인 영일탄광에 들어갔어요. 큰 회사는 삼척탄광, 동원탄좌, 대한석탄공사 등이 있고, 이곳의 하청기업을 덕대라고 합니다.

●●● 덕대제하고 같은 건가요?

그렇죠. 그래서 작은 탄광에 가서 일을 했는데, 워낙 탄광이라는 데가 근로조건도 열악하고 육체적으로 힘이 들어요. 사람들이 탄광을 '막장'이라고 하는 이유를 알았어요. 모든 현장에서 가장 나쁜 노동조건이 다 몰려 있는 데가 탄광이에요.

●●● 탄광의 노동조건을 조금 구체적으로 말씀해 주시면?

그러니깐 들어갈 때 동발이라고 나무, 큰 버팀목을 두덩어리씩 어깨에다 메고 갱내를 들어가요. 그리고 탄광 안에서 8시간을 쉴 틈 없이, 아주 탈진상태가 될 때까지 일을 합니다. 그런데 이게 훈련된 사람들은 요령을 피우면서 하는데, 우리 같은 숙맥들은 아무래도 고지식하게 하라는 대로 일을 하죠. 그래서 제가 처음 입사하여 1주일 정도 일을 하고 나니까 팔과 온몸에 알이 배어 가지고, 밥을 먹는데 숟가락을 떠서 입을 갖다 대고 먹었어요. 그 정도로 육체적으로 힘들었습니다. 그런데 그 당시 탄광은 노동강도가 높았지만 대신 임금도 높았어요. 당시 한 달 만근한 경우에는 대략 월급을 30만 원 가까이 받았던 거 같아요.

그러다가 한 3개월 정도 지나서 사람들하고도 좀 친해지니깐, 그 사람들이 나한테 '가을에 머루나 다래 따러 산에 다니자' 하더라고요. 같이 가고 싶은데 몸이 말을 듣지 않아요. 저의 경우 1주일에 하루 쉬는 날은 아무것도 하지 않고 푹 쉬어야 되거든요. 그래야 재충전해서 다음날 일을 할 수 있는데, 또 산에를 가지 않으면 사람들과의 관계에서 소원해지고. (그렇죠.) 그리고 사람들을 알아야지 조직을 하는 건데. 그러면서 제가 체력의 한계도 느끼고 '내가 여기를 평생직장으로 하기에는 너무 힘들다'는 판단을 하고 다시 서울로 올라와요. 서울로 올라와서 고민 끝에 [내린 결론이] '택시 운전을 해보자'는 거였습니다.

●●● 왜 생산현장으로 직접 안 가시고 택시 운전을 생각하신 거죠?

택시 운전을 하게 된 이유는 우리는 광주항쟁 생각을 많이 하니까, 광주 때도 사실 택시나 버스 노동자들이 중요한 역할을 했잖아요? (아, 그렇군요.) 택시가 여론 형성에도 기여를 하고 또한 동적이기도 해서 '그럼 택시 운전을 해보자' 해 가지고 택시회사를 들어가게 된 거죠.

●●● 운전은 배워야 되는 거잖아요?

제가 풀무원에 있을 때 운전을 했었는데, 택시의 경우 1종 면허가 있어도 2년이 지나야 자격이 주어집니다. 그때는 택시회사에 들어가기 굉장히 어려웠어요. 그런데 저는 경력이 없잖아요. 그래서 제가 광화문에 [있던] 한국사회선교연구소하고 '석탑' 두 군데 상담소에 자주 가서 자문을 구하기도 했어요. 거기 상담소 있는 분을 통해서 택시회사에 있는 직원을 소개받아 가지고 이력서를 냈어요. 운전면허 취득한 지 만 2년 하루 되는 날 취업을 한 거예요. 이것은 정말 특별한 케이스였는데, 거기가 하계동에 있는 부광실업이라는 회사예요. 처음에는 조용히 일만 하려고 했어요. 그런데 3개월 좀 안 되던 날, 사장이 나를 부르더라고요. 그때는 취업카드라고 있었어요. 택시를 운전하면 취업카드를 작성을 하는데, 이건 회사끼리 돌리는 거거든요. 아마 취업카드가 84년경 생긴 거로 아는데, 이 회사에서 취업카드를 써놨다가 다른 회사로 갈 때 가져가야 해요. 그러니까 취업카드가 회사별로 이동을 해서 그 사람의 이력이 붙는 거예요. 그런데 사장이 '너, 내가 취업카드에다가 아무 소리 안 쓸 테니까 딴 회사 가라.' 그래서 제가 '그 말 믿고 그럼 조용히 가겠다.' 그런데 내가 뭐 특별하게 활동한 것도 아니고 조용히 일만 했거든요. 아마 제 인상을 보고 '재가 아무래도 뭔가 냄새가 나는 거 같다' 해서 나를 내보낸 거 같아요.

동양콜택시 노조활동

●●● 부광택시 나와서는 어디로 들어가신 거죠?

그래서 바로 동양콜택시에 입사를 했습니다. 사장이 변욱이라고 서울 법대 출신이에요. 거기 들어간 게 85년도경이고, 그곳에서 해고되기까지 3년 정도 일을 했습니다.

●●● 84년 대구택시투쟁 하면서 전국에서 노동조합 결성하는 분위기가 있었는데, 동양콜택시도 노동조합이 있었던 거예요?

그럼요. 여기는 기사가 140명 정도 있었어요. 나는 들어가서 바로 조합원이 되었습니다. 그때 택시 쪽은 노동조합 가입률이 높아서 기사들이 거의 90% 가까이 조합에 참여했으니까. 나는 노조에 가입했어도 처음 1년은 거의 활동을 안 하고 일만 하다가, 나중에 자연스럽게 쟁의부장에서부터 시작해서 교선부장, 그리고 부조합장으로 선출되었지요.

●●● 택시노조는 당시 한국노총 계열, 또는 어용노조라고 하지 않았나요?

그때는 한국노총만 있어서 어용노조라는 개념은 다르게 사용되었습니다. 당시 택시의 경우 기업별 노조였고요. 전체 260개 택시노조 중에 회사와 밀착된, 흔히 이야기하는 어용노조는 대략 절반이 넘었고, 자주성을 갖는 민주택시는 40여 개 노조 정도 있었다고 봅니다. 중간지대에 있는 노동조합은 뭐라 이야기해야 할지, 암튼 노동조합은 있지만 활동이 미약한 그런 곳이 많았습니다. 그런데 이때 민주택시를 지향하는 움직임이 태동하고 있었죠. 그래서 그런 사람들끼리 같이 모임도 갖고 있었죠.

●●● 민주파 쪽 활동과정을 구체적으로 말씀해 주시면?

동양콜택시에 있었을 때, 처음에는 회사 내의 일만 열심히 했어요. 그때 회사 밖에서는 민주택시를 추진하는 큰 기류가 있었고요. 택시 쪽은 해마다 집행부가 바뀌었어요. 왜냐하면 택시는 전국택시노동조합연맹 서울시지부에서 교섭위원을 선출해 서울시 택시 사업조합과 교섭하거든요. 그런데 교섭 막바지에 파업을 하면 이틀, 삼일째 되는 날에 교섭위원들이 돈 먹고 도망간다거나 해서 파업을 접어 버리거든요. 그러면 조합원들이 집행부를 바꿔요. 그래서 다음 사람들이 집행부가 되어서 1년 동안 열심히 준비해서 싸움을 했다가 또 똑같은 걸 몇 년째 반복하고. 그런 것들 때문에 집행부가 자주 바뀌는데, 따로 우리 민주노조 세력이 있긴 했지만 집행부를 장악하기에는 힘이 모자란 거죠. 전체적으로 봐서 민주파가 20%밖에 안 되고 나머지 한 80%가 다 어용성이 좀 있는 거죠.

●●● 회사 안에서 어떤 활동을 하신 건가요?

회사 내에서도 재미난 에피소드가 있는데, 내 짝꿍인 교대자 신용현이라는 분이 있었는데, 10년 만에 만났습니다. 그런데 신용현 씨가 '너 때문에 인생이 바뀌었다'고 하더라고요. 동양콜택시가 광장동에 있었는데, 내가 '풍물 배우고 싶지 않냐? 풍물 배워라.' 그때 우리는 풍물을 배우게 해서 나중에 파업할 때 꽹과리도 치게 하려고 한 거예요. 당시 동부지역에 풍물 가르쳐 주는 단체가 있었어요. 제가 신용현 씨 등 몇 사람을 단체에 소개해 주어서 거기 가서 풍물을 배운 거예요. 신용현 씨는 지금도 개인택시를 하고 있는데 부인과 같이 풍물을 익혀서 40여 개 나라를 다녔더라고요. 풍물 전도사가 된 거예요. (웃음) 교회하고 연결이 되어서 교회 선교를 목적으로 사물단을 꾸려 가지고, 진짜배기 풍물패가 되어 활동을 한 거예요. 얼마 전에 만났는데, 그때 얘기를 하더라고요. (웃음)

●●● 당시 택시의 노동운동은 어떻게 진행되었어요?

크게 두 가닥이 있었다고 봅니다. 하나는 외부에서 박종만추모사업회에서 배규식, 임삼진 등이 활동하였고, 다른 하나는 전국택시노동조합연맹의 조직에 신명식, 강충호 등이 들어가 활동을 했어요. 또 '석탑' 상담소도 많은 역할을 했었습니다. 장명국 선생은 상담해 주고 주로 강의하고. 87년 때 장명국 선생이 이름을 날렸잖아요.

●●● 노조활동에서 중요했던 활동을 얘기해 주시면?

그때 우리가 밖에서 했던 활동 중에 하나는 취업카드 철폐문제였어요. 그래서 택시·버스 연합체의 성격을 띤 조직을 하나 만들었는데, 이름을 잊어 버렸네요. 취업카드 철폐를 사회이슈로 만들기 위해서 버스노동자들하고 택시노동자들이 종로 5가 기독교회관 강당에서 '취업카드 철폐운동' 집회를 했었습니다. 그때 한 150명 정도 모였던가? 여하튼 그때 택시 쪽은 내가 연설을 하게 됐고, 버스 쪽에서도 한 사람이 나와서 얘기하고. 그때만 해도 굉장히 살벌했던 시절이라 연설하고 집회만 한 거죠. 그 뒤로 버스 쪽 사람들을 계속 만나면서 조직을 만들어요. 주요 목적은 취업카드 철폐를 위해서 '민주' 자 들어가는 이름으로 했는데, 하도 오래돼서 지금은 이름을 다 잊어 버렸네요.

●●● 취업카드 철폐를 제기하게 된 구체적인 계기가 있었던 건가요?

우리로서는 취업카드가 '개 목걸이'라고 생각을 하니까. 만약에 한 회사에서 노동운동을 한 일로 찍히거나 그게 아니어도 회사에 잘 못 보이면 다른 회사 취업을 못하니까. 이런 운동으로 인하여 다행스럽게 취업카드제가 89년도인가 폐지가 돼요.

●●● 87년 노동자대투쟁을 거치면서 노조 분위기가 어땠어요?

87년도 이후에는 노동조합이 없는 사업장에 노동조합이 많이 생겨났어요. 그래서 택시 쪽에 거의 98~99%까지 노동조합이 생겨나요. 특히 서울택시는 한 네다섯 군데 빼놓고는 다 노동조합이 들어서서, 한 260여 개 회사에 노조가 생겨났죠. 그리고 그중에서도 민주노조로 많이 탈바꿈하기도 했어요. 89년도인가? 우리 민주택시 쪽에 강승규 씨가 서울택시 지부장이 되었어요. 그해에 저는 동양콜택시에서 해고되어 서울택시지부로 가죠. 해고 사유는 위장취업문제인 학력위조하고 파업주동을 했다는 등 다양합니다. 하지만 해고소송에서 학력위조가 결정적으로 해고사유가 되었지요.

택시기사들의 노동상황

●●● 그러면 택시노조 활동하실 때, 운전하는 분들의 노동조건은 어땠나요? 그거에 따라서 조합의 활동 방식이 좀 다를 것 같기도 한데요.

지금도 변화가 별로 없는 것 같은데, 아니 오히려 지금은 조건이 더 많이 후퇴된 것 같고. 또 교통환경이 더 안 좋아지니까 임금도 더 저하되고. 그리고 택시 운전기사들마다 의식 편차가 많이 나고 아주 다양합니다. 예를 들면 공장노동자들은 학력이라든가 성장배경, 처해 있는 환경이라든가 여러 조건이 크게 차이가 없잖아요? (그렇죠. 비슷하죠.) 비슷한데, 여기는 사회적으로 다양한 사람들이 일해요. 학교 교사했던 사람도 오고, 사장했던 사람도 오고, 아니면 깡패들도

오고. 그러니깐 노조 위원장들이 대부분 옛날에 한가닥 했던 사람들이 하고. (웃음)

●●● 택시기사 분들 보면 정보도 많고, 지식도 풍부하더라고요.

기사들은 하루에 양 귀로 듣는 게 많죠. 택시를 운행하면 하루에 보통 25번 정도 손님을 태웁니다. 많이 하면 40번도 해요. 그걸 '메다[미터기] 끊는다'고 그러거든요. 손님들을 그 정도로 교체해서 태우는데, 그러면서 그 사람들하고 수많은 대화를 하잖아요? 그러니 얼마나 귀동냥을 많이 하겠어요.

●●● 그렇겠네요. 거기에다 라디오 틀어 놓고 뉴스 듣고 다니시기도 하고.

그런데 이게 정보 수준이지 깊이는 없죠. 그럼에도 이 택시기사들의 대표를 하려면 그 사람들의 지식을 다 눌러야 돼요. 거기에 주먹으로 하는 사람도 있고, 지식으로 하는 사람도 있고, 다양하죠. 말하자면 택시노조 전체를 지도한다는 게 무지무지하게 복잡합니다.

●●● 그러겠네요. 또 기사 분들이 나잇대도 다양하더라고요.

다양하죠. 60대서부터 40대, 30대도 좀 있죠. 그래서 일반 현장노동자들 하고는 좀 차이가 있는 거 같아요. 거기다가 2교대라는 조건도 있기 때문에 일반 제조업하고는 좀 양상이 다른 것 같아요. 그러고 장기근속자가 별로 없고 6년 이상 되면 옛날에는 개인택시로 내보내고 하니까, 대체로 기사들이 3년 미만자들이 많아요. 잠시 머물렀다 가는 사람들도 굉장히 많고.

●●● 본인이 6년 이상 하고 원할 때 개인택시로 나간다는 건가요?

그렇죠. 6년인가? 7년인가? 정부 조건이 있는데 '무사고 운전을 하고 한 회사 근속이 몇 년' 이러면서 여러 가지 조건들이 있어요. 그렇게 하면 개인택시를 발급받을 수 있는데, 요즘은 그것도 끊어진 것 같고.

●●● 조합활동은 교육, 선전, 이런 게 기본인데, 이분들의 특성을 살리는 속에서 조합활동을 펼쳐야지 결합력이 높아지잖아요. 말씀하신 다양한 조건의 차이도 있지만, 한 공장에 있는 게 아니라 운전하면 각기 돌아다니는 형태들인데, 조합의 활동 방식은 어땠나요?

그래서 노조 상황과 알아야 할 내용들을 공유하기 위해서 주로 소식지라든지 이런 매체를 많이 활용하는 거죠. 거기에 가끔 취업카드 문제점이라든가 중요한 사안에 대해서는 교육을 하기도 했어요.

민주택시노조의 파업

●●● 동양콜택시에서 해고되시고, 89년부터는 서울택시노조에서 아예 상근하시는 건가요?

그렇죠. 쟁의차장으로 일했죠. 민주파가 서울택시지부 집행부로 등장한 첫 해에 굉장히 기대심리가 높았어요. 택시 조합원이 5만인데, 그 전까지만 해도 교섭위원들이 회사 쪽 입장으로 도장 찍고 도망가고, 계속 이런 배신행위를 했었으니까. 말하자면 파업하기 바로 전에 조합원들에게 투쟁 바람을 잔뜩 넣지만, 그런데 노동자들의 열기는 뒤늦게 달아오르잖아요? (그렇죠.) 만약에 방에 군불을 떼면 아랫목에서 윗목까지 쭉~ 뜨듯하게 올라가는데, 막 윗목에 더운 게 올라오는데, 딱, 끊어 놓는 방식이거든요. 그러니깐 조합원들은 그런 배신감들이 계속 쌓였던 거죠.

그러니까 89년도 민주파 집행부가 들어서면서 90년도 교섭할 때, 조합원들이 굉장히 기대하는 마음이 커가지고, 아주 열심히 싸웠습니다. 그런데 우리 민주파가 사실은 경험이 많지 않아서 많이 힘들었죠. 말하자면 윗목까지 다 따뜻해지기 전에 열기가 90% 가까이 올라갔을 때, 교섭을 해서 요구안의 95% 정도에서 체결을 하는 거였더라고요. 물론 모자란 5%도 있지만, 이 기점을 넘어가면 그 다음에는 우리 쪽이 지치는 거죠. 또, 우리 조합원들은 하루 벌어 하루 사는 사람들인데, 열기가 넘어 꺾이면 그 다음에는 힘이 급격히 '뚝뚝뚝~' 떨어지거든요. 그런데 우리 민주파가 그 경험이 없어서 그런 걸 모르고 계속 열기를 쏟아서 보름 동안 파업을 했어요. 그러니 파업을 계속 한 조합은 한 40, 50군데밖에 없고, 나머지는 중간에 다 개별사업장에서 교섭체결을 해요. 반대로 길게 파업을 한 데는 싸움을 끝까지 해요. 예를 들어 대흥운수 같은 경우는 5월 달에 파업해서 12월 달까지 갔었으니까. (와~.) 그 다음에 투쟁 이후에 몇 사람이 구속이 되기도 했고. 그렇게 투쟁 동력이 서로 달라서, 전체적으로는 우리가 힘이 빠지고 스스로 지쳐서 상황을 정리하는 게 힘들었어요. 여하튼 첫 파업에서 우리가 '전술을 잘 세워야 이긴다'는 걸 배워요.

●●● 경험이 없어서 첫 파업을 진행하는데 힘들었다면, 그 경험을 바탕으로 다음 해에는 파업을 성공적으로 진행하나요?

91년 파업할 때는 우리가 치밀하게 계획을 세웠어요. 그래서 제가 나름대로 아이디어를 많이 내서, 말하자면 신호등에 빨강, 파랑, 노랑불이 있지 않습니까? 처음에는 파란깃발을 '촥~' 달고 다니고, 그다음에는 노랑깃발을 '촥~' 달게 하고. 이건 서울시나 교통부에 계속 경고 주는 겁니다. '우리가 빨간 깃발 달면 진짜 차량시위 할 거다'고 계속 경고하고. 집회도 한양대에서 한 2만 명 이상 모여 가지고 하고. (와~, 대규모네요.) 네. 그때 서울택시지부에서 집회 기획을 했는데, 한 번은 집회에 일부러 가족을 다 오게 했어요. 그래서 '대통령에게 드리는 글'을 조합원의 아이가 나와서 읽게 하면서, 우리 싸움에 조합원 가족들도 동참시켜요. 그런 식으로 여러 가지 전술을 짜내서 그걸 다 실천하면서 나도 그렇고 집행부들이 잠도 제대로 못자면서 온 힘을 기울였어요. (웃음)

거기에다가 우리가 소식지를 엄청 냈어요. 그때 워드프로세서를 사용해서 글 쓰고. 지금 컴퓨터 나오기 전인 91년도니까, 컴퓨터가 그때 있었나? 286A, XT. AT 나오기 전이에요. 우리 옛날엔 선전물을 다 가리방으로 긁었잖아요? (맞아요.) 긁다가 워드프로세서로 치니까, 이건 뭐 날아다니는 거죠. 소식지를 하루에도 몇 번씩 낼 수가 있고. 사실 그런 기계, 기술적인 뒷받침을 이용해서, 우리가 문명의 혜택을 본 거지.

●●● 음, 싸움 분위기를 높여 나가기 위해 정말 여러 방법으로 진행했군요. 그럼 택시노동자들은 파업을 어떤 식으로 진행하나요?

그때 차량시위를 정말 신나게 했어요. 저희가 차량시위를 어떤 식으로 했냐면, 예를 들어서 삼일고가가 있잖아요? (예.) 고가 위로 차량 30대를 먼저 보내요. 그래서 '30대가 청계천 쪽에 가라. 차가 부서지든 말든 키만 빼고 그냥 튀어라.' 그러고 다시 '다른 쪽에 차량 3,40대를 가게 해서 또 차를 놓고 빠져라' 그러면 청계고가가 막히게 되는 거지요. 청계고가가 막히면 서울 시내가 막히고 그게 차량시위에요. 그렇게 '서울에 네 군데, 영등포는 어디서부터 출발해서 시청 앞으로 온다. 다른 지역의 택시들은 청계천으로 온다' 이렇게 쫙~ 계획해 가지고 차량시위를 하죠.

●●● 아, 이게 공장파업하고 확실히 다르군요!

차량시위니까. 87년도 6월 민주화항쟁 때도 택시기사들이 굉장히 많이 동조를 하거든요. 택시가 가서 라이트 켜 주고, 그때는 마후라 Mahura: 소음기 터트리는 게 있어요. 택시가 거의 가스차인데, 요걸 시동을 켰다가 다시 시동을 끄면 가스가 팍~ 몰려 있거든요. 그걸 다시 시동을 켜면서 액셀러레이터를 '팍~' 밟으면, '뻥~!' 소리가 나거든요. 우리는 시위하는 대오 앞으로 지나가면서 '우리도 응원한다! 지지한다!' 그런 표시로 '팡! 팡! 팡팡~!' 터뜨리고 다니고. 그러면서 그때 우리 택시가 굉장히 많이 호응을 받았죠.

다시 91년도로 가면, 그런 식으로 차량시위도 하고 그러다가 교섭을 했는데, 그때 제가 교섭위원 간사를 했어요. 그런데 교섭위원 7명 중에 4명이 회사측에 매수당한 거예요. 그게 '교섭위원 매수사건'이에요. 매수된 교섭위원이 북한강, 카페 많은 남양주 쪽에 도망가 숨어 있는 걸 가까스로 찾아내서 눈물로 호소하고, 별별 쇼를 다해요. 그래도 통하지 않자 그 매수된 교섭위원들을 잡아다가 여의도에 있는 한국노총 건물에다 데려다 놨어요. 그런 과정을 거치면서 죄목이 불법감금죄에서부터 차량시위에 대한 거, 경찰차량 파괴, 특별공

무집행방해, 뭐뭐 해서 열한 가지가 넘더라고요. (웃음)

노동운동의 목적

●●● 현장 들어가서 민주택시노조 활동까지 노동운동의 목적이 형성이 되는 계기나 과정은 어떠했어요?

학습도 있었을 거고, 다양하게 얘기를 할 수 있겠죠. 여하튼 나는 딱 언제, 어느 때 의식이 형성됐다기보다는 강제징집 당해 군대 갔다 와서 친구들과 같이 고민하고, 그 뒤에 여러 과정을 통해서 조금씩 변화되었던 거 같아요. 공부나 사람 관계에서만이 아니라 아까 말한 말도 안 되는 탄압사건 같은 걸 겪게 되면서 사회문제를 현실감 있게 알게 되고, 더 단단해진 것도 있죠. 예를 들어 83년도인가? 정진태라는 친구하고 별 일 아닌 사건이 하나 있었어요. 어느 날 그 친구하고 청주에 내려가서 이런 저런 사회나 운동에 대한 얘기를 하다가 '사회 변화가 어떻고, 파출소를 파괴해야 하고 …' 이런 얘기를 밤새도록 했어요. 그런데 그런 토론이 새어 나가서 이상하게 당시 팸플릿 「야학비판」 출처를 추적하는 사건하고 연결되면서, 이게 역으로 우리한테까지 온 거예요. 그러니깐 우리가 잡혀 들어가서 엄청나게 매맞고 죽도록 고생을 한 다음에 풀려난 사건이 있었어요. 그때는 정말 힘들었지만, 그런 사건들 속에서도 제가 단련된 것도 있었어요.

●●● 택시기사로 일하시거나 노동조합 활동하시면서 노동자들에 대해 느낀 거나 자신의 노조운동의 목적이 무엇이었는지?

저는 노동자들 문화나 생활에 아주 깊이 동화되는 거 같아요. 어떤 일이 있었냐면, 제가 교섭위원 간사였는데, 우리가 91년 시위하기 얼마전 즈음인데 교통부에 국장이 와 가지고, '노조가 요구하는 조건을 이렇게 들어주고, 이런 거 해줄 테니 이제 좀 무마해 달라'고 하더라고요. 그 말을 듣는 순간 눈물이 '왈칵~' 나더라고요. 내가 분을 못 참아서 '노동자의 삶을 당신들이 아냐? 이렇게 파업하고 차량시위하니 조금 들어준다니' 하면서 목이 멘 목소리로 항의하고 구호를 외치면서 난리를 쳤었어요. 그랬더니 주위 사람들이, 평소에 얌전하던 내가 저 정도로 분노하니깐, 큰 싸움이 일어난 줄 알고 각목을 들고 들어오고, 교통국장 때릴 기세로 난리난 적도 있었지요.

또 전국택시연맹 위원장이 회사 쪽 입장을 대변하는 말을 하기에 제가 화가 나서 들고 있던 몽둥이로 책상을 내리치고 재떨이를 들어엎었어요. 그랬더니 조합원들이 '위원장 때려 죽인다'고 각목을 들고 와 가지고 때리기도 하고. 이런 몇 가지 사건에서처럼, 택시기사들의 근로조건이 무척 열악해서 그들의 입장을 대변하다 보면 내가 같은 동지가 되어 앞장섰다고 봅니다.

우리가 노동운동하는 가장 근본적인 이유는 좀 '사람답게 살자'는 거 아니겠어요? 그런데 그런 처우 개선할 의지도 없고, 그냥 '너네는 노동자니까 그냥 평생 이렇게 살아라' 라고 하는 거에 대한 분노감. 이런 태도와 상황들 때문에, 저도 노동자고 거기에 완전히 일체가 되어서 정말 '내가 이 사람들의 입장을 대변해 주지 않으면 누가 대변해 줄까'라는 마음, 이런 것들 때문에 함께했던 것 같아요.

●●● 음. 노동자와의 일체화. 그런데 80년대 중반기 되면 노동운동에 노선과 정파가 등장하잖아요? 논쟁도 치열했는데, 그런 부분에 대해

서는 어떤 판단을 대응하셨어요?

84년도에 「야학비판」부터 「전망」, 뭐 온갖 팸플릿들이 돌아다녔잖아요. 나중엔 엔엘, 피디 등으로 나눠지고, 그런데 나는 '우리가 그걸 좀 뛰어넘자. 그렇게 종파주의로 활동하다 보면 문제가 많다.' 그래서 택시 쪽은 좀 가급적이면 그런 노선을 없애려고 많이 노력을 했어요. 그런 종파 없이 활동했기 때문에, 택시노조에서 활동했던 사람들은 지금도 만납니다.

그중에는 학생 출신들도 있는데, 많을 때는 학출이 한 20명 정도 됐을 거예요. (와, 서울택시 쪽에요?) 예. 그래서 우리는 지금도 만나고 있으니까. 그때 신명식, 배규식, 송영길, 그리고 지금은 한국노총에 있는 강충호라고, 학출들이 꽤 많았어요. 그래도 팸플릿이나 노선들이 우리 쪽에서는 크게 논쟁거리로 비화되거나 그러진 않은 것 같고요. 그리고 우리가 택시 쪽에서 고민은 '사회 변화의 앞자리에 설 수 있을까? 있어야 된다. 하자!' 뭐 이런 식이었고, 그래서 취업카드 철폐니 이런 것도 사실은 택시 쪽에 국한된 문제였지만, 이걸 계속 사회적인 문제로 환기시켜 내기 위해서 집회를 꽤 많이 했어요. 결국에는 사회문제화 되어서 정부에서 폐지했는데, 그 폐지하는 과정에서도 우리가 목소리를 내지 않았으면 안 됐을 거고. 그러면서 사람들도 규합해 내고, 버스 쪽도 같이 하려고 노력을 했던 거고.

노동운동의 정리

●●● 92년 말까지 활동하신 걸로 아는데, 왜 정리를 하신 거죠?

91년 파업하고 나서 감옥을 10월 말경 들어가서 92년도 2월 말에 나왔지요. 나와 보니, 그때 여러 가지로 사회변화가 가장 심했던 시기 같아요. 운동하던 사람들이 기대하고 로망으로 가졌던 사회주의 국가의 몰락은 많은 고민거리를 남겼습니다. 어쨌거나 저는 출소해서 서울택시노조에 복귀하여 한 3~4개월 더 활동을 했어요. 제가 택시에 8년 가까이 있었던 셈인데, 나의 역할에 대해 의문점이 생기면서 '나의 역할은 여기까지가 아닐까, 후배들을 위해서 나는 은퇴하는 게 좋겠다'는 판단을 했습니다.

그때 제 나이가 40대에 진입하거든요. 그리고 노동운동을 하면서 전문성이란 문제가 대두됩니다. 노동운동을 하거나 학생운동을 한 사람들은 전문성을 가지기 어렵거든요. 왜냐하면 일하기 가장 좋은 나이에 노동현장에서 일을 하니 전문성을 가질 수 없지요. 송영길 같이 머리 좋은 친구들은 노동현장에 있다가 다시 법을 공부해서 변호사가 될 수 있지만 모든 사람이 다 똑같을 순 없잖아요. 더 나이 들기 전에 나의 일을 찾아야 되는데, '내가 무엇을 할 수 있을까?' 그래서 늙어 죽을 때까지 할 수 있는 일을 찾아보자는 생각으로 노동운동을 정리했어요. 40대 들어가면서 나름 노후를 생각하게 된 거죠.

그리고 그때는 전노협을 중심으로 활동하던 시기인데 민주노총을 준비하는 거에 대해 여러 가지 고민과 갈등도 있었어요. 새 술은 새 부대에 담아야 하는데, 우리 택시노조에서는 민주노총을 준비하는 팀과 한국노총에서 변화를 꾀해야 한다는 팀으로 나눠졌어요. 문제는 힘이라고 생각합니다.

거기에 그때 사회주의권의 붕괴 영향이 굉장히 컸던 것 같고. 말하자면 목표, 지향점에 대한 상실감이랄까? 그런 게 좀 컸던 것 같아요. 그게 가장 마음을 힘들게 했었고. 그러면서 '이제 새로운 다른 일을 좀 찾아보자'라고 생각을 했던 거고. 92년 7월인가? 정리했어요.

●●● 노조활동을 정리하신 뒤에는 어떤 길을 가시나요?

양재동에서 슈퍼마켓도 해보고, 기획사도 해보고. 다 잘 안 됐어요. 그러다 나중에 폐타이어를 재활용해서 재생하는 산업에 관심이 있어서 해보았는데, 그것도 역시 잘 안 됐죠.

94년도에 '새사회연대'라고 김근태 선배와 같이 포럼단체를 만들었습니다. 포럼이란 말이 낯설던 시절인데 일주일에 한 번 사회의 유명한 교수 등을 모셔다 토론회를 갖는 그런 단체였지요. 그러다가 96년경 김근태 선배가 '국회의원으로 출마할 건데 좀 도와 달라'고 해서 제가 '1주일에 한 번 정도 함께 하겠다'고 약속을 해요. 결국 김근태 선배가 국회의원에 당선되고 의정활동을 하면서 '같이 일하자'고 해서 제가 보좌관 일을 했습니다. 2002년 김근태 의원이 대선에 출마하고 경선에서 꼴찌를 하잖아요? 인품이나 능력이나 대통령 감으로 대한민국에서 최고인데 대중들이 알아주지 않은 사람이 김근태인데, 참, 안타깝고 속상하고 힘들었죠. 그래도 김근태 선배랑 같이 일한 것은 저로선 무척 행복한 일이였지요. 노무현 정부 탄생하고 김근태 식구들은 찬밥이었습니다. 노무현 당선을 위해서 나름 경선이 끝나고 열심히 도왔고, 그러다 저는 운이 좋게 석탄공사 감사가 됩니다.

저는 처음부터 '정치인은 안 하겠다'고 생각했고, 그냥 김근태 선배와 함께 일한 거고, 그래서 나는 정치권에 몸담았다고 생각해 본 적이 없어요. 지금도 정치할 생각은 없고요. 아, 내가 해보고 싶은 거, 딱 하나 있어요. 시골동네 이장. (웃음) (이장 하시면 성품에 맞으실 거 같아요). 동네는 내가 잘 변화시킬 것 같은데, 아무튼 저는 정치하고는 안 맞죠.

●●● 70년대 일찍부터 노동운동하러 들어가신 분들과는 관계가 있었나요?

그렇죠. 개인적으로는 다 만나죠. 정윤광 선배는 지하철 노조위원장도 했었잖아요? (예. 89년에.) 그러니까 80년대 중반 이후에 만났는데, 그때 긴밀하게 만나서 지하철노조하고 택시노조를 바탕으로 해서 '운수업종에 새로운 노동조합을 만들어 보자'는 산업별운수노동조합 같은 얘기를 주고받기도 했고. 황인범 형 같은 경우는 제가 80년도 풀무원에 있을 때 만나서 노동운동에 대한 고민들을 끊임없이 공유했던 사람들 중에 한 사람이에요.

●●● 당시 활동하면서 후배들하고 관계는 어땠나요?

후배들과 관계를 계속 갖죠. 그중에는 좀 끊기기도 하지만. 후배라고 하면 강원대의 후배만이 아니고, 이런저런 사회적인 후배들이 많이 있죠. 그런데 당시에 후배들이 현장 들어가기 전에 '현장에 간다'고 떠벌리면서 선배들한테 돈 뜯으러 돌아다니기도 해요. 그러다가 돈을 지원받으면 몇 달 있다가 그냥 녹아웃knockout된 채 다시 나타나지도 않고. 심지어는 현장에 환멸을 느끼는 친구들도 꽤 많이 있었어요. 그러니까 아주 치밀하게 준비해 들어가도 사실은 다운되는데, 워낙 '가자'는 분위기가 84,5년에 엄청나게 컸잖아요? 그런 속에서 별의별 친구들이 다 현장 간다고 와서 고민하고 그랬죠.

1980년대 노동운동의 의미와 현재 삶

●●● 90년대 전반기까지는 노동운동을 하셨는데, 당시 노동운동을 한 거에 대해 어떻게 바라보시는지?

굉장히 어려운 질문인데, 저는 순간순간 내 나름대로는 최선을 다했다고 생각을 하고. 농담 삼아 '그런 시기가 다시 오면 나는 현장에 몸담을 거다'라는 얘기도 했어요. 그리고 제가 한편으론 자랑스럽게 얘기하는 거는 '그 시대에 열심히 살았다. 내가 나름대로 열심히 산 것 아니냐' 이런 거죠. 다른 어떤 사람들보다도 우리가 더 열심히 산 것 같고.

지금에 와서 돌이켜보면 직장생활하는 친구들을 만나면 사실은 대화가 안 됐어요. (그렇겠죠.) 고등학교 친구나 다른 사회친구 만나면, 뭐 아파트 값이 어떠니, 주식이 어떠니, 이런 얘기하니깐 대화가 안 되는 거죠. 그 친구들은 삶에 변화가 없어요. 그렇다고 지금 그 사람들이 아파트 열 채 가진 것도 아니고, 물론 한 개인으로서는 열심히 살았겠지만, 그래도 삶의 폭이 다르잖아요? 그래서 나는 그 사람들보다 더 다양한 경험도 했고. 그런 결과가 지금 내가 이 연탄나눔운동 하는 것이기도 하고, 그래서 감사하며 살고 있습니다.

아까 말한 것처럼 낙하산으로 석탄공사 생활을 하다 보니까 '야, 이거 내가 능력도 없는 놈이 정말 점프해서 높은 데 왔는데, 좀 부끄럽다.' 그래서 이렇게 주위를 보니까 어려운 사람들도 많고. '그래, 이 사람들을 뭔가 좀 도와주자' 해서 시작한 게, '남과 북을 같이 돕자'는 걸로 생각으로 발전한 거죠. 그래서 '따뜻한 한반도 사랑의 연탄나눔운동'이라고 이름도 지었어요. 그래서 친구 박우섭 씨가 인천 남구 구청장 하고 있었는데, '야! 너희네 동네부터 먼저 하자.' 그래서 첫 케이스가 인천 남구예요. 그리고 나도 이런 일을 해본 경험이 없잖아요? 어떻게 하는지, 누가 먼저 해본 사람도 없고. 그래서 처음에 가서 그냥 '가급적 연탄을 우리가 직접 손으로 나르자' 해서 한두 번 해보니까 할 만하거든. 그렇게 연탄나눔이 시작된 것이지요.

처음 북한을 지원할 때는 사실 굉장히 설레었어요. 그런데 다행스럽게 노무현 정부 시절 때라 남북관계가 화해분위기였거든요. 그래서 북한에 지원하러 가서 보니까 북한사람들도 똑같은 사람이고. 그런데 제일 먼저 지원에 대한 질문을 받은 게 '북한에도 연탄 때냐? 아궁이가 똑같으냐?'는 거였어요.

●●● 지금 하시는 그 일은 만족하세요?

만족하죠. 우리 단체가 나하고 사무총장 빼고 9명이 일을 하는데, 지금 전국에 지부가 25개 정도 돼요. 그런데 몇 년 전에 태안에 기름유출사고 났을 때 130만 명이 태안으로 자원봉사를 갔잖아요. 그걸 보고 제가 굉장히 놀랐어요. 그래서 '야, 올 겨울 되면 저 사람 중에 엄청난 사람들이 우리 단체에 몰려올 거다. 우리가 정말 단단히 준비해야 된다.' 그런데 그 예상이 딱 맞았던 거예요. 그 전까지만 해도 우리 자원봉사자 숫자가 5천 명 정도였는데, 그걸 기점으로 그해 1만 5천 명으로 늘어나요. 그리고 2008년에 우리가 함께한 기업이 한 320개, 그 다음에 자원봉사자 수가 한 3만 5천 됐단 말예요. 그런데 올해[2009년]는 함께 할 기업 및 단체도 더 늘어날 것 같고, 우리 활동에 함께 할 자원봉사자 숫자가 한 5만 명 정도 될 거 같아요.

●●● 와, 자원봉사 참여자가 엄청 많네요. 그럼 마지막으로 노동운동

을 하시다가 지금은 봉사활동을 하시는데, 현실 노동운동을 보면서는 어떤 생각이 드세요?

저는 돌아보니 노동운동을 한 이유가 가치적인 것도 있지만, 무엇보다도 삶도 어렵고 권리도 없는 노동자들하고 같이 한다는 게 컸던 거 같아요. 그래서 지금 노동운동을 하는 사람들이 시대에 저항해 열심히 산다고 보지만, 그래도 나는 '국민과 함께' 하는 관점을, 국민들 눈높이에서 바라보고 일을 해야 되지 않나 하는 생각을 해요. 물론 국민들을 우리가 다 수용할 수는 없잖아요? '압구정동 사람들하고 함께하자'는 건 아니고요. 내가 얘기하는 거는 '어려운 사람들의 눈높이에서 함께하자'는 거고, 그 사람들 눈높이에서 바라봐야 한다는 거죠. 그게 시대정신이 아닐까 생각합니다.

3.
최봉영의 구술생애사

• 최봉영의 살아온 길 •

1953년 경기도 의정부 출생.

1973년 고려대 철학과 입학. 10월유신반대시위 참여.

1974년 12월 시위 주도.

1975년 4월 반유신 도서관 철야농성으로 강제징집. 군복무 34개월

1980년 10월 복학생 시위 주도, 구속.

1982년 택시회사 운전사 취업.

1984년 동광운수 입사. 노조 위원장 선거에 참여, 노조 부위원장. 해고.

1987년 도봉구 창동 동아건설 입사. 노동조합 결성 참여. 기획실장. 사무국장.

1989년 수배. 8개월 도피, 구속. 집행유예. 해고무효소송 중에 동아건설 폐업.

1992년 민중당 참여, 지방자치제 출마. 이후 활동 정리로 생업.

⁂ 최봉영의 구술은 민주화운동기념사업회의 '1970년대 노학연대' 구술채록작업으로 2009년 11월 13일 민주화운동기념사업회의 회의실에서 진행하였다. 2015년 2월 11일 구술자의 수정·보완 및 검토 작업을 거쳤다.

성장과정

●●● 기억나시는 걸 편하게 얘기해 주시면 됩니다. 태어나신 곳은 어디세요?

경기도 의정부시에서 태어났습니다. 원래 어머니, 아버지는 북에서 월남하셔서 의정부에서 생활터전을 잡으셨어요. 그래서 나도 초등학교를 의정부에서 다니다가 중학교, 고등학교를 서울에서 다녔습니다.

●●● 집이 의정부인데 서울로 학교를 다닌 특별한 이유가 있었나요?

내가 5남 1녀의 막내였거든요. 형들이 '봉영이는 서울 가서 공부시켜야 한다'고 강력하게 밀어 가지고 서울에 있는 중학교로 진학했습니다. 그래서 의정부에서 서울로 통학하면서 버스나 기차를 타고 왔다 갔다 하는 게 무척 힘들었던 것 같아요. 그래서 서울에 사는 형의 집에서 살면서 학교를 다니기도 했고. 그런데 남아 있던 동급생들은 내가 의정부에서 서울로 중학교·고등학교 간 거를 무척 부러워했어요. 마치 우리 형편이 좋아서 내가 유학간 것처럼 바라봤던 거 같아요.

●●● 집안 형편은 어땠어요?

부모님이 조그맣게 음식점을 하셨는데, 사는 건 중간 정도나 될까? 그런데 워낙 자식이 여럿이어서 부모님이 학비 때문에 힘드셨어요.

●●● 그럼 대학교나 학과는 어떻게 선택하신 거죠?

내가 경복고등학교 다닐 때 고3 올라가자마자 몸이 아파서 학교 졸업을 할 수 있을지 걱정되는 상황에 몰렸습니다. 그래서 담임선생님이 '몸이 아픈데 학교 나오지 말고 집에 가서 쉬어라' 하고 배려해 주는 바람에 나는 '집에서 치료한다'면서 아프다는 핑계로 놀면서 무협지도 보고 소설책도 보았던 기억이 납니다. 원래 어려서부터 책은 좀 많이 봤는데, 중학교 때부터는 문학 소설을 많이 읽었고, 책을 읽는 데 좀 취미가 있었어요. 그래서 책에서 좀 영향받았던 거 같아요. 아프니까 할 것도 없고 하니 책만 본 거죠.

그러다 보니 졸업 때 수업일수가 부족했는데, 선생님이 배려해 주셔서 졸업을 시켜 준 셈이지요. 그런데 시험날짜가 다가오니까 나도 대학교는 가고 싶고 결국 입시 막판에 집에서 두어 달 공부를 했습니다. 1973년에 고대 철학과를 지원해서 들어갔습니다. 당시에는 그저 막연하나마 철학이 좋은 학문이라고 생각해서 지원한 거죠.

1974년 시위주도와 도서관 철야농성 싸움

●●● 문학 소년에서 철학 청년이 되셨네요. 그런데 73년이면 유신정권이 1년 지났을 때인데, 학교 분위기가 어땠어요?

학내 분위기가 뒤숭숭하고 어수선했죠. 당시 유신반대운동이 일어나기 시작했잖아요? (맞아요.) 유신이 72년 10월 달이니까, 73년도에 무슨 개헌청원서명운동인가 해서 재야에서 일어나고, 학생들도 자극받아 슬금슬금 행동하기 시작하면서 움직이면 구속되고. 그런데 73년도 2학기 10월 달에 우리 학교에서도 시위가 일어나요. 나도 그 시위에 열심히 참여했지요. 그러니까 좋더라고요. (좋다는 건?) 청년 학생들은 그런 게 있잖아요? 위험하기도 하고, 또 자기 인생이 걸린 문제임에도 불구하고, 막 나서서 행동하는 게 있다고. (정의감?) 그렇지, 정의감에서 앞장서는 것도 있잖아요. 그래서 막 쫓아댕기면서 '데모가', '최루탄가' 같은 노래도 배우고, 돌멩이도 던지고, 정의감에 불타는 청년학생이었어요.

●●● 데모 참여하셨으면 이념서클도 참여하셨나요?

그런데 나는 이상하게 운동권서클에는 별로 들어가고 싶지 않았습다. 서클에는 가입 안 했지만, 데모를 열심히 쫓아다니다 보니까 학생운동하는 사람들은 다 알고 지냈습니다. 그때 같은 과에 도천수라는 친구하고 얘기를 많이 했어요. 조성우 선배나 내 주변의 사람들하고 맨날 만나다시피 해서, 학교에 같이 있고, 밥 먹고, 술 먹고, 책도 같이 보고 그랬어요. 그러다가 내가 2학년 때인 74년도 12월 겨울이었는데, 내가 데모를 한 번 주도를 해요

●●● 74년이면 민청학련사건이 일어난 해죠?

예. 그런데 고대에서는 그 사건하고 관계없이 74년도 12월 달에 내가 철학과, 또 김성수 등의 의정부 동기들과 같이 팀을 짜 가지고 데모를 준비했는데, 실패한 건 아닌데 크게 성공하지는 못했습니다. 그때는 겨울방학이 막 시작되어서 학생들이 많이 안 모였어요. 오히려 학생처 교직원, 교수들이 새카맣게 몰려와 가지고 우리를 뜯어말리고 옥신각신하다가 강제해산되었습니다. 그게 사실 나에게는 아주 중요한 경험이 된 거였어요. 그러다가 75년 4월 달에 고대에서 데모가 크게 일어났습니다. 도서관에서 철야농성투쟁사건이 일어나는데, 그때 내가 농성현장에 마지막까지 남아 있었지요.

●●● 이 도서관 농성은 계획된 거였나요?

당시 고대 운동권 학생들은 다 '시나리오가 있었다'고 그러는데, 그건 그 사람들의 생각이고요. 나는 처음부터 끝까지 농성장에 있었던 사람이니까 내가 그 사건은 잘 압니다. 거기서 비상총학생회 의장으로 권순성을 즉석에서 뽑았고, 몇몇 열심히 참여하는 사람들이 농성 지도부가 된 건데, 그중에 나도 포함되었어요. 그리고 더 중요한 건, 농성자들이 스스로 철야농성을 결정해서 밤을 새우면서 다음날 오전 11시까지 농성을 계속했습니다. 그날 오후 4시인가? 긴급조치 7호가 발령되어 군인들이 학교로 진주하였습니다. 결국 농성은 해산되고 다 도망가고. 그러다가 75년 봄쯤에 한동안 잠잠하기에 별일 없을 줄 알고 나는 파주 광탄에 있는 우리 시골집에 갔었거든요. 그런데 그곳에서 연행당했어요. 그때는 구속이 아니고 구류처분 후 모두 강제징집 당합니다. 그래서 나는 구류 15일 살고 나왔는데, 딱 이틀, 준비할 시간을 주기에 눈물을 머금고 집에 들러 옷 갈아입고 조치원 예비사단으로 입대했습니다.

●●● 도서관 농성 때 운동권에서 시위 주도하는 지도부가 없었나요?

있었다고는 해요. 그런데 그때는 학생회도 없었고, 학내 어느 서클이 책임지고 주도하는 것도 아니었고. 모인 사람들이 열기가 어느 정도 오르니까 '도서관으로 가자' 이렇게 돼서 도서관에서 비상총학생회가 구성된 것입니다. 그러니까 경찰들이 그날 밤새도록 '바바리'[권순성], '빨간 잠바'[박구진], '야전 잠바'[최봉영]를 부르면서 이를 갈았다는 이야기가 전설처럼 남아 있어요.

●●● 그럼 시위의 출발은 누가 한 거였나요?

정확히 기억은 안 나는데, 시위는 7일날 오후에 아마 서클 쪽에서 시작했을 거예요. 그런데 도서관에 들어가 보니, 책임지고 대열을 이끄는 지도부가 아무도 없었습니다. 그 순간 평소 열심히 참가했던 학생들 10여 명이 즉석에서 지도부를 구성한 거예요.

●●● 이때 학생들은 어느 정도 참여했나요?

철야농성하는 사람이 족히 500명 넘었어요. 도서관 2층 홀이 꽉 찼으니까. 그 다음날 아침에는 학생 수가 더 불어나는 거지, 한 1,500~2,000명 정도까지 늘어났어요. 그때는 모두 유신에 반대하는 분위기니까, 시위하는 게 당연한 걸로 여기고 적극적으로 참여했고. 참여 못하는 학생들은 도망 다니는 사람들을 숨겨 주고, 시위하는 사람들과 그렇게 거리감이 있지는 않았어요. 오히려 심정적으로 '같이 못해서 미안하다' 이런 분위기였으니까.

강제징집과 1980년 10월 시위

●●● 군대 끌려가기 전에 경찰에 잡혀가서 조사과정은 어땠어요?

경찰들이 잡아다가 조사를 하면 '너 누구랑 친하지?' 이렇게 시작됩니다. 조직을 캐려는 것도 있고, 가능하면 운동권을 많이 엮으려고. 그때는 뭣도 모르고 사람들이 '나 누구랑 친하다'고 경찰에 써주면 바로 가서 그 학생을 잡아들입니다. 그러면서 하룻밤 정도 잠을 안 재우고 겁주고 진술서 받은 다음에 부모를 불러 각서받고 내보내는 일이 허다했습니다. 그 사람들은 자기네 임무겠지. 많은 사람들을 엮어서 겁을 주고, 시위를 예방하려는 의도 아니겠습니까? 그때 나는 그렇게 되는 줄도 모르고 그냥 멍청하게 운동권이 아닌 친구 이름을 알려 줬는데, 세월이 흐르고 나서 두 사람이 그때 나 때문에 끌려갔다는 얘기를 나한테 하더라고요. 그래서 나도 두어 명한테 미안한 일을 한 거죠.

●●● 강제징집 돼서 군대 가면 안에서 더 견제하고 그러지 않아요?

아, 군대 가니깐 좀 분위기가 서먹서먹했던 것은 사실입니다. 지금은 군대에 고학력자도 많지만, 그때만 해도 군대에 농촌 출신이나 집안 형편 때문에 학교를 못 간 사람들이 많이 와 있었어요. 그러니 우리 같은 사람들이 가면 '너는 귀족이다' 이거야. '나는 밥을 못 먹고 학교 갈 등록금도 없어서 여기 왔는데, 너는 학교 들어가서 데모나 하고 있냐' 그런 식이죠. 일부는 따뜻하게 대해 주는 사람도 있고, 또 일부는 아주 인간적으로 모멸하는 경우도 있었고요. 그런데 군대가 서열사회이기 때문에 높은 사람한테는 항의하고 토론하고 이런 게 안 됩니다. 윗사람들이 분위기 잡고 그러면서 가끔 매도 맞고 그랬습니다. (맞으셨어요?) 그때는 다 맞으면서 군대생활하던 시절이었습니다. 특히, 나는 더 맞지요. 나는 학생이니까 군대생활을 적응하기가 좀더 힘들었다고 봐야죠. 물론 빨리 적응하는 사람도 있었지만.

내가 근무할 부대를 찾아 9월 달에 강원도 전방으로 가는데, 거기는 그때가 한겨울입니다. (9월인데요?) 그럼요. 거기는 지대가 높기 때문에 날씨가 추웠어요. 그래서 처음에는, 참, 힘들었습니다. 그러다가 나중에 또 행운이 찾아오더라고. 어떤 고참들이 고생했다면서 나한테 약간의 기회를 줘요. 특혜는 아닌데 '너 이리와. 나랑 근무하자' 이래 가지고 내가 편한 데로 옮겼습니다. (웃음) 그게 무슨, 부정한 거래는 아닌데, 군대에 오래 있는 사람들이 '쟤는 고생 좀 했으니까' 하면서 좀 봐주는 거지요. 그리고 보안대에서는 나를 수시로 체크하는데, 보안대에서도 자기들 나름대로 판단한 거겠지, '얘는 그리로 가도 되겠다'고. 그렇게 75년도 5월 달에 군대 끌려가서 78년 3월 달쯤 나왔으니까, 34개월 근무했습니다.

●●● 78년 3월경 나오셨으면 유신 막바지로 가는 시점이군요. 나오셔서 집안에서 많이 불편하셨겠네요? 학교를 힘들게 보냈는데.

불편했지요. 아버지랑 갈등도 좀 있었고. 집안이 무진장 어려웠을 때였어요. 형이 사업을 하다가 실패해 파산하면서 우리집이 광탄이라는 시골로 내려가서 목장을 시작했어요. 그래서 저도 목장에 가서 소꼴도 먹이고, 일을 좀 도왔지요. 그때 내가 한 2년 동안 좀 방황을 한 거지. '공장을 가느냐, 마느냐' 이런 거 가지고 굉장히 고민을 많이 하고 집에서 책도 좀 보고. 그런데 집의 일도 도와야지, 부모님도 좀 걱정이 되지, 그래서 내가 결단을 못 내리고 시간을 좀 많이 죽였어요.

그러다가 80년 3월에 복학을 해 가지고 한 학기 잘 다녔습니다. 그런데 80년 10월 달에 전두환이 대통령이 되잖아요? (예.) 반대 데모를 해야 되는데 아무도 할 사람이 없었습니다. (80년 5월 투쟁에서 무너지고.) 그렇지요. 광주학살 일어나고 계엄령 선포되고 전국적으로 아주 공포 분위기가 조성되어서, 꼼짝 못하는 분위기였습니다. 그래서 '이거 두고 볼 수 있냐' 해서 복학생들하고 후배 몇 명하고 해서, 80년 10월 17일 날 시위를 일으켰지요.

●●● 그 시위상황은 어땠어요?

그날 학교에 '물 반, 고기 반' 식으로 보안대하고 사복형사들이 무지 많이 들어와 있었습니다. 구석구석 다 감시하고 보초를 서 있는데, 정말 꼼짝달싹 못했습니다. 원래 서관에 한 300명 들어가는 큰 강의실이 있었는데, 우리가 그곳을 점거하는 걸로 계획하였습니다. '강의실을 점거해서 거기서부터 시작을 한다'는 거였죠. 그래서 거기서 강의를 듣다가 중간에 딱 일어나서 '아, 강의 그만합시다' 하면, 그때부터 떠들면서 소리치고 노래 부르고 유인물 뿌리고 시작했습니다. 그러니 강의를 들으려고 수업에 참석했던 학생들은 크게 당황했어요.

아무튼 그 강의실이 약간 노출돼 있었는데, 거기서 소란스러우니까 학교에서 왔다갔다 하던 학생들이 다 모이면서 난리가 났습니다. 그래 그 강의실에서 스크럼을 짜는데, 일부는 빠져나가고. 우리는 서관 입구까지 학생들과 함께 나와 보니, 한 무리의 학생들이 저기 경영대 쪽에서 오고 있더라고요. 서관 입구에서 합류해 가지고 한 300명이 시위대를 형성했습니다. 그 순간에 사복형사들이 새카맣게 몰려왔지만 우리를 해산시키지는 못했습니다. 그래서 우리가 학교를 한 바퀴 돌아서 본관 앞에 왔을 때, 형사들이 시위를 해산시키려고 해서 몸싸움을 했어요. 그러니까 형사들이 그냥 우리를 짓밟고 들어온 거지. 그래서 거기서 깨졌습니다.

●●● 이 데모는 복학생들이 주도한 거라고요?

네. 복학생들이 중심이 되었습니다. 우리 73학번이 3명, 75학번이 2명, 그 다음에 76, 77학번이 각각 한 명씩, 79학번도 한 명, 이렇게 같이 한 거 같아요. 그때 그 일 때문에 8명인가 구속되었는데, 나, 도천

수, 박구진, 김관회, 이상진, 전성, 이상민, 박민서였어요. 나도 수경사에서 열린 군법회의에서 군사재판을 받았습니다. 그때 계엄포고령이 있었기 때문에. (아, 이때가 계엄령이 있구나.) 네. 그래 가지고 거기서 징역 3년 받았다가 고등법원에서 1년 6개월형을 받았지요. 8명이 재판을 받는데 정말 살벌했습니다. 우리 호송하는 헌병이 단검 꺼내들고 '죽인다'고 막 그럴 정도였으니까. 재판받을 때 우리 겁주려고 '떠들지 마라'고 그러더라고요. 그런데 재판이 시작되어서 구형, 선고 모두 1주일 만에 다 끝났습니다. '마지막 피고인들 할 말 없냐?'고 그러기에 내가 군인들 앞에서 무슨 용기가 있는지 대령인 재판관 앞에서 악을 썼지요. '전두환이가 대통령이 될 자격이 있냐?' 이런 식으로. (와~.) 그때는 내가 좀 기가 살아 있었지. 그 뒤에 고등법원 가서 형이 1년 6개월 확정되었는데, 실제는 한 10개월 정도 징역을 살았습니다.

노동현장 투신을 둘러싼 고민

●●● 78년 군대 제대하시고 광탄에서 집안 일 도우면서 진로를 놓고 고민하셨다고 했는데, 그 내용을 조금 구체적으로 말씀해 주시면?

구체적으로요? (예.) 다른 사람들은 초지일관 어떻게 영웅적으로 했는지 몰라도 나는 매순간 갈등을 겪었습니다. '이걸 계속 해야 되는 건가? 말아야 되는 건가? 나도 좀 편하게 살아볼까?' 뭐, 이런 생각도 있었고. '결혼도 해서 나도 가정을 꾸려야 되는데, 이거 어떻게 하지' 하는. (웃음) 그리고 집안이 무척 어려운 데다, 데모한다고 형들한테 비난도 많이 받았습니다. 형들이 '우리 집안은 그런 거 할 집안이 못

된다. 경제적인 여유가 없다'면서 뭐라 야단하고. 그래도 나는 운동을 계속 하고 싶은 생각도 있었고. 그때 내 나이가 군대 갔다 와서 78년이면 스물여섯 살인데, 적은 나이가 아니라고. 여러 가지 장애들이 나한테 좀 커 보였습니다. 그러면서 갈등이 깊어진 것이지요. 좌파식으로 말하자면 의식이 아직도 기회주의적이라서 그 장애를 넘지 못하는 나약한 지식인처럼 보였겠지요.

●●● 공장 갈 생각은 어떻게 하신 거죠?

아, 그거는 내가 그동안에 선후배들이나 동료들하고 운동에 대해 계속 얘기를 하고 있었으니까. 그때는 공장가는 거에 대한 얘기까지는 안 나왔고. 그 나이에 '사회주의혁명하겠다'는 생각은 하지 않았습니다. 사실 그때는 '유신이라고 하는 아주 강대하지만 무너뜨려야 할 장애물이 있었기 때문에, 그게 아주 시급히, 아주 빨리, 저걸 깨부숴야 한다'는 생각밖에 없었습니다.

그런데 그 전에도 똘똘한 사람들은, 아주 의식이 탁월하고 높은 수준에 있는 그런 사람들은 벌써 '공장에서 노동자를 조직해 가지고 새로운 사회를 만들어야 되겠다', '노동계급이 정권을 잡아야 된다' 이런 생각을 하는 사람들이 있었습니다. 그런 사람들이 있었지만, 나는 비교적 늦게 그런 생각을 했는지, 하여튼 군대 갔다와서 '학생들이 시위해 가지고 이게 될 일이 아니다' 이런 생각은 했었습니다. '이건 보다 장기적으로 가야 되는 거 아니냐.' 그러면서 그때 비로소 생각이 좀 질적으로 달라졌다고 할까요? 내가 지금 돌아봐도 그런 때라고 보여요. 복학하고 데모하고 또 징역갔다 나와서도 계속 갈등이 있었습니다. '바로 공장을 가느냐, 마느냐' 가지고. 사실 우리는 그때 좀 나이가 든 편이라 결정하고 행동하고, 그러는 게 상당히 좀 느렸습니다. 그러다가 택시에 들어갔습니다.

동광운수 취업과 노조활동

●●● 택시를 선택한 특별한 이유가 있었나요?

그때 내가 공장에 들어가기 어렵다고 생각했어요. 나이를 봐서도 그렇고. 그때 내가 무슨 자격증을 따 가지고 공장을 들어 가보려 했는데 실패했지요. 사실 그게 자격증이 있다고 되는 것도 아니더라고요 그래서 바로 택시회사를 선택했습니다.

거기서부터 이제 내가 새로운 세계를 접하게 됩니다. 그동안 대학교 또는 그런 활동 반경이라면, 좀 주제넘은 얘기지만, 주로 지식인들 속에서 있다가 내가 진짜 사회생활을 하는 평범한 근로자들을 만나기 시작한 거죠. 처음에 들어간 데는 친구의 매형이 기사로 근무하던 택시회사인데, 말하자면 알음알음 소개로 들어갔어요.

●●● 80년대 초반기는 택시가 많지 않았죠?

지금보다 많진 않았습니다. 이용객 수도 그렇고. 내가 그 회사 들어갔을 때가 82년도입니다. 그때 내 친구의 매형한테 '내가 대학생 출신이라는 거는 얘기하지 말고, 내가 운전면허 있었으니까 소개 좀 해서 일 좀 해봅시다' 그렇게 말한 거지. 그래서 거짓말로 이력서 써 가지고 입사가 되었습니다. 그런데 내가 1년 반 지나 안 건데, 이 매형이란 분이 내가 대학 출신이라는 걸 회사에 얘기를 했더라고. 그런데 회사 쪽에서 모르는 척하고, 나도 모르는 척하고 있었던 거야. 왜냐하면 내가 아무 활동도 안 했기 때문에 문제가 될 게 없었죠. 사실 내가 활동을 하는 것도 좀 무리지, 아무것도 모르는 사람이. 택시노동자나 회사에 대해 뭘 알겠습니까? 택시 운전하면서 길도 몰라 헤매는 사람인데. 그래서 내가 '지금은 활동할 때가 아니다'는 생각을 하고 애초부터 접었습니다.

그때 결혼도 했고 1년 반 동안 진짜 착실하게 근무했습니다. (생활인처럼?) 그렇죠. 그때 사람들의 조직이나 투쟁의 시각으로 보면 좀 어리숙한 거 같아도, 책상물림이나 하다가 택시일 하면서 1년 반 버텼다는 게 보통 일이 아니거든요. (그러니까요.) 내가 운전도 잘 못하는데 택시 끌고 다니다가 죽을 고비 몇 번 넘겼어요. 용케 사고가 안 나서 버틴 거지요.

1년 반 근무한 다음에 84년에는 신분을 속이고 창동의 동광운수라는 택시회사에 들어갔습니다. 기사가 모두 150여 명 되는 회사인데, 거기서는 내가 좀 움직여 볼 수 있겠다는 생각이 들었어요. 이제는 내가 운전 경험이 있기 때문에 초짜는 아니잖아요. 그래서 근무하면서 짬을 내서 슬슬 사람들을 만나기 시작하고 모임을 갖기 시작해요. 그런데 워낙 사람들이 비밀 같은 건 유지가 잘 안 돼요. 사실은 말을 못해. '무슨 계획을 세워 가지고 이걸 엎어 버리자' 이런 계획을 함부로 말을 못한다고. 워낙 입이 가볍다면 좀 모욕적인 거지만, 그 사람들이 그 얘기를 안 할 수가 있나? 열받고 그러면 '야, 어떤 놈이 지금 뭐한다. 저 사람이 말하는 게 좀 일을 칠 만하다' 이런 식으로 자꾸 얘기하면, 이게 다 회사측 귀에 들어간다고. 그럼 이제 회사가 주목하기 시작하는 거지. 관리자나 회사 사람들이 하는 일이 누가 문제 인물인가 아닌가를 파악하는 게 임무니까. 그래서 활동이나 말을 굉장히 주의해야 된다고. 그런 거 주의하면서 나는 그 사람들하고 술 먹고 어울리는 거를 잘했어요. 그러다 보니 친한 사람들이 서서히 생겼습니다. (사람들이 선생님을 편안해할 것 같아요.) 네. 내가 같이 근무하는 사람들하고는 굉장히 친했죠. 나는 또 목적이 있으니까. 그래 술도 자주 마시면서 이런저런 얘기를 하고. 그런데 거기서 노조 위원장 선거를 하게 됩니다.

●●● 그 회사에 노조가 있었어요?

있었습니다. 옛날에 택시회사에는 이름뿐인 노조가 흔했어요. 회사가 자꾸 노사협의를 권장하는 척하니까 노조가 있어야지요. 그래서 조합장 선거를 하더라고요. 내 생각에 뭔가 기회가 될 것도 같은데, '이걸 어떡하나' 고민하고 있는 찰나에 위원장이 되고 싶어 하는 친구가 하나 있었어요. 이 친구가 자발적으로 나를 찾아온 거예요. 찾아온 계기는 회사에 고참 한 사람이 나를 찍어서 '최봉영이 너를 도와주면 위원장이 될 거다'라고 말했답니다. 내가 사람들하고 많이 알고 굉장히 친하게 지내다 보니 그렇게 이야기가 된 거예요. 선거에서는 10표, 20표 이런 게 작용해서 결정이 달라지거든요. 그 기사가 날 찾아와서 '한번 같이 해보자'고 제안했습니다. 그래 '내가 당신을 믿을 수 있겠어요?' 그랬더니 '내가 최봉영 씨 배신하겠냐? 내가 회사 상대로 끝까지 싸우겠다. 절대 배신하는 일이 없다. 나를 믿어 달라' 큰소리를 치더라고요. 그런데 나한테도 선택의 여지가 없었습니다. 내가 위원장 나갈 것도 아니고 스스로 해보겠다는 노동자가 도움을 청하는 상황이었으니까. 그래서 '당신 말 믿고 내가 표를 모아 볼 테니 당선되면 잘하시라'고 해요. 그리고 그 사람이 위원장에 당선되면 내가 부위원장으로 노조에 들어가는 걸로 합의하고 내가 움직였습니다. 나도 직책을 가져야 되겠더라고요. 그런데 용케 당선이 됐어요. 몇 표 차이로 아주 간신히 이 사람이 당선됐어요. 약속대로 내가 부위원장을 했어요. 그때부터 회사에서 나를 주목하기 시작했습니다.

●●● 부위원장이 되면 노조에서 상근하는 건가요?

아닙니다. 거기는 조합 규모가 작아서 상근자가 없었어요. 그런데 회사에서 보기에는 별 볼 일 없던 기사가 갑자기 노조 위원장이 된 상황입니다. 회사에서는 이제 캐기 시작한 것이지요. '누가 뒤에 있냐' 의심하면서 조사하는데, 내가 회사측 망에 잡힌 겁니다. 경찰에 신원조회를 바로 했을 테고, 결국 나를 몰아내려는 시도가 시작되는 거죠. 그런데 내가 노조 부위원장이기 때문에 쉽게 자를 수가 없어요. (그렇죠.) 왜냐하면 무식하게 건드리면 해고무효소송감이거든요. 회사에서도 처음에는 신중히 접근했던 것 같습니다. 더구나 내가 노골적으로 활동을 안 하고, 조심스럽게 망을 보고 있었어요.

그러다가 막 노사협의를 하는데, 처음으로 내가 포문을 열기 시작해요. 거기서 근무한 지 1년 반 정도 됐는데 '여기서 한 번 싸워 보자' 이런 생각도 들었던 거 같고. 그래서 내가 위원장을 설득해서 노조 소식지를 만들어서 배포했습니다. (아하.) 소식지는 합법적이니 그걸 만들었다고 해고할 수 없잖아요. 그래서 소식지에 박노해 시를 갖다 실어 놓고. (웃음) 그랬더니 회사가 완전히 발칵 뒤집혔어요. '빨갱이 하나 들어왔다' 이렇게 보았던 것 같아요.

●●● 박노해 시는 당시 운전기사들의 정서에 맞죠. 그 사람도 운전기사 했었으니까.

그렇습니다. '새벽에 쓴 소주를 마신다~' 이런 건 택시 운전사들이 자기 일이거든요. 새벽 2시, 3시에 일 끝내고 와서 실제 쓴 소주 마시니까 바로 자기들 이야기입니다. '단칸방에서 이불 꿰매고' 하는 내용도 피부에 와 닿는 이야기였어요. 소식지 내고 노사위원회에서 내가 막 떠들기 시작하고.

그때 또 한 기사가 사건이 터져요. 새벽일 나갔던 기사가 운전하다가 사고를 내서 실명을 했어요. 그게 기사들한테는 심리적으로 충격이 컸습니다. 어느 현장이나 '사람이 일하다 다쳤다' 그러면 그게 나의 일 같고, 내 동생의 일 같고, 형의 일같이 생각되지요. 물론 개인이 졸다가 그랬는지 사고인지, 아무튼 근무 중에 일어난 불행한 사건이었습니다. 좌파들은 그런 거 안 놓치잖아요? 내가 지금 좌파는 아니지만, 그때는 좌파활동을 했기 때문에 그런 거 안 놓쳐요. 그래 내가 그때 대자보를 하나 붙였어요. '모금을 하자' 이런 내용으로. 그게 말이 모금이고 아무것도 아닌 거 같아도, 그 운전기사들한테는 생전 처음 보는 대자보였습니다. (그렇겠네요. 그동안 노조가 있어도 아무것도 안 했으니.) 자기들의 아주 어려운 현실 속에서, 노조가 이렇게 신경쓰는 것도 작은 감동이 되는 거예요. '우리 동료가 이렇게 무참하게 장애인이 됐다. 우리 돈이라도 걷어서 수술비라도 지원하자.' 회사에서 무지 싫어하는 움직임입니다. 회사가 보기에는 데모하자는 것보다 그런 게 더 나쁜 거야. (마음을 움직이는 거니까.) 그럼, 마음을 여는 거니까.

그때부터 회사가 노골적으로 나를 싫어했던 것 같아요. '최봉영이를 놔뒀다가는 안 되겠다'고 결심을 했는지 몰아내기가 노골화되었죠. 그때 나도 이제 '막판이다' 생각하고 계속 싸웠습니다. 싸우는데, 알겠지만 이게 공격이 어떻게 들어오냐면 나한테 들어오지 않아요. (주변 사람들한테?) 그렇지요. 위원장을 어르면서 대의원들한테 들어갑니다. 아마, 회사도 전문가들하고 상의하고 경찰들하고 상의하고 다 했을 테지요. 결국 회사가 나를 몰아내는 방법을 찾았어요. 내가 부위원장으로 자격에 문제가 있다고 시비를 걸었습니다.

●●● 부위원장 자격이 뭐가 있었죠?

대의원회의에서 동의를 해야 되는데, 그 절차 없이 위원장 임명으로 내가 부위원장이 됐으니 무효라는 거예요. 그래서 '이걸 추인을 할 거냐, 말거냐' 가지고 대의원대회에서 싸움이 붙었습니다. (웃음)

●●● 당시 그런 규정이 있었어요? 위원장과 러닝메이트로 나간 게 아니었어요?

내부적으로 아무 문제될 거 같진 않았는데, 노조규약이 그렇게 돼 있었습니다. 일부 대의원들이 '위원장의 부위원장 임명은 무효다' 주장하면서 '처음부터 다시 대의원대회를 통과해야 된다'고 해서, 다시 대의원대회를 개최하였답니다. 그때 대의원이 10명 있었는데, 그 10명이 내 문제로 밤새우며 새벽 1시, 2시까지 토론을 했어요. 그런데 5 : 5로 됐어요. 내 편이 5명이고 저쪽 편이 5명인데, 결론을 못 내리고 있었습니다. 나중에 내 편에 있던 한 사람이 돌아서는 바람에 나는 부위원장으로 동의를 못 받은 게 되어 버렸지요. 그 얘기는 '나가라'는 뜻이에요. 그동안 소식지다 뭐다 하면서 '자격이 없는 무자

격자가 조합원들을 선동한' 모양새가 됐고, 바로 그 다음날 해고됐습니다. (해고됐어요?) 예. 대의원대회에서 동의 못 받으니까 그 다음날 회사에서 나한테 차를 배정해 주지 않더라고. 그래서 내가 '왜 차를 안 주냐?'고 한번 대판 싸우고. 주위에서는 다들 안타깝지요. 같이 싸우자니 힘은 없고 자기들도 먹고 살아야 하니 안타까울 뿐이지요.

●●● 내부에 별도로 조직을 만들지는 않으셨어요?

거기에 친목회들이 있어요. 친목회가 다 나를 지지하는 세력으로 편성되었지만 내가 만든 조직은 아니지요. 더구나 나중에 상황이 급하게 되니까 친목회도 소용없게 되었지요. 나는 신분이 다 드러났고 그러니까 친목회 조합원들이 '기사인 나의 길과 대학을 나온 최봉영의 길은 다를 수밖에 없다' 그렇게 생각하는 것으로 파악됐어요. 그런 상황을 보면서 한 이틀 정도 생각해 보다가, 나는 '마무리 상황이 왔다. 이제 택시 운전사도 못해 먹겠다'고 판단했어요. 회사를 떠나기로 결심을 하고, 그렇지만 그냥 순순히 물러서면 안 되겠다는 생각을 해요. 회사 교대시간이 3시인데, 그때 조합원들이 다 모이는 시간이거든요. 그 시간에 유인물 배포하면서 '저는 여러분들을 원망하지 않습니다!'고 크게 소리 한 번 지르고 나왔습니다.

●●● 노조활동을 할 때, 목적이 뭐였죠?

그때는 내가 원대한 목표를 가지고 있지는 않았어요. 노동자계급을 조직해 가지고 혁명을 하겠다는 생각은 바닥에는 좀 있었지만, 지금 내가 하루하루 일하기가 힘든데, 그런 생각을 할 여지가 없어서 못했고. 하여튼 나는 그때는 적응과정으로 봤어요. 노동자가 되기 위한 적응과정. 그러면서 동광운수에 있을 때는 내가 '진짜 노동자'가 되고자 하는 열망이 강했어요.

창동 동아건설 입사와 노조활동

●●● 동광운수 나오셔서는 어떻게 하셨나요?

회사 나오고 두어 달 쉬었다가 87년 2월 겨울에 내가 동아건설 창동 공장에 들어갔습니다. 그때 공장 마당의 양지 바른 데가 따뜻했던 기억이 나는군요. 너무 추워 가지고 쉬는 시간이나 점심시간에 거기 가서 햇볕을 쬐면서 몸을 녹이고 그랬어요. (거긴 어떻게 알고 들어가셨어요?) 그 공장이 1986년 겨울에 노동자들이 한번 월급이 적다고 공장을 멈춘 적이 있어요. 거기서 더 큰 사건으로 발전하진 못했는데, 밤에 폐타이어를 불 지르고 싸운 사건이었다고 기억해요. 그런데 내가 쌍문동에 살다 보니까 늘 내 머릿속에 그 공장이 관심이 있어 남아 있었던 거죠. 택시 운전하고 다른 공장 경험을 해보고 싶었어요. 그래서 창동 동아공장에 취업하러 갔는데, 거기는 워낙 일이 힘들고 저임금이라서 사람이 필요해서 그런지 나이고 뭐고 따지지 않고 사지가 멀쩡해 보이면 근무시키더라고요. 거기가 나이 많은 노동자들이 대부분이라서 나한테는 일할 여건이 좋은 곳이었어요. 내가 나이가 있어서 젊은 애들이 많이 있는 공장에 들어가면 어울릴 수가 없는데, 거기는 나보다 나이 많은 사람들이 더 많은 데라서 괜찮다고 본 거죠.

●●● 거기는 노동자들의 평균 연령이 어떻게 됐어요?

그때 평균 연령이 한 40세 넘었어요. 거기는 보통 1주일에 한 20명이 들어오고 1주일에 한 15명 정도가 일을 그만두는 곳이더라고요. (아, 일이 힘들어서?) 예. 일이 진짜 힘든 데다가 임금은 너무 적고. 그런데 내가 거기서 일 배우겠다는 생각으로 들어가자마자 난생처음으로 진짜 힘든 일을 목숨 걸고 한 달 반을 했습니다. 볼트 조이는 기계가 있어요. 그걸 키보다 높이 번쩍 들고 천장에다 박는 일입니다. 전기 힘으로 하는 건데 기계가 보기 싫을 정도로 무거웠어요. 그러니 아무나 못하고 힘 좋고 덩치 좋은 사람만 시키는데, 나더러 그 조수를 하라고 합디다. 한 달 반 동안 나보다 나이 어린 사수가 시키는 대로 하면서 일을 배워요. 사수가 앞에서 하면 난 뒤에서 하고. 큰 상하수도관 있잖아요? 그걸 만드는데, 그 안에 철심이 다 들어가 있는데, 그걸 조여 가지고 양쪽에서 당기는 작업이에요.

내가 한 달 반 동안 그 무거운 걸 들고 하다 보니깐 허리가 부러지는 거 같은 통증이 왔거든요. 그래서 '세상에 내가 이렇게 힘든 일을 뭐 때문에 하지?' 투덜투덜대다가, 아프고 너무 힘들어서 결국 무단결근을 했어요. 하아, 또 고민이 되는 거야. 몸은 아프지, '이거 내가 할 수 있나, 없나' 막 이런 생각이 드는 거야. 결국 하루 쉬고, 그 다음날 그냥 공장에 나가 봤어요. 거기서 뭐라고 하나 들어보려고 갔는데, 부서의 주임이 나보고 '허리 아프면 며칠 쉬었다가 다시 와라' 그러더라고요. 나는 그냥 바로 그만두라고 그럴 줄 알았는데 말입니다. 솔직히 그 말을 기대하는 마음도 있었지요. (웃음)

●●● 일이 힘드니까 사람들이 자주 바뀌는 분위기라 주임이 그리 나온 거군요.

사람들이 자꾸 그만두다 보니 그 회사는 나 같은 사람도 아쉬운 겁니다. 내가 그만두겠다는 소리를 먼저 안 하고, 그냥 아프다고만 그랬더니 '그러면 한 이틀 쉬었다가 다시 와'라고 하면서 아주 따뜻하게 얘기를 해서 나는 속으로 좀 놀랐지요.

그 주임님은 지금도 나하고 산에 같이 다닙니다. (오, 그래요?) 그분한테 지금도 내가 가끔 이야기합니다. '아, 그때 주임님이 나를 나오지 말라고 그랬으면 내가 조용히 있는 건데 말입니다. 나는 거기랑 관계없이 끝나는 건데. 왜, 나보고 쉬었다 나오라 그래 가지고….' (웃음) 지금도 가끔 술자리에서 그런 얘기합니다.

그후 이틀인가 집에서 쉬니까 허리가 좀 나아졌어요. 그때부터는 조금씩 일에 적응이 되더라고요. 그런데 그 공장 노동자들은 술을 잘 먹었어요. (힘든 일을 하니까.) 네. 일이 지저분하고 힘들어서요. 그래 점심시간에 살짝살짝 숨어서 마시기도 하고, 오후 4시에서 4시 30분 사이, 30분 동안 참을 먹는 시간에도 숨어서 한 잔씩들 마시고 해요. 나도 좀 적응이 되니까 그런 게 좀 재밌더라고. 내가 술을 좋아하니까 술 마시는 자리에 어울리고 그러다 보니까 사람들하고 조금씩 친해지기 시작했습니다.

그러면서 87년 6월이 임박하잖아요? 6·29선언이 나오기 직전이었어요. 그때는 정권이 수세에 몰릴 때니까, 노동문제에 대해서도 유화적으로 나옵니다. 노동자들도 재빨리 그 힘 관계를 눈치 채요. 그래서 4월 달, 5월 달에 노조를 만들어 보겠다는 노동자들의 움직임이 상당히 빨라집니다. (아, 예.) 자생적인 움직임이에요. 그런데 그때 어떤 고약한 사람 하나가 위원장이 되겠다고 사람들을 막 규합하고 노조 설립신고를 한다는 소식이 파다했습니다. 그러면서 그 와

중에서 노조 준비하는 사람들 내부에 분란이 일어나고, 결국 주임으로 근무하던 단병호 씨가 그 중심이 됩니다. 앞서 설친 사람은 신뢰를 잃었고 단병호 씨가 중심이 되니까, 조합원들이 '아, 최 모라는 사람하고 빨리 얘기를 해보라'고 단 위원장한테 권유했다고 합니다. 어느 날 단병호 씨가 나를 만나러 와요. 그때부터 이런저런 사연이 만들어진 것이지요.

●●● 아, 그렇게 된 거구나!

그때부터 이제 노조를 어떻게 만들고 어떻게 운영하고 하는 문제들을 같이 고민했습니다. 단병호 씨가 내가 제안한 게 괜찮다고 생각하면 받아들였고, 그러니까 일사천리로 그냥 노조 만들고 만들자마자 파업하고, 잘나갔어요. 그러면서 갑자기 회사측과 노동자들의 힘이 공장 안에서 역전이 된 거예요. 그 전에는 나이 든 노동자들이 젊은 관리자들한테도 굽신굽신 거리면서 잘 보이려고 애를 쓰고 그랬거든요. 관리자들이 생사여탈권을 갖고 있으니까 회사를 나가라면 나가야 됩니다. 거긴 인사위원회도 없고, 그냥 완전 일용직 노무자 취급이었거든요. 단지 월급봉투에 회사이름만 적혀 있을 뿐이지 근로자들은 아무것도 아니었어요. 그런데 노조가 설립되고 단병호 씨가 위원장이 되면서 '우리도 사람답게 살아야 되겠다' 이렇게 선언을 하고, 깃발을 들었습니다. 나는 기획실장을 했고요.

●●● 노조 만들고 처음 맡은 역할이 기획실장이셨어요?

네. 기획실장으로 임명되자마자 회사가 주목하기 시작해요. '최봉영이 누구냐' 조사해 보니 위장취업이라는 게 바로 드러났습니다. 하지만 그때는 워낙 우리가 힘이 세고 노동자들 분위기가 좋았기 때문에 바로 나를 어찌할 조치를 취하지는 못했거든요. 나중에 내가 다른 경로로 얘기를 들었는데, 회사측에서는 나를 자르는 방법을 연구한다고 노동계 인사들을 찾아가서 묻고 다녔다고 합디다. 그 노동계 전문가가 '그 사람도 먹고 살아야 되는데 쫓아내면 어떻게 하냐. 지금은 옛날 같지 않으니까 그 사람을 살살 달래서 하든가, 아무튼 자르면 안 된다'는 식으로 얘기했다고, 그렇게 전해 들었어요.

그렇게 회사가 잠시 주춤하는 사이에 파업도 한 번 성공하면서 위원장은 물론이고 조합원들 모두 자신감이 붙었어요. 이것도 나중에 들었습니다만, 한 번은 단 위원장한테 나 모르게 회사측에서 협상이 들어왔다고 해요. '최봉영을 자를 테니까 노조는 좀 조용히 있을 수 없냐?', 단 위원장이 자기 소신도 그렇고 내가 필요하기도 하고, 합법적인 노조 간부를 자르는데 노조가 눈감을 수 없는 일이잖아요? (그렇죠.) 그러니까 단 위원장이 단호하게 '안 된다. 그 사람을 자르면 무조건 파업이다', 이렇게 말하니까 회사에서도 어쩔 수 없으니 물러섰다고 해요. 내 신분이 알려지면서 조합원들이 '우리 노조에 뛰어난 학출이 하나 있다', '믿을 만한 놈이 여기 들어와 있다' 딱 이렇게 말들을 하고 있었던 때라 나를 자르면 단 위원장도 위험한 거지. 그 다음 차례는 자신이 될 테니까. 그때는 참 좋은 시절이었는데.

그런데 그 뒤에 창동공장에서의 경험이 또 내 생각의 어떤 전환점으로 작용을 해요. 내가 그전까지는 노동자에 대해 무조건적인 신뢰를 갖고 있었다가, 이제 조금 다른 관점에서 보기 시작하는 거죠. 노동자를 불신한다는 것보다, 사람은 수시로 변한다는 걸 알기 시작한 거예요.

그러니까 노조 만들어지자 노동자들이 이제 공장에서 힘을 갖게 되었어요. 노동자가 주인이고 회사측은 찌그러진 거고. (예.) 그때는 우리가 과거에 못되게 굴었던 관리자들한테 '누구 나가라' 그러면 관리자들도 군말 없이 나가야 할 형편이었어요. 그때 난장판이지. 사무실에도 안전화 신고 들어가서 막 책상 걷어차고, 완장 찬 해방군처럼 대단했습니다. 일도 안 해요. 그래 가지고 오죽하면 내가 '노동자는 일을 해야 된다. 일을 안 하는 노동자가 어디 있냐? 이건 말이 안 된다'고 뭐라 하고.

위원장은 노동자 연대활동을 한다고 밖으로 돌아다니고, 또 전노협전국노동조합협의회 한다고 공장에 붙어 있지도 않고. 사실상 내 책임이 막중한데 이렇게 하면 안 된다고 생각했지요. 조합 간부들이 내 이야기를 존중했고요. 그래 우선 조합 간부들과 1주일에 두 번 현장에 내려가서 일하자고 합의했습니다. 내가 '일하는 노조 간부가 되자' 그래야 조합원들하고 관계도 깊어진다고 설득했는데, 실제로 그렇게 했어요. 위원장도 1주일에 두 번은 회사 밖으로 안 나가고 같이 일했어요. 게다가 그때 생산성이 마구잡이로 떨어지니까 무척 불안했습니다. 노동자들이 노동운동을 하면서 생산성은 떨어뜨리고 해방군처럼만 행동하는 태도는 스스로의 권위를 다 허물어뜨리는 게 아닌가, 많이 걱정을 했어요. 하여튼 그러면서 서서히 노조가 약화되는 느낌이 들기 시작했습니다.

그 와중에 몇몇 조합원들이 향우회를 만들기 시작해요. 이제껏 항상 몰려서 위축되어 지내던 사람들이 잘난 척하기 시작하는 거야, 너도나도 잘난 척하고. 이걸 폄하하는 건 아닌데, 서로 '서클을 만들고 그룹을 만들어서 한번 해야지' 그러면서 무슨 그럴듯한 이름을 내세우고, 그러면 그런 대로 영웅같이 보일 거고 또 자기 부인한테 가서도 자랑할 수 있고 좋아 보이잖아요? 선거할 땐 또 뭐를 주고받기도 할 수 있고. 또 그게 자주적이고 자율적인 실천적인 자세일 수 있어요. 여러 측면에서 볼 수 있다고. 그런데 여기는 작은 공장이라 노동자가 한 300명 정도밖에 안 되는 곳인데, 그냥 너도나도 향우회를 만들어 가지고 자기네들끼리 몰려 다니면서 난리를 치면서 분파를 만들었어요. 이제 서서히 노조를 우습게 알기 시작하는 거예요.

그래서 당시에는 이런 모습을 그냥 놔둘 수 없다는 판단이 들어서, 내가 향우회 추진 세력하고 싸웠습니다. 일부에서는 '싸워도 소용없다'고 하고, 또는 '향우회는 큰 문제가 안 된다'고 지적하는 사람도 있었어요. 그런데 나는 동의하지 않았습니다. 내 생각에 향우회는 자기 발등에 도끼 찍는 분파행동이라고 판단됐거든요. 분파행동이 거듭되다 보면 노조를 우습게 알기 시작할 거고 거기에 향우회끼리 경쟁할 거고, 그러면 결국 노조가, 회사가 원하는 상황, 즉 힘을 잃게 되는 분위기로 갈 것이 뻔해 보였습니다. 호남과 영남향우회는 일찍 결성되었고, 마지막으로 충청향우회를 만들려고 작당하는 조합원들하고 식당에서 맞붙었어요. 내가 식당에서 밥 먹다 말고 공개적으로 '충청향우회 만들어지면 내가 노조에서 손 떼겠습니다'고 선언했지요. 지금 생각해 보면 과한 행동이었는데. 하지만 내가 가지고 있는 수단이 달리 없었거든요. 원래 그 다음날이 향우회 창립총회였는데, 하루 지나서 보니 진짜 창립총회를 하는 거예요. 그래서 나는 노조에 사임을 하고 현장으로 내려가서 열심히 일만 했습니다.

그랬더니 조합원들은 불안해하고 회사에서는 무척 좋아했어요. 그러면서 '단 위원장하고 최봉영이하고 사이가 나빠진 거 아니냐?'

는 등 여러 소문이 나돌았습니다. 내가 한 3개월 정도 노조 밖으로 나와 있었는데, 조합원들의 불안감이 점점 커졌어요. 단 위원장도 나한테 '생각을 바꾸고 다시 한 번 같이 해보자'고 그러더라고. 그 사이 단 위원장은 외부활동에 더 바빠져서 우리 노조활동이 거의 진행이 안 되었어요. 그러니 나도 속으로 노조를 걱정하고 있던 상태라, 못 이기는 척하고 다시 내가 노조로 들어왔습니다.

동아건설노조 파업과 구속

●●● 동아건설 노조에서 파업을 크게 한 걸로 아는데, 어땠어요?

노조 결성하면서 파업을 두 차례 성공적으로 했어요. 그리고 내가 노조 복귀한 다음에 세번째 파업을 해요. 세번째 파업이 89년인가? 내가 사무국장을 할 때입니다. 노사협의가 결렬되고 파업이 시작됩니다. 그때가 89년 1월인가, 2월인가 추운 겨울에 파업을 해요. 노조원들이 첫번째, 두번째 파업 때는 그냥 신나서 했는데, 세번째 때는 회사에서 공세적으로 나오거든요. 그래서 세번째 파업은 아주 어려운 싸움이 됩니다. 회사에서도 완강했습니다. 정세변화를 읽었던 거 같아요. 사실 노조 입장에서는 세번째 파업은 타협하고 끝냈으면 했었는데, 회사에서는 '이젠 노조를 깬다'는 판단이 선 것처럼 타협을 안 하고 요지부동이더라고요. 아무튼 한 달 정도 파업대오를 유지하면서 버티는데, 그때 전국적으로 노조 간부 수배령이 내려졌습니다. 전국 사업장에 침투한 50여 명의 활동가들, 위장취업자들을 솎아 내겠다는 공안 차원에서 [내려진] 결정이에요. 결국 그 수배령 때문에 나는 노조 간부들의 권유에 따라 공장을 빠져나갔습니다. 그때 노조 간부들 회의에서 '이 파업은 성공할 가능성이 별로 없다' 이렇게 판단하고 '사무장만이라도 빠져나가서 뒤에 다시 도모하자' 이렇게 의견이 모아졌던 거예요.

●●● 아, 89년 1월과 2월 사이에 세번째 파업을 한 거네요.

예. 그때 단병호 위원장이 전노협 관련으로 수배 중이었기 때문에 부위원장이 위원장 권한대행을 맡아서 하고 있었거든요. 내가 빠져나갈 때, 그 부위원장으로부터 도피과정에 쓰라고 30만 원인가 얼마를 받기도 했어요. 한 8개월 도망 다니면서 사실 물밑으로 조합원들을 계속 만났는데, 무력감이 상당히 느껴졌습니다. 그런데 그 상황에서는 내가 뭘 할 수 있는 뾰족한 수가 없더라고. 그때 내가 지하조직이 있어서 그 조직의 도움을 받는 것도 아니고, 나는 간간이 '기죽지 말라'고 소식지를 뿌리는 정도였거든요. 결국 8개월 정도 도망 다니다가 내가 지치기도 했고, '아, 이거 계속 도망 다니는 게 무슨 의미가 있나. 뭐 삼천리 금수강산 유랑 다니는 것도 아니고, 이건 안 되겠다' 싶어서 어찌할까를 고민해요. 그때 동구권이나 소련도 무너지면서 생각이 혼란스러워졌습니다. 도피 중에 지인들하고 많은 대화를 나누었는데, 계속 도망 다니는 투쟁이 실익이 없겠다는 판단을 얘기하고 동의도 받고. 그래서 도망 다니는 거를 정리하는 게 낫겠다는 결론을 얻었습니다.

●●● 이때 만난 주변 사람들은 이전부터 만나왔던 지인들을 말씀하시는 건가요?

동기나 선후배들이라고 생각하면 됩니다. (예.) 그래 정리하는 걸로 해 가지고 내가 89년 10월 달, 그날 굉장히 추웠어요. 그날 나는 공장에 들어가서 영웅이 한 번 되는 것이에요. 전경들이 겹겹이 포위한 가운데 나를 지지하던 조합원들과 함께 눈물을 흘리고 구호도 외치고. 동아 창동에서 내가 들었던 깃발을 내리는 의식을 마무리하는 거죠. 그때 나를 지지하던 50여 명 조합원들이 노조사무실 앞에 다 모였습니다. 거기다가 나를 반대하는 사람까지 모였거든요. 그 사람들이 조합원들하고 나한테 고춧가루를 막 뿌리고, 그래서 공장본부 앞에서 마지막 몸싸움을 하다가 끝났습니다. 경찰이 공장 안으로 들어와서 나를 잡아채는데, 조합원들도 울고 나도 울고 하니깐 경찰이 기회를 주더라고요. '5분 줄 테니까 하고 싶은 말 하고 가자'고 그러더라고요. 그래서 내가 '지금은 패배하는 것 같지만 또 기회가 올 거다. 억세게 살아남아서 나중에 보자' 그런 얘기를 한 다음에 연행돼 가지고 징역을 살아요. 그때 북부지원에서 재판을 받았는데, 그 판사가 나를 집행유예로 풀어주었습니다.

●●● 그때 수배되고 연행된 근거가 뭐였나요?

노동조합법 위반, 노동쟁의법 위반, 파업하면서 뭐를 때려 부쉈다고 폭력, 이런 건 다 상투적인 것들입니다. 재판을 하는데 판사가 나한테 검찰측 증인을 심문할 수 있는 기회를 주었어요. 그래 검찰측 증인으로 노조 간부들이 나왔습니다. (아.) 나한테 변호인이 있었는데, 그 변호인이 피고인 직접심문을 신청을 했지요. 변호인이 나와 접견하면서 '질문사항을 준비하라'고 하더라고요. 그래 내가 밤새도록 고민이 되었습니다. '내가 저 사람을 상대로 해야 하나?' 아주 뭣 같은 경우인데, 나도 좀 가슴에 분노가 일잖아요? '그 사람이 어떻게 나를 징역 보내려고 검찰 쪽 증인을 서다니' 그것도 좀 서운했고요. 그래서 내가 증인 심문을 하겠다고 했어요.

●●● 변호사를 통해서 증인 심문하는 것도 아니고 본인이 직접?

직접 했습니다. 검찰측 증인이 내가 공장 빠져나갈 때 도피자금 줬던 부위원장이었습니다. 그러니 얼마나 황당합니까? (그러네요.) 그때 당시 나하고 같이 활동했던 간부들 중 몇 명이 검찰측 증인으로 진술했습니다. 내가 사상이 좀 안 좋고 어쩌고. 허허.

●●● 노조 간부들이 검찰측 증인으로 그걸 입증하러 나왔던 거예요? 말도 안 돼.

말도 안 되는 일이지만 그들도 나오고 싶었겠습니까? 이 세상은 말도 안 되고 이해할 수 없는 일의 연속이에요. 지금은 나는 그렇게 생각합니다. 여하튼 그때는 그것도 나름대로 좋은 기회였어요. 조합원들이 방청하기 위해 많이 왔고 운동권 사람들도 많이 왔어요. 나도 그때는 이름이 좀 있었다고 하더라고요. (웃음) 부위원장이 검찰측 증인 중에서는 제일 지위가 높고 위원장 대행을 했으니까 중요한 사람입니다. 그 사람을 내가 심문한 거지요. 그런데 그 상황에서 부위원장이 내 질문을 피해갈 수는 없지요. '내가 그렇게 빨갱이 같으냐? 여기 현장상황이 너무 어렵고 힘들기 때문에 나는 뭔가 도움을 주려고 그렇게 한 거 아니냐?' 질문하니까 부위원장이 '맞다'고 답했어요. 노동자들이 재판의 증인으로 나서는 일이 사실 많지 않아요. 이 사람은 본의 아니게 젊은 검사한테 걸려서 끌려 나와 가지고, 내 얼굴을 똑바로 쳐다보지도 못했습니다. 그 다음에 '공장에 생산량이 너무 떨어져 가지고 내가 조합원들에게 일하자고 독려한 일 기억합니까?' 물었더니 '기억한다'고 답했습니다. 그리고 '공장 빠져나올 때 돈 주면서 나한테 뭐라고 말했습니까? 잘 피해 다니라고 그랬잖아요. 그 사실 있습니까, 없습니까?' 그랬더니 '있다'고, '그런데 어떻게 검찰측 증인을 서요?' 그랬더니 말문을 닫았습니다. 비슷한 질문 10여 가지 하고 나서 끝에 내가 결론으로 '지금도 내가 처벌받기를 원하십니까?' 그랬더니 '아닙니다'라고 대답했습니다. 그 질문이 그때는 핵심인데, 검찰측 증인으로부터 처벌을 원치 않는다는 답이 나왔던 겁니다.

그러니 판사도 나를 징역 주기가 어렵게 되었지요. 그런데 안 줄 수도 없는 상황이고, 아무튼 거기서 검사가 그냥 묵사발이 되었어요. 옆에서 보니 젊은 검사인데 씩씩거리고 있더라고요. 나는 그 법정에서 본사 관리부장도 직접 심문했어요. 지금 기억에 남는 질문은 '지난 6년간 공장에서 사고로 몇 사람이 죽었는지 아느냐?'고 물었더니 '모른다'고 답을 합디다. '내가 가르쳐 주겠습니다. 6명입니다'라고 말하면서 좀 면박을 줬던 기억이 있네요. 결국 집행유예 판결받고, 구속 5개월 만에 징역에서 나왔습니다.

●●● 그때 감옥에서 나오셔서 동아건설은 정리가 되신 거예요?

하나 남은 과제가 있었어요. 해고무효소송이라는 법정투쟁을 해보려고 했습니다. 왜냐하면 내가 해고무효소송에서 유리한 게 하나 있었어요. 단체규약에 '노조 간부는 노조의 동의 없이 해고 못한다' 이 조항이 있었어요. 노조가 잘나갈 때 단체규약을 아주 잘 만들어 놨습니다. 그래서 당시 그 조항이 전국의 많은 노조에게 퍼졌어요. 내가 비록 공장을 빠져나가는 바람에 무단결근을 한 8개월 했지만 사무국장이므로 나는 노조의 동의없이 해고하면 안 되는 간부였거든요. 그걸 가지고 싸웠는데 내가 1심에서도 지고, 2심에서도 졌습니다. 재판부는 노조규약을 인정 안 하고. 그러다 회사가 최종적으로 법정관리 후 청산되었어요.

●●● 그러면 단 위원장이 대외활동할 때 발언력을 가질 수 있는 것은 무엇 때문이었죠?

예전 노조 하던 사람하고는 질이 다른, 등장하는 배경으로만 본다면 노동자들과 소위 재야운동가들의 신뢰를 받을 수 있었다고 생각합니다. 연대활동도 열심히 하다 보니 재야운동가들도 많이 도와주었어요. 노조가 안정되었다는 점도 도움이 되었겠지요. 단 위원장을 포함한 조합 간부들이 같은 업계 노조 방문도 빈번히 했거든요. 지역뿐만 아니라 전국적으로 다녔어요. 나는 주로 시멘트 콘크리트 공장이 많은 충청도, 경기도 북부, 이런 곳을 자주 방문했습니다. 지원하러 가서 꽹과리 치고, 조합원이나 노조 간부들 교육하러 가고. 노조가 잘나갈 때는 회사가 간섭 못합니다. (그렇죠.) 그런 지원방문도 노조활동의 일환이거든요. 노조에서 강사 초청하는 형식으로 공장에서 들어가서 점심시간 같은 때, 한 30분 정도 교육합니다. 그럼 그 다음에 거기서 싸움이 일어나곤 했습니다. 그 업계에서는 최봉영이가 아주 죽일 놈이 된 것입니다. 지금도 기억하는 사람이 있는데, 콘크리트업계 2세 경영인 중에 내가 아는 사람으로부터 들었는데, '꽹과리 소리만 들으면 아주 불안했다'고 하면서 나를 '웬수'로 알고 있었다고 해요.

●●● 그런데 동아 창동공장에는 선생님 말고 다른 학출활동가는 없었어요?

지역에서 왔다갔다 하던 활동가들이 있었고 나도 그런 단체나 사람들을 더러는 알고 있었지만 같이 대화할 만한 사정은 아니었던 것 같아요. 공장에서는 김유천이라는 학생 출신 노동자가 나보다 조금 뒤에 입사했는데, 조합 간부로 활동하면서 조합 발전에 크게 기여했어요. 특히 그 조합 간부는 내가 수배되어 공장을 떠난 이후, 아주 어려운 상황 속에서 반대파들에게 테러를 당하면서도 열심히 조합원들을 교육하고 조직하려고 애 많이 쓰다가 결국 해고당했습니다.

민중당 참여와 노동운동의 정리

●●● 노조를 나오신 다음에는 어떻게 하셨어요?

그 다음에 나한테 진짜 생각의 전환이 오기 시작했습니다. 내가 노동자들한테 두 번 들려나오잖아요? 택시운전 할 때 동광에서도 노동자들한테 들려나왔고, 그리고 동아건설에서도 내가 들려나왔습니다. 내가 노동자들한테 들려나왔다는 게 마음의 짐이 좀 되었다고 할까? 이걸 어떻게 해석할 것인지. 그래도 나는 노동자들을 원수로 여기지 않았습니다. 지금도 그때 반대파들도 내가 다 이해하고 그분들 결혼식에도 내가 가고, 누가 아프다고 하면 병원에 위문도 가고 합니다. 그게 사람마다 다 강조점이 조금씩 다 달라요.

또 징역 갔다오면서 내가 마음 한구석의 깊은 곳에서 흠모하고 있던 사회주의혁명이라는 문제가 이게 역사적으로 실험이 끝난 건지, 결론이 난 건지, 아무튼 자본주의가 압도한 건지, 어떻게 표현해야 하나? 나는 학자는 아니니까. 여하튼 고민을 많이 하다가 '그 이념은 이제 내가 계속 추구해야 될 가치는 아니다' 이렇게 판단했습니다.

그럼에도 계속 번민을 하고 있었는데, 그때 개인적으로 내가 존경하는 선배가 있었어요. 그분이 나한테 민중당 활동을 같이 하자고 제안합니다. 그 선배하고 대화를 많이 나누었어요. 그분의 생각은 민중당을 통해 제도권에서 좌파적 가치를 좀 구현해 보기 위해서 합법적인 정당의 조직을 차용하는 식으로 가는 거였어요. 사실 나는 민중당이 그리 큰 희망을 가진 조직은 아니라고 보았으니까, 민중당에 대한 내 소신은 약한 거죠. 그런데 내가 개인적으로 그 사람에 대한 믿음이 있고, 그것도 하나의 모색인데 크게 잘못될 것도 없겠다고 생각해서 합류했습니다. 그쪽에 지구당이 생겨 가지고 거기서 같이 뭔가를 만들어 보려고 노력했어요. 그분이 위원장하고 내가 부위원장인가 하고. 그렇게 있다가 민중당에서 92년도 최초로 지방의회선거에 참여해요. 그런데 민중당이 좌파적인 가치를 내세우고 투쟁경험을 가진 사람들이 모였는데, 막상 지방의회선거에 나갈 수 있는 사람이 없는 거예요. 일단 거물들은 다 국회의원 나간다고 그러지 지방의원으로는 나가려고 하질 않았어요. 그러니 민중당에서는 나 같은 후보가 없었던 거예요. 그래서 내가 지방의회 출마를 결심하자 당 지도부가 좋아했던 기억이 있습니다.

●●● 그 선거 이후에 민중당도 문을 닫죠?

네. 민중당 선거 끝나고 나서 내가 해볼 건 다 해봤다는 생각을 합니다. 그리고 나도 결혼을 했으니 애들이 있는데, 이제 생활을 챙겨야 되겠다는 생각을 했습니다. 그래 내가 조용히 생활인으로 정착할 때가 되었다고 생각했죠.

운동 경험에 대한 현재의 생각

●●● 노동현장 투신과정이나 현장활동들을 보면 개인적으로 활동했던 방식인데, 그때 다른 분들은 조직적으로 활동하잖아요? 지금 돌아와서 이런 활동 방식을 보면 어떤 거 같아요?

창동에 있을 때 활동가들이 지역조직을 만들어 같이 하자고 몇 차례 찾아온 적이 있었습니다. 또는 자기들이 만든 '유인물을 현장에 좀 뿌릴 수 없겠냐?'부터 해서 '대화를 좀 하자' 하는 식으로 다가오기도 했거든요. 그런데 내가 '그럴 단계도 아니고, 그럴 필요도 없다' 이런 식으로 끝냈어요. 일부 사람들은 '최봉영, 저거 아주 자유분방한 놈이다' 이렇게 욕도 하고 비난도 더러 하고 그랬을 겁니다. 그런데 내가 그때 사심이 있어서 그런 것도 아니고, 나는 늘 '그들이 청년, 지식인들로서 꿈을 꾸는 거 같다'는 생각을 많이 했습니다. 우리가 흔히 생활에서 '잘난 척한다'는 표현 많이 쓰잖아요? 잘난 척이란 말은 좀 개념적으로 정리를 해보면, 이게 아는 거에 비해서 주장이 많은 경우입니다.

그런데 내가 보기에는 나도 그런 대상자지만, 우리가 너무 지식이 짧고, 과거를 해석하는 관점이라든지 미래를 내다보는 관점이라든지 현실을 분석하는 게, 너무 부정확했어요. 나도 학생 출신이기 때문에 뭔가 좀 깬 게 있어 가지고 노동자들이 권리의식이라든지 정치의식이라든지 이런 거를 일깨우는 데 일부 도움을 주었다고는 볼 수 있지만, 그게 절대적인 게 아니거든요. 이렇게 표현하면 맞을까요? 노동자들은 날씨와 같아요. 비올 때가 있고, 햇빛 화창할 때가 있고, 이슬비 올 때도 있고. 알 수가 없어요. 대중도 그렇고 지식인도 그렇고. 누구든지 사람은 조건에 맞게 수시로 변하기 때문에 경험이 일천한 학생 몇 명이서 조직해 가지고 뭘 한다는 생각을 나는 처음부터 좀 회의적으로 보고 있었어요. 그래서 나는 내 방식대로 해본 것이에요.

●●● 음, 운동의 출발 자체가 그랬는데, 초기 그런 판단을 할 수 있는 근거가 있었어요? 역사적인 근거라든가 현실적인 근거라든가.

우리나라 사회주의운동사나 8·15에 일제가 패망한 이후 자주 보이지만, 정말 단체도 잘 만들어 활동하고 거둔 것도 많고. 그런데 무수히 깨지더라고요. 힘 있다고 하는 사람들은 무슨 대단한 뭘 만드는 것처럼 생각하고, 의미부여를 하고 그렇게 합니다. 단체 잘 만들고 지식인들끼리만 노는 역사는 과거 코민테른에서 지적받은 세계적으로 유명한 취약점입니다. 그게 사람들의 잘못이 아니라, 사람들이 늘 그래요. 물론 조직이나 이론이 중요하다는 주장을 부인하지 않습니다. 다만 가능하지 않는 큰 꿈에 동의할 수 없다는 생각입니다. 나는 유명해지지도 않았고 국회의원이 되지도 않았고, 내가 무슨 이론가가 되지도 않았어요.

나는 지금 아무것도 아니지만, 지나간 시절의 내 경험을 통해서 내가 얻을 수 있는 거는 뭐랄까? 사람 보는 눈이 비교적 좀 솔직해졌다고 그럴까요. 아주 미약하지만 조금 정확해졌다고 할까요. 그게 내가 얻은 성과로 알고 있습니다. 아직도 멀고도 멀었지만요.

●●● 아까 말씀하셨던 두 번에 걸쳐 노동자들이 선생님께 등을 돌린 일이요… 상처가 되었을 텐데 그래도 긍정적으로 받아들이시는 게 있네요.

쉽게 용서가 안 될 텐데도 내가 받아들입니다. 용서하기보단 그건 좀 건방진 얘기고. 이해하려고 노력합니다. (네. 그러신 거 같아요.) 하여간 사람을 제대로 볼 수 있는 게 쉽지 않아요. 설사 조합원들이 나를 내쫓았다고 하더라도 뭔가 이해할 만한 이유가 있지 않았을까요? 회사가 망하고 일터가 없어지면 밥줄이 끊어지는 판인데, 높은 수준의 의리를 요구하기가 어렵지 않았을까요. 좋은 시절 열심히 앞장서던 노동자들이 상황이 어려워지면 쉽게 돌변하는 경우도 자주 보았거든요. 노동자 출신 노동운동가들의 위선과 학생 출신 노동운동 경험자들의 위선이 내용적으로 다르지 않다고 생각합니다. 회사측의 압력에 굴하지 않고 끝까지 싸우는 자세가 혁명적이고 미덕이지만, 실제 상황에선 아주 어려운 문제입니다. 역사가 우여곡절 끝에 원하는 방향으로 간다고 할까요. 지금은 재판 때 검찰측 증인으로 나온 부위원장도 이해하려고 노력합니다.

●●● 과거 그렇게 운동했던 것에 대해 지금은 어떤 생각을 하세요?

내가 옛날부터 '조직운동 한다'는 사람들하고는 약간 거리감을 두고 살아왔어요. 어떤 때는 좀 외로울 때도 있지만 그래도 적대적으로 판단하지 않고 지나간 경험들을 통해서 내가 자꾸 되새겨 보고, 인간에 대해 생각합니다. 후회는 없고요. '성공이다. 실패다' 같은 표현도 불필요한 거 같습니다. 그 시절에 수준이 높거나 낮거나 내 조건에 맞게 선택하고 행동에 나섰던 거니까요. 동광운수와 동아건설 창동공장에서의 경험은 노동자들을 도왔다기보다는 그들이 나를 가르친 역사입니다. 또 남편의 선택 때문에 겪어야만 했던 내 처의 고달픈 인생역정을 통해서도 많은 걸 깨달았습니다. 그런 가르침과 깨달음이 있었기 때문에 지금까지 내 위치를 찾아서 살 수 있는 거 같습니다. 창동공장 이후 운동을 청산했다는 비판도 겸허하게 받아들입니다. 다만 저를 비판하는 분들도 운동하는 척하면서 살지 않겠다는 저의 의지만큼은 이해해 주시길 바랍니다. 을지로 인쇄골목에서 처와 함께 아등바등 살면서 인생이 무엇인지 계속 생각하겠습니다.

4장

1980년대 학출활동가들의 구술생애사

1979년 말부터 시작된 반독재 저항운동은 1980년 5월 '서울의 봄'을 통해 봇물처럼 터져 나왔다. 그러나 5월 15일 서울역 집회를 통해 그 비조직적인 한계를 드러냈다. 뒤이은 1980년 5월 18일 광주민중항쟁은 학생운동 세력에게 큰 충격을 안겨주었다. 이런 상황에서 태동한 1980년대 학생운동은 여러 대학으로 확산되었고, 사회과학 서적이 보급되기 시작했다. 언더서클이란 이름의 이념서클에서는 보다 체계적인 사회과학 학습이 진행되었고, 점차 직업적 혁명가 양성을 목적으로 삼기 시작했다. 이러한 활동을 바탕으로 1980년대 학생운동은 사회변혁을 꿈꿨고, 그 주체인 민중·노동자와의 연대활동을 넓혀 나갔다. 나아가 이들은 1970년대 학생운동 세력과는 달리 집단적이고 조직적인 노동현장 투신을 시도하였다.

본 연구에 참여한 구술자들 중에 1980년대 학생운동 출신 활동가는 53명이다. 이 장에서는 이들 중에서 노동야학 활동을 했거나, 대중조직 경험이나 투쟁경험을 했고, 정치조직운동을 한 80학번 심명화, 81학번 박정순, 82학번 고민택의 구술생애사를 살펴보려 한다. 이 책에서는 출생부터 현재까지 구술자들의 삶의 맥락을 살펴보지만, 지면의 제한으로 1980년대 학생운동과 노동운동을 중심으로 정리하였다.

심명화는 중앙대에 입학하자마자 학생 시위와 농성을 경험하면서 이념서클에 참여했다. 특히 그녀는 제일교회에서 노동야학 활동을 하면서 노동자들의 삶과 현실에 눈뜨기 시작했다. 그녀는 1983년 청계천 시다생활을 거쳐 인천에서 가발공장, 전자공장 등에서 일하다가 해고되었다. 그녀는 인노련인천지역노동자연맹에 참여하였고 뒤이어 인민노련인천지역민주노동자연맹에도 참여해서, 부천 민교연 활동과

울산지역에서 노동자 지원활동 및 민중당 활동을 했다

박정순은 1981년 서울대에 입학하여 공개, 비공개서클 활동에 참여하다가 한 성당의 대학연합 모임에 참여하면서 노동야학을 간접 경험했다. 그녀는 청계천 봉제공장을 거쳐, 창동의 봉제공장에서 일하였다. 1986년 들어 그녀는 구로공단의 인희전자에 입사해 1987년 파업을 주도하고 노조 결성을 시도했다. 이런 대중활동과 달리 그녀는 1989년에 NL경향의 정치조직 활동을 하기도 했다.

고민택은 1982년 서울교대에서 탈춤반에 참여하였고, 1984년 학원자율화추진위원회 위원장으로 잠시 학생운동을 했다. 그는 탈춤반을 통해 다산보임그룹에 참여해 체계적인 사회과학 학습을 했다. 그는 구로공단의 속성직업학교를 거쳐 1986년 중원전자에 입사해 1987년 파업투쟁과 노조 결성을 주도하였다. 중원전자노조 활동을 중심으로 구로공단 민주노조들의 연대활동을 주도하다가 1989년에 구속되었던 그는, 석방 뒤 서울지역 제파PD그룹에서 활동하다가 1991년 다시 구속되었다.

이처럼 3인의 구술생애사에는 그동안 학생운동사와 노동운동사에서 제대로 알려지지 않았던 대학 내의 시위와 서클활동, 노동야학활동, 노조 결성활동과 투쟁활동, 그리고 구술자들의 당시 활동과 삶에 대한 다양한 평가나 소회가 담겨 있다.

1.
심명화의 구술생애사

• 심명화의 살아온 길 •

1959년 서울 성북동 출생.
1980년 중앙대 문예창작학과 입학.
1981년 서클 참여와 학림사건으로 순화교육 받음. 제일교회야학 참여.
1983년 청계천 시다생활과 부평공단의 봉제공장, 전자공장, 가발공장에서 노동함.
1986년 '인천지역노동자연맹' 참여.
1987년 '인천지역민주노동자연맹' 참여. 부천 민중교육연구소 활동.
1989년 울산지역 노동운동. 민중당 활동.
1992년 운동 정리.
1992년~현재 생업과 마을 공동체 활동.

⁂ 심명화의 구술은 '2013년 국사편찬위원회 구술자료 조사·수집 사업'의 일환으로 작업을 진행했다. 이 구술작업는 2013년 9월 6일 구술자의 집에서 진행됐다. 그 뒤 2015년 2월 8일 구술자의 수정·보완을 거쳤다.

대가족의 막내딸

●●● 몇 년도에 태어나셨어요?

제가 59년생인데 2남 2녀 중에 막내이고, 성북동에서 태어나서 삼청동에서 오래 살았어요. 아버지는 조선 설계 관련한 일을 하시면서 회사를 다니셨어요. 아버지가 아홉 형제 중에 장남이라서 시골에서 고모들, 삼촌들까지 올라와서, 우리집은 항상 13명이 북적대는 대가족이었어요.

●●● 원래 아버님은 고향이 어디셨는데요?

충남 당진군 천의리라는 곳인데, 당진은 배로 인천을 왔다갔다 할 수 있는 곳이었다고 해요. 할아버지는 자작농이셨는데, 인천에 뭘 팔러 왕래하시다가 어느 날 좀 충격을 받으셨대요. 인천항에 모여 있던 지게꾼들이 중학교 원서를 들고 자식을 어느 학교 보내니 어쩌니 하는 얘기를 들으셨다고 해요. 확실히 그때는 인천도 큰 도시니까 교육열이 시골하고는 달랐던 모양이에요. 그분들 얘기에 자극받으셔서 당신도 아들을 시골 구석에만 두면 안 되겠다 싶어 중학교 원서를 사 들고 오셨다고 해요. 다행히 저희 아버지는 지극한 효자라 할아버지의 기대에 잘 부응해 서울에서 중학교 다니고 좋은 대학도 들어가고 좋은 직장도 다니셨어요. 9남매의 맏이셨으니까, 8명의 동생들을 책임지셔야 했죠. 아무튼 9명의 자식들을 서울로 올려보내 학교 다니게 한 우리 할아버지의 전략은 성공한 셈이죠. 당시 농사꾼으로 사는 일은 희망이 없었으니까, 시대 흐름을 잘 타신 거죠.

●●● 아버님이 장남이라서 많이 힘드셨겠네요.

예. 그래서 저 어렸을 때 우리집은 열세 식구 이하인 적이 없었어요. 우리 4형제, 삼촌들, 고모들, 다 바글바글 있었으니까. 막내삼촌이 나보다 세 살 많았으니까, 어땠겠어요? 우리 엄마가 도시락을 7개, 8개 쌌고. 명절이면 시골 친척어른들까지 며칠씩 우리집에 묵어가시고. 너무 정신없어서 나는 10대 때 앞집 친구네로 도망가 있곤 했어요. 그래도 식구가 많아 좋았던 측면도 있었죠. 제가 막내니까 항상 귀여움을 받았어요. 또 부모님이 식구가 너무 많으니까 나에게 무관심했죠. '그저 건강하게 잘 크기만 해다오' 하는 수준으로. (웃음)

그래도 우리 언니와 큰오빠는 부모님에 기대가 있으셔서 당시 귀한 우유를 먹였는데, 자식들 다 건사를 못하시니까 작은오빠하고 나는 우유를 안 먹이고. (웃음) 그게 나한테는 굉장히 도움이 됐어요. 부모가 너무 많은 기대와 관심을 기울이면 좀 부담스럽잖아요.

학교생활과 집안 분위기

●●● 초등학교 다니면서는 자기 특성에 대해 제일 기억나는 건?

초등학교 입학할 때가 기억나요. 일곱 살 많은 우리 언니가 내 손을 잡고 입학식에 갔는데 '엄마, 얜 바본가봐. 선생님이 이름을 부르는데 대답도 못해' 하며 엄마에게 보고했으니까. 그리고 1, 2학년 때는 학교 안 간다고 맨날 툇마루에 앉아서 '징징~'거렸어요. 그때는 내가 왜 그러는 건지 내 마음을 알 수도 없었고 말로 표현할 수도 없는 나이잖아요. 20대 들어 돌이켜 보니 알겠더라고요. 두려웠던 거예요. 집에서는 아무 문제없었는데 내성적인 애가 학교라는 넓은 사회로 나가는 게 두려웠던 거 같아요. 초등 1, 2학년 때 제 성적은 '양, 가'만

적혀 있어요. 우리 아버지가 성적표를 잘 모아 놓으셨더라고요. 제가 결혼해 부모님과 살면서 '애가 공부를 못하면 무슨 대책을 세우든가 하셔야지 왜 내버려 두셨어?' 했더니 '먹고살기도 바쁜 시절이었는데 막내딸 성적에 신경쓸 겨를이 어디 있었겠냐?' 하시더라고요.

저 같은 스타일의 아이들은 자존감이 낮고 항상 인생을 전전긍긍 하며 살아가는 스타일이에요. 내가 이 일을 해낼 수 있을까 걱정하면서, 못 해내면 금방 우울해하고. 이런 아이들은 무서운 선생님 만나면 잘하던 일도 덜덜 떨어 더 못하는 스타일이죠. 지금은 굉장히 나아졌지만 자기의 타고난 기본성격은 어디 가는 게 아니더라고요. 제가 왜 이런 이야기를 하냐면 '80년대 운동권 여자들' 하면 '말 잘하고 대차고 똑똑하고' 이런 이미지를 연상하는데, 저 같은 소심한 여학생도 시대가 투사로 만들었다는 걸 얘기하고 싶은 거예요.

●●● 자라면서 집안 어른들에게 영향받은 건 뭐가 있나요?

얌전하고 소심한 애가 '정의'에는 예민했던 것 같고, 어릴 때부터도 약간 반골 기질이 있었던 것 같아요. 그건 아마 아버지와 할아버지의 반골 기질을 이어받은 듯해요. 저는 어려서부터 박정희 욕을 매일 듣고 살았어요. 우리 아버지는 선거는 무조건 야당 찍고, 신문도 『동아일보』를 봤고. 70년대에 『동아일보』 백지광고사건 났을 때, 우리집 안방은 할아버지와 아버지의 시국을 개탄하는 목소리로 가득했으니까. 저는 어른들의 정치 이야기를 듣는 게 재미있었어요. 그런데 아버지는 행동파는 아니셨고 여러 식구 먹여 살리는 일에 충실한 소시민으로 사셨던 분이고, 할아버지는 약간 행동파셨던 것 같아요. 이승만 때 부정선거 한다고 면사무소 가서 투표함 뒤집어엎은 적도 있었다고 해요. 제가 운동권으로 갔을 때 할아버지가 아버지에게 '니가 박정희 비판을 맨날 해서 애가 저렇게 됐다'고 개탄하셨대요.

●●● 중, 고등학교 때 본인은 어땠어요? 취미라든지, 관심 갖고 있던 영역이?

중학교 때는 그냥 얌전하면서도 즐겁게 잘 보냈던 거 같고. 고등학교 때는 늦은 사춘기가 왔던 것 같아요. 우연히 친하게 된 친구들이 문학소녀들인데, 그 친구들이 김수영이 어떻고, 김승옥이 어떻고 하는데, 나는 뭔 말인지 하나도 모르겠더라고. 친구들과 어울리려면 좀 알아야 되잖아요? 그래서 문학책이란 걸 처음 봤는데, 잘 모르겠더라고. 더구나 우리집은 시국 개탄은 많이 하는 집이었지만 문학 얘기하는 사람은 아무도 없었으니까. 변변한 문학책 하나 없었고. 그런데 재밌는 건 문학작품에 가장 큰 영향을 받은 것은 박학한 우리 친구들보다 오히려 저였어요. 저는 가슴에 다가온 책 한 권 읽으면 그걸 내 삶으로 연결하는 타입이었던 거예요. 80년에 전태일 책 한 권 읽고 운동권으로 갔으니까. 지금도 삶과 연결이 안 되는 책은 잘 안 와 닿아요. 그러다 고2 때 늦은 사춘기가 왔어요. 문학책 읽으며 어떻게 살아야 하는가를 처음으로 고민한 것 같아요. 그런데 고민하는 건 좋은데 고등학생이 할 수 있는 게 뭐가 있겠어요? 더구나 성격은 소심해 성적 걱정, 대학 걱정은 여전히 하면서 헤매는 거였죠. 이 시기 작가들이 소시민의 속물성에 대해 비판적으로 써놓은 것에 영향을 받아 내가 신라호텔에서 결혼하는 삼촌한테 '아니, 결혼을 꼭 그런 방식으로 해야 돼? 너무 속물적이잖아' 뭐라 했어요. 친한 삼촌이라 허물없이 말한 거지만 우리 삼촌이 얼마나 뜨악했겠어요.

중앙대 입학과 1980년 봄 시위 참여

●●● 대학은 몇 년도에 들어가신 거죠?

78년에 숙대를 들어갔는데, 적응을 잘 못했어요. 19살에서 21살까지 저는 무기력 그 자체였어요. 세상에 대한 비판의식, 속물적 소시민으로 살고 싶지 않다는 이상을 갖게 된 것은 분명 좋은 일이었지만, 현실에서 뭘 해야 할지 아무것도 잡히지 않았어요. 더구나 여자대학이다 보니 애들이 미팅하고, 대학 1학년들 분위기가 다 그렇잖아요? 교수들 수업은 정말 실망이고. 1년 다니다가 도저히 못 다니겠더라고. 그래서 집에는 얘기도 안 하고 그만둬 버렸어요. 제가 얌전한 것 같은데 은근히 사고치는 유형이어요. (웃음)

대학을 그만두니 할 일이 없더라고요. 학교 간다고 집에서 나와서 인사동과 광화문을 돌아다녔어요. 서울교대 간 내 친구는 나랑 같이 놀아주느라 학교 못 가는 날도 많았어요. 어려울 때 함께해 준 친구죠. 마냥 방황하고 다니는 것도 한계가 있더라고요. 그런데 마침 제 친구 하나가 재수를 하고 있었는데 중앙대 문창과를 간다고 해요. 내가 '문창과가 뭐냐?' 그랬을 정도로 몰랐어요. 그때 서라벌예대 문창과가 유명했는데 중앙대로 통합되어 예술대가 된 거라 해요. 제가 문학을 좋아하지만 그냥 친구 따라갈 생각을 하고 대학입시 준비를 해요. 아무튼 부랴부랴 체력장을 했는데 13점 맞았어요. 운동에는 예나 지금이나 젬병이어요. 그런데 우리 때는 예비고사가 있고, 본고사가 있었어요. 본고사는 볼 실력이 안 됐어요.

글솜씨가 없어 작가의 꿈은 가져 본 적이 없지만 그래도 '문학을 한번 공부해 봐야 되겠다'는 생각으로 80년에 입학을 했죠. 그런데 참, 얄궂게도 80년 상황이 벌어진 거예요. 대학에 마음 붙이려 다시 들어갔는데, 문학이 아니라 엉뚱하게 운동권으로 가게 된 거죠. 그리고 2년 있다 다시 대학을 나오고.

●●● 80년 대학 입학했을 때, 학교 분위기는 어땠어요?

80년 입학하자마자 대학은 '으쌰으쌰~' 하는 분위기였어요. 문창과도 대부분 리버럴한 사람들이 모인 과여서 술집에서 시국성토가 주를 이루었죠. 4월 말부터는 학생회관에서 '전두환은 물러나라' 하는 농성이 벌어졌던 것 같아요. 어느 날 문창과 선배들이 학생회관 농성하는 곳에 위문을 가자고 해서 따라갔어요. 당시 70년대에 제적됐던 사람들이 복학해 농성을 주도하고 있었어요. 78학번들이 분위기 띄우고 있었고. 81년에 전두환이 서슬 퍼럴 때 용감하게 데모치고 나간 학번들이었죠. 그렇게 몇 번 가다가 하루는 밤샘농성에도 참여했는데, 밤새 토론하고 그 다음에 교문 앞까지 나가 흑석동을 돌았다가 돌아오고, 심심하면 또 나가고, 또 앉아서 노래 부르고. 그때 마이크 든 선배들의 토론이 얼마나 진지한지 정말 가슴이 벅차고 따뜻해졌어요.

●●● 정신이 확 들었겠네요?

그랬죠. 정신이 들었어요. 왜 그런 거 있잖아? 희미한 그런 것이, 자신이 어디 앉을 자리인지 모르고 다니다가 자리를 찾은 거 같은 느낌. 그게 너무 좋았어요.

●●● 농성할 때 이슈나 토론 주제는 뭐였어요?

시국에 대한 토론이 많았던 것 같아요. '전두환, 12·12쿠데타의 의미 같은 것', '개가 결국 권력을 잡을 거다' 그런 거. 박정희 독재에 대한 토론도 하고. 우리가 어떻게 해야 하는가에 대해서 토론하면서 주로 문무대文武臺: 학생중앙군사학교. 수도권지역 대학 1학년생들은 여기서 군사훈련을 받았다 가는 걸 거부하는 이야기가 많이 나왔던 것 같아요. 나는 여학생이니까 그건 잘 안 들어왔지만.

●●● 농성하다가 어떻게 되어요?

시위를 쫓아 다니다가 서울역까지 갔고. 최루탄 냄새 처음 맡아 보고. 그때는 그냥 따라다닌 거예요. 그러고 나서 휴교령 내리고 광주 얘기가 조금씩 돌아다니고. 문창과 사람들은 술집을 돌아다니며 탄식과 한숨만 쉬었던 것 같아요. 당시 문창과는 리영희 선생 책이나 김지하 시, 박현채, 한완상 선생 책 같은 것은 서로 돌려보는 분위기여서 열심히 봤어요. 그중에서 리영희 선생 책이 우리들에게 가장 큰 영향을 미친 것 같아요. 그러다가 2학기 때 친한 선배 하나가 '유인물을 만들어서 돌려야 되지 않겠느냐'며 나를 꼬시더라고. 그때는 학생운동권도 아직 접촉이 안 됐을 때인데, 처음엔 두렵고 당황했지만 제가 그러자고 했어요. 뭐라도 해야 한다는 압박감이 심했으니까. 그때는 오히려 잡혀가는 게 마음 편할 것 같았어요. 거의 죽으러 가는 사람처럼 하루하루를 비장하게 보내고 있는데, 유인물을 쓰던 선배가 술 먹고 '못하겠다'고 하더라구. (웃음) 참, 허무해서. 원래 그 선배가 리버럴한 사람인데, '욱~' 하는 마음에 순진한 신입 여학생을 마음고생 시킨 거죠.

하여튼 이런 해프닝이 있고 나서 안 되겠다 싶어, 서울대 다니는 친구한테 '운동권을 알아봐 달라'고 그랬어요. (아, 운동권을?) 그 친구는 운동권이 아니었지만 잘 알아왔더라고요. '중대 운동권은 모르겠고, 평화시장 쪽에 있는 노동야학에 들어가지 않겠느냐'고. 그때 처음으로 검정고시야학이 있고 노동야학이란 게 따로 있다는 걸 알았어요. 그래서 제일교회를 가게 되었어요. 그게 1학년 말이었을 거예요. 지금 생각해 보면 내가 운 좋게도 제대로 배울 수 있는 곳을 간 거죠. 특히 박형규 목사님이라는 든든한 울타리도 있고 청계노동자들이 모여 있는 곳이었으니까. 당시 야학은 79학번들이 주도하고 있었어요. 1, 2기 야학생들은 이미 졸업했고, 저희 80학번은 3기 야학으로 들어간 거죠. 나까지 포함해 한 여섯 명 정도가 새로운 강학이 됐죠.

중앙대 서클 참여와 학림사건

●●● 이후에 학교 언더서클에도 참여하나요?

예. 언더서클이니까 이름은 없고 중대 79학번이 우리 80학번을 지도했어요. 당시 이 모임이 학림의 맥이란 건 알지도 못했고. 우리를 지도한 79학번 선배는 알고 있었던 거고. 야학과는 또 다른 분위기, 중대라는 친밀감 때문에 금방 친해지고 진지한 공부와 토론 등이 있었던 것 같아요. 그리고 바로 81학번을 7~8명 모아서 『전환시대의 논리』, 『서양경제사』, 『페다고지』 등으로 세미나를 해요. 그렇게 3, 4개월 정도 했나? 학림사건이 6월인가, 9월인가, 터졌어요. 학내 서클에 들어가자마자 일이 터진 거죠. 어느 날 우릴 지도했던 79학번 선배가 달려 들어가고, 나중에 우리들한테도 경찰들이 잡으러 왔어요. 피하라고 해서 집에서 나와 학교도 못 가고 친구 집에 가 있었어요. 당시는 어떤 사건이 터지면 일단 피하고 사태가 어떻게 굴러가는가를 본 다음 집으로 들어가든지 하는 게 일종의 행동수칙이었어요. 그때 이태복 씨 같은 상층 거물급들은 어마무시하게 곤욕을 치렀지만, 다른 학교 보니까 학내 서클 말단성원들은 다 풀려나는 추세더라고. 그래서 저도 집으로 들어가 순순히 잡혀갈 준비를 하고 있었어요. 잡혀갔다 와야 사건이 정리되니까. 어느 날 80학번인 나와 내가 지도했던 81들이 줄줄이 노량진경찰서로 들어갔어요. 사건의 실체는 이미 다 끝난 거니까 우리는 뭐 했는가 간단히 취조받았어요. 그리고 순화교육 받아야 한다고 동대문경찰서로 매일 데려가더라고요. 취조와 교육까지 1주일 정도 걸린 것 같아요.

당시 정보과 형사들이 굉장히 순하게 대해 줬어요. 특히 나 혼자 여학생이었고 81학번들은 다 남학생이었거든요. 그때만 해도 경찰들이 그렇게 험하지 않았어. 노량진경찰서 형사들은 오히려 나는 여학생이라고 따로 편안하게 잘 재워 줘야 된다고, 숙직실인가? 거기서 재우는데, 자기들 딴에는 배려해 준 거예요. 조사 끝나고 동대문경찰서 가서 순화교육을 며칠 받았어요.

●●● 순화교육 받은 내용, 기억나세요?

다른 학교 학생들까지 합해서 한 80명 정도 된 것 같아요. 큰 강의실이 꽉 찼으니까. 뒤에는 학생들 데리고 온 정보과 형사들이 죽 앉아 있고. 교육은 맑스주의 비판이었어요. 내 기억에 경찰대학 교수들이 나와 강의했어요. 맑스주의 문제점에 대해서 조목조목. 그런데 오히려 도움이 됐지, '재네들은 맑스주의를 저렇게 비판하는구나.' 아주 머리에 쏙쏙 들어오더라고요.

●●● 경찰서 끌려간 거 아시고 부모님들은 어떻게 반응을 하세요?

사실은 야학 다닐 때, 우리 부모님들은 그 야학이라는 게 좋다고 생각하셔서 늦게 와도 전혀 뭐라 안 했거든. 검정고시야학하는 거라 생각하신 거지. 심훈의 『상록수』 같은 것. 그런데 학림사건 터진 다음부터 나는 수난이었지, 난 진짜 수난이었어요. 드디어 실체를 아신 거지. 거기다가 당시에 우리 아버지가 회사를 나오셔서 잠깐 사업을 하시다 부도가 나서 완전히 가족들이 어둠속에서 헤매고 있었거든요. 전혀 사업가 체질이 아니신데. 물론 아주 험하게 망하진 않았어요. 당시에 내 등록금을 못 주는 상황까진 아니었어요. 그 이후에 집안에서 말도 못했지. 못 나가게 하려고 저는 머리도 잘렸어요. 거의 감금 수준이었고. 더구나 우리 큰오빠 친구가 중대 경영대를 다녔는데, 아예 그 오빠가 나를 감시했거든요. 저는 반항 같은 건 잘 안 하는 아이였지만 '죄송하다'고 만날 고개 숙이면서 할 짓은 다 하고 다녔어요.

●●● 경찰서 나와서도 야학은 가신 거네요?

그렇죠. 야학하고 학내 서클 일도 계속 했어요. 그러니까 집에 늦게 들어오고. 그때 과외를 계속했어요. 아버지가 어려우시니까. 생활력은 참 있었던 것 같아요. 그러면서 집 언덕배기 올라갈 때, 맨날 가슴이 조마조마했지, '오늘은 가서 어떻게 혼나나' 하고.

그렇게 줄기차게 밀고 나가다 결국 2학년 마치고 학교를 나오게 됐어요. 81년 2학년 말 때 우리 중대에서 데모가 있었어요. 80년 이후에 그래도 가장 번듯한 데모였어요. 그 전에는 주동자가 몇 번 구호 외치다 잡혀가는 수준인데, 그래도 몇십 명이 스크럼 짜고 제대로 캠퍼스를 돈 수준이었어요. 나도 81학번들을 다 동원해서 앞장서서 했어요.

그런데 그 데모 이후부터 학생과의 탄압이 본격화되었어요. 특히 내가 좀 심했던 것 같아요. 그들이 찍은 사진에 보니까 여학생은 나 하나더라고. 요주의 인물로 찍혀 학생처에 맨날 불려 다녔는데, 학교를 휴학하라고 강요해요. 나를 학교 못 다니게 하는 게 상책이라 판단한 거죠. 그때는 정말 못 살겠더라고. 집에도 연락해서 난리를 치고. 집안의 탄압도 장난이 아니고. 큰오빠는 안기부인지 경찰인지, 그쪽에 연락해서 내 장롱에 있는 문건들과 책을 다 가져가게 했으니까. 아예 나가지도 못하게 했어요. 학생처와 집안 식구들 때문에 도저히 견디질 못하겠더라고. 그래서 휴학서인지 자퇴서인지 썼어요. 나중에 사실을 안 학과장 선생님은 학생처에 가서 애를 학교에서 쫓아냈다고 난리를 치고. 아휴, 그때 생각하면 정말 끔찍해요. 학교 그만두고 바로 가출했어요. 도저히 집에 있을 수가 없었어요. 아버지가 나 찾아서 있을 만한 곳의 부동산을 다 뒤지고 다니셨대요. 그래도 야학과 학교 일은 계속 했어요.

제일교회 '형제의 집'과 노동야학 활동

●●● 야학 애기를 좀 할까요. 야학에 갔을 때 강학이 몇 분 정도 있었어요?

79학번이 4명 정도 있었고, 80학번이 6명 정도 들어왔고. 학교는 서울대 출신이 많았고, 내가 중대, 이대가 둘인가, 연대도 있었고. 79들은 이미 조금 물러나 있을 때고. '형제의 집' 야학을 핵심적으로 이끈 건 안○○이에요. 후배들을 책임지고 세미나도 시키고 훈련을 시켰어요. 이미 서울대 친구들은 학내에서 많이 공부와 활동을 하고 온 경우였고, 당시 학내그룹도 없었던 나 같은 초짜는 뭐가 뭔지 모르는 어리버리였어요. 야학은 나에게 아주 많은 도움이 됐어요. 학생들만 모인 학내그룹과는 전혀 다른 배움과 경험을 하게 해주었으니까요.

●●● 강학들은 어떤 공부를 했어요?

세미나를 거의 매주 했는데 『러시아 혁명사』, 『서양경제사』, 모택동의 『실천론』 같은 걸 읽으려고 일어강독도 했어요. 그거 정말 유효하더라고, 일어강독 1주일 만에 마스터해서 일본학자들 책 보는데, 정말 해석이 다 되더라고요. 우리는 워낙 한자 세대잖아요? (그렇죠.) 강독은 해도 일본말은 한마디도 못했지만. 그때는 출판된 책이 별로 없었으니까 일본책이라도 봐야 했어요. 지금 생각해 보면, 그 일본 책들이 아주 도식적이었는데, 그래도 영어원서인 『자본주의 이행논쟁』보다는 유용했어요. 영어원서는 해석에 끙끙대다가 정작 내용은 흘려 버리고. 그때는 사회과학 책들이 워낙 귀할 때니까 소중한 경전처럼 여겼던 것 같아요.

우리는 야학생들에게 교육을 어떻게 잘할까에 별로 고민이 없었던 것 같고, 어떻게 노동자들과 융화단결 잘해서 전태일의 후예들을 키워 낼까 그런 생각으로 접근했던 것 같아요. 그래서 야학교재 만드는 건 열심히 안 했고. 나는 학교서클에서 운동 선배가 별로 없었기 때문에, 야학그룹에서 열심히 공부했던 것 같아요.

●●● 제일교회야학이 다른 야학과 비교해서 좀 다른 특징이 있나요?

여기는 다른 데하고 달리 야학만 있었던 게 아니에요. 다양한 노동자들이 모여 있는 '형제의 집'이라는 게 있고, 그 안에 야학이 있는 방식이었어요. 그중에서 어린 10대 여공들이 주로 우리가 가르치는 야학 대상이었고요. 그러니까 처음에 제일교회에 가면 '형제의 집'이라는 공간으로 방이 하나 있어. 그리고 야학수업은 옆의 방에 가서 하는 방식이었고. 지금 생각하면 그게 노동자 친구들한테는 굉장히 좋았던 거 같아요. 학출 강학들과도 어울리고 청계천에서 주로 일하는 노동자 출신 활동가인 오빠, 언니들과도 어울릴 수는 곳이었으니까.

당시 '형제의 집'에는 우리보다 나이 많은 노동자들이 꽤 있었어요. 그런데 제가 갔을 때만 해도 같이 기타 치고 노래도 부르고 했는데, 노출과 학출 사이에 미묘한 분위기가 있었어요. '학출들 잘난 척하면 안 된다'는 분위기랄까? 난 나이 많은 고참 남자노동자들에게 많이 주눅 들었던 것 같아요. 학출이라 튈까 봐서. 지금까지 그 출신 노동자들이 만나고 있어요. 학출들은 다 흩어져 만나기 쉽지 않고요. 나중에 청계노조 재건했을 때, '형제의 집' 출신들이 큰 역할을 했죠. 특히 2, 3, 4기를 했던 7명의 여성노동자들이 대활약을 했다고 해요.

●●● 그럼 '형제의 집' 성격은 어떤 거였죠?

그냥 청계노동자들의 쉼터 같은 곳이었어요. 인원이 많지는 않았지만 청계노조와 관련 있었던 사람들도 있었고, 구로동맹파업의 주인공들도 '형제의 집'이나 우리 야학 출신들이 있었어요.

●●● 청계노조가 80년 해산당한 상황이라, 모일 공간이 필요했구나.

예. 사실은 박형규 목사님이 큰일을 하신 거죠. 그 좁은 공간이 하나라도 있다는 게 얼마나 유용한 것인지 실감나죠, 교회도 작았거든요.

그런데 거의 2층은 우리가 썼으니까. 박 목사님은 우리랑 친하진 않았고, 그냥 우리에게 울타리만 쳐 주신 거고 간섭도 안 하고, 가끔 오셔서 '잘 지내냐? 배고프지 않냐?' 그런 정도였지, 일일이 관심을 기울이시지는 않았거든. 나중에 제가 현장으로 간 다음에 박형규 목사님이 교회에서 굉장히 어려움을 겪었다고 해요. 반대파들이 '교회를 노동자들을 위해, 운동기지로 이용하냐' 해 갖고. 목사님이 바깥으로 돌면서 내부 조직을 못하신 거지. 그러면서 내부 반란이 일어난 거죠. 그때 목사님 어려움에 처해 있을 때, 야학 친구들이 같이 열심히 싸웠다고 해요. 저번에 목사님 구순 잔치 하기 전에 다들 모였는데, 목사님이 그때 얘기를 하시더라고요.

●●● 야학이 거기에서 만들어진 건 정확하게 언제죠?

1기니 2기니 하는 게 6개월 과정이거든요. 내 기억에 안○○이 79학번인데 2학년 때 온 거야, 그러니까 80년에 야학을 만든 거구나. 아무튼 3, 4기를 우리가 했어요. 1, 2기 친구들이 데려온 노동자들이 이미 있었고, 나중엔 우리가 모집하러 다녔어요. 상가에 설문조사를 하면서 모집을 같이 했던 거 같은데, 큰 공장이 아니니까 공장 안에도 들어갔어요. 그냥 슬쩍 가서 '계세요?' 이러면서 어쩌고저쩌고 했던 거 같아요. 공장 견학을 한 거죠. 공장이 잘 그려지지 않았는데, 처음으로 공장이라는 걸 본 거죠. 그런데 놀랍게도 전태일 책에 나오는 모습이, 10년 지났는데도 그대로더라고요. 다락방만 없어졌고.

●●● 음. 야학에서는 뭘 가르쳤죠?

한자 같은 실용지식도 좀 가르치고 의식화 교재로는 노란 책 있잖아요? 『노동의 역사』(아, 광민사에서 나온 거?) 그런 거. 근데 교재 만들고 그런 거를 앉아서 토론해 본 적은 없는 거 같아요. 다른 야학에서 했던 것을 갖다가 쓰기도 하고, 각자 알아서 만들기도 하고. 그런데 실제로 수업이 잘되진 않았어요. 왜냐하면 늦게 오고, 노동자들이 많이 졸고, 들쑥날쑥, 어떤 때는 바쁜 날 못 왔다가 또 왔다가, 그랬죠. 그냥 그런 곳이 있다는 게 그들한테는 의미 있었던 거 같고. 그리고 '공장의 불빛' 연극도 했고, MT도 가고.

●●● MT는 어떤 프로그램으로 진행돼요?

그런 거 있잖아요? 10대 노동자들이 대부분이니까 놀기 프로그램도 하고, 공장에서 어려웠던 점들 돌아가면서 얘기하고, 전태일 얘기도 하고. 노조, 바보회 얘기도 하고, 역사도 얘기하고, 그런 거 했던 거 같아요. MT는 완전 운동권문화 아닙니까? 우리는 수련회 없으면 완전히 폭 쓰러지잖아요. (웃음)

●●● 수업시간은 하루에 몇 시간 정도 했어요?

두 시간도 못했던 거 같아요. 시간당 강학이 한두 사람이 들어갔던 거 같아요. 학생 수는 한 10명, 12명, 어떨 때는 5명 놓고 수업하기도 하고.

야학 노동자들과 강학들

●●● 이때 노동자들을 처음 보신 거죠? 관계는 어땠어요?

그렇죠. 우리가 스물몇 살 때, 학강들은 10대 후반이었어요. 따지고 보면 서너 살 차이밖에 안 났는데, 우리한테는 그들이 동생인 거 같았고. 지금 돌이켜보면 수업했던 것보다 맨날 라면 끓여 먹고 수다 떨고, 행사 있으면 그거 준비하고 했던 게 더 기억에 남아요. 저는 사람들하고 관계는 좋은 편이어서, 큰 문제없이 잘 지냈던 거 같아요. 그때 2기였던 79학번 유○○과 제가 학강들과 제일 친했던 것 같아요. 우리는 인텔리 같기보다는 애들하고 잘 지내는 언니 같은 스타일이었어요. 그러다 보니 다른 여자 강학들도 있었지만 여자노동자들이 주로 ○○이와 나를 불러댔어요. 정말 집에 있는 쌀도 숱하게 퍼서 애들 자취방에 나른 것 같아요. ○○이네는 당시 방앗간을 하고 있었으니 쌀이 많았고 우리집은 시골에서 쌀이 올라와 웬만큼 퍼가도 표가 안 났거든요.

●●● 쌀을 퍼다 날라요?

자취방에 가보면 정말 애들이 가난했어요. 돈도 없고, 가슴이 짠할 수밖에 없는 상황이었고. 그 초라한 자취방에서 ○○이와 내가 그 친구들하고 함께 뒹굴었죠. 지금 생각해 보면, 그들한테 야학과 '형제의 집'이 뭐였을까, 우리가 뭐였을까. 우리가 언니, 오빠들이었으니까, 그들한테 정말 자기들이 부르면 항상 와주는 언니, 오빠가 생긴 거가 좋았던 거 같아요.

10대와 20대들이 모여 있었으니 누가 누구를 좋아하는 일도 생겨났어요. 우리 3기에 서울대생 두 명이 있었는데, 정말 잘생긴 남학생들이었어요. 그러니 애들이 얼마나 좋아했겠어요. 거기다 착하고 친절하기까지 했으니까. '형제의 집' 남성노동자들 중에 나를 좋아했던 사람도 있었고. 그런데 그때 우리는 경건한 청교도들 같은 모습으로 살았기 때문에 누구 하나 입 뻥긋 안 했던 것 같아요. 속으로만 끙끙 앓고. 지금도 만나면 누가 누구를 좋아했던 옛날 얘기들 하면 깔깔대요. 그러니까 수업했던 것보다 애들 자취방에서 같이 자고, 같이 밥 해 먹고, 같이 뒹군 게, 결국 의식화교육이 되었던 것 같아요.

그러나 여전히 학출과 노출이라는 벽은 있었어요. 뭐라 할 수 없는 문화적, 정서적 벽 같은 것. 지금 우리가 아무리 착한 부잣집 마나님들하고 얘기하다 보면 뭔가 위화감이 들잖아요? (그렇죠.) 그런 것처럼, 그때 우리도 그랬던 것 같아요. 노동자들 입장에서는 우리가 항상 무엇이든 받아주는 언니, 오빠처럼 행동했지만 뭔가 모를 소외감, 열등감, 자기 처지에 대한 자괴감, 그런 거가 분명히 있었을 것 같아요.

●●● 그럼 4기 야학은 어떻게 진행됐어요?

예를 들어 노동자들이 3기할 때 제대로 공부를 못한 게 있잖아요? 그럼 4기에 또 와서 했고 물론 새로 모집도 했고요. 우리는 졸업하면 꼭 후속모임을 했기 때문에 3기 후속모임도 있었어요. 강학도 같으니까 3~4기는 다 뒤섞여 같이 갔던 것 같아요.

●●● 4기는 몇 명 정도 됐어요?

그때도 한 10명. 교실이 꽉 찼던 기억이 없어. 아휴, 철야도 많고, 정말 불규칙해요. 그러니까 뭘 배웠는지 뭘 가르쳤는지도 기억이 안 나. 주로 그냥 맨날 '형제의 집'에서 엉켜 놀고 얘기하고 시국토론하고 그랬던 것 같아요. MT는 정말 많이 했던 것 같고.

●●● 강학들은 4기 하다가 5기 강학은 어떻게 충원했죠?

'형제의 집' 야학이 5기부터 확 바뀌었어요. 주요 이유는 리더가 바뀌어서 일어난 일이어요. 야학을 몇 년간 이끌던 안○○이 학내 데모를 주동하고 감옥에 가고, 나는 4기 끝나고 현장 가려고 정리하는 중이었어요. 그래서 안○○ 대신 YMCA 활동을 했던 학번이 꽤 높은 선배를 교회에서 보냈어요. 어떻게 그 선배가 오게 됐는지는 잘 모르겠어요. 그 전에는 안○○이 교회와의 관계를 맺고 있었기 때문에. 그런데 왠지 우리와는 좀 다른 사람이라는 느낌이 들었어요. 더구나 그 선배가 따로 새 강학들을 데려왔는데, 예전 강학들하고는 분위기가 아주 다르고. 더구나 대학 졸업을 앞둔 4학년들이어서, 정말 깜짝 놀랐어요. 4학년이면 감옥에 가 있든 노동현장에 가 있든 해야 할 군번이거든요. '형제의 집'야학이 비록 느슨한 야학이지만 우리 때 분위기는 거의 청년혁명가들이 모여 있는 분위기였어요. (웃음)

그런데 아니나 달라? 처음에 오리엔테이션을 하잖아요? 저는 앞기수이니 그때 같이 했는데, YMCA에 있으면 딱 맞을 선배들이었어요. 그런데 나는 야학을 나갈 예정이었으니 참견할 일도 아니었고. 지금도 모이는 '형제의 집'과 야학사람들은 아무도 그 기수의 강학을 기억을 못해요. 강학 일은 한 것 같은데, 같이 생활로 노동자들하고 어울리지는 못한 것 같아요. 우리는 유○○, 안○○, 황○○, 나 같은 멤버들은 이후에도 구로에서 인천에서 다시 청계에서 우리 야학 노동자들과 뭔가를 함께 도모하는 일이 많았어요.

●●● 야학 3, 4기하면서 야학운동의 목적을 어떻게 설정했어요?

'노동자들에게 사회구조적 모순을 일깨워야 한다'는 거였어요. '그걸 인식 못하면 노예근성으로 살 수밖에 없다.' 우리 학출들이 리영희 선생, 맑스주의 책 읽으며 머리가 확 깨쳤으니까. 근데 우리 '형제의 집' 분위기는 노동운동을 해야 한다는 걸 강요하지는 않았어요. 그냥 잘 뒤엉켜 놀았던 것 같아요. 안○○은 상당히 목적의식적 유형이기 때문에 어땠는지 모르지만 유○○, 황○○, 나는 그냥 편하게 활동했던 것 같아요.

●●● 그 당시 노동자들의 노동과정이나 생활을 들으면서 들었던 느낌은 어땠어요?

일단 가난이 참으로 끔찍하다는 걸 알게 됐고요. 제가 중산층 가정에서 자랐으니까, 정말, '아휴, 전태일 때와 하나도 달라진 게 없구나.' 당시 우리 야학노동자들이 학력이 대부분 초등학교 졸업이었어요. 상처도 많잖아요? 어릴 때 폭력적인 아버지 밑에서 큰 사람, 껌팔이까지 한 사람, 식모한 사람 등 그 안에 들어가 보면 상처들이 너무 많았어요. 얘기하다 보면 눈물 한 바가지 나올 정도. 그러니 노동자들이 우리 학출들을 좋아했던 거 같아요. 얼마나 외로웠겠어요. 그런데 우리 입장에서 보면 굉장히 부담스러운 일이기도 했던 거 같아요. (왜요?) 너무 정신적으로 의지하는 거 있잖아요. 그리고 문화나 표현방식이 우리 대학생들하고 많이 다른 점도 있었고요. 예를 들어 욕, 술주정 같은 것도 그렇고.

●●● 강학 간에는 어땠어요?

3, 4기 강학 간에는, 참, 좋았어요. 재미있고, 또 서로 많은 걸 배우고, 워낙 안○○이 리더십을 잘 발휘했기 때문에 아무 문제없었어요. 안

○○이 중간에서 어려움이 많았는데, '형제의 집' 남자들한테 좀 미움도 받고. 한마디로 그 사람들 입장은 좀 뭐랄까? 안○○이 서울대생이라고 와서 너무 잘난 척하는 거로 봤을 거 같아요. 학출이라는 이유로 좀 서러움을 받았다니까. 자기는 진짜 올인해서 열심히 했는데, 그 친구 학교 일보다 야학 일을 더 열심히 했을 거예요. 그리고 교회 눈치도 봐야 됐거든. 그런데 그런 내색을 하나도 안 하더라고. 나는 그걸 참 높이 평가했어요.

●●● 그렇게 야학활동하면서 학내에 서클활동은 어떻게 돼요?

계속 했죠. 후배들 지도를 3학년 말까지 했고요. 3학년 끝나고 83년 봄에 현장을 갔지요. 야학도 다 그만두고 청계천 시다로 갔어요.

노동현장 투신과 청계천 시다생활

●●● 현장에 갈 생각은 언제 하신 거예요?

그때 운동하는 사람들에게는 삶의 코스가 있었어요. '학교에서 데모를 하고 감옥에 갔다가 그 다음에 현장을 간다'는 게 거의 공식코스처럼 있었잖아요? 우린 대부분 다 그랬는데.

●●● 그래서 현장을 갈 준비는 어떻게 하셨어요?

아휴, 준비라는 게 별 게 있나요. 일단 '기술 배워야 된다'고 해서 평화시장에 간 거예요. 시다부터 하면서 기술을 익히는 게 필요했으니까. 그 지역에서 야학을 했으니 당연히 평화시장에 가는 게 마땅하다는 생각이 자연히 들어서, 야학노동자에게 소개받아서 들어갔어요.

●●● 청계는 완성품 만드는 곳인데, 무슨 일을 하셨어요?

오야 밑에서 시다 하는 일이에요. 평화시장 오야들은 10대부터 미싱 일을 한 베테랑들이에요. 그런데 끔찍하게도 제가 들어간 날 철야를 하더라고요. 철야할 때, 정말, 앞이 노래졌어요. 아마 1시간만 더 일했어도 기절했을 거예요. 봉제공장 시다 하면서 '정말, 나는 손재주가 젬병이구나' 하는 걸 알게 됐어요. 아휴, 난 진짜 너무 일을 못하는 거야. 그러니 나를 시다로 부리는 우리 오야가 얼마나 힘들었겠어요. (웃음) 그때 오야가 꽤 점잖은 남자였는데 나랑 나이는 비슷했고, 야쿠르트병에다가 소주 담아 놓고 하루 종일 홀짝홀짝 마시면서 인생 살기 싫다는 표정을 하고 있었어요. 내가 하도 일을 못하니까 어이없다는 표정으로 바라만 보는데, 20대의 아가씨가 왔으니 야단도 못 치고, 죽을 맛이었겠지. 에리 다는 건 고난도의 기술인데, 시다가 아이롱으로 어느 정도 시침을 해줘야 되는데, 내가 그걸 못해 주는 거지. (웃음) 하도 답답하니까 이 사람이 아예 미싱에서 내려와서 같이 시다 일을 해요. 오야들은 하루에 몇 장 하느냐에 따라 받는 공임이 다른데 내가 너무 민망하고, 아휴. 한 5개월 있었나. 그리고 부평 공단으로 본격 진출하였죠.

●●● 어, 오래 있었네요. 그렇게 일도 못하면서. (웃음)

진짜 일을 너무 못했어. 내가 눈이 나빠 렌즈를 끼고 다녔는데 공장에서 하도 오래 일하니까 어떤 날은 렌즈를 못 꼈어요. 렌즈 안 끼고 일한 날은 더 헤매. 거기다 안경을 못 낀 이유는 안경을 끼는 순간, 딱, 학출티가 나거든요. 안경 문제는 공단에 취업해서도 계속되는 어려움이었어요.

●●● 노동은 견딜 만했어요?

못 견디겠고 미치겠더라고. 밤10시까지 일하고 걸핏하면 철야하고, 질리는 줄 알았어요. 나중에 감각이 없더라니까. 더구나 점심은 도시락 싸가야 했고 밤일 하면 빵을 줬어요. 밤에 집에 돌아오면 얼마나 배가 고픈지 밥을 엄청 먹었어요.

●●● 생활은 어디서 했어요?

동대문에 자취방 얻어 놓고 했는데. 진짜, 나는 세상에 자취방도 그런 자취방이 없어. 그게 아마 고생 빡세게 해 보라고 그랬던 거 같아요. 세상에, 얼마나 무서운 자취방을 얻었는지. (웃음) 안방에 주인아줌마가 있고 나는 건넛방에 있어요. 그런데 주인아줌마가 밤새도록 두런두런 거려, 약간 정신에 문제가 있는 분이야, 얼마나 무서운지. 우리 방은 습기가 말도 못하고. 그런데 마당 건넛방에는 할머니하고 외판원 하는 아들이 사는데, 난 그렇게 마른 사람 처음 봤어. 얼마나 기괴한 분위기를 뿜어 대는 집인지 몰라요. 그러니까 일종의 문화적 아노미현상이지. 중산층 가정에서 자란 내가 정말 적응하기 너무 힘든 분위기였어요.

부평 4공단에서의 공장활동

●●● 4공단에 간 게 몇 년도였죠?

83년 말이나 84년 초에 갔던 거 같은데, 여튼 겨울이었어요. 그때는 학교 여선배가 부평 4공단에 자취방 얻어 놓고 나보다 먼저 위장취업하고 있었어요. 나는 4공단에 가니까 정말 살 것 같더라고. 으스스한 자취방에서 탈출한 것만도 다행인데, 홀홀단신으로 부평 내려가서 앞이 깜깜했는데, 그래도 선배 의지하며 취업도 했으니 정말 좋았어요. 그러다가 금방 독립해서 효성동 어딘가 자취방을 구하고, 100명 정도 규모의 전자회사가 있었어요. 처음 생긴 회사라 들어가기 쉬울 것 같아서 갔는데, 간단한 영어시험을 보더라고요. 전자회사는 조금 영어를 읽을 줄 알아야 하거든요. 그래서 내 딴에는 굉장히 못 본다고 봤거든, 그런데 너무 잘 봐서 반장이 될 뻔했잖아요. (웃음) 들어간 첫날 부르더니 '반장하겠느냐. 그런데 경력이 없어서 걱정된다'면서. 그래서 '절대로 안 한다'고 했어요. 금성, 삼성에 납품하는 카세트 만드는 곳인데 PCB판에 부품을 납땜하고 검사하는 일을 했어요.

●●● 전자는 봉제보다 일하기는 편하죠?

아휴, 정말 살 거 같았어요. (웃음) 그때 내가 스물다섯 살인가 그래요. 그래서 친구 동생의 주민증 가지고 들어갔어요, 내가 두 살만 어렸어도 주민증 위조 안 하고 그냥 들어갔을 건데. 그리고 회사에서 저녁밥도 주니까 얼마나 좋아요. 청계에서는 저녁을 빵으로 때웠으니까 배고파 일을 못할 정도였어요. 여기서는 내가 사람들하고 잘 지내는 편이니까 자취방에서 같이 수다도 떨고 야유회도 가고, 그런 건 잘 했어요.

그런데 시간이 지나니까 초조해지더라고. 내가 여기 들어온 이유는 노조를 만들고 사람을 의식화하려는 건데, 주변머리가 없어서 어떻게 해야 할지 난감하더라고요. 시간이 지날수록 정말 너무 무능한 것 같아 자괴감이 들기도 하고요. 지금 생각해 보면, 누군가를 어떤 목적을 가지고 접근한다는 게, 참, 나하고 맞지 않는 일이었어요. 그런데 그 당시는 적성이고 뭐고, 그런 일을 잘해내는 사람이 훌륭한 활동가로 여겼으니까.

●●● 청계천의 노동자들하고 전자노동자들도 다르죠?

다르더라고요. 청계천은 좀더 어두운 분위기였던 것 같아요. 동거하는 여자들도 꽤 있었는데, 제 눈으로 볼 때는 굉장히 퇴폐적인, 좀 받아들이기 힘든 점도 있었어요. 그런데 전자 쪽은 똑같은 제복을 입고 일하잖아요? 고등학교 나온 애들도 꽤 있었고. 느낌이 다르더라고. 컨베이어벨트에 맞추어 일하는 절도감 같은 거, 그리고 '모던 타임즈'에 나오는 컨베이어 속도 높이면 어떻게 되는가를 정말 실감했어요. 조금만 속도 빠르게 하면, 정말, 정신이 하나도 없었어요. 그래도 앞 작업에서 불량 나오면 어떤 날은 하루 종일 일없이 앉아 있어요. 반장과 관리자들은 인상 박박 쓰고 다니지만, 우리는 소곤소곤 수다 떠는 재미가 있었어요.

조직 작업은 여전히 지지부진 헤매다 간신히 우리 라인 사람들 몇몇 조직했어요. 그것도 순전히 오랜 정을 미끼로. 우리 반장이 하도 싸가지 없게 굴어서 그걸 기회 삼아 '건의사항 만들자' 하며 겨우 시작했던 것 같아요.

●●● 1년 정도 다니셨는데, 무슨 일이 있어서 그만두신 거예요?

내가 주동이 되어 건의사항 정리하고 실랑이 벌이다 계장한테 불려다녔는데, 처음에는 회사가 내가 학출인 거 몰랐는데, 나중에 부평경찰서에 문의를 했는지 어쨌는지 회사에서 알게 되었어요. 이때만 해도 4공단에 학출이 별로 없어서 공장들도 경계하지 않았거든요.

학출이란 게 들통나자, 같이 했던 아이들이 싸늘해지더라고요. 내 눈도 안 마주치고. 다들 겁먹고 슬슬 피하는데, 딱, 두 명만 나하고 같이 하겠다고 했어요. 나보다 두 살 많은 언니와 수리기사 아저씨예요. 사실 나만 해고되면 될 일인데, 같이 싸우다가 같이 해고된 거죠.

지금도 잊지 못 하는데, 작업하던 중에 '언니, 혹시 나랑 포장마차나 할래?' 했더니, 그 언니가 무슨 말인지 금방 알아듣더라고. 언니는 오히려 나를 위로하며 '그래, 재미있겠다' 하며 흔쾌히 동조해 주었어요. 기사아저씨는 막 결혼해서, 갓난쟁이가 있었는데 '내가 사실 학출이고 언니와 유인물 돌리고 해고되려고 하니, 기사님은 조용히 그냥 계시라' 했어요. 그랬는데 '그럴 수 없다'고 하더라고요. 너무 마음이 아팠어요. 그 기사님 정말 의리파였죠. 나랑 만나 노조 얘기는 몇 번 나누지도 않았는데. 아무튼 회사의 부당함, 노조의 필요성을 강조하는 유인물 돌리고 같이 해고되고, 부평경찰서로 끌려갔다가 두 사람은 나오고, 나는 사문서 위조[주민증 위조]로 구속을 하니 어쩌니 하다 풀어 주더라고요.

해고돼서 그 언니와 기사님하고 공부를 했어요. 지금 생각하면 너무 민망한 얘기인데, 세상에, 기사님네 단칸방에 가서 갓난쟁이와 새댁을 옆에 두고 의식화교육을 한 거예요. 『소외된 삶의 뿌리를 찾아서』 같은 책으로 공부했던 것 같아요. 기사님 부인이 얼마나 걱정되었을까, 참 기가 막혔을 것 같아요. 그래도 그 새댁이 불편한 내색 한 번 안 하더라고.

●●● 그 다음에 공장에 들어갔나요?

예. 바깥에서 좀 조직 일을 하다가 이번에는 가발공장을 들어갔어요. 한 200명 되는 곳. 기숙사도 있었으니까. 이 공장 들어갈 때, 85년인데 벌써 4공단에 위장취업 하기가 너무 어려웠어요. 단속이 강화된 거죠. 이번에도 친구 동생의 주민증 가지고 들어갔어요. 두세 살 어린 나이로. 우리나라가 70~80년대 중반까지 수출품목으로 가발이 꽤 비중을 차지했다는 것 아시는지요? (그렇죠. YH무역도 가발공장이었고.) 온갖 색깔의 가발을 만드는데, 도대체 이 많은 가발이 왜 필요한지 이해가 안 되더라고요. 미국사람들이 파티에 갈 때 드레스 색깔에 맞게 쓰다가 버리고, 또 다시 새것 사는 거라고 그러더라고요.

거기도 어느 정도의 기술이 필요한 곳이라 머리 만질 줄 아는 기술자와 단순노동하는 사람들이 있었어요. 나는 기술이 없다 보니 하루 종일 서서 일하는 최종 박스포장 라인에 있었는데, 나이 드신 60대 아주머니들과 같이 일했어요. 정말 잘해주셨는데, 문제는 내 또래 여자들과 친해져야 하는데, 작업 라인이 다르니 말 한마디 건네기도 힘들었어요. 거기에 매일 밤 10시까지 일하는 거예요. 전자회사는 보통 8시까지 일해서 애들과 어울릴 수 있는 시간이 있었는데 여기는 그게 불가능했어요. 집에 오면 밤 11시, 그때 지역노동자들 교육도 하고 교재도 만들어야 해서 거의 매일 5시간 정도밖에 못 잤던 것 같아요. 세상에 이 공장에서 1년 정도 있었던 것 같은데, 한 명도 조직을 못하고 쫓겨났어요.

●●● 쫓겨나요? 또 신분이 들통났어요?

이 공장에 학출이 들어와 있었나 봐요. 일제 검속에 들어갔다가 나도 들통이 난 거죠. 게다가 내 외모가, 딱, 학출티가 났으니까. 부평경찰서에 또 끌려가고 사문서 위조로 구속을 시키니 어쩌니 하다가 또 풀려나고. 해고는 부당하다고 유인물 돌리고 좀 싸우다가 싱겁게 마무리가 되었어요. 한 명의 노동자도 조직을 못하고. 참, 무능한 활동가예요.

●●● 흠, 그러면 다시 공장을 들어갔어요?

공장은 그 이후로는 안 들어가고. 가발공장 다닐 때 인노련에 참여했는데, 조직 일로 지역노동자들 만나서 같이 자취하며 교육시키는 일을 했어요. 그리고 주택가에 아침 일찍 유인물 돌리는 일도 하고요. 나는 공장에서보다 자취방에 오며 가며 만난 노동자들을 더 잘 조직한 것 같아요. 한 노동자는 아예 자기 집에 나를 데리고 가서 자취할 수 있도록 해줬으니까. 그 집의 어머니도 공장을 다니셨는데 내가 학출인 것 알면서도 방 하나를 내주셨어요.

인천지역노동자연맹 참여

●●● 인노련은 어떻게 참여하신 거예요?

85년 말에 인노련이 만들어지고, 양○○ 씨라고 한참 선배인데, 어느 날 ○○ 형이 자취방에 황○○ 선배를 데리고 왔어요. ○○ 형은 부평 4공단에 내려와서 이러저러한 인연으로 만나게 되었는데, 내가 청계 '형제의 집' 야학에서 있었다고 하니까 굉장히 반가워했던 사람이어요. 내 기억에 ○○ 형이 전태일의 직접 후배였고 청계에서 오래 활동했어요. 감옥 경험도 있고, 그때는 인천에서 활동하고 있으셨던 거고. 내가 4공단에서 활동하니까 ○○ 형이 내 자취방에도 왔다

갔다 했어요. 격려도 해주고 노동운동 경험도 얘기해 주면서. 나중에 알았지만 ○○ 형이 당시 인노련 위원장이었다고 해요. 그래서 ○○ 형이 ○○ 형하고 같이 와서 인노련에 들어오라 하더라고요. 흔쾌히 그러겠다고 했죠. 그때만 하더라도 정파라는 게, 없었잖아요? 다만 우리가 뭔가 지역정치조직을 만들어야 한다는 건 다 공감했던 때니까. 인노련 참여하는 게 너무 자연스러운 거였죠.

●●● 인노련 활동은 어땠나요?

내가 인노련에 들어가 처음 학출모임에 갔는데, 다 남자들이었어요. 아주 똑똑한(?) 남자들. 나는 어리버리한 타입이어서 그냥 순한 양처럼 듣기만 했던 것 같아요. 그때부터 가발공장 다니면서 인노련 모임도 하고, 공부할 과제도 있었던 것 같아요. 그리고 아까 말한 것처럼 공장에서 해고되어서 유인물 만들어 뿌릴 때, 좀 문학적으로 썼던 거 같아요. 그랬더니 그 남자 조직원들이 나보고 '계급성이 없다'고 막 비판을 하더라고. 그때는 계급성이 우리들의 핵심 키워드였거든요. 특히 학출들에게는 예민한 문제였고. 유인물 쓸 때도 어떤 정형화된 틀이 있는 건데 무슨 문학소녀처럼 썼으니 얼마나 나를 한심하게 봤겠어요? (음.) 완전 풀이 죽었어요. 잠깐 옆으로 새는 얘기를 한다면 나는 운동권 구호도 집회에서 같이 외치면서도 내면으로는 어색했던 사람이었어요. 내 성향이 기본적으로 센 어휘가 잘 안 나오는 사람이에요. 하물며 나는 숱하게 경찰서에 잡혀갔어도 경찰들과 대차게 싸워 본 적이 없어요. 그냥 '그러시면 안 되는 거잖아요' 하는 표정만 짓는 수준이었죠. 그 당시는 그런 내가 너무 한심스러웠어요. 누구에게 털어놓을 수도 없는 프티부르주아지의 속성인 것 같아서.

당시 우리는 운동가는 이래야 한다는 모범답안 같은 획일성이 지배하는 문화를 가지고 있었어요. 그런데 재밌는 건 잘나고 과격했던 그 남성들보다 내가 운동을 오래 했다는 거예요.

●●● 인노련의 활동이나 분위기가 어땠어요?

노동자들 데리고 유인물 받아서 배포하고, 그때 인노련의 위세는 대단했던 것 같아요. 언젠가 86년도였던 거 같은데 백마강인가? 버스 두세 대 대절해서 MT도 갔는데, 참, 인상적이었어요. 학출하고 노동자들이 다 같이 갔는데, 조직적으로 결속력은 아주 대단했어요. 그런데 차를 타자마자 진짜 과격하게 노래 부르고. 그러니까 운전기사 아저씨가 얼마나 놀랐을까? 우리는 각자 흩어져 활동하고 있다가 처음 대규모로 같이 만났으니 감개무량할 수밖에 없었고. '우리가 이 정도의 조직을 꾸렸구나' 하는 자부심도 있었던 거 같아요.

또 그때 큰 집회들 가면, 일종의 활동가집회였는데, 해고노동자, 선진노동자들까지 해서, 아휴, 대단한 투쟁정신이 반짝반짝 빛나는 집회였어요. 그러다 활동가들만 모인 집회도 있었는데 진짜 피 튀기고, 살벌했지. 100명, 200명씩 모여서 집회하면서 계급성이 어떻고, 혁명적 전략이 어떻고. 아무튼 그런 피 튀기는 과격한 용어들이 난무하면서 집회를 했던 것 같아요. 당장이라도 인천에서 혁명에 나설 것 같은 기세였으니까.

인민노련 참여와 부천 민교연 활동

●●● 인노련에 소속되어 계속 부평에서 활동했어요?

아니에요. 어느 날 부평 조직에서 나보고 부천으로 가라고 했어요. 한참 부평에 익숙해질 만했는데 낯선 곳으로 가라 해서 처음에는 당황했지만 조직에서 가라는데 어쩌겠어요. 부천에는 이제 막 일을 시작하고 있을 때라 주로 비합법으로 학출들끼리 모여 회의를 했어요. 그런데 어느 날 우리 대장 선배가 조직이 어쩌고저쩌고 하면서 인민노련인천지역민주노동자연맹 팸플릿을 가져왔어. '이것을 우리가 검토해봐야 된다'는 거야. 그러면서 인노련에 대한 성찰과 평가, 이런 거를 많이 했던 것 같아요. 그러면서 대장 선배가 인민노련을 굉장히 긍정적으로 평가했어요. 당시 인노련과 서노련은 너무 과격한 방향으로 가고 있었고 조직 기풍도 너무 경직되어 있어 사람들이 많이 동요했어요. '이렇게 가는 게 맞는가' 회의가 들 때였어요. 활동가 집회들 할 때, 아마 내 기억에 구로동맹파업 2주년 기념대회를 영등포 성문밖교회에서 한 것 같아요. 그때 막 피 튀기는 논쟁이 있었는데 서노련·인노련 지도부에 실망했던 것 같아요.

그때 부천 인노련 사람들은 인민노련으로 노선 바꾸는 걸 쉽게 받아들였어요. 나는 중요한 인물도 아니었고 새로운 조직으로 가자는 데 순순히 따랐어요. 당시 인민노련 지도부들의 글이 굉장히 인상적이었거든요. 인민노련 사람들 아마 운동권에서 글을 잘 쓴 사람일 거예요. 그리고 인노련 지도부보다 훨씬 합리적인 사람들이었어요. 그렇게 학출들 몇 명이 인민노련으로 들어갔지만 당시 부천에는 아무 기반도 없었어요. 노동자는 한 명도 없는 학출들만의 조직인 거죠. 그래도 바빴죠. 86년 말, 87년 중반기였으니까, 한창 6월 민주화투쟁이 진행되어서 유인물 만들어 서울 가서 인쇄하고 유인물 뿌리러 다니고. 서울로 데모하러 가고. 그러다가 87년 노동자투쟁이 벌어졌죠. 울산에서, 인천에서 빵빵 터지는데, 부천은 작은 공장들이 많은 곳이라 조용했어요. 공장들에서 작은 투쟁들이 있었지만 우리가 개입할 수 있는 연결이 없었고요. 그래서 내 기억에 87년 말인가, 88년 초인가 '부천민중교육연구소'부천 민교연라는 공개조직을 만들어 노동자들과의 연결을 시도했어요. 민교연 만든 다음부터 부천조직도 새로워져요.

●●● 민교연 활동하면서 인민노련 조직활동은 어떻게 했어요?

그때 우리야 조직적으로 일을 안 하면 큰일나는 줄 알았으니까. 매번 활동보고 꼬박꼬박 해야 했고 지도부의 지시사항을 숙지해야 했고. 아까 말한 우리 대장 선배는 특히 공부를 중요시했기 때문에, 그 형이 굉장히 공부하는 걸 좋아해서 맨날 공부하자고 그래 가지고, 꾸준히 레닌 책도 공부하고, 막 번역되어 나온 『자본론』도 공부했던 것 같아요. 특히 『프랑스혁명 3부작』이 나한테는 아주 인상적이었어요. 꽤 두꺼웠는데 지금도 다시 보고 싶은 책이에요. 『자본론』은 너무 어려워서 정말 죽겠더라고. 옆의 동료들은 이해하는데 나는 이해가 너무 안 되어 무식함이 탄로날까봐 전전긍긍했죠.

●●● 부천 민교연을 만든 건 언제였죠?

87년에 노동자대투쟁 일어나고, 87년 말 아니면 88년 초에 만들었을 거야. 인천 민교연이 먼저 만들어졌는데 그걸 본떠서 부천 민교연을 만든 거죠. 민교연 때 내가 제일 많이 성장했어요. 왜냐하면 비합법으로 있을 때는 소규모잖아요? 그러니까 어떻게 보면 활동력의 평가 기준도 없는 거고, 많이 알고 샤프한 인텔리들이 아무래도 주도하는 조직이었던 것 같아요. 나는 대중조직에서 일해야 맞는 스타일인 거 같아요. 노동자들하고는 잘 어울리니까. 그때 노동자 조직가로서는 좀 인정을 받았던 거 같아요.

●●● 민교연에서는 어떤 역할을 담당하신 거죠?

나는 교육부장 같은 걸 했던 것 같아요. 딱히 분업화가 확실하게 된 건 아니고 닥치는 대로 한 거죠. 주로 노조 지원사업 했어요. 노조 만들고 싶어 하는 노동자들에게 '노동조합이란 무엇인가'부터 시작을 해서 서류 만드는 것, 회유와 협박에 대처하는 법 같은 걸 교육하고 준비시키고 했어요. 이미 파업 들어간 공장에 가서는 사후 지도해 주고. 아휴, 그때 너무 힘들어서 죽는 줄 알았어요. 민교연 사무실에서 먹고 잤는데, 정말 시도 때도 없이 전화는 오지, 구사대 들어올 것 같다고 밤에 전화오지, 그러면 공장에 가서 같이 있어 주면서 내색도 못하고 속으로는 무서워서 벌벌 떨었어요. 내가 잡혀가고 감옥에 가는 건 안 무서워했는데 최루탄과 구사대는 정말 무서워했거든요. 그때는 그런 말도 못했죠. 비겁하다고 그럴까봐.

정말 새벽이나 밤이나 일했어요. 거기에 경찰이 언제 들이닥칠지도 모르잖아? 그런데도, 참, 재미있었던 거 같아요. 정말 몇 년 동안 지지부진하게 소그룹만 하다 대중투쟁의 생생한 현장에 있으니까 기량도 확~ 늘었어요.

그런데 내가 상담 같은 건 그럭저럭 잘했던 것 같은데, 노동자 대중교육은 정말 젬병이었어요. 100명 이상 되면 눈앞이 노래지고, 다리가 후들후들 떨리고, 구호도 어설프게 외치고. 정말 나는 사람 많이 모아놓고 교육하는 건 지금도 잘 못해요. 이상하게 20명 이하로 모아놓고 하는 건 잘했어요. 그나마 내가 핵심노동자들 교육하고 조직하는 건 잘했던 것 같아요. 내가 우리 조직으로 끌어들인 노동자들이 꽤 됐으니까.

그때 인민노련에서 과감하게 기관지 『노동자의 길』을 만들어서 노동자들에게 배포했거든요. 그걸로 노동자들하고 토론하고 그랬어요. 그렇게 한창 재밌게 활동하고 있는데, 어느 날 조직에서 울산을 가라 하더라고요. 당시 울산 가는 것은 활동가들에게는 거의 로망이었는데 나보고 가라니까 깜짝 놀랐어요. 난 별로 내키지 않았어요. 그때 막 결혼도 했거든요.

●●● 89년이면, 그때 전국사업으로 『사회주의자』를 발행하고 활동하지 않았어요?

『사회주의자』 나오기 전에 『노동자의 길』을 먼저 냈던 것 같아요. 아주 반응들이 좋았어요. 더구나 이름은 기억이 안 나는데 인민노련 활동가 한 명이 법정에서 '나는 사회주의자요' 하며 공개적으로 자신의 정체성을 밝혀 당시 엄청난 반향을 불러일으켰죠. 우리 정체를 밝히고 합법영역으로 서서히 진출하겠다는 뜻이었어요. '잡아갈 테면 잡아가라! 우리는 87년 노동자대투쟁으로 성장한 노동대중에게 이제 노조나 부르주아 민주주의 수준의 얘기만 하지는 않겠다. 기껏해야 직선제 개헌에 만족하고 있는 정세에서 프롤레타리아가 나서서 부르주아 민주주의를 더 끌고 나가겠다'고 선언한 거죠.

인민노련이 지금 생각해도 상황에 능동적으로 대응하는 거는 다른 정파에 비해 탁월했던 것 같아요. 문필력도 좋았고. 아주 참신했죠. 활동가들끼리 돌려보던 팸플릿을 공공연하게 돌렸으니까. 민교연에서도 노조 간부급들까지는 다 돌렸던 것 같아요.

인민노련이 지역조직에서 전국조직으로 확대되면서 자기 조직의 정체도 알리고 사상적 통일성을 확보하기 위해 과감히 치고 나가요. 그러면서 『사회주의자』가 나오고 인천 민교연 실장하고 몇 명이 교육팀을 짰어요. 전국을 다니며 노동자의 정치세력화를 교육하고 다녔거든요. 구미, 창원도 가고, 주로 대공장 밀집지역 돌았어요. 그때 반응이 괜찮았던 거 같아요.

●●● 그 교육팀이 『사회주의자』랑 사실 같이 움직이는 거였죠?

그렇죠. 웃긴 건 내가 구미와 창원에 갔는데, 150명 좀 넘게 모여 있었어요. 제가 많은 사람 모인 대중교육을 잘 못한다고 했죠? 그래서 못할까봐 교육안을 거의 달달 외워서 교육을 하는데, 노동자들의 눈이 반짝반짝해. 그래서 '이상하다? 내가 교육을 잘했나' 했는데, 그게 아니더라고. 그 지역에 여성활동가가 와서 교육한 건 처음이었대요. 신기하니까 반짝반짝 했던 거였어요. 기가 막혀서. 경상도 쪽 다니다가 배꼽을 잡고 웃었어요. (웃음)

울산에서의 노동운동

●●● 전국에 정치교육을 다닌 건 몇 년도죠?

내가 결혼을 89년 11월에 했으니까, 아마 90년 초에 갔던 것 같아요. 겨울이었는데, 왜냐하면, 그 겨울에 울산에 가뭄이 들어서 물이 잘 안 나왔어요. 이틀에 한 번 급수를 해서 세수를 못하고 밥도 해먹기 힘들었고. 거기에 조○○이 이미 활동하고 있었고, 그 다음에 신○○

이 나보다 한 1년인가? 6개월인가? 먼저 가 있었어요. 조○○은 서울에서 대학 나왔지만 고향이 울산이어서 약간 지역기반이 있었고, 그 맥을 활용해서 신○○이 조직을 더 넓혀 놓고 있었어요. 그 친구는 개척자 정신은 알아주어야 해요. 맨땅에 가서 조직을 일구었으니까.

●●● 결혼을 89년에 하셨다면 남편은 결혼하기 전에 인민노련 조직원이 아니었어요?

그때는 아니었어요. 이 남자는 책 문제로 국가보안법으로 감옥 갔다 왔기 때문에, 굉장히 조직은 신중해야 된다는 생각을 했던 사람이에요. 조직운동을 싫어해서가 아니라 내가 잡혀가도 조직을 지켜낼 수 있는가를 고민한 거예요 결혼할 당시 남편은 성수동에서 모나미에 위장취업해서 지역기반을 가지고 있었기 때문에, 결혼하고도 떨어져 살았어요. 그러다 모나미 그만두고 내가 있는 부천에 와서 민중당 활동을 하고 있었고. 조직 입장에서 보면 심명화 남편이고 민중당에서 열심히 활동하고 있었기 때문에 조직원이냐 아니냐는 중요하지 않았어요. 남편은 나보다 6개월 늦게 울산에 내려왔는데, 아마 그때 조직에 가입했을 거예요.

●●● 울산은 남성노동자가 중심인 지역인데, 왜 여성을 파견했나요?

그러니까. 거기에다 결혼도 했는데. 어우, 인민노련 선배들한테 지금도 따지고 싶다니까. 내가 은근히 조직에 충성하는 스타일이라 가라니까 그냥 간 거지. 아마 조직에서는 내가 노동자들하고 잘 사귀니까, 좀 할 수 있지 않을까 싶었던 것 같아요. 내가 인텔리스럽지 않고 약간 수더분하니까. 그리고 민교연 할 때, 인천 민교연 실장이 나를 대단한 활동가로 추켜세워서 그랬던 것 같아요. 아니면 다 남자들만 있으니까 구색 맞추느라고 보냈을 수도 있고.

●●● 부천의 소규모 공장하고 비교해 대공장의 분위기는 어땠어요?

소규모 공장이 모여 있는 부천과는 완전 딴 세상이었어요. 일단 노동자들이 출근하는 모습이 장관이더라고. 제가 그때 만세대라고 현대중공업 노동자들이 사는 아주 허름한 서민아파트에 살았는데, 세상에, 아침의 출근길에 오토바이가 '쫙~ '가는 모습이 정말 놀랍더라고요. 저 사람들이 나선다면 세상에 못할 일이 없겠다 싶었죠. 그런데 어느 날 공장 밖으로 나와 노조들이 시위를 하는데 '노동탄압 중지하라'고 쓴 플래카드를 들었는데, 혁명군대가 따로 없겠더라고요. 아무튼 울산은 거대한 잠재력을 가진 지역인 것만은 분명한 사실이었어요. 그런데 진짜 웃기는 일은 이 사람들이 위세가 대단했는데, 세상에, 최루탄 몇 발 터지니까 다 무너지더라고. 그래서 나는 '뭐야? 이거, 전남대 학생들만도 못하잖아.' 깜짝 놀랐지. 학생운동가들만 해도 수년간 훈련된 게 있어서 퇴각은 어떻게 하고, 다시 공격은 어떻게 하고 이런 거가 있는데, 울산노동자들은 당시 그런 정도로 훈련되지 않았던 거죠.

●●● 울산에서는 어떤 일을 하셨어요?

내가 갔을 때는 이미 노조들이 다 조직되어 있었던 상태였죠. 저는 현대정공을 맡았어요. 지금은 현대정공이 현대자동차로 다 통합되어 남아 있지 않지만, 그때는 자동차 옆에 위치해 있었어요. 그래서 주로 정공노동자들 교육하고, 정공노조 위원장 만나고 그랬어요. 그런데 핵심노동자들을 교육하는 건 그럭저럭 했는데, 노조 문제는 제가 할 게 없었어요. 정공에는 이미 인민노련 출신의 노동자 활동가가 들어가 있었기 때문에, 현대정공 파업 났을 때, 거기 위원장과 셋이서 비밀리에 만났어도 나는 꿔다 놓은 보릿자루 같았어요.

부천은 작은 사업장들이니까 우리 같은 학출들이 다 개입해서 별의별 걸 다 해야 했잖아요? 대자보 쓰는 것부터 요구사항 정리하는 거, 두려워하는 노동자들 달래는 일까지. 울산은 내부 노조 조직이 탄탄히 굴러가고 있었고, 솔직히 바깥에 앉아서 뭘 지도랍시고 할 수 있겠어요? 실질적으로 상황을 보면서 미묘한 상황판단을 해야 하는 건데. 더구나 내부에 훌륭한 활동가가 잘하고 있었고. 정공에서 내가 할 수 있었던 일은 핵심노동자들 바깥에서 교육시키는 것이지. 그나마 정공은 대부분 순진한 총각들이라 '누님, 누님' 하며 잘 따랐어요.

현대중공업 아저씨들은 좀 과장해 말하면, 정말 '어떤 젊은 아줌마가 와서 저리 떠드냐' 하는 분위기였어요. 울산은 진짜 다르더라고. 여성활동가를 대하는 게 달라요. (어떻게?) 사실 부천이나 인천에서는 노동자들이 여자활동가라 해도 아주 깍듯이 대했거든요. 자기들 입장에서는 모르는 걸 가르쳐 주고, 또 막 용기를 북돋아 주고 지원해 주고 하니까. 여자 학출이라도 남자노동자들을 만나는 것이 전혀 어려움이 없었거든. 그런데 중공업 아저씨들은 일도 험한 데다가 나이도 많고, 산전수전 다 겪은 사람들이라 무슨 일을 도모하려면 일단 같이 술을 먹어야 의기투합이 가능해요. 그런데 내가 술을 한 잔도 못 먹거든요. 더구나 경상도 남자들이잖아요. 나중에 민중당으로 나갔을 때 부산에서 막 학생운동 마친 젊은 여자들이 활동하러 왔는데, 이 거친 아저씨들 속에서 마음고생을 많이 했죠. 그나마 나는 경력으로 나이로 누른 거죠. 또 경상도 사투리를 잘 알아듣지 못해 어떤 때는 농담인지 진담인지도 구분이 안 되는 문화적 차이까지도 있어요. 아휴, 적응하느라 정말 힘들었어요. 『사회주의자』 가지고 정치교육 할 때만 좀 체면이 섰던 것 같고.

말하자면 울산은 나같이 여리여리한 여자가 가서 활동할 곳이 아니었어요. 그래도 내가 시종일관 열심히 했던 것은 남자들 밥 해주는 일이었던 같아요. 만세대 우리집에서 거의 모였으니까. 민중당 나가서는 더 밥을 많이 했고. 모이는 노동자들이 더 많았으니까. 지금 생각하면 밥해 주러 간 것 같아요. 그나마 나를 활동가로 깍듯이 대해 준 것은 울산 남부에 위치해 있던 한진중공업 위원장과 노동자들이었어요. 그 위원장은 내 밥을 해놓고 기다렸으니까. (웃음)

●●● 정치교육은 어떤 내용으로 한 거죠?

노동조합이 아니잖아요? 사회주의 얘기도 하고, 정세분석, 경제 분석 같은 것도 하고. 책은 『임노동과 자본』, 『공산당 선언』, 이런 짧은 책 가지고 했던 것 같아요. 그와 연관된 시리즈를 쭉 했던 거 같고. 부천에서부터 이런 교재로 정치교육 했으니, 이 책들은 거의 외울 정도였어요. 울산에서는 그렇게 재미있지는 않았어요. 울산은 나 정도의 활동가가 감당하기 좀 버거웠고. 부천에 있을 때가 아기자기하게 재미와 보람이 있었고. 그때가 활동가로서 내 전성기에 해당할 거예요. 그리고 그때 조직에서 비합법 조직을 청산하고 합법영역으로 나가느냐 마느냐 하는 논쟁이 있었는데, 우리 지역은 대부분 합법영역으로 나가자는 분위기였어요.

합법정당 전환 문제와 민중당활동

●●● 인민노련이 비합법정당을 만들려고 하다가 포기하고 합법정당으로 전환하는 것에 대한 논의가 있었다고요?

내가 기억하기론 인민노련, 삼민동맹의 다수와 노동계급이 통합하면서 한사노(한국사회주의노동당 준비위원회)가 만들어진 것 같아요. 우리 지역에도 노동계급에서 한참 후배 나이인 남자활동가들이 들어왔는데, 정말 좋은 친구들이었어요. 그 친구들도 통합하니 살 것 같다고 하더라고요. 자기들은 거의 수공업적으로 학출 몇 명 모여 활동했다고. 얼마나 답답했겠어요. 아무튼 삼민동맹과 노동계급 쪽이 우리랑 조직통합하면서 인민노련 활동가들의 사기가 아주 높았어요. 그러니까 한사노는 이때 있었던 거고, 얼마 안 있다가 지도부가 합법영역으로 한노당(한국노동당)을 만들자고 하는 카드를 내민 거죠. 나가자마자 민중당과 합당하자는 플랜이 이미 있었던 거구요. 내 기억에는 한노당이 합법영역으로 나가는 문제와 민중당과의 통합이 같이 기획된 거예요. 민중당과의 통합은 어렵지 않을 거라 생각했어요. 왜냐하면 민중당에 인민노련이 주도적으로 참여했으니까. 지도부, 지역민중당, 다 인민노련 사람들이 나가서 활동했어요.

수도권에서도 논란이 있었겠지만 울산에서도 약간의 논란이 있었어요. 민중당 합당으로 생겨날 지도력의 문제, 사상적 통일성을 어떻게 담보할 건가, 이런 게 논란이 될 수밖에 없었어요. 인민노련의 장점은 대중운동이 발전하고 합법적 영역의 폭이 넓어지니까 비합법 비밀조직의 시대는 아니라고 판단한 것, 나는 훌륭하다고 봐요. 당시 울산은 공개로 나가자는 분위기가 대세였고 약간의 반발은 있었으나 크게 문제되지는 않았어요. 그리고 노동자들은 비합법, 이런 거 익숙하지 않잖아요. 무엇보다 한사노에 대한 믿음이 있었던 것 같아요.

●●● 전환할 때 프롤레타리아독재, 이런 거 다 포기한다는 것까지 나왔다고 하던데요?

이론가들하고 대중활동 하는 사람들하고는 어떤 걸 판단하는데, 확실히 다른 거 같아요. 이론가들은 프롤레타리아독재, 이런 문제들을 심도 있게 고민했을 거야. 중요한 강령적 문제들이잖아요? 그러니까 그들한테는 문구 하나, 단어 하나가 중요했을 거야. 그러나 대중운동 속에 있던 우리들은 그렇게까지 문제되지 않았어요. 몰라, 나는 그랬어요. 먼 후일의 문제로 여겨졌다고 할까? 무엇보다 합법영역에 나가 노동자의 정치세력화를 이루어 내야 한다는데, 그래서 한사노 지도부가 검거되었어도 우리는 깃발 들고 다 서울 올라가서 무역센터인가? 한사노 창립대회 때 갔거든. 세상에 그렇게 우아한 무역센터에서 할 줄은 정말 의외였어요.

●●● 한사노당 가다가 민중당으로 들어간 거죠?

일차로 합법 한사노로 나가고 바로 민중당과 통합한다가 한 세트로 기획된 거지, 여건이 안 되어 민중당과 통합하려 한 게 아니고. 당시 안기부에서는 얼마나 황당했겠어요. 지하의 비합법 최대조직의 지도부 검거에 실적을 올리고 있는데, 애네들이 갑자기 합법영역으로 나와 버렸으니, 합법영역으로 나온 애들을 다 잡아 가둘 수도 없고. 그런데 문제는 우리 내부에서 터졌죠. 민중당 통합을 일사천리로 해결했는데, 바로 총선이 있었잖아요? 그게 조직을 와해시킨 계기가 되었으니까. 총선에서 민중당이 죽을 쑤게 되면서 우리가 대중적으로 얼마나 초라한 조직인가가 누구 눈에도 명확하게 보였으니까. 사기가 급속히 무너져 내렸고.

89년 사회주의 붕괴의 문제가 합법영역으로 나오자 분출되기 시작했어요. 조직 내부에서 우리가 이제까지 지향해 왔던 논리들이 얼마나 빈약했는가가 우후죽순처럼 분출되어 나왔어요. 그 유명한 신○○의 '그대 지금도 혁명을 꿈꾸는가?' 팸플릿이 조직 내에 돌려져 읽혀졌고, 일부 사람들은 경실련으로 집단적으로 가고. 나는 당시 임신으로 입덧에 시달려 내 몸 하나 건사하기 힘들 때라 사람들을 만나지도 않아서 다른 기억이 없어요.

학출들은 뿔뿔이 흩어지고, 그러니 우리가 조직했던 노동자들은 얼마나 황당했겠어요. 지들이 꼬드겨 놓고 다 도망가 버렸으니. 우리 남편은 노동자들에게 이럴 수는 없다고 울산을 지키며 의리를 지켰어요. 대신 마누라는 임신복 하나 못 사 입고 고생을 바가지로 했더랬죠. 그때 나는 총선 끝나고 입덧으로 돈을 벌 수가 없어서 울산에 있다가는 아기와 굶어죽을 것 같더라고요. 그래서 서울 올라오는 기차표도 돈 빌려서 올라왔어요. 남편과 사이가 안 좋아진 계기가 되었죠. 서로 선택지가 별로 없었으니까.

●●● 울산 민중당은 어땠어요?

92년 4월 총선 때, 우리는 민중당 독자후보를 당연히 내려 했어요. 그런데 당시 울산 노조운동의 원조격인 권영목 씨 같은 사람들이 난리를 쳤어요. 울산에 해고노동자들 변호사 역할을 해준 송철호 변호사가 민주당 후보로 나왔는데, 우리가 나가면 표가 분산된다는 거죠.

왜 선거 때마다 나오는 논쟁 있잖아요? '표가 분산된다. 그래서 여당에 유리하게 된다'는 논리. 그때가 울산이 가장 뜨거운 논쟁의 진원지였어요. 특히 울산은 노조 힘이 셌기 때문에 단일후보가 안 되면 그들의 입장에서는 아주 난감한 상황이었던 거죠.

그때 권영목 씨가 '니네가 독자후보를 안 내면 내가 다음에 민중당에 입당하겠다'고 하면서 딜deal을 하더라고. 우리 내부에서 많은 논란이 있었어요. 나는 좀 성향이 대중노선을 좋아하나 봐요. 당시 권영목을 비롯한 사람들이 울산에서 노동운동을 이끌어 가던 지도자들이야. 그들이 쌍심지를 들고 절대 안 된다고 반대하면, 그걸 받아들여야 한다고 봤어요. 아무리 우리의 명분이 옳다 해도, 그들과 앞으로 이 지역에서 협력해 나가면서 일해야 하기 때문에, 안 볼 사람들이 아니잖아요? 재밌는 것은 우리 부부는 항상 입장이 달라요. 남편은 말도 안 된다고 펄쩍펄쩍 뛰었고. 한사노 합법으로 나가자고 할 때도 우리 남편은 반대했거든. 우리 남편은 대의명분을 중시하는 타입이고 나는 현실을 중요시하는 타입이고.

●●● 소련 사회주의가 붕괴됐을 때는 어땠어요?

개인 편차는 있지만, 우리는 러시아혁명을 공부하며 사회변혁을 꿈꾸었던 세대니까. 이미 역사가 우리 같은 비합법 조직운동가들을 받아들이기 힘든 시대로 가 버린 거죠. 그나마 한사노는 가장 유연했던 조직이었던 것 같은데, 합법영역으로 나가면서 한방에 무너진 거죠. 너무 쓸쓸한 퇴장이었어요. 무너진 모습은 각 조직들마다 달랐지만, 그렇게 무너질 수밖에 없었던 거잖아요. 그렇다고 우리 386세대들이 한 일이 아무 의미 없었다고 생각하지 않아요. 우리는 한 시대를 밝힌 세대인 것은 분명한 것 같아요. 우리 세대는 역할은 사회주의권의 붕괴로 끝났다고 생각해요. 우리 각자가 투철한 사회주의자였든 무늬만 사회주의자였든.

●●● 울산에서 언제 그만두신 거예요?

92년 4월 총선 끝나고 5월쯤에 서울로 올라온 것 같아요. 12월에 출산하면서 운동을 접은 거죠. 남편은 다음 해에 서울로 올라와 민주노총에 들어갔고요.

1980년대 노동운동의 의미

●●● 운동을 그만둘 때 심경은 어땠나요?

처음엔 무기력했죠. 너무나 허탈하고. 그런데 애기가 있으니까 당장 눈앞에 할 일이 태산 같고 돈도 벌어야 했고요. 오래 무기력에 빠지지는 않았던 것 같아요. 엄마가 되면 여자들은 강해지니까. 운동 그만두고 대략 13년 동안 돈 벌러 다니면서 애들 키우고, 시댁 친정 노인들 봉양하고. 내 인생에 이렇게 힘들고 바빴던 적은 없었던 것 같아요. 그래도 젊었으니까 해냈던 것 같아요. 지금 다시 하라면 절대 못하죠. 그렇게 생활인으로만 살다가 선배 꼬임에 넘어가 대안학교 만드는 일에 나서고 공동체운동이란 걸 처음으로 해보았어요.

지금 생각하면, 그때 운동을 그만둔 건 잘한 거 같아요. 왜냐하면 그 안에 있으면 그 논리로 계속 가잖아요? 그런데 나와서야 내 머리로 생각할 줄 알게 됐어요. 그러니까 80년대에 우리들을 지배했던 이데올로기, 조직문화가 있잖아요? 운동권에 있었으면 그 이데올로기에, 그 분위기로 나도 계속 같이 갔을 거예요.

운동을 그만두니까 많은 게 새로 보이기 시작했어요. 그게 아주 좋았던 것 같아요. 예를 들면 우리가 이데올로기에 빠져 봤던 세대였기 때문에 언제나 검증에 들어가요. 정말 그런 걸까? 이 논리가 과연 맞는 것일까? 의심부터 해보죠. 특히 우리 마음에 감동을 주는 아주 이상적인 이론들에 더 예민하게 반응해요. 그렇다고 제가 진보적이지 않거나 절대 그렇지 않아요. 저는 지금도 굉장히 뜨거운 진보성을 갖고 있어. (웃음)

●●● 80년대 어떤 사회주의를 꿈꿨는지?

글쎄, 우리는 군부독재와 싸우는 수준에 몸을 담고 있었으니까 사회주의는 머리에 이미지로만 있었던 것 같아요. 다만 '19세기 유럽에서 보여 준 것처럼 부르주아 민주주의혁명에 머무르면 안 된다. 더 나아가야 한다. 또 부르주아들은 분명히 중간에 타협하려 할 거니까 노동자의 정치세력화는 반드시 필요하다' 이런 것 정도가 확고하게 있었던 것 같아요.

러시아혁명, 중국혁명에 대한 이미지 이상을 우리가 그려 보았는지 의문이 들어요. 우리는 모택동을 레닌식 혁명의 도식에 갇히지 않은 창의적인 인물로 경외했지만, 우리는 그들 같은 창의성을 가지지 못했죠. 러시아, 중국 혁명의 이미지에서 얼마나 자유로웠을까 싶네요. 그런데 그건 우리가 그때 너무 젊고 세상을 잘 몰랐던 것 때문이었어요. 앞세대가 가르쳐 주지도 않았으니까. 우리는 이전 진보세대들과 완전히 단절되어 광주로 인해 완전히 새롭게 태어난 80년대 젊은이들이었잖아요. 앞세대들에게 지혜의 정수를 배우지 못했으니, 책 몇 권 읽고 거리로 공장으로 갈 수밖에 없었던 것 같아요.

●●● 음. 지극히 이념 지향적이었다는 건가요?

그렇죠. 우리가 옛날에 사회구성체 논쟁 같은 거 했던 것 같은데, 아마 그때부터 PD니, NL이니 했던 것 같아요. 나 같은 사람은 이 말 들으면 이게 옳은 것 같고 저 말 들으면 저게 옳은 것 같아 헷갈리죠. 논리로만 가면 자꾸 논리의 정합성에만 빠지게 되어요.

●●● 80년대 세대들이 한국사회에 미친 영향은 어떻게 보세요?

긍정적이든 부정적이든 우리 세대는 반독재의 상징이잖아요? 우리 자신이 상징물. 우리가 학생운동 할 때, 80~81년에는 데모해도 몇 명 모여서 하다가 잡혀가고, 83년부터 그래도 대규모가 됐어요. 그런데 지금은 만 명, 10만 명이 모여도 권력이 까딱 안 하잖아요? 눈 하나 깜짝 안 해. 참, 이런 거 보면 쪽수로 뭘 하는 게 아니라, 결국 상징인 거 같아요. 한 나라의 지식인들, 또는 순수한 젊은이들이 100명이든, 10명이든, '독재 타도'를 외치고 뭘 한다는 그 자체가, 그 사건 자체가 의미를 갖는 거지. 노동운동할 때도 우리는 맨날 인텔리들끼리 앉아서 공부하고 토론했고, 사실 조직화를 하긴 뭘 해요, 지지부진했죠. 수천 명의 위장취업자가 있었다고 하는데 한 명씩만 조직했어도 꽤 조직이 튼튼했을 텐데. 오히려 위장취업자가 수천 명 존재한다는 것 자체가 독재정권을 벌벌 떨게 했던 것 같아요.

●●● 80년대 활동이 내 삶에서 주는 의미는 뭐가 있을까요?

흔히 386세대라고 하는 나 같은 사람들은 정말 복 받은 세대인 것 같아요. 극심한 가난, 6·25전쟁 같은 전쟁도 겪지 않았고, 부모 잘 만나 대학생도 되어 보고 민주주의투쟁도 해서 세상이 바뀌는 것도 경험해 보았고, 러시아의 나로드니키처럼 인민 속으로 들어가 보기도 했고, 비합법 비밀조직도 해보고 합법정당도 만들어 보고, 80년대 중반 이후의 고도성장의 혜택도 누려 보고, 공동육아, 대안학교 운동도 해보고, 지역공동체 운동도 해보고. 해방 이후 이렇게 다양한 경험을 해 본 세대가 어디 있겠어요.

한마디로 운동의 전성기와 침체기를 모두 겪어 본 세대이고, 자신들의 장점을 맘껏 발휘해 본 세대이자 자신들의 한계가 무엇인지도 뼈저리게 겪고 있는 세대인 것 같아요. 이제 나이 들어가는 우리 세대가 할 일은 후세대들이 새로운 개혁을 해나가는 데 도움이 되도록 우리 세대의 경험을 가감 없이 드러내는 것이라고 생각해요.

●●● 80년대 운동의 경험이 자신의 삶에는 어떤 영향을 줬나요?
운동의 경험이 나를 키웠고, 내가 이렇게 똑똑해지는 계기도 됐고. (웃음) '그거 안 했으면 나는 얼마나 멍청했을까' 이런 생각도 들고. 그래서 나는 '아, 삶은 어떤 것이든 피하지 않으면 반드시 얻는 게 있구나' 생각해요. 뭐를 진하게 체험해 봐야 거기서 확실히 배우는 거 같아요. 그래서 80년대를 같이 한 것은, 나는 인생에서 행운이었고. 아, 그리고 그걸 그만두게 된 것도 나는 행운이고요.

내가 지금 이우학교 관련해서, 이 마을에서 일종의 공동체운동을 하고 있는데, 많은 걸 배워요. 일상의 사소함에서 배우는 지혜, 소통이란 게 무엇이고, 서로 배운다는 게 무엇인지, 삶으로 배우고 있어요. 거대한 정치담론과 사소한 일상의 문제가 사실 똑같은 이치로

굴러간다는 거를. 나는 애를 대안학교 보내려고 여기 온 거지, 운동하려고 여기 온 거는 아니거든. 그런데 공동체는 어떤 점이 좋냐면 '정말 사소한 일상으로 뭉쳐진 조직은 대단한 위력을 갖고 있구나' 이런 걸 알았어. 그걸 성미산이 보여 준 거고. 여기 이우학교가 보여주고 있고요.

●●● 공동체 속에서 내가 바라는 바, 내가 하고 싶은 거를 할 수 있다는 거죠?

그 속에서 우리 같은 사람들이 대안적 삶이 무엇인지, 연대가 왜 필요한지, 이런 것들을 자꾸 얘기하잖아요. 우린 동네에서 데모도 했어요. 광우병 때 두세 번 했고, FTA때도 세 번 했어. (동네에서요?) 예. 그래서 TV에도 몇 번 나왔어요. 동네에서 이런 정치집회가 있다고 찍으러 왔더라고. 밀양 송전탑은 여기서도 하고, 차 대절해 애들하고 우리도 가고. 그러니까 정치투쟁에 전혀 참여 안 했던 사람들도 나오게 되는 거죠.

2.
박정순의 구술생애사

• 박정순의 살아온 길 •

1963년 서울 출생.

1981년 서울대 간호대 입학.

1981년 언더서클 참여. ○○○성당 연합팀-노동야학 참여.

1983년 야학연합회사건 조사. 노동현장 투신. 청계천과 창동 봉제공장 취업.

1986년 구로공단 인희전자 취업.

1987년 인희전자 투쟁과 노조 결성 시도, 해고. '서울지역 해고노동자 복직투쟁위원회' 참여.

1988년 대통령선거 공정감시단 활동.

1990~91년 비합법 정치활동.

1992~97년 노동과건강연구회 활동.

1998~2007년 고려대 노동대학원 입학. 졸업.

2000~08년 인성교육프로그램 교육자-노조교육.

2011년~현재 생업.

⁂ 박정순의 구술은 1차 구술작업은 2007년 10월 17일, 2차 구술작업은 10월 25일에 면담자의 집에서 진행했다. 이 구술자료는 2015년 2월 4일 구술자의 수정·보완작업을 거친 것이다.

가난 속의 성장과정

●●● 언제 태어났어요?

1963년 1월생이에요. 2남 2녀 중에서 제가 셋째예요.

●●● 아버님은 어떤 일을 하셨어요?

저희 아버지는 철공노동자셨고, 나중에는 철공 중에 새시 전문가가 되셨어요. 그러니까 내가 학교 가기 전에는 인근에서 큰 공업사의 임금노동자로 일하셨고, 초등학교 때는 작은 철공소를 운영하는 마치코바 사장이었어요. 그 공장이 망한 이유는 우리 오빠나 엄마의 말씀으로는, 하청이나 주문을 받아 몇 명의 노동자들에겐 다른 철공소보다 월급도 많이 주고, 먹는 것도 최고로 해주고 이윤을 남길 수가 없었다고 하더라고요. 마치코바 사장이 자기 인건비 벌기도 어려운 형편이었을 텐데, 종잣돈도 빚을 내서 이자 주고 나면 생활비가 모자랐다고 해요. 그래서 엄마가 삯바느질로 생계를 책임졌다고 해요. 그래서 엄마는 아버지가 결혼 후 철공소 노동자로 지낼 때가 가장 경제적으로 편했던 기간이라고 해요.

●●● 부모님들은 어떻게 만나신 거죠?

우리 엄마는 평택에서 부잣집 딸이었대요. 우리 엄마는 위로 오빠가 있고 첫째 딸로 태어나서 증조할머니가 엄마를 '이쁜이'라고 부르며 귀하게 키우셨다는데, 당시 초등학교만 졸업시키고 중학교에 보내주질 않아서 평생 한스러워하셨어요. 그런데 고모할머니가 친가 근처에 사였는데, 아버지를 보고 '참, 참하다'면서 사람 하나만 보고 중매를 했대요. 엄마가 시집을 와서 보니까 저희 큰아버지가 당시 목재

상을 하면서 돈을 잘 벌어서 식솔들이 걱정없이 지내긴 했지만, 우리 아버지가 직업이 없더래요. 아버지가 군대 갔다와서 직업도 정하지 않은 상태에서 24살에 결혼을 하셨다는 거죠. 그래서 찾은 직업이 철공노동자가 되셨나 봐요. 아버지가 체격도 되게 작고, 몸이 약해서 한 3일 일하면 몸살이 나서 하루 쉬어야 하셨대요. 여하튼 아버지는 마석이 고향인데 한국전쟁 이후에 서울에 자리 잡아서 저는 서울에서 태어났어요.

●●● 집안이 어려웠는데, 학교생활은 어땠어요?

제가 초등학교 때 육성회비 못 내는 학생들을 선생님들이 불러 세워서 독촉을 하고, 때리기도 일쑤였어요. 다른 반에 육성회비 못 내는 애들 명단은 몇 명인데, 우리 반은 몇 명이라고 비교해 가면서 수업 끝나고 남게 해서 갖은 모멸감을 다 줬어요. 그러고 들어간 중학교였는데, 수업료를 못 냈어요. 몇 번 연기서를 내게 하더라고. 그거 몇 번 내다가 엄마가 '이제 못 다니겠다고 휴학시켜야 되겠다'고, 선생님한테 몇 번 다녀가셨어요. 연기서를 내는 거에 대해 자존심이 많이 상했고. 그러면서 제가 중학교 1학년 때 집안 상황이 더 나빠졌어요. 그때 언니는 인문계학교를 다니다가 고2 때 휴학하고, 공장, 교복점, 병원 보조원 일로 1년을 벌어서 다시 복학한 상황이었고, 오빠는 상고 1학년이라 휴학을 시킬 수는 없다면서, 아버지가 중학교 1학년인 나를 '휴학시켜라'고 해서, 제가 배를 깔고 '나는 학교 가고 싶다'고 울었던 기억이 나요. 수유동 미아리하고 경계선인데 산등성이로 쭉 ~ 올라가면 빨래골이 있는데 오래전에 도시빈민들이 거주하던 동네라 가난해서 중학교 못 가고 공장 가는 친구들이 있었어요. 그런데 그때는 별 생각이 없이 '어머, 쟤는 학교 안 가네?' 얼마나 힘들면 안 가는지 그런 건 모르고, '그냥 안 됐다. 속상하겠다' 했는데, 나도 더 이상 학교에 보낼 수 없다니까 그럼 공장에 다녀야 하는 불쌍한 처지가 되나 생각하니 암담하기도 하고.

그렇게 암울하던 시간이 지나고 아버지가 그해 사우디를 나가게 됐어요. 해외건설 현장에 먼저 다녀온 분이 몇 명을 모집해서 추천해 주면서 알선비를 요구해서 빚을 내서 소개비를 내고 해외건설 현장에 파견되셨어요. 그러면서 빚도 갚고, 생활형편이 나아지면서 TV도 살 수 있었죠. 그 이후로도 아버지는 기회가 닿는 대로 해외로 가셨는데, 이유는 국내에선 그만한 임금을 벌 수 있는 기회가 없었기 때문이라고 해요.

그러다가 제가 고등학교 갈 때 엄마가 '오빠도 상고 갔는데 너도 여상 가라' 이랬는데, 나는 안 간다고 했어요. 언니는 가난에서 벗어나는 길은 공부해서 전문직업을 갖는 거라고 생각해서 간호대학을 갔고, 저는 언니도 대학을 갔으니 나도 가겠다고 우겼어요. 엄마가 하도 상고를 강요하니까 내가 외국에 계신 아버지께 편지를 써요. 그래 아버지가 '그냥 인문계 보내라'고 허락을 해서, 내가 인문계 고등학교를 가고 대학도 갈 수 있게 된 거예요.

내가 노동운동을 하게 된 아주 중요한 사건은 아버지가 사우디 갈 때였어요. 그때는 친척 중에 해외 파견근로 가는 사람이 있으면 사촌까지 공항에 나와서, 울고불고 해요. 나는 중학생이지만 당연히 조퇴하고 갔는데, 나이가 20대 초나 30도 안 된 현대건설 사무직 직원들이 여권을 잔뜩 들고 이름을 막 '박○○!' 하고 불러요. 그래서 몇십 명을 앉혀 놓고 막 반말을 해요. 애들도 그렇게 안 다뤘을 거야,

'조용히 해!' 다 반말이야, '어머? 우리 아버지가 저런 취급을 받나.' (울음) 그 장면이 굉장히 오랫동안 남았어요.

나중에 우리 아버지가 '이 땅에서 공순이로 산다는 게 뭔 줄 알고, 니가 노동운동 한다고 그러냐'고, 그런 얘길 나중에 하셨는데. 그래요, 이 땅에서 노동자로 산다는 건 인간 대접을 받지 못했던 것 같았어요. 아직도 눈물이 나네. (울음) 처음엔 사우디를 가셨고, 바레인, 나중에 이라크인가, 이란인가 전쟁이 발발해서 중도귀환하신 적도 있었어요. 네 번인가 가신 거 같은데, 두번째부터는 내가 공항에 안 갔어요. 중학교 1학년 때 본 노동자에 대한 사회적 대접이 말이 아니었어요. 사춘기 때라서 더 그랬는지 모르겠지만.

대학 입학과 서클활동

●●● 전공은 뭐였어요?

간호학, 나는 원래 그 과에 가기 싫었어요. 우리 언니가 그 과에 갔지만, 나는 간호사가 되고 싶다는 생각을 한 번도 해본 적이 없었거든요. 그런데 대학 진학을 앞두고 갈림길이었던 게, 그때 졸업정원제 시작하면서 여러 개 원서를 넣었는데, 우리집 형편에 사립대는 못 간다고 해서 학비 때문에 할 수 없이 그리됐어요.

●●● 대학 들어갔을 때, 학교 분위기는 어땠어요?

대학 입학하자마자, 첫 데모가 81년 3월 19일 날 있었어요. 그때는 학교에 전경과 사복경찰들이 학내에 상주하고 있었어요. 내가 학생회관 라운지에 있었는데, 밖에서 사이렌 소리가 '앵~' 하고 울려서 내다봤더니, 주동자가 맞으면서 질질 끌려갔어요. 그때는 데모할 때 주동이 떴다하면 금방 멱살 잡혀 끌려갔어요. '저건 뭔가? 대학생이 무엇 때문에 데모를 하고 경찰에게 개처럼 끌려가는 이유는 뭐지' 의문이 들었어요. 그전에 고등학교 2학년때 언니가 『전환시대의 논리』라는 책을 줘서 보고 체계적이지는 않지만 사회문제가 있고, 그 때문에 저항이 있다는 것은 알았지만, 깊이 있는 고민과 이해는 아니었죠. 또 80년 고3 때 집이 서울역을 지나가는 친구에게 집회와 소문, 최루탄 냄새가 심했던 거를 들어서, 대학생들이 잘못해서 경찰한테 맞고 끌려가는 게 아니라는 것 정도는 알았어요. 그런데 그렇게 내 눈앞에서 맞고 끌려가는 걸 보고 충격을 받았어요.

그리고 처음에 사귄 남자친구가 운동권이었어요. 그 친구는 고등학교 졸업하면서 바로 가톨릭학생회 활동을 시작해서 학습을 좀 했더라고요. 나 들으라고 떠드는 얘기는 굉장히 정치적이고 시사적인 얘기들이었어요. 그때 나는 막 대학 들어와서 직장 다니는 언니 옷을 몰래 입고 예쁘게 하고 다니고 그랬거든요. (웃음) 그래서 처음에는 '얘, 뭐야?' 이러다가, 간호학회지 서클에 들어갔어요. 학회지는 뭔지 모르지만, 그때는 서클 안 하는 애들이 별로 없었어요. 그런데 세미나하고 MT 가고 하다가 내가 눈에 많이 띄었나봐, 왜 그랬는지 모르지만, 금방 언더팀으로 들어갔죠. 간호학과 언더팀이 따로 하나 있었어요. 그렇게 연애하면서 서클을 했는데, 연애를 한 것 같지 않은 게, 사진 한 장이 없지, 둘이 팔짱 끼고 학교 돌아다녀 본 적도 없고, 운동권이니 벌써 보안 때문에 따로 돌아다녀, 데모할 때 만나도 모른 척하고. (웃음)

●●● 서클에서 어떤 내용으로 공부했는지 기억나요?

『민족경제론』, 『민중과 사회』 등등 많지, 그때 1학년이 해야 되는 거는 다 했지. 『전환시대의 논리』, 『해방전후사의 인식』, 한국근현대사, 뭐 비판적인 역사의식과 세계관을 형성하는 데 필요한 1학년이 읽어야 할 필독서를 한 거예요. 책을 읽은 후에 모여서 토론하는 세미나 형식으로 운영되었죠. 그때 학습커리큘럼은 공개, 비공개 서클들이 모두 대체로 비슷했던 거 같아요. 다만 언더팀에서는 학보사보다 훨씬 타이트하게 진행하고 내용도 더 깊게 파고들어서 공부를 했어요.

그리고 1학년 여름방학쯤에 또 다른 팀을 들어가요. 오픈서클은 정리를 해요. 그게 ○○○성당 연합팀이에요. 우리 과에 거기를 같이 하는 선배가 있었어요. ○○○성당팀이 나중에 보니까 청계피복 노동자들 정치 소모임이나 학습 모임들을 꾸렸어요. 우리 성당이 동대문시장, 청계천 근처에 있어서 청계피복 노동자들이 소모임 하기 괜찮은 장소였거든요. 그래서 비교적 빨리 노동운동을 생각하는 계기가 된 거죠.

그러다가 81년 10월인가, 11월에 그해의 마지막 데모가 있었어요. 데모가 있던 날 첫눈이 왔어요. '백주사건'이라고 백주 대낮에 백주를 마신 사건인데, 그때 소주와 다른 백주가 있었어요. 그런데 지금도 미스터리예요. 선배한테 나중에 물어봤는데 아니라고 하는데, 모르죠. (웃음) 나는 그날 데모가 있다는 걸 몰랐어요. 첫눈이 오는데 대낮에 아크로폴리스 정중앙에서 선배가 '술 한잔 마시자'며 몇 명을 데리고 마셨는데, 몇 잔 안 마셨는데 사복경찰, 학교직원 들이 막 쫓아와서 우리를 내몰았어요. 그날도 학교에 짭새, 학생처에서 다 나와 있었던 거죠. 우리가 거기서 나오고 얼마 안 있어, 바로 디머주동자가 떴어요. 그러니까 나중에 '데모 분위기 띄우기 위해 사전에 일부러 거기 있었던 거 아니냐'며, 추적조사가 들어와요. 공대 대학원 선배가 조사받았는데 내 이름이 나와서 나도 불려갔어요. 2학기 휴학 마지노선인데, 딱, 걸려서 학생처에서 조사를 받았어요. 그나마 우리끼리 미리 입을 맞춰서 나는 '아니다' 발뺌을 하고, '저녁 약속이 있다'고 나왔어요. 학생처에서는 내가 거의 분명하다고 봤고, 그러면서 저는 휴학계를 던졌어요. 그래서 학교를 한 해 더 다녀야 돼서 내가 82학번 후배들 지도책임을 맡고, 그 다음해까지 학교에 있었죠.

●●● 1학년 때 학습한 것 중에 가장 기억에 남은 내용은 뭐가 있나요?
그때는 『민족경제론』이 굉장히 중요했고, 소책자로 「민족과 경제」 비슷한 것도 있어요. 사실 경제를 그전에 안 접해 봤잖아요? (그렇죠.) 그거 공부하면서 '아, 경제개발 5개년계획의 사회 경제적 성격과 문제, 우리 경제의 대미의존성, 외채문제, 사회구조적 모순으로 민중들의 삶이 궁핍하다'는 것을 알게 된 거죠. 사회, 경제에 대해서 구조적인 시각이 없었던 상태에서 대외종속성과 외채문제, 83년까지는 외채문제를 많이 얘기했어요. 그런 면에서 '아, 이 나라 경제가 이런 측면이 있구나' 농촌활동가기 위해 공부하면서 '단순히 노동자의 삶만 궁핍한 것이 아니라 농민의 삶도 힘겹구나' 하는 정도를 알게 된 거죠. 고등학교 때까지는 서울 촌년이 친가·외가에 가서 대접받고 놀다 오면서, 서울에서는 하루 세 끼 밥을 제대로 먹지 못하고 살다가 시골에 가면 매끼니 밥을 맛나게 먹어서, 우리집 형편보다는 모두 낫다고 생각했었거든요. 얼마나 힘들게 농사짓는 줄도 모르고, 구조적인 문제는 생각해 본 적이 없었던 거 같아요. 그러다가 '아, 여러 사회문제가 구조로 연결됐다'는 사회의식으로 정리됐던 거 같아요. 시각조정뿐만 아니라 사회를 어떻게 바라봐야 되는지, 세계관이든, 가치관이 생긴 계기였던 것 같아요.

●●● 언더서클 들어갔을 때 분위기가 어땠어요? 오픈에 있다가 언더로 들어왔을 때니까.

우리는 다 여자들이니까. 학보사 들어가니까 애들이 되게 많았어요. 1학년이 열몇 명이 들어갔던 것 같고. 그런데 언더팀을 갔더니 우선 인원이 줄어들더군요. 1학년이 대여섯 명 정도 됐나? 얼마 안 됐던 것 같아요. 각 오픈에서 학생들을 골라다가 심어 놨더라고요. (웃음) 언더 선배들은 하고 다니는 것 자체가 틀렸어요. 여자들이 옷 입은 것도 남자 같고, 치마 입고 다니는 문화는 없는 것 같고, 다 담배를 폈어요. 학보사에도 담배들은 많이 폈지만, 언더팀에 갔더니 다 피더라고요. 그래서 '어머, 뭐야' 하고 그런 면에서 굉장히 달랐던 것 같아요. 말하는 톤이나 태도들이 편하지 않고, 약간 경직된 분위기 그리고 강한 규율을 요구하잖아요? 이때부터 보안문제가 중요하게 나와요. 집회 같이 데리고 갈 때도 아주 비밀스럽게 하고, 외부에 '누구하고 스터디한다는 거 절대 보안'이라고 그러고. 뭔가 긴장을 하게 만드는, 긴장감이 들었죠. 어느 선배는 집회주동자가 쭈뼛대는 모습에서 적개심을 느낄 수 없다며 비판했던 생각이 나요. 긴장감을 넘어서 적개심으로 무장해야 된다는 강박관념에 시달렸던 거 같아요.

그런데 ○○○성당의 대학연합서클은 좀 달랐어요. 처음에는 나이브해 보였어요. 거기는 연합서클이라서 그런지 느슨했고, 여자대학의 친구들이 많았어요. 여대생들의 옷차림이나 생각이 무척 다르게 느껴지면서 속으로 '어휴, 니들이 무슨 운동을 해' 이랬던 거 같아요. 나중에 생각해 보니, 내가 학교 선배들을 통해서 전달되던 운동권의 문화를 긴장감, 투철한 의식과 행동이라고 무언으로 강요받았던 거를 그 여자 친구들한테 잣대로 들이댄 거 같았어요.

뭐, 잘사는 부잣집 딸들이 대학 와서 서클활동하면서 책으로 접하는 민중의 삶을 공감할 수 없을 것이라고 판단하면서 관념적인 허위의식일 거라고 생각했어요. 실제 그 친구들이 오래 활동하지도 못했어요. 1년도 안 돼서 나갔던 친구들도 있었거든요. 지금은 그런 내 생각이 오만하다고 생각하지만. (웃음)

●●● 성당 야학에서는 어떤 학습을 하죠?

거기는 학습내용이 노동 쪽이 많았어요. 직접 야학수업을 뛰어보진 않았고, 준비과정만 새빠지게 했어. (웃음) 2학년 겨울방학에 LT, 리더십 트레이닝을 했어요. 2학년 때까지 학습하다가 3학년 때부터 나의 지향성은 노동판으로 갔어요.

관악에서 2학년까지 있다가, 의대가 동숭동으로 옮겨지고 간호학과로 오게 되면서 ○○○성당을 정리하게 된 것 같애요. 여기 오니까 먼저 온 동기가 3학년 지도로 들어가는데, 둘이 후배 학습을 나눠서 하고. 그런데 이미 나는 노동운동하는 걸로 고민이 가고 있었어요. 그때 학생운동에서 논쟁이 관악을 중심으로 있었는데, MT-MC 논쟁이었는데, 그 친구는 논쟁 참여하면서 조직도 대학 언더팀들과 연계해서 하고, 나는 관심이 없었어요.

공장활동 경험

●●● 그럼 학교 서클과 분리해서 3학년 때 현장 준비를 해요?

3학년 2학기 때 공부 못해서 졸업정원제로 잘리는 걸로, 계획적으로 학교를 나가야겠다고 생각했어요. 그때 나를 야학에 데리고 간 선배가 82년에 공활을 한 거 같아요. 그 선배가 청계천에 월급 받으러 갈 때 나를 데리고 갔는데, 살짝 공장 안을 보았어요. 그리고 83년 여름에는 내가 2학년들을 데리고 공장지도를 하면서 같이 공활을 했어요. 다른 과 82학번 3명, 우리 과 1명 해서 6~7명 정도 했어요. 우리 때부터는 공활을 조직적으로 했어요. 조를 짜서 걸어 다니면서 위치를 확인해서 지도 만들고, 공단에 대한 조사자료로 지역적 특성, 단지별 특성, 산업별 특성 등등 파악하고. 이때는 2학년 말 ○○○야학 팀에서 미리 공부한 것이 기초가 되었죠. 거기서는 사실 노동운동의 현장활동 준비를 한 거나 마찬가지였던 거죠.

그렇게 해서 청계천에서 한 달 동안 공활을 해요. 노동이 되게 힘들었죠. 정말 좁은 공간에서 일하는데, 애들하고는 친하게는 지냈어요. 그때가 군자동, 장안동, 중곡동으로 마치코바 공장들이 이사를 가면서, 청계천이 피복공장은 줄어들고, 판매시장이 많아지는 시점이었어요. 공장은 청계에 있어도 기숙사는 군자로 갔어요. 그나마 동화시장, 을지로 거기는 앞에는 시장, 판매업이 들어오고, 뒤쪽은 공장을 할 때인데, 거기서 공장활동을 한 거예요.

막상 현장에 들어가 보니, 정말 힘들더라고요. 일단 노동을 해낸다는 게 쉽지 않았고, 그런데 퇴근하고 소모임을 별도로 꾸린다는 게 어떻게 가능할지, 참, 막연하더라고요. 그때 한 달인가? 3주인가? 계획해서 간 건데, 1주일에 한두 번 어디서 만나서 체크하고 문제점 의

논하고. 그러면서 모두 무사히 공활을 끝냈어요.

그렇게 해서 그때 좀 맛을 보고 공장 들어갈 준비를 해 들어가요. 83년 말에 시험을 거의 백지로 내고. 친구들하고 공부를 한다고 모여서 맨날 '어떻게 할 거냐', '정말 학교를 나가야 되는 건지. 가족 문제는 어쩌지' 하면서 고민을 많이 했어요. 결국 82학번과 동시에 여러 명이 함께 현장활동을 하기 위해 학교를 그만두었어요. 2학년 때부터 학교를 그만두기 위해 학사경고를 연달아 받고 정리를 감행한 거죠.

●●● 공장으로 가야겠다는 결론을 냈던 가장 주요한 이유는?

나는 학생운동을 중심으로 활동한 것도 아니고, 2학년부터는 의대·치대와 함께 캠퍼스가 바뀌면서 학생운동의 공간이 협소해졌고, 물론 후배들 학습지도를 했지만. 여튼 나는 2학년 겨울부터 노동운동에 대한 생각을 갖고 학습도 했고, 무게중심이 이미 공장으로 갔다고 봐요. 그러다가 3학년 2학기 들어가기 바로 직전인가, 내가 야연야학연합회사건으로 조사받고 나왔어요. 그때 야연사건팀들의 그림이 일부 들어갔다고 했어요. 3학년 때 구로공단에서 야학을 꾸리기 위해 자취방을 얻어서 학습도 하고 함께 진행하던 팀이 그 그림에 속해 있었거든요. 내가 달려 들어가서 조사를 받아요. 그런데 그때가 유화국면으로 바뀌는 시점이라서 조사관이 '받아쓰라' 해서 받아쓰면 내보내 줘요. 1주일 조사받다가 나왔어요. 그러니까 학교에서는 찍혀서 운신의 폭이 더 좁아질 것으로 예상해서 정리를 해야 된다고 생각한 거죠.

●●● 집에서는 운동하는 거, 처음부터 알았어요?

대학 들어가서 1학년 방학에 MT 가서 4·19에 대한 세미나를 하다가 그 동네사람이 신고를 해서 우리가 경찰서로 연행당해 끌려간 적이 있어요. 그때 경찰서에서 조사받고 나오면서 집에서는 확실하게 알게 되었죠. 내가 학생운동 할 때부터 부모님들 속 많이 썩여드렸죠. 그래도 부모님들은 학생운동 할 때만 해도 '학생 때니까 하다 말겠지' 했고, 휴학하고 계속 쏘다니니까 많이 애들 태우시고. 그러다 야연사건으로 확실히 다 알아버렸죠. 내가 '운동을 계속 할 거다' 이런 얘기까지 했으니까. 우리 아버지는 '니가 정말 하겠다면 졸업하고 해라' 그러면서 당신 얘기를 하시더라고. 1960년대 노동운동이 활발할 때, '적극 참여했었지만 피를 보는 건 노동자다'는 피해의식이 있으시더라고요. 그러니까 '해봤자 세상은 변하지 않고, 너는 노동자로 살지 말라고 대학 보냈는데…' 그런 얘기도 하시고.

내가 가장 잊혀지지 않는 거는 청계천 공활할 때, 노동자처럼 하고 다녀야 되잖아요? 조리 끌고 싸구려 옷 입고, 되게 촌스럽게 하고 다녔어요. 그걸 보더니 우리 아버지가 '야, 너 공순이처럼 하고 다니냐', 나는 '나 공순이 되려고 하잖아요' 했는데, 우리 아버지가 얼마나 가슴 아프실지는 생각을 못한 거죠. 나중에야 그걸 아버지가 초연하게 받아들이셨으면 하고 바랐어요. 부모님들이 많이 힘드시겠지만, 데모가 범죄도 아니고, 당신들이 못 가르쳐서 노동자가 된 거와 달리 내가 선택하고 좀더 나은 세상을 만들려고 하는 거니까, 자부심을 좀 가져주셨으면 했는데, 그것까지는 무리한 기대인 거죠.

노동현장 투신과 초기 경험

●●● 학교 정리 후 현장 이전 준비는 어떤 식을 했어요?

늘 활동을 시작하기 전에는 이론무장을 했던 거 같아요. 한국노동운동사, 70년대 노동운동에 대한 학습과 논의, 노동자의 현실이라든지, 노동조합에 대한 공부, 소모임 운영에 대한 것도 공부했어요. 구체적으로는 현장 가면 뭘 어떻게 해야 될 건지에 대한 생활계획, 보고서 작성, 활동일지 작성법까지도 하고. 학교를 정리하고 나서 후배들과 함께 공동생활을 하면서 준비를 한 거예요.

●●● 이전 준비 끝나고 어느 지역으로 가요?

준비 끝나고 내가 맨 처음 간 데는 북부지역 창동이었어요. 그때는 현장이전을 한 선배들도 처음이라 현장에 적응하기 급급한 시기라서 후배들을 지도할 상황은 아니었고, 사실 우리가 너무 빨리 현장에 갔던 거죠. 그때는 번동, 창동 쪽에도 공장이 제법 있었어요. 구로공단 갈 생각을 못 한 게, 거기 연계되는 선배 라인이 없어서 잘 몰랐고. 물론 창동 쪽도 활동라인이 있었던 건 아니지만 창동 쪽은 좀 알고 있었고. 그래서 사업장 수가 몇 개인지, 공장규모가 어떤지 조사를 쭉 하고 갈 만하겠다 싶어서 간 거죠.

후배하고 둘이 가서 자취를 하면서 공장을 들어갔는데, 아, 장난 아니었어요. 여자는 거의 봉제고, 거기는 전자업종은 거의 없어요. 미싱 기술을 배워서 해야 하니까 그나마 규모가 좀 있는데 골라 들어갔죠. 들어갈 때 사촌 동생의 주민등록증을 가지고 갔는데 오래 못 있고 나왔지. 내가 일하는 속도가 무척 느린 거야. 속도를 못 따라줘, 하아. 그러니까 검사부로 나를 내려보내더라고. 그런데 검사부는 중요하게 안 봤잖아요? 왜 전략적, 핵심적인 라인이나 위치 이런 개념으로 보니까 '이건 아니다' 싶어서 나왔죠. 그 다음 미싱을 어떻게든 배우려고 기숙사가 있는 양말공장을 갔어요. 거기서는 기숙사를 들어갔는데, 일은 빡센데 맨날 가위질만 하게 하더라고, 또 오래 안 있고 나왔던 것 같아요.

●●● 힘들었겠네요. 그런데 계속 창동지역에 있었어요?

창동 쪽에서 다 접고 나와서 그 다음에 성남에 대해서 공부하고 성남 간 것 같아요. 그때는 팀을 짰어요. 후배, 동기, 선배 한 명 해서. 청바지 유명 브랜드회사인 리바이스, 대동모피 같은데 규모가 있고 중요한 사업장을 선별해서 들어갔죠. 그런데 선배가 함께 하다가 중도에 포기하고 잠수를 타더군요. 나보다 1년 먼저 나간 선배가 지도선이었는데, 자기도 시다바리 하고 있었으니, 공장활동이 그렇게 만만한 게 아니잖아요? (그렇죠). 팀으로 갈 필요가 있는 게 서로 격려하는 게 필요해요. 노동만 하려고 간 건 아니고 목적의식을 갖고 하는데, 어떻게 가야 되는지, 사실 막막하기도 하고.

많은 순간들이 갈등으로 다가왔던 거 같아요. 괜찮은 노동자를 찍어야지, 애들 성향 파악하고 빨리 소모임을 만들어야지, 뭐 들어가면 하는 거 뻔하잖아요. 거기에 현장일지 써야 되지. 그런데 들어가면 소모임이 몇 달 만에 뚝딱 되는 것도 아니야. 나는 사교적인 것도 아니야, 외향적인 것도 있고 적극적이기도 하지만, 일에 굉장히 지쳐서 빠르지도 않고, 강단이 있는 것도 아니어서 체력적으로 힘들고. 밤에 잘 때마다 갈등을 했던 거 같아. 내일은 뭘 해봐야지 하지만 현실에서 진척이 잘 안 되면 실망하고, 실망보다도 자책을 많이 했던 것 같아. '이러다가 어느 세월에…' 내가 각오하고 들어왔는데, 나의 부족함이 크게 보이고, '아, 이럴 땐 어떻게 해…' 등등.

또 보안 신경 써야 되니 책을 마음대로 볼 수 있나, 행동을 마음대로 할 수 있나. 기숙사 들어가 있으면 더구나 렌즈 끼는 것도 몰래 해야 돼서 너무 힘들었어요. 그때는 안경 끼면 학출티가 난다고 해서 다들 나가면 몰래 렌즈 끼고. 혼자 아등바등 하면서 그랬던 것들이 다 힘들었던 거 같아요. 그게 지금도 안 잊혀져요.

그러다 성남팀이 서울로 갈 준비를 하면서 같이 나왔어요. 처음에 난곡에서 살면서 구로공단을 넘보면서 나중에 찢어져서 자취하고, 후배는 들어가고 나는 구로공단 쪽 들어가는 걸 실패해요. 그러다가 나는 84년 말에 구로공단에 처음엔 진도모피에 들어갔다가 다시 동국무역에 갔었어요. 어쨌든 봉제 쪽을 전전했지만 기술은 쉽게 늘지 않았고. 기술을 빨리 습득하지 못한 이유가 손도 느리고 빠릿빠릿하지 못하고, 체력이 좋지 못해서 지구력도 부족하고, 뚝심이나 강단도 없는데, 그저 머리로만, 당위로 '이 과정을 이겨내야 한다'고 버텨내려 했고. 현장에서 받는 스트레스는 술로 풀면서 점점 건강은 나빠져서 번번이 직장을 옮기고. 그러면서 좌절감을 맛보곤 했던 거 같아요. 그러다 85년에 롯데삼강에 임시직으로 들어가요. 여름 한철 새빠지게 돌리고 가을 되면 자르거든요. 정규직으로 남으려고 기를 쓰면서 주야 맞교대로 일했지만 결국 정규직이 되지 못하고 실업자가 돼요. 그후에 건강이 많이 나빠서 힘들게 버텨내면서도 현장을 떠날 생각은 하지 않았어요. 그러다 남편을 만나서 동거를 했어요.

●●● 남편 분은 어떻게 만났어요?

같은 학교 1년 선배인데, 친구가 소개팅을 시켜 줘서 만나 보니까 농촌활동 같이 갔던 선배였어요. 대학 때 농활을 간호학과랑 다른 단과대랑 같이 갔거든요. 그래서 급속도로 가까워지고, 남편은 그때 인천에서 복직투쟁 할 땐데, '인천에 내려와서 방을 얻어 같이 살자'고 하더라고요. 그때 보안문제 때문에 남녀가 한창 위장결혼하기도 하고, 동거하기도 하고, 그러다가 진짜 결혼하기도 했어요. 그런데 남편은 식은 안 올렸지만 동지로서 결혼해서 같이 살자고 했다고 해요. 나는 남자 따라가는 꼴은 싫다고, 그런 거는 안 한다고 우겨요. 그래서 역곡에 방을 얻어서 함께 살면서 86년에 염창동으로 지역을 옮겼어요. 거기선 2주 맞교대로 13일간 야간 일을 시켰어요. 아, 지겨워, 생각만 해도. 그때 14일째 특근 때문인가 뭔 문제로 권고사직인지 강제사직인지, 실랑이를 벌이다가 강제로 내가 현장에서 들려나와요. 거기는 활동가가 하나 있었고 소모임도 있었는데, 내가 공장에서 들려나오니까 더 못 싸우고 그만둬요. 그리고 86년 겨울에 인희전자를 가는 거죠.

그런데 거기 출근한 지 며칠 안 돼서 남편이 구속됐어요. (무슨 일로?) 인노련 내부 조직문건을 복사하다가 잡혀갔는데, 5·3항쟁 때 찍힌 사진 땜에 '5·3사건'으로 엮였어요. 출근한 지 한 달도 안 되었는데 감옥에 간 남편을 면회 갈 수도 없어서 애를 태웠어요. 그런데 남편 후배가 찾아와서 나보고 면회를 가 달라고 하더군요. 조직보위를 위해 이빨을 맞춰야 되니까 무슨 건으로 들어왔는지, 어디까지 불었는지, 알아야 된다는 거예요. 현장에서 휴가를 낼 수가 없는 상황이라 이걸 뭐라고 거짓말을 하고 시간을 내서 갈 건지, 골머리를 썩다가, 엄마가 아프다[고 그랬]던가 뭐라고 해서 하루 결근하고 면회를 갔더니, '5·3사건으로 들어갔다. 조직은 거의 안 불었다' 이런 얘기를 해서 그 후배한테 전해 주었어요.

그 다음부터 감옥에 편지를 썼는데 조카 이름으로 '삼촌'이라고 편지를 쓰려니 감정표현을 할 수가 있나, 거기에 낮에 우체국에 갈 수도 없으니까, 아주 어렵게 일주일에 한 번 우표 사놨다가 밤에 써 갖고 우체통에 넣었어요. 여하튼 남편이 10개월 감옥살이를 했는데 면회는 12월인가 한 번 가고, 여름휴가에 가고 그렇게 세 번인가 갔으니까. 내가 심리적으로 편하지 않았어요. 밤에 모임하고 더구나 술까지 먹고 자면, 아침에 일어나는 게 지옥이라, 당시 애창곡이 '노동의 새벽'이었어요.

인희전자의 소모임활동과 1987년 파업투쟁

●●● 인희전자는 어떻게 알게 되어서 입사한 거예요?

거기는 갈 때는 선배가 구로노동상담소에서 일하면서 '들어가라' 해서 여럿이 들어갔는데, 들어갈 때 주민증을 가라로 만들어서 위장해서 갔어요. 나이는 세 살 정도 어리게 했는데, 면접은 까다롭지 않았어요. 그때 사진을 보면 지금도 못 보겠어. 너무 말라 가지고, 되게 늙어 보여. 머리는 아줌마 파마를 해서 사자머리처럼 했는데, 체력이 밑바닥을 쳐서 한의사인 친구 남편이 보약을 한 재 지어 주어서 먹으면서 버티던 시기였어요.

●●● 인희전자는 노동자들이 몇 명 정도 있었어요?

전체는 450명쯤 됐는데, 남자가 50명 정도, 서울여상이나 영등포여상 야간에 다니는 학생이 90명 정도 됐어요. 카스테레오, 카오디오 만드는 데였고, 3층짜리 공장건물이었고, 나는 2층에 배치받았고. (했던 일은?) 거기서도 나한테 이것저것 일을 시켜 보지만 못 따라가니까, 컨베이어벨트로 하니까 손이 빨라야 되잖아요? (예). 저는 속도에 스트레스를 받아서 어떻게든 애를 써보았지만 '극복할 수 없는 속도감'이라고 느껴졌어요. 스크루 박기도 안 되고, 일 속도를 따라먹지 못하니까 거기서도 검사부로 보내졌어요. 전자업체에서 검사는 파워가 있잖아요? (그렇지). 검사 일을 했는데, 결과적으로 인희에서 가장 오래 버텨냈어요.

●●● 그럼 인희에서는 활동을 좀 펼쳤겠네요?

그런 셈이죠. 입사 면접날 광주 출신이 한 명 들어왔는데, 김순이라고 나이는 21세이었고. 내 가라[가짜]주민증도 광주 출신 거였는데, 나는 광주사태에 대해 얘기를 맘대로 못하는데, 얘는 광주사태에 대해서 좔좔~ 얘기하는 거야. 나는 '어, 어~' 하면서 이 친구가 의식이 있다는 걸 알았지. 그리고 김순이가 엉뚱이를 소개해 줘서 만났는데, 그전에 내가 학출이란 얘기를 조심스럽게 했대요. 그런데 나는 걔가 혹시 충격을 받고 '무서운 사람 아냐' 이렇게 할까봐 아주 조심스러웠던 기억이 있죠. 그러면서 친해져서 87년 초에 엉뚱이, 김순이, 신현자, 꽁치까지 합쳐서 소모임을 시작해요. 주로 내 자취방에서 모였고. 그때 나는 남편이 빵에 들어가고, 후배랑 같이 살고 있었거든요. 그 방이 지하인데, 주인집 연탄광이자 보일러실인데 거기에 방을 하나 만들어서 세놓은 거더라고요. 그 지하실 입구에 남자 한 명이 살았었는데, 어느 날 얘가 술을 마시고 와서 '막~' 문을 흔들고, 성추행까지는 안 갔지만, 나는 안에서 '벌벌~' 떨었던 기억이 있어요. 거기가 연탄냄새가 머리 아플 정도로 가득찬 집 구조였어요. 창이 A4지 두 장만 한 크기에, 해도 안 드는 방이었어요.

●●● 소모임에서는 어떤 내용으로 진행했어요?

이미 기초적인 학습을 하고 활동할 준비가 됐던 친구들이어서 현장활동에 필요한, 소모임 운영에 대한 논의, 노동조합 설립을 위한 기본학습, 소모임 활동구상 같은 내용을 하면서, 조심스럽게 정치교육을 시도 했어요. 처음에는 평양기행문을 같이 읽으면서 얼마나 살 떨렸던지. 미국 영주권 있는 사람들이 한참 드나들면서 평양방문기 쓴 거, 의료기관 시설 좋은 거, 70년대 좋았던 거, 아직도 좋은 사회주의가 가진 장점이 써 있었던 거 같아요. 그거 보여 주면서 실험적으로 해봤는데, 엉뚱이가 '그래, 거기도 좋은 점이 있겠지' 이러고 딱 받아치는데, 알고 보니 예전부터 학출을 알고 있었더라고요. 소모임은 그 친구들하고는 잘 했어요. 그리고 전태일 평전이라든지, 노조 준비에 대한 것도 하고.

●●● 그 현장에도 활동가들이 있었나요?

현장에 학출활동가가 4인이 있었는데, 나중에 서로 다 알게 되어서 활동가모임을 했어요. '노조 만드는 준비를 하자. 서로 학습도 하고, 라인별로 소모임을 어떻게 꾸리는지 파악을 하자.' 그래서 소모임을 통합해서 내가 C라인이었는데, C, D라인 해서 1층 사람들까지 묶었던 거 같아요. 그러면서 같이 새벽에 선전물 작업도 했어요. 그게 서노련 거였던 것 같아, 노동자들이 사는 동네를 찾아가서 아는 애 집하고 그 주위에 선전물 넣고. 나는 서노련하고 관련은 없는데, 우리 과 선배가 서노련 초기에 활동했어요. 그때 서노련 신문을 학습용으로 유용하게 활용했지. 예를 들어 생활임금에 대한 개념도 서노련에서 썼으니까, 노동자가 왜 주인이어야 하는지, 이런 대목들 활용하고. 그러면서 우리 활동가들은 노조 결성을 고민하고, 누가 같이 하면 좋을지 선별 작업도 하고. 우리가 다 위장취업이었으니까 노동자 중심으로 노조준비를 하고 있었어요. 다른 친구들도 저랑 비슷하게 입사한 지 1년이 안 됐어요. 대체로 현장 적응기 끝나고 소모임하면서 노조 준비활동으로 넘어가는 시점이었는데, 갑자기 파업이 일어난 거죠.

●●● 그럼 파업은 누가 주도한 거죠?

8월 25일인 걸로 기억하는 데, 그때 야간학생들이 대표를 뽑아서 총무과장을 만나 불만을 얘기했는데 아무 답이 없으니까, 60명의 학생들이 식당에 모여 농성을 해요. 그게 소문이 나요. 우리 핵심멤버인 엉뚱이란 친구의 동생이 야간학교 다니면서 공장에서 일했거든요. 그래서 우리한테 얘기가 금방 전해졌고. 학생들이 요구한 거는 '간식 제공해라. 대치근무 빼 달라. 임금 차별하지 말라. 학교까지 통근버스 운행해 달라'는 거예요. 현장사람들이 소문을 듣고 화장실에 가서 서로 얘기하고, 그러면서 3시경 여자들 중심으로 260명 정도 모였어요. 그런데 학교 학생주임이 기숙사로 애들을 데려가서, 학생들이 겁에 질려 많이 합세하지 못했고. 4시경에는 남자들 35명이 대표를 뽑고, 남자들도 같이 참여했어요.

●●● 그 사업장에는 남자들이 몇 명 정도 있었어요?

많지 않았어요. 주로 수리 기사들이었지. 아, 그런데 엉뚱이라는 친구가 '모이자'고 주동을 떠 버렸어요. 중식 거부를 하면서 '모이자. 1층에서 모두 모입시다' 하면서, 식당에 점차 사람들이 모여들면서 파업으로 간 거죠. 그 사이 엉뚱이하고 우리 모임 애들이 비상사태니까 잠시 모여서 어떻게 할 건지 의논하고. 그날 모여서 파업으로 3일 가요.

●●● 식당에 모여서 파업을 할 때 분위기는 어땠어요?

식당에 다 모였는데 학출들도 미리 사전계획이 있었던 게 아니니까 그냥 참여를 한 거고. 파업하면서 그 안에서 갑자기 비상대표, 라인대표들을 뽑자고 제안되어서, 나도 라인대표를 맡았고, 학출 4인 중에 1인은 빼기로 했어요. 걔는 우리보다 좀 늦게 들어왔기 때문에 신분이 드러나지 않았다고 판단했고 나중을 생각해야 하니까. 그때부터는 파업장소에서 모든 게 다 이뤄져야 되니까 나는 야전대표처럼 사람들 모아놓고 지도를 했고. 협상팀은 다른 학출이 들어가고. 그러면서 임금인상 30%, 보너스 600% 지급 같은 요구조건을 얘기하고, 상황설명 했던 거 같아요.

그런데 야간학생들이 싸움을 시작했는데 걔들은 학교 교장이 와서 다 빼갔어요. 우리는 걔네 요구를 지지하면서 같이 했지만 학생들을 보내줬어요. 학생들이 안 가고 버티면 회사가 학교 다니는 것을 중단시킬 수도 있다고 생각했고, 또, 오죽하면 애들이 공장을 다니면서 학교를 다니겠는지, 그게 얼마나 걔들한테 중요한 것일 텐데. 여하튼 그런 생각들을 하면서 학생들에 대한 배려를 했던 거 같아요.

●●● 야간학생들이 빠지고도 200명 넘게 참여했으면 파업 규모가 크

네요. 앞에서 했으면 사람들 분위기를 다 봤겠네?

식당에서 사람들을 밖으로 데리고 나와 정문 앞에서 스티로폴 깔고, 박스 쪼가리 끌어다가 다 앉았지. (갑작스런 파업인데 진행은 어떻게?) 구로의원에 있는 선배한테 전화해서 노가바노래가사 바꿔 부르기 한창 유행할 때라 부를 만한 것 좀 찾아서 복사해 오라고 했지. 그래서 '사장님, 우리 사장님 돈 욕심 좀 그만 내세요~'그런 것도 그 자리에서 바꿔 부르기도 하고. 여성들은 기혼도 있었지만 미혼이 많아요. 우리가 농성장에서 자면서 아줌마들은 출퇴근하게 했었던 거 같아요.

파업 분위기는 좋았어요. 왜냐면 86년 12월 말에 연말보너스 문제로 작은 싸움이 있었어요. 보너스 200%를 지급해야 하는데, 그때 적자라면서 크리스마스 즈음 연말 분위기였는데 보너스를 50%밖에 안 줬나 봐요. 그러니까 노동자들이 불만이 많아서 퇴근을 안 하고 버티면서 분위기가 술렁대고. 나이 많은 고참들이 회사하고 협상 비슷하게 해서 '구정에 주겠다'고 확약을 받고, 구정 때 다 받아냈어요. 그렇게 한 번 싸워서 승리했던 경험이 있어서 그런지 사람들이 두려워하지는 않았던 거 같아요. 그리고 87년은 공단 여기저기서 싸웠잖아요? 신애전자도 싸우고 있었고, 싸우는 사업장에서 나눠 준 유인물도 보고. 그러니까 분위기는 좀 떠 있었던 거요.

●●● 회사측의 반응은 어땠나요?

파업에 워낙 사람들이 많이 참여해서, 파업 첫날 우리가 대표를 꾸려서 요구사항을 가지고 부사장까지 면담하면서 협상이라는 것을 해봤어요. 밀고 당기고 하면서 4차까지 협상을 했는데 아무 성과 없이 결렬됐어요.

●●● 협상 결렬되면서 파업은 어떻게 돼요?

우리가 8월 25일에 농성을 시작했으니까 여름 더위가 여전해서 마당에서 많이 잤던 거 같고. 혹시 밤에 구사대가 쳐들어올까 해서 보초를 세우고. 파업 둘째날인가, 원래는 정문으로 물건을 옮겼는데, '회사 뒤쪽으로 차가 나갈 것 같다. 물건을 나른다'는 보고가 돼서 자리를 옮겼어요. 차가 못 나가게 막았어. 그게 파업 중에 가장 피크였던 것 같고. 그리고 마지막 3일째 아침일 거야. 남자들이 구사대를 만들었지. 갑자기 기사, 주임 등등 남자들이 달려들어서 지도부 7명을 다 들어다 회사 밖으로 내던져요. 그러고 정문을 다 잠그면서 우리가 현장하고 분리됐지요.

농성이 해산되고 27명이 모여서 '금속노련 서울협의회' 간부한테 노조 결성 교육을 받았고. 지금 영등포 신세계 백화점 앞에 있는 중국집에 다시 모여서 금속노련에서 누가 나와서 설명하고, 33명으로 노조를 결성하고 설립신고서를 제출했어요. 그런데 회사가 노조 간부들은 다 해고나 사표처리하면서 노조탈퇴서를 받아가서, 우리가 바로 노조해산식을 하게 돼요.

그리고 회사에서 쫓겨 나온 다음엔 3일 만에 해고당한 7명이 출근투쟁을 며칠 했어요. 그때 현장에서 라인별로 작업하는 친구들이 있었으니까, '그냥 이대로 끝나면 패배감이 클 수 있다.' 이미 패배감이 있을 거란 생각은 했지만, 그때 내가 많이 고민했던 건 '한 번 잘못하면 패배감을 씻기 어렵다. 섣불리 싸워서 깨지면 안 된다'면서 투쟁의 상처는 쉽게 아물지 않는다는 생각을 했던 거 같아요. 조심스럽지만 조금이라도 활동했던 사람들, 활동의 필요성이나 이런 걸 인식한 사람은 어떻게든 묶어 세우려고 했고.

●●● 그래서 남았던 사람들은 어떻게 되었나요?

2진으로 남기로 했던 사람들도 우리가 출투하면서 찍혔는지 다 회사에서 쫓겨났어요. 그래서 이 친구들이 해고반대투쟁을 계속하죠. (방식은?) 출투출근투쟁하는 거죠. 학출이 넷이나 됐으니까 해고무효소송은 안 될 거라고 생각한 거고. 그러면서 서해복서울지역해고노동자복직투쟁위원회으로 넘어간 거 같아요.

서해복 참여와 민주당 농성

●●● 서해복은 어떻게 알게 된 거죠?

구로지역에서 해고자들 통해서 서울지역의 해고자들이 성문밖교회에서 생활하면서 활동 시작한 걸 알고 있었고, 우리가 도와 달라고 찾아갔던 거 같아요. 지역에서 우리만 해고된 게 아니고 신애전자도 있었으니까, 선전활동을 위해서 같이 하는 게 필요하겠다 싶어서 찾아 간 거죠. 서해복이 그 직전에 결성돼서 쭉 활동을 했더라고. 그러면서 각 현장에 가서 복직투쟁을 해요. 공장 앞에서 유인물 같은 것도 배포했는데 현장 애들이 얼굴 돌리고 현장으로 들어가는 모습이 서로 힘드니까 길게 안 한 거 같아요.

그리고 우리도 서해복 참여자로 같이 활동했는데, 해고자 복직을 위한 집회를 한 기억이 있어요. 87년 해고자들 중에서 우리 인희전자, 한국전자부품, 한국음향, 또 어디 해서 여러 사업장에서 사례발표를 했어요. 주로 노동자 출신들이 노동자들의 언어로 했던 것 같애요. 그때는 서해복에 여러 정파 해고자들이 들어왔기 때문에 차이가 있었던 게, CA는 '민주당도 타깃으로 정해 폭로해야 된다', 함께

할 수 있는 사람들이라고 안 봤고, 대선에서도 독자후보로 나가면서 민주당도 타깃으로 삼았지. 일부 사람들은 '민주당이 타격방향 아니다. 야당이 흔들리지만 함께 할 사람들인데 가서 치고 앉아 있냐' 하면서 논쟁이 붙어요. 또 정국을 둘러싸고 투쟁방향 어떻게 잡을 건지, 7, 8, 9월 회사에서 많이 해고되어 나왔지만 신문에 한 줄도 안 나고 너무 사회적 이슈화 안 되고 대선국면으로 묻혀 가니까, 대선 후보 연설하는 데 가서 선전전 하고.

그러다 결국 민주당사 농성을 해요. 김영삼 총재실에 쳐들어가지. 총재실 들어가는데 당사 사람들이 우리 멱살 잡고 밀어내서 다치기도 하고. 그렇게 점거농성하면서 선전전을 해요. 민주당사 아래가 서울역 뒤잖아요? 시장통 아줌마들한테 쭉 선전물 나눠 주면서 '나쁜 놈들, 해고 노동자가 뭐 어쩌고' 하면서 아침마다 선전전을 하면서 구호도 외치고. 거기서 나는 숙식을 한 거 같지는 않아요. (아, 출입이 가능했어요?) 예. 나는 출퇴근을 했고, 농성장에 계속 있던 친구도 있고. 그러면서 농성을 추석 직전에 했어요. 그때 무극사 해고자들이나 여러 사람들이 '주타깃이 민주당 아니다. 우리가 여기서 왜 이러냐' 하는 문제제기가 심했고 그러면서 농성을 정리하고.

추석 끝나고 10월 중순 쯤 다시 모일 때는 전체 인원이 줄었어요. 그러다가 해고자들이 국본국민운동본부을 찾아갔어요. 6월항쟁 때 국본이 있었지만 노동자 지원은 없고 대선으로 넘어갔거든. 그래서 국본이 노동자 문제 해결을 주도적으로 할 것을 촉구하고, 선전의 장을 만들려는 의미에서 갔죠. 처음에 국본 갈 때는 민주당사 갔던 사람들이 대부분 다 갔는데, 인천의 경동산업에서 해고자들이 연대하러 와 있고, 창원의 통일중공업이 많이 와 있었고. 그래서 함께 하면서 전체 농성프로그램으로 가요. 그때 잘 때는 기독교회관 1층에서 2층 올라가는 곳에 각목 들고 경비를 세우면서 출입을 약간 통제했어.

거기서 거의 3주 넘게 있었나? 그런데 나는 끝까지는 못 있었고. 거기 있으면서 민정당 농성 들어가는 팀이 짜져요. 우리 인회전자의 조은애, 꺼벙이, 내 대학동기 조상훈, 무극사 차상경, 오재헌, 통일에서 두 명, 마창에서 여성사업장이 드물었는데 19살된 여성노동자가 와서, 그렇게 9명인가가 민정당사 들어가요. 그런데 처음에는 비공개로 준비했는데 농성팀 중에서 일부가 별도로 논의팀을 만들어서 결행했어요. 목적은 '정확하게 해서 정치선전하고 이슈화 하려면 적을 명확하게 해야 된다. 그럼 당연히 민정당을 거론해야 된다'는 거였어요.

그러면서 그 사람들이 국본에서 농성하는 중간에 민정당사를 치러간 거죠. 그 며칠 전에 나는 농성장을 정리했던 거 같아요. 육체적으로나 정신적으로 많이 지쳐 있었어요. 나중에 '그거 며칠 못 참아서 또 끝마무리를 못했구나' 하는 자책감이 들었고. 전체 농성 해산하는 날, 명동성당 뒷길에서 마무리 집회를 했어요.

●●● 서해복은 학출, 노출 다 같이 있었는데 학출과 노출 간에 갈등은 없었나요?

그건 심하지 않았어요. 김준영 씨가 노출이지만 학출보다 경험이 많아서 말발이 셀 수 있는 위치였죠. 그런데 당시 CA[제헌의회그룹]가 가장 튀죠. 다른 사람들도 약간씩 정치적 차이가 있고, 개인적 성향도 있었는데, 내부 논쟁을 하면 NL, CA, PD 이렇게 세 부류쯤 되었고. 그때 NL쪽 사람들은 '타협과 조정'하려는 기조여서 '내 의견이 관철

안 되면 나는 안 해' 하는 비타협적 자세가 없었죠. PD사람들은 끝까지 정파주의적 태도를 보였고 어떤 때는 판을 깨고 나가고, 분파적 행동을 보이니까 비판을 했죠. 거기서 마찰이 있었는데, 노출과 학출의 전선이 확~ 있지는 않았지만, 학출들은 노출 앞에서 들이대는 타입은 아니었지. 오히려 뭐랄까, 많이 가졌던 프티부르주아라는 라벨을 떼기 위해 어떤 면에서는 설설 기었던 거 같아요. 오랫동안 노동운동을 하면서 그때 사상투쟁들을 막 벌이던 노출들이 막 들이대지, 그러면 학출들이 많이 깨갱하고. 프티부르주아 티를 못 벗은 거가 아주 오랫동안 딱지로 붙어 다녔으니까. 아휴, 난 지겨워 그것 때문에 많이 상처받았던 거 같아요.

'프티부르주아'라는 비판

●●● 모임이나 현장에서 그런 지적을 받았어요? 조금 구체적으로 얘기해주시면.

그 역사도 길어요. 1학년 때 농활할 때, 3학년 선배가 어떤 면에서 굉장히 투철하고 강단 있어 보이고, 치열하게 보이는 선배인데요. 담배 피고 청바지 입고, 맨날 옷도 후줄근하고 남자인지 여자인지 못 알아보겠는 그런 선배가 대학에서는 굉장히 그랬어요. 내가 1학년 중에 선발대로 갔는데, 치대 남자애 하나하고, 3학년 남자 선배 둘하고 먼저 갔죠. 그 선배가 나중에 왔는데, 내 복장을 보더니 '넌 그렇게 입고 왔냐'며 막~ 야단을 쳤어요. 당시 내가 농촌활동을 간다니까 우리 오빠 애인이 농촌활동이 어떤 건지도 모르고 시누이 될 사람이라고 백화점 가서 하얀 빽바지에 체크무늬 남방을 사줬어. 그때 미리 몸빼바지 입고 오라고 했는데, 내가 그걸 생각 없이 입고 가니까, 나한테 대놓고 눈물이 빠지게 야단을 쳤지. 사실 입학해서 3~4개월 팀을 하다가 6월에 농활을 가는데, 얼마나 의식이 투철했겠어요? 그러니 야단을 맞고 서러워서, 정말, 그때 굉장히 힘들었던 거 같아요. 그래서 얼마 전에 학교 송년회할 때, 그 선배한테 그 얘기를 했더니 '혼날만 하니까 혼냈겠지, 뭐' 하는데 혼낸 사람은 기억을 못하는 거야, 나는 26년 만에 한풀이를 해야 될 것 같아, 말하면 상처를 털어내야 될 것 같아서 말했는데. 내가 바보지, 내가 아직도 그걸 싸고 앉아서 병이 됐나벼.

또 마지막 반합법 조직관계를 정리하기 직전에 '프티적이다' 이런 말을 정말 징그럽게 들었어. 매사에 자비서자아비판서를 쓸 때 조목조목 따지면서 '이게 무슨 자비서냐' 이러면서 모멸감과 모욕감을 느끼게 하면서…, 길거리를 가면서 철~철~ 울면서, '내가 왜 운동을 해야 되는 거지' 이런 생각이 들 정도로. '내가 진심으로 하는 운동에 대한 기본적인 애정이나 정의감이나 이런 거를, 이렇게까지 딱지를 붙여 가며, 그 따위로는 운동하지 마라는 비난을 먹어야 되는 건가? 아후~ 정말 싫다. 더는 못하겠다' 그런 생각이 들어서. 91년, 92년인가 그랬던 기억이 나고. 그때는 비합법 활동으로 보안 때문에 남편하고 같이 살면 안 됐고, 집도 작은 사건만 있어도 '옮겨라. 옮겨라', 어휴~! 숨이 막히고. 그때 짭새가 내 뒤를 밟아서 숨이 막히는 게 아니고, 조직에서의 관리가 그런 거죠. 내가 나이브하고 프티비지적으로 보였겠죠. 조직에게 그렇게 보였을 수 있겠지. 그러나 그때는 더 이상은 나를 쥐어짜지 못하겠고, 강제로 나를 더 이상 바꾸지 못하겠어서 '이렇게는 못 하겠다' 싶어서 정리를 했어요.

'프티부르주아적이다!' 이건 내 삶에 있어서 가장, 가장, 가슴 아리게 했던 딱지였던 것 같아요. 어떻게 보면 뗄 수 없었고, 지닐 수밖에 없는 한계였는데, 그걸 자꾸 몰아세우니까 인정하기보다는 무너졌지…. '그래, 나는 아닌가 보다. 더 이상은… 아닌가 보다.'(울음).

1988년 대통령선거 공정감시단 활동

●●● 음. 그럼 민정당사 농성에서 나와서는 어떻게 지내요?

여하튼 민정당 갔던 친구들에 대한 뒷바라지는 거의 못해 줬어요. 거기까지는 신경 못 쓰고, 다른 서해복의 7, 8, 9월 해고자들을 추스르면서 가야 된다고 생각했으니까. 그래서 88년에는 모임을 하나 만들어서 성문밖교회에서 한 달에 한 번쯤 만났어요. 그 모임 이름이 '7·8·9 해고자모임'인데, 나중에 이름을 공모해서 '반디'로 지어는데, 반딧불처럼 아주 미미하지만 어둠을 밝히는 역할을 할 수 있다면 좋겠다는 의미로 지었어요.

●●● 몇 명이 참여했어요?

15명 정도 된 거 같아요. 한국전자부품도 3명, 한국음향도 몇 명, 인희는 기본 6명 있었고. 대표도 뽑고 총무를 정숙자라고 민정당사 농성 들어갔던 친구예요. 조금 꺼벙해 보이게 행동을 해서 붙인 별명이 꺼벙이에요. 서해복에 꺼벙1이 있고, 꺼벙2가 있었어. (웃음) 서해복은 산선영등포 도시산업선교회의 지하에서 숙식을 했어요. 그 다음에 88년 들어서 한 달에 한 번, 방을 미리 예약했다가 토론하는 후속모임을 해요.

●●● 87년 말 대선 때는 어떤 입장을 취해요?

대선 때 우리는 비판적 지지 입장이라서 나는 공정선거감시단 활동을 해요. 그때 잘 가지도 않는 친정동네인 주소지 있는 데 가서 선거감시원으로 들어가서 일당받고 했지. 그때 나는 비판적 지지로 김대중 정도 생각했던 거지. '노태우는 안 된다'고 막~ 동네 아줌마들한테 했더니, 수긍하는 아줌마들도 있었지만 들이대는 아줌마들도 있었어, '김대중이 뭐가 좋냐'고. 하루 종일 전화를 했어요. 그때는 그게 일이었잖아요? 평소 보지 않던 사촌까지, 그래 '니네가 편하게 된다면 찍어 주마. 세상이 변화되고 니네가 이런 짓 안 해도 된다면 찍어 주마' 이렇게 말하는 사람이 많았고. 그랬는데 나보다 네 살 어린 사촌동생이 '누나, 그거 내 마음 아니에요? 누나가 뭔데 나보고 이 사람 찍어라, 저 사람 찍어라 그러는데' 하는데 숨이 탁~ 막히더라고요. 그때는 그게 굉장히 민주화에 기여하는 것처럼 전화질을 어지간히 했어요. (웃음) 사실 대선에서 어떤 놈 뽑았다고 내가 득본 것도 없고, 대통령 하나 잘 뽑았다고 민주화가 확 앞당겨지는 게 아닌 것 같거든요. 선거를 통한 변혁은 손쉬운 게 아니라는 생각이 들었어요.

노동현장 정리와 지역활동

●●● 그럼 현장은 다시 안 들어갔어요?

그 친구들하고 모임을 여전히 하고 있었으니까, 현장을 가능하면 다시 들어가는 게 목표였어요. 그때는 학출로 신분이 드러나서 곧바로 안 들어갔던 거 같아요. 86년 동거하기 전에 양쪽 집안에 인사는 시켜서 서로 알고 있었고, 우리 부모님은 남편을 마음에 안 들어 했어요. 딸년 하나도 지겨워 죽겠는데, 남자친구도 운동한다고 하니까. 87년에 남편이 감옥에서 나오고, 같이 살자고 해서 남편이 염창동 선반공으로 공장을 다니면서 고척동에 월세를 살았죠. 나는 구로공단 들어가는 건 안 된다고 봤어요. 왈왈대고 서해복 활동한다고 다녔으니까. 그래서 염창동에 100명 정도 되는 공장에는 블랙리스트가 오진 않겠지 하고, 동거하는 것도 알고 아줌마라고 하니 공장에 쉽게 들어갔어요. 그리고 '이번에는 미싱을 기어코 배워서 해보리라'는 생각을 갖고. (웃음) 그때까지는 여전히 노동자로 살 거라는 생각을 했었어요.

그런데, 아, 그놈의 미싱, 정말 뜯었다 박았다만 하는데 안 늘더라구요. 몸도 많이 지쳐 가는데, 그쪽에 마침 선배들이 푸른치과를 만들어서 88년 6, 7월쯤 푸른치과의 상담역으로 들어갔어요.

●●● 그럼 학교 선배들하고 가졌던 관계는 어떻게 돼요?

아까 말한 학교 선배가 80학번인데 졸업하고 84년에 구로에 왔는데, 자기도 초짜배기니까 지도를 못하지. 그 선배는 풍림전자를 들어갔는데, 85년 구로동파 일어나고 구로공단 공장들이 학출들을 찾느라고 일제히 신원조회로 걸려서 회사를 나와요. 그 선배 라인이 서노련 끝자락에 붙어 있었다가 떨어져 나온 거고. 내가 원래 NL쪽 경향이 있었어요. 어차피 학교 라인과 계파를 따라서 움직이기 때문에, 그러다가 NL 경향이 산개하잖아요? 그때는 왜 산개해야 된다고 얘기하는지 납득이 안 됐고, 이건 아닌데 각자 자기가 알아서 해야 되는 거야, 그때가 인희전자 후반기 즈음일 거예요.

산개하면서 그 선배선이 끊어지면서, 내가 푸른치과 가서는 조직이 없었어요. 자발적, 주체적으로 하는 거니까. 해고되고 서해복 가는 것도 우리끼리 결정한 거고 땅꼬마, 엉뚱이, 꽁치, 그 정도 친구들과 같이 하고, 남자들은 많이 빠져 버리고, 김은희가 대한광학 가고 엉뚱이는 싸니전기를, 꽁치는 KDK 들어갔고.

●●● 푸른치과는 어떤 전망을 갖고?

공장 갔다 왔는데 쉬운 문제 아니고, 기술을 그 나이에 다시 해서 중심적 역할을 하고 파업을 하기에는 또 많이 지치기도 했어요. 노동이 버거웠기도 했고 등등. 아주 지독스럽게 몇 달이라도 이를 악물고 현장에서 어떻게 해보겠다는 의지를 못 가졌던 거 같아요. 그런 기회나 조언들이 아주 없었던 건 아닌 거 같아요.

그래서 '외곽에서 하자. 내가 간호학과를 다니다 말았고, 치과는 인맥 등등으로 할 수 있을 거다' 해서 지역에서 지원이라도 하자는 생각으로 갔죠. 처음에는 되게 열심히 생각하고 갔어요. 푸른치과가 비영리를 목적으로 노동자들의 건강지원, 전반적인 산업안전보건 활동까지 넓게 보고 연대고리를 갖고 자리매김하려 한 거니까. 지역에서 하는 일로는 파업 사업장 가서 치과진료 해주고, 노조 찾아다니면서 후생복지부 모임을 만들어요. 그전에 먼저 구로의원이 워낙 성공적으로 노조 후생부모임을 했기 때문에, 나는 87년 투쟁 끝나고 새로 자리를 잡은 민주노조들하고 후생복지부 모임을 꾸려요. 청년치과의사회가 그걸 만든 거거든요. 보건의료인들이 노동조합이든, 민중운동 연대 폭이 넓어져서, 나중에 '건강사회를 위한 치과의사회'가 만들어져요. 다른 의사들 연대모임에도 나가고. 또 상담실에서 서 자료를 몇 개 만든 거 같아요. 구강검진뿐 아니라, 간단한 소책자,

리플렛 같은 거 만들어서 상담소 역할, 노동현장의 지원내용과 상담내용에 대한 것 등을 담아서 돌려요. 그렇게 푸른치과 10개월, 11개월 하면서 내가 노동운동을 지원해야 되겠다고 생각해서 그걸 했지만, 마음에 안찼어요. 그래서 비합법 조직으로 가요.

결혼생활과 정치조직활동

●●● 비합법 조직에 참여해서 어떻게 활동을 하죠?

푸른치과를 들어가고 얼마 안 있다가 결혼을 해야겠다고 생각했어요. 우리 엄마가, 참, 우리 형제들 사이에서 동거를 하는 딸년이 나올 거라고는 생각 안 했는데, 참, 마땅찮아 했어요. 그런데 결혼문제로 조금 마찰이 있어요. 상견례 할 때 우리 엄마하고 시어머니가 운동한다고 속 썩이는 자식들 둔 마음에 서로 부둥켜안고 펑펑 우셨어요. 지금 생각하면 내 자식이 그러면 나는 의연하게 당당하게 받아 들일 수 있을지 자신없네요.

여하튼 89년에 결혼식을 하고 나서 그만두나 보다. 89년 6월 18일 날 결혼식 때 서해복 애들이 풍물 쳐주면서 '민중결혼식'으로 하고. 은행 다니는 오빠가 언제까지 월세 살 거냐고 야단을 쳐서, 은행 융자를 받아서 지하에 전세를 얻어서 살아요. 근데 남편은 인천에서 먼저 만들어진 조직에서 주로 문건 작업을 해요. 맨날 글 쓰고 있었거든요. 비합법으로 활동하고 있었기 때문에 아르바이트를 하면서 활동에 전념하고 있었고, 저는 푸른치과에서 월급 받아서 생활하고 있었어요. 그런데 이거저거 많이 들어가고 생활수준이 또 달라지는데, 남편이 돈 벌었으면 좋겠는데 안 벌고, 그렇다고 가사노동을 분담해 주냐면 그것도 아니고. 한 번은 내가 만든 은행카드를 남편이 가져가서 워드프로세서를 할부로 사 갖고 왔더군요. 너무 화가 나서 카드를 가위로 짤라 버리고 대판 싸웠어요. 나는 그거에 대해 분노하는 마음이 있었어요. 나는 푸른치과 다니면서 자유롭지 않잖아요? 노동을 하고 있었는데, 눈썰미로 본 걸로 썩션도 해주고, 설거지도 하고 눈칫밥 먹는 사람처럼 시다바리를 했어요. 그러다 보니까 나의 정체성은 뭔지 고민이 들었어요. 그때 남편은 서울에 조직을 새로 만드는데, 나한테는 말 안 하고 빵에서 나온 친구 둘이랑 ○○모임을 꾸리는 걸 내가 언젠가 눈치를 챘어요. 남편한테 '뭐 하냐?' 물어보니까 비합이라 얘기는 안 하고, 비합이니까. 그걸 보니까 '나는 뭐야' 이런 생각이 들고.

그러면서 남편한테 '나도 조직참가 하게 해 달라' 해서 같이 해요. 푸른치과 그만두고 생활은 남편한테 '생활비를 좀 벌면 좋겠다' 고 해서 나는 안 벌고 활동하니까 생활을 근근이 하게 되더라고. 그러다가 조직의 내 지도선이 바뀌었는데, 아~, 그 선배가 나를 그렇게 힘들게 했어. 굉장히 철두철미한 건지. 내가 나약한 모습을 보이면, 가차없이 비판을 하는데, 강철의지를 요구하면서, 아주 폐부를 찌르는 말을 하더라고요. 한번은 레스토랑에서 만나서 내가 아이 낳고 싶다는 얘기를 했더니, 그 선배가 '미제국주의의 지배하에 있는 나라에서 니가 애 낳아서 편하게 키울 수는 절대로 없다' 뭐라 그러더라, '매국적인 행위이고' 또 뭐라 그러더라? 아주 극단적인 비판을 받아요. 그 선배가 지도하면서 심정적으로 되게 힘들었어. 전혀 따뜻하지 않은 선배, 약간 시니컬해서 만나면 긴장해야 했어.

그러면서 89년, 90년, 토론을 통해서 조직의 정치노선을 만들고, 기반을 넓혀 나가기 위해 그거를 선전하면서 애썼던 거 같아요. 학생들이 통일운동 할 때 우리 조직 이름으로 연세대에 들어가 선전물 써 갖고 밤새면서 대리석 바닥에 신문 한 장 깔고 자고. 선전물을 만들어서 지하철 역사에 있는 노조사무실에 종종 걸음으로 가다가 싹~ 넣고, 아무렇지 않은 척 돌아오고, 노조 상급단위에도 밀어 넣고. 임수경, 문익환 목사가 북한 갔다 왔을 때 지지입장 글 많이 썼고. 대중적 언어로 유인물 써서 배포하는 활동이 주였던 거 같고, MT가고….

그런데 내게 취약점이 보안투쟁이었어요. 조직에서 우리보고 찢어져서 살라고 해서 보안상 남편과 함께 살 수 없었어요. 나는 사실 혼자 있는 걸 못 견디거든, 외로움도 타지만 무서움도 많거든요. 나는 활동하면서도 계속 누군가와 같이 살았거든. 그런데 조직의 지침상 난곡에서 혼자 살아야 했어. 아, 너무 싫더라고. 그 방이 해가 안 들어 와서 굴속이었고 습기도 굉장히 많았고. 방은 들어가서 불을 켜기 전에는 완전히 굴 속 같았어. 너무 우울하고 정서적으로 불안했어, 불편하고. 너무 싫어서 밤에 많이 울었던 거 같아요.

그렇게 살면서 경제적으로 벌어야 했으니까, 학교 때 강독하면서 배운 일본어로 일본어 의학책을 서너 명이 같이 번역해서 생활비를 벌기도 하고. 활동이 없는 날에는 그 방에서 그걸 주로 했어요. 그게 90년경인가 봐요. 그러다 여노한국여성노동자협의회의 한 선배가 있었어요. 그 남편이 반제동맹인가 봐, 난 몰랐지. 봉우 언니 만나러 가서 기다리다가 안면도 있고 너무 외롭고 힘들어서 그 언니를 따라가서 저녁을 먹었어요. 그 뒤에 한두 번 더 만났나? 그 남편이 노선이 뭔지 모르는데.

여튼 그것도 조직에 얘길 하지. 조직에서 '당장 방을 빼라.' 이사 온 지 한 달 정도밖에 안 됐을 텐데, 방은 빠지지도 않고 갈 데는 없는데 이사를 가야 돼요. 남편은 그때 어떻게 살았는지 몰라, 한번쯤 만났을까, 만나지도 못하게 하고. '보안에 대해 너무 나이브하다'. '보위투쟁!' 촉각을 세우고 긴장하면서 뒤를 살피고 다녀야 되는 거지.

●●● 보안투쟁 하다가 나왔네요.

잠수가 너무 힘이 들어서 지쳐가, 번역해서 돈은 좀 됐지만, 있을 곳도 없고 방도 못 얻어 이집 저집을 많이 다녀요. 전전하다가 맨 마지막에 한 후배집에 갔어요. 그때 걔는 복학해서 졸업을 앞두고 있었고, 임신을 하고 있었어요.

그러면서 조직에서 보안투쟁과 관련해서 사사건건 걸리는 거에 대해서 자비서자기비판서를 내라고 해요. 내가 밤 새워서 구구절절이 몇 장을 썼어요. 그걸 가지고 읽고 토론을 했는데, 엄청 씹히지, 대목대목, 문장, 행간을 읽으면서 보이지 않는 것까지 다 찝어 내면서 했는데. 그때는 내심 감정까지 들키는 것도 싫었어요. 그 토론을 하고 돌아오는 길에 철철 울면서 걷던 기억이 나요. (울먹임) 너무 가슴이 아프고 싫어서…. 너무 힘들었어요.(울먹임) 그래서 내가 왜 이러고 여기 있어야 되는 건지, '자세나 품성이나 그런 게 되지 않는다면, 그걸 힘겹게 꿰매 가면서까지 억지로 내가 노동운동가로 살아야 되나' 너무 힘들었어요. 울면서 내가 엄마한테 전화를 했던 거 같아요.(울음) 엄마에게 속내를 털어놓을 수 있는 상황이었으니까.

여하튼 조직을 정리하고 친정으로 들어갔던 거 같아요. 남편한테 '당신까지 그만두라고 안 할 테니까 나는 놔두고 가라'고 하고. 엄마한테 가서 미싱을 하면서 생활을 꾸리죠. 그러면서 몰래 남편하고 살림을 차렸어요. 보안을 한답시고 친정에서 전화하는 일 없고, 남편도 친정으로 전화 안 하고 살아요. 그게 몇 달 안 됐어요. 그때는 아무것도 하기 싫었어. 패배감. '아, 이렇게는 살기 싫어', 노동자들이 어떻게 사는지 뻔히 알지만, 꼬마가 빵에 갔는데도 뒷바라지 할 엄두를 못 냈고, 마음이 황폐해졌던 거 같아요.

●●● 그럼 그 뒤에는 활동을 안 해요?

그러다 92년에 노건노동과건강연구회 활동에 대해 제안을 받았는데, 엄마가 '그런 거라도 가라. 미싱 하는 꼴은 내가 가슴 아파서 보기도 싫다'고 해요. 또 친구들이 복학을 여러 번 권했는데 안 했어요. 그래서 92년 노건에 가서 반半상근을 해요. 93년 중반부터는 교육부로 바뀌어 활동하면서 재미있었어요. 그러다 94년에 복학하고 97년에 졸업해서 자격시험 보고 나서 노건을 또 가서 산업안전보건센터 교육실장으로 1년 넘게 일하면서 산업안전보건교육을 체계화하기 위해 틀을 잡으려 했던 거죠. 나는 일종의 부채의식이 있었어요. 노동자인 엉뚱이를 보면서도 그러했고, 책임지지 못하고 개인의 삶에 안주하려는 소시민적 자세를 다시금 벗어 보겠다는 몸부림이었던 거 같아요. 그러다가 97년 IMF 터지고 산업안전 관련 사업이 확 줄어들고, 나는 애를 낳아야겠다고 생각해서 시험관 아기를 센터 다니면서 하는데 너무 힘들더라고. 임신이 된 상태에서 고대 노동대학원을 들어갔어요. 뭔가 이쪽에 내용을 가지면 오래갈 거라고 생각하고 시작한 거죠.

●●● 아기 낳고, 대학원도 다녔으면 무척 힘들었을 텐데요?

아기를 낳고 키우는 과정이 무척 고단했어요. 나이 서른여섯에 딸을 낳고는 쩔쩔매다가 친정엄마랑 함께 지내며 키웠어요. 나도 처음 전업주부 생활을 시작했는데, 매일 쳇바퀴 돌며 작은 살림을 주무르고 저녁에는 대학원 공부하러 학교 다니다가 3학기를 하고 중도에 포기했어요.

●●● 오랜 기간 많이 힘들었는데, 상처도 많고. 지금은 많이 정리가 됐어요?

힘들어서 센터 정리하면서 '백양사 결사수행'에 참가해서 명상을 하고, 에니어그램, 인성검사 등을 통해 자신과 직면하려 했던 거 같아요. 그러다 인성교육프로그램을 진행하는 대학원 친구의 제안으로 인성교육 진행자로 주로 노동조합 간부, 조합원교육에 참여했어요. 조직관계에서 간부 활동에 있어서 중요한 것은 '인간이 모두 다르므로, 존중해 주고, 강요하지 않고, 더불어 함께 운동을 할 수 있는 방안'에 대해 함께 논의하고 공감하는 체험식 학습을 진행하는 거예요. 그 과정이 자기성찰노력과 같이 진행되니까 교육보다는 내가 받았던 상처를 드러내고, 치유받는 과정이었던 거 같아요.

그러면서 그동안에 겪은 갈등과 고통은 내가 만들어 냈음을 조금씩 자각해 온 거 같아요. 노동현장 투신을 결단하지만, 지구력과 책임감이 부족했어요. 또 문제해결 의지가 강고하지 못해서 난관을 부딪히면서 회피하고 포기해 왔다는 걸 깨달았어요. 그 과정에서 부끄러움과 자기반성이 뒤따르더군요. 하지만 내 개인의 한계와 고통들도 당시 운동권이 지니고 있던 경직된 조직관, 규율, 당위성 등과 관련되었던 건 부인할 수 없는 사실이죠.

그러다가 2007년에 갑상선암을 진단받고, 인생을 되돌아보다가 대학원을 졸업하면서 논문으로 인희전자의 투쟁사례를 정리했어요. 그리고 인성교육센터를 만들려다가 한국생활을 정리하고 외국생활을 하게 되었어요. 지금은 있는 자리에서 할 수 있는 일은 찾아가고, 만들어 가며 감사하며 살아가려 해요. 여전히 나 자신의 한계와 문제점들과 마주하면서요.

1980년대 노동운동의 의미와 나의 삶

●●● 80년대 노동운동의 의미 또는 그 시대 활동이 나의 삶에 미친 영향은 어떻게 말할 수 있을까요?

70년 전태일 열사의 투신이 지식인들에게 '엄혹한 노동현실과 노동자의 삶'을 드러냄으로서 '당신의 사회적 책임은 무엇입니까?'라는 화두를 던진 것이라고 생각했어요. 그 질문에 답하기 위해 7,80년대 들어 수천에 달하는 대학생들이 시대적 요구로 인식하고 현장 투신을 해서 노동자와 함께 생활하면서, 노동문제의 변화를 모색하고, 더불어 함께 사는 세상, 노동자도 인간 대접받는 세상으로 만들어 가고자 실천해 온 과정이라고 생각해요.

하지만 당시 저는 너무 어렸고, 인간에 대한 이해도 천박했으며, 전략적 사업장, 대기업을 선별하며 성과주의에 빠져 조급증에 빠져 노동자를 대상화하기 일쑤였어요. 내가 평생 먹고 살 직장에 뿌리를 내리고, 일터에서 동료들과 함께 평생 동안 더디게 변화를 만들기보다는 파급력 있는, 목적의식적 투쟁을 그리면서 물과 섞이지 못하는 기름처럼 떠 있으며, 쉽게 노동자를 판단하고 비판하다가, 파업투쟁 후에는 현장 밖으로 쉽게 내몰린 것은 아닐까 반문해 보기도 했어요.

당시 제가 현장 투신을 결심할 때만 해도, 제조업 중심의 공장노동자만을 조직과 정치세력의 주체로 고민했기 때문에 공장 이전이 최선의 결단이었죠. 하지만 이후 병원노동자, 교사, 전문인들도 노동조합 만들고 화이트-블루칼라로 구분하던 이분법적 사고는 폐기되고 노동자계급은 확대되었죠. 아직도 교사가 노동자라는 것에 동의하지 않는 많은 사람들이 있지만요.

지금 '나의 자질과 역량을 객관적으로 평가하고, 활동과 역할을 찾아서 했더라면 더 행복하게 노동운동을 벌였을까' 반문해 보지만, 답은 모르죠. 다만 주변의 선후배 중에서 재능을 십분 발휘할 수 있는 영역에서 일했더라면 더 행복했을 텐데, 더 큰 기여를 했을 친군인데' 하는 안타까움이 드는 경우가 있어요.

●●● 수많은 학생운동가들이 노동현장에 들어갔던 것이 노동운동에는 어떤 의미가 있었을까요?

저는 노동운동의 자연발생성의 한계를 극복하려는 목적의식적, 조직적 고민이 노동운동의 변화를 촉진하는 견인차의 역할을 일정 부분 수행했다고는 봐요. 87년 7·8·9월 대투쟁 거쳐서 노동조합의 전국조직 건설에도 일정한 기여를 했잖아요? 그리고 노동자 정치세력화도 정당을 통해 시도하고. 하지만, 많은 폐단도 낳았다고 봐요. 학출, 노출이라는 표현처럼 우리는 다르다고 생각하고, 행동했어요. 또 사람이 주인인 조직을 만들기보다는, 이념과 규율을 앞세우며 차이를 인정하지 않고, 차이는 곧 분열을 초래했어요. 그 결과 7,80년대 노동운동에 참여했던 수천의 활동가 중 극소수만이 노동운동을 계속 하고 있는 건 아닐까요? 노선과 입장의 차이가 조정과 합일의 과정을 거치지 않고, 곧바로 분열로 이어져서 대오와 대열이 점점 줄어든 것일지도 모른다는 생각도 있어요.

그런데 살아갈수록 세상에 명확한 것, 분명한 입장이 없다는 생각이 들더라고요. 노동자가 사장님이 되기도 하고, 자영업자가 일급 노동자로 전락하는 경우도 빈번해서, 입장과 처지에 따라 의식과 존재가 달라지는 게 흔하잖아요. 자본가와 노동자가 이해를 같이 하기도 하고, 정규직 노동자가 비정규직 노동자에게 갑질을 하기도 하니까요.

내 나이 스물두 살에 그렸던 민중이 주인인 세상, 사람 사는 세상, 통일된 조국은 언제쯤이면 실현될까 생각하면, 반사적으로 지금 나는 무엇을 하고 있나 반문하기도 해요. 지금 나는 내가 할 수 있는 일을, 할 수 있는 만큼 하며 기쁘게 살려고 애쓰고 있는 거 같아요.

3.
고민택의 구술생애사

• 고민택의 살아온 길 •

1960년 전북 군산 출생.
1982년 서울교대 입학.
1983년 탈춤반 참여.
1984년 학원자율화추진위원회 위원장. 제적.
1985년 노동현장 이전 준비모임.
1986년 구로공단 중원전자 입사.
1987~89년 임금인상투쟁과 노조 결성. 노조 교육선전부장.
1989년 제3자 개입금지법으로 구속, 10개월 복역.
1990년 서울 제파PD그룹 활동.
1991년 제파PD사건으로 구속.
1996~2006년 한국노동이론정책연구소 편집위원.
1999년 민주노총 정책기획실장.
1999~2008년 '노동자의 힘' 활동.
2008~09년 사회주의노동자정당건설 준비모임 활동.
2010~11년 사회주의 노동자정당건설 공동실천위원회 활동.
2011~15년 노동자혁명추진모임(노혁추) 활동. 현재 노혁추 해산으로 무소속.

⁂ 고민택의 구술은 2011년 1월 12일 면담자의 용산사무실에서 진행하였다. 이 구술자료를 바탕으로 2015년 2월 18일 구술자의 수정·보완을 거쳤다.

성장과정

●●● 그냥 편하게 말하시면 돼요. 어디서 자라셨어요?

군산에서 태어나서 고등학교 졸업할 나이까지 그곳에서 자라고 성장했어요.

●●● 형제분은 어떻게 되세요?

2남 3녀의 장남인데, 위로 세 분이 누님이고, 제 밑이 남동생이에요. 원래 큰누님 바로 아래로 제 형님 되시는 분이 계셨었는데, 초등학교 1학년쯤 병으로 잃었다고 들었어요. 그런데 제 남동생이 유아기부터 현재까지도 장애[지독한 자폐]로 지내고 있어요. 제가 태어나서부터 가세가 기울어 경제적으로 아주 어려웠는데 동생 장애까지 겹쳐 집안 형편이 매우 어려웠어요.

●●● 경제적으로는 어려웠던 걸 구체적으로 말해 주시면?

당시에는 모두가 어려운 형편이어서 특별히 우리만 어렵다는 생각이 크게 들지 않았는데, 초등학교 때 수학여행 갈 경비나, 중학교 입학 때 입학금을 제때에 마련하지 못해 애를 먹었죠. 또 우리 어렸을 때는 서민들이 겨울나기가 무척 힘들었잖아요. 식량, 김장, 연탄 같은 생필품을 준비하는 데 매년 어려움을 겪는 거죠. 거기다 미국의 구호물품으로 만든 옥수수 빵을 학교에서 나눠 주었는데, 그때 제가 키도 작고 덩치도 왜소했는데, 마침 학교에서 우리 담임선생님이 농구부 코치를 동시에 했었어요. 그 선생님이 어느 날 나를 불러서 '너 농구해라' 그러시는 거예요. 당시 농구부는 별도로 빵을 더 줘요. 그러니까 빵 더 먹으라고 농구하라는 거죠. (웃음) 하여간 그런 상황이었고. 반면에 군산이라고 하는 지리적 특성이 좀 있어요. 군산이라는 곳이 주변이 농촌하고 해안가를 동시에 끼고 있어서 그래도 먹을거리가 약간 나은 편이었어요. 제가 성장할 때 가장 서민적으로 먹었던 게 갈치, 꽃게였어요. (그래요? 처음 알았어요.) 예. 그런데 뒤에 서울 올라와서 보니까 그게 제법 고급음식이더라고. (웃음) 그 다음에 홍어도 거기서는 서민음식인데, 지금은 고급음식이 돼 버렸더라고요.

●●● 학교 다닐 때는 어땠어요?

제가 고등학교 2학년 때 중퇴했어요. 여름방학 때인데 자의반 타의반으로. 당시 군산 제일고등학교라고 새로 신설된 학교가 있었어요. 고등학교도 입학시험을 볼 때인데, 마침 그 학교가 전국에서 학생들을 장학금 주면서 끌어왔어요. 그 덕분에 저도 장학금을 받기로 하고 그 학교에 갔어요. 그런데 모든 학생을 장학생으로 채운 것은 아니고, 성적이 조금 부진한 군산 토박이 학생들도 같이 그 학교에 들어왔어요. 말하자면 장학금을 받고 들어온 학생과 그렇지 못한 학생들이 모여 섞여 있었던 거죠. 그때 나의 정체성은 두 가지가 다 있었어요. 장학금 받는 쪽에도 속하고 군산이 고향이니까 토박이 정체성도 있어서 양쪽 친구들하고 친했어요.

그런데 토박이 친구들이 외지에서 온 학생들에 대해 텃세를 부려요. 문제는 그 정도가 심해서 내가 몇 차례 그러지 말라고 충고를 했거든요. '그러지 마라. 그럴 일은 아니다' 이렇게 충고를 했는데도 계속 그런 일이 있었어요. 그래서 내가 마지막 경고를 했어요. '더 이상 이러면 나는 학교하고 싸워서 너희들을 학교에서 다 내쫓겠다. 그러지 않고는 도저히 공부를 할 수가 없다'고. 한마디로 토박이 친구들한테 전쟁을 선포했죠. 그래도 달라지지가 않아서 실제로 학교 당국에 그 문제를 정식으로 제안했어요. '지금 학교에 텃세 폭력이 많으니 이걸 해결하기 위해서 그 주동자 몇 사람을 제적해 주세요'라고. 그리고 학교측하고 협상을 했어요. 근데 텃세를 부린 핵심 주동자가 제 친구예요. 지금도 아주 친하게 지내는데. 공교롭게도 그 친구가 당시 그 학교 이사장과 친척 관계였어요. 그러니까 학교에서 저를 불러서 '그 친구 때문에 도저히 제적은 안 되겠다'고 해서, 제가 '그건 받아들일 수 없고, 그러면 이거에 대한 책임을 지고 제가 학교를 떠나겠다' 하고 학교를 그만뒀습니다.

●●● 허어, 당돌했네요. 그때 어떻게 그런 식으로 행동을 할 수 있지?

그때 두 가지가 겹쳐 있었어요. 외적으로는 그런 일이 있고, 내적으로는 내가 고등학교 1학년 때인가? 경제적으로는 진짜 여의치 않아서 장학금을 받아야만 학교를 갈 수 있는 상황이었는데, 그 당시에 동서문화사라는 출판사가 있었는데, (맞아요.) 그 동서문화사에서 최초로 세계문학사상전집이 문고판으로 나온 게 있었어요. 내가 그걸 보고 형편이 어려웠지만 우리 아버님한테 '이 문고판 싸니까 이것만 샀으면 좋겠다' 말해서 아버님이 어렵게 어렵게 해서 그걸 사 주셨어요. 그래서 저는 그 책 읽는 것에 빠져 가지고 학교 공부에는 흥미를 잃어가는 시점하고 맞물려서 '더 이상 학교 다닐 필요가 있겠느냐, 겸사겸사 이쯤에서 정리하자'는 생각으로 학교를 정리한 거예요.

●●● 생각하는 게 어렸을 때 무척 독특했네요?

그러니까 남자로는 장남이지만 제가 넷째이다 보니까 굉장히 자유롭게 컸어요. 모든 거를 내가 판단하고 결정하는 식으로 쭉 해왔기 때문에, 그 연속선상에서 자연스럽게 그리된 거 같아요.

●●● 집안이 어려운데, 누나들은 학교를 다닐 수 있었어요?

제대로 못 다녔죠. 중학교 정도? 그런 정도 다녔고, 큰누님은 나보다 나이가 훨씬 많기 때문에 제가 어릴 때 이미 밖으로 돈 벌러 나가 있는 상황이라서 같이 못 자랐어요.

●●● 학교를 그만두고 뭘 하셨어요?

책 보기도 하고, 인생경험을 이런저런 거 하다가 '다시 학교를 가야 되겠다'는 생각을 했는데, 그 사이에 좀 관심을 가졌던 게 문학 쪽이었어요. 그때 누님이 결혼하셨는데, 저도 서울에 와서 누님네 기거했어요. 명분은 '학교 가기 위한 공부를 한다'는 건데, 그것도 사실 일부 있었고, 맨날 청계천 돌아다니면서 책 수집하는 재미로 나만의 세계로, 나 홀로 세계에 빠져서 『문학사상』, 『사상계』, 엄청나게 모았어요. 그러다가 '정말 학교를 가야 되겠다'고 생각을 했죠. 그래서 검정고시를 봤고, 내가 학교를 늦게 가게 되니까, 그 당시가 예비고사 시절이었어요.

아, 그전에 내가 예비고사와 본고사가 있던 79년인가 80년인가에 한 번 서울대 시험을 봤어요. 그런데 예비고사 성적이 서울대를 들어갈 수 있는 점수가 아니었어요. 그냥 설렁설렁한 공부였기 때문에. 그래서 본고사는 문제 유형이 뭔지 궁금해서 시험 보러 갔는데, 영어는 거의 생각이 안 나고, 수학은 대충 생각나고, 국어는 확실하게 지금도 생각나요. (무슨 문제가 출제됐어요?) '춘향전에서 향단이와 방자에 대해서 논하라'였어요. 그 문제가 진짜 마음에 들었어요. (웃음)

●●● 누가 냈는지 의식적인 문제인 거 같네요. 그래 합격이 안 되어서 어떻게 했어요?

당시는 대학이 전기, 후기가 있을 때예요. 그때 후기로는 성균관대 행정학과에 원서를 내서 합격은 했어요. 그런데 제가 등록하지 않았죠. (왜요?) 그냥 합격이 되나 안 되나 보기 위해서 시험을 본 거라서. 그때는 정말 자유로웠는데, 집에는 2년 속였어요. 대학 합격증이 있으니까 그거 보여드리고 등록 안 하고, 계속 나만의 세계에서 최소한 생활수준으로 버티면서 있었던 거죠.

대학 입학과 탈춤반 참여

●●● 그럼 대학은 언제 들어간 거예요?

그러다 학교를 다시 가야 되겠는데, '어디를 가야 되나', 돈 문제도 있고, 내가 하고 싶은 것도 고려해서 서울교대를 선택하죠. 82년도에 입학해요. 거기는 당장 학비문제를 해결하고, 앞으로 문학을 하기 위해서는 직업과 연결하는 게 적합하겠다는 판단을 한 거예요. (현실적인 판단을 하네요.) 네, 거기에서 약간 현실화되기 시작하는 거죠.

●●● 학교 분위기는 어땠어요? 교대는 조금 또 다를 거 같은데요.

제가 다른 학생들보다 나이가 많잖아요? (그렇죠.) 그런데 마침 우리 반에 나하고 같은 연배하고, 오히려 한두 살 많은 사람이 있어서 세 명이 학생들하고 다른 나이니까 공감대가 형성돼 있었고. 아, 제가 교대 원서 내려간 날, 거기서 한 여인을 딱 봤는데, '첫눈에 반한다'는 게 뭔지 알 것 같았어요. 그런데 제가 실수를 했죠. 그러니까 먼저 몸으로 말을 걸었어야 했는데, 제가 문방구로 달려가서 A4용지 두 장을 사서 장문의 편지를 써 가지고 갔는데 없는 거예요. 하아. (웃음) 원서 내려 온 사람이 확실해요. 그래서 내가 통탄을 해요. 제가 그 편지를 무려 1년을 간직해요. (그해에 그 사람은 입학 안 했나 보죠?) 그런 거 같았어요. 학교 곳곳을 내가 다 뒤졌는데도 없었어요. 그래서 혹시 1년 뒤에 다시 올 수 있지 않을까 해서 그 편지를 간직하고 있다가, 다음 해에 그 학생을 찾았는데 끝내 못 만났죠.

●●● (웃음) 그래서 그 나이든 분들하고 관계는 어땠어요?

그 두 분이, 참, 나한테 많은 영향을 줬어요. 한 분은 군대 갔다 와서 4년 내내 아침에 우유배달 하면서, 심지어 교사생활을 하면서도 초기에는 우유배달 한 걸로 내가 알고 있어요. 그러니까 그 정도로 성실한 분이고 대단한 의지를 갖춘 분이었고. 또 한 분은 야학을 하시는 분이어서 한 1년은 내가 야학에도 같이 가요. 나한테 강학을 하라고 계속 권유했지만 나는 '그럴 준비가 안 돼 있다' 해서 거기 가서 학생들이나 선생들하고 같이 놀았어요. 우리 학교는 남성들도 있지만 여성들 위주인 학교였고, 분위기도 좋아서 편안하게, 허심탄회하게 지낸, 내 인생에서 좀 행복했던 시절이에요.

●●● 학생운동은 어떻게 하게 됐나요?

제가 2학년쯤부터 탈춤반(약칭 '탈반')에 들어갔어요. 당시는 대부분의 대학에서 탈반이 거의 이념서클이었거든요. 그런데 저는 이념서클이라서 탈반에 들어갔다기보다는 탈반에 있는 선배들이 괜찮기도 했고, 또 어딘가에는 적을 두어야겠다는 생각에서 들어갔어요. 그곳에서 그 전에는 접하지 못했던 이른바 '사회과학'을 처음 접하게 된 거죠.

그 와중에 2학년 가을 즈음인가, 학교에서 데모가 있었어요. 당시에는 데모가 다 비밀로, 소위 갑자기 주동이 떠서 시작하잖아요? (그렇죠.) 우리 학교에서는 제가 입학한 후 처음으로 그런 일이 벌어졌어요. 그런데 저는 공교롭게도 그 데모가 있던 날 마침 학교를 가지 않았어요. 데모가 있다는 사실은 전혀 알지 못한 상태였어요. 다음날 학교에 가보니 여학생들이 남학생들에게 막 데모에 소극적으로 임한 것에 대해 막 뭐라고 핀잔을 주었죠. 그런데 교대 남학생들은 거의 ROTC 신분이어서 사실 데모에 관여하기가 쉽지는 않은 조건이었거든요. 저는 군대 문제가 이미 해결되어 있어서 학군단은 아니었죠. 데모하는 날은 우연히 없었지만 괜히 제가 죄지은 것 같은 기분이 들었어요. 그리고 만약 내가 학교에 나왔더라면 어떻게 행동했을까 하는 생각도 들더라고요. 어쨌든 느낌이 찜찜하고 묘한 기분이 들었어요. 그 기분을 털어내기 위해 그때부터 탈반 활동에 조금 열의를 갖기 시작했던 것 같아요.

그러다가 제가 3학년 때인 84년 들어 이른바 유화국면이 펼쳐지죠. 우리 학교에서도 학도호국단을 거부하고 학원자율화추진위원회(약칭 '학자추')가 만들어졌어요. 그때 제가 학자추 위원장을 맡게 됩니다. 외적으로는 학군단이 아니라는 신분상의 이점도 있고, 나이도 있고 해서 저한테 제안이 있었던 것 같고, 내적으로는 탈반에서 새롭게 느낀 점도 있고, 지난 번 데모 때 느꼈던 찜찜함도 남아 있고 해서 위원장 제안을 받아들였어요. 그러니까 저로서는 그때부터 본격적인 학생운동을 시작한 거죠.

그런데 그 시간이 매우 짧았어요. 위원장 역할을 맡고 얼마 안 있다가 바로 학자추 이름으로 학내 데모를 일으켰어요. 그 일로 학교 당국으로부터 바로 제재조치를 받았어요. 그리고 3학년 2학기 때 최종적으로 제적을 당했어요. 교대라는 특수성도 있고, 학생운동을 좀 늦게 시작한 점도 있어서 사실 저는 학생운동을 본격적으로 하지는 못한 거죠.

사회과학 학습과 중원전자 입사

●●● 노동 쪽은 어떻게 알고 판단을 하기 시작한 거죠?

탈반 하면서, 그게 말하자면 나중에 다산보임그룹의 인맥이었던 거죠. 그쪽 관계들이 그때부터 형성이 돼서, 제가 84년 말 학교에서 제적을 당하고 난 후에, 85년도에 다산보임그룹에서 사회과학 학습을 체계적으로 해요. 처음 학습모임은 직접적인 이전팀이라기보다는, 그 전 단계의 프로그램이었던 것 같아요. 그때 학습을 담당했던 사람이 바로 박성인이에요. 그렇게 학습을 지도받던 중에 박성인이 다산보임사건으로 구속이 되었어요. 실은 그게 다산보임사건이었다는 사실을 나중에서야 알게 되었지만요. 어쨌든 그 일로 우리 학습팀 담당자가 바뀌면서 한 5, 6개월 더 진행했나? 학습을 같이 한 대상자는 나 포함해서 세 명이고, 다 남자들이었어요. (이전팀 했던 프로그램

내용은?) 내용은 당시 보통 하는 학습, 지금은 생각이 잘 안 나네. 하여간 그때 경제학 쪽 관련 서적은 거의 암진홍이와다 히로시岩田弘 등 일본저자 번역본 위주였고, 철학은 지금 와서 보면 스탈린시대 소련에서 발행한 것들이고, 그래서 맑스 원서를 접하지는 못했어요. 그리고 주로 학생운동진영에서 나왔던 문건들과 리영희, 강만길 등 출간된 현대사 서적들도 봤고요.

••• 그럼 그 학습팀을 한 다음에는 현장으로 들어가는 거예요?

그렇죠. 그런데 이전팀이 형성되기 전에 먼저 성남 쪽을 제안받았어요. 그때 그 제안대로 했다면 저는 바로 성남에 있는 현장에 들어갔을 거예요. 제안을 받고 제가 성남 쪽의 담당자를 만나요. 그게 그 뒤에 보면 NL쪽 계열이었어요. 그 담당자는 서울 의대 출신이었는데, 만나서 몇 시간 정도 상담을 하고, 집에 가서 보따리 싸가지고 성남가는 걸로 생각하는 와중에, 저한테 또 다른 제안이 들어온 거예요. 성남 쪽에 가는 것을 보류하고 학습을 좀더 체계적으로 하고 현장에 들어가는 게 어떻겠냐는 것이었죠. 두 가지를 놓고 제가 고민하다가 후자로 판단을 한 거죠. (판단의 근거는 뭐였나요?) 특별한 근거는 없었는데, 그냥 감이죠. 성남 쪽은 느낌으로 체계적인 학습보다는 바로 현장 들어가는 걸로 하려고 했고, 이쪽은 체계적인 학습 후에 현장 가는 걸로 하는 것이어서, 후자가 나로서는 필요하겠지 싶어서. 그때는 어떤 정치적 성향하고는 전혀 무관하고, 판단할 기준도 별로 없었던 시점이었지.

••• 이전팀 하면서 현장 가는 거나 노동운동을 하는 목적을 어떻게

설정했어요?

한마디로 '자본주의 철폐, 사회주의 건설'이라는 목적성을 분명히 가졌어요. 더구나 당시의 한국사회가 군부독재 치하였기 때문에 더욱 그럴 수 있었던 거죠. 당시 제가 가졌던 의식성의 깊이나 넓이하고는 무관하게 보통 현장으로 이전하는 대부분의 학생운동 출신들이 가졌던 보편적인 생각을 저도 당연하게 가졌던 거죠.

●●● 그런데 그 방향이나 경로에 대해 어느 정도 상을 갖고 있었나요?

그 부분이 당시에는 따지고 보면 불투명했죠. 일단은 민주노조운동의 활성화라고 하는 부분이 좀더 강하게 작용했던 게 사실이었고, 그래서 나왔던 고민이 조직보다는 정치적 고민, 이제 노동조합은 성립이 됐는데. 그 다음에 '사회주의적 정치활동을 어떻게 할 거냐'라는 생각을 집중적으로 하기 시작했죠. (활동의 상을 당시 구현시키려 했던 방향은?) 그러니까 '사회주의적 정치활동을 어떻게 할 거냐'라는 생각을 89년 징역 나와서부터 보다 본격적으로 했어요. 그때부터 제가 속한 조직 내부에서 집중적인 토론이 이루어지기 시작한 거죠. 그 토론과정에서 정치적 차이가 드러나는 상황이 발생했어요. 약간의 위험을 무릅쓰고 도식적으로 대별하면 좀더 대중성이나 현장성을 강조하는 경향과, '외부로부터의 사회주의 내용에 대한 인입'을 보다 중시하는 경향 사이에 정치적 충돌이 발생한 거죠.

●●● 다시 뒤로 돌아가서, 그럼 이전팀 끝나고 지역을 왜 구로로 결정한 거예요?

그때 '서울이냐 울산이냐', 두 지역을 놓고 제안도 있어서 고민도 했죠. (그때 울산 얘기가 나왔어요?) 네. 그 고민을 했었는데, 그때는 우리 부모님이 서울에 올라오셨을 때라, 그러니까 개인적인 조건 문제도 포함해서 지역선정을 놓고 고민했어요. 그런데 당시는 구로가 노동운동의 한 축이었기 때문에 선택했고, 울산에 가지 않은 거에 대한 약간의 아쉬움은 남아 있어요.

●●● 구로 쪽에서 업종 선택은 어떻게 하신 거죠?

처음에는 제가 원하는 큰 사업장에 진입할 방법이 도저히 없었어요. 그래서 초기에 노동자로서의 삶을 익히기도 할 겸해서 구로공단 내에 있는 작은 기계산업 업체에 들어갔어요. 업체 이름이 신진밸브인가 그랬어요. 그래서 몇 개월간 그곳에서 일하는데, 거기는 소규모 공장이라 운동적 전망이나 가능성을 거의 찾기가 어려웠어요. 그래서 어떻게 해서든지 운동을 할 수 있는 사업장으로 진입할 방법을 찾던 중에, 참, 이것도 우연과 필연이 일치하는 건데, 그 즈음에 한나라당 국회의원[을 지냈던] 김기배가 당시 구로공단한국수출산업공단 이사장이었는데, 공단에 속성직업학교를 설치를 했어요. (86년경에요?) 예. 86년경에 3개월 속성직업훈련과정을 봉제 쪽하고 전자 쪽으로 설치했었어요. 나는 봉제 쪽은 아니다 싶어서 전자 쪽을 선택해서 직업학교를 다니죠.

●●● 전자는 배우는 기술이 있어요?

납땜부터 시작해서 간단한 것들이 있어요. 그러니까 3개월 속성으로 하는 거죠. 그런데 거기서 취업을 알선해 줘요. 그래서 진짜 속으로 쾌재를 부르면서, 내가 알기로 아마 저 같은 케이스는 없을 거예요. 왜냐면 남성이 전자회사를 들어간다는 거는 공고를 나와서 정상적인 케이스로 입사시험을 봐서 들어가거나, 아니면 화학 쪽의 후광부 일을 하기 위해 들어가거나, 또는 관리자 친인척 관계로 들어가는 방법밖에 없었어요. 그래서인지 그 직업학교에 남성들도 상당히 많이 자원했어요. 물론 나 같은 사람은 없었죠. 다 진짜로 취업하기 위해서 왔던 사람들인데. 그래서 거기 3개월 다니면서 내가 한 20여 명 남성을 조직합니다. 조직한다는 게 딴 게 아니고 잘 지내고 노는 거고. 3개월 마친 뒤에는 현장실습을 보내요. 나는 정말로 가고 싶었던 남성전기로 현장실습을 가게 됐어요. 남성전기로. 당시 가장 큰 규모의 사업장이었으니까 '여기만 들어가면 된다' 생각했는데, 그런데 떨어졌어요. (왜요? 실습하러 간 건데.) 실습하고 그쪽에서 뽑을 때 지원했는데 떨어졌어요. (이유는?) 모르죠. 그건 전혀 알 수가 없어요. 그래서 2차로 간 게 중원전자였어요. 같이 직훈했던 한 10명에게 '나하고 같이 중원전자 가자' 해서, 집단으로 들어가서 중원전자에 들어갑니다. 나중에 싸움 나고 재밌는 얘기지만 나를 뽑았던, 그 인사담당자가 사석에서 '천추의 한이다. 내가 너를 왜 뽑았는지' 그러더라고. (웃음)

그래서 86년에 입사했는데, 그 당시 전자 쪽에서 큰 규모가 남성전기, 나우정밀, 중원전자, 이런 순이었어요. 중원전자가 악명 높았어요. 이전에 노조 결성 하려는 움직임들이 있었는데 엄청 탄압했고. 그러니까 이전에 그런 움직임들이 조금씩 있었던 거지. 하여간 그렇게 알려져 있는 데였어요.

●●● 입사해서 어떤 일부터 했어요?

들어가서 초기에 하는 일은 허드렛일이죠. 라인 앉아서 여성하고 다를 바 없는 단순 작업도 하고, 포장도 하고, 그러니까 한마디로 단순작업이에요. 여기서 만드는 제품은 카세트, 그때 마이마이 막 나올 때였는데, 그거부터 해서 콤보까지. 그때는 대중화된 상황이 아니었지. 그렇게 하다가 기사로 갈수 있는 경로가 공장 내에도 있더라고요. 거기는 처음부터 공고 나온 기사를 안 뽑는다고 하더라고. 그래서 라인작업 하다가 거기에서 기술을 스스로 알아서 익혀서 잘하면 기사가 될 기회가 있다는 거예요. (남성한테만 주어지는 기회죠?) 예, 남성한테만 주어지고, 여성은 라인에서 최고로 올라가는 게 검사고. 그래서 남성들이 기사를 목표로 일했죠. 그러다 제가 기사가 됩니다. (일을 열심히 했나 보네요?) 나는 한다고 열심히 했지만 남들이 보기에는 어떨지, 그때 생긴 위장병이 지금도 있어요. 그게 뭐냐면 내가 기능 쪽에는 재능이 없었는데, 아무런 지식도 없이 완전히 경험으로 노력하지 않으면 안 되는 속에서 기사가 되려고 노력한다는 게, 정말로 때로는 지옥 같은 고통스러운 과정이었거든요. 하여간 굉장히 힘들었는데 내가 기사가 되지 않고서는 나중에 활동하는 것이 좀 어려움이 있을 거 같아서, 기를 쓰고 살아남으려 애를 썼죠.

●●● 기사는 취업한 지 얼마 만에 된 거예요?

몇 개월 됐을 거예요. 기사는 자기가 담당해야 될 제품의 불량을 수리해 주는 거거든요. 불량 중에 90%는 경험적으로 다 쉽게 처리할 수 있는 것들이에요. 앞의 작업자가 조립하는 과정에서 단순 실수로 나올 수 있는 문제를 그냥 바로 잡아주면 되는 거예요. 그런데 한 10%가 약간 기술적인 부분이 있어야 되는 거고, 그중의 한 1%는 진짜 모르는 거예요. 알기가 너무 어려운 거예요. 그런데 그거를 어떻게든 노트를 딱 채워서 통과시켜 내보내야 돼요. (노트?) 그러니까 '1,000대다', '단위 3,000대쯤 나왔다' 그러면 한 노트인데, 그러니까 1,000대 주문, 2,000대 주문, 3,000대 주문이 딱 있는데, 그거를 딱 시기 맞춰서 완성해서 여성검사의 검사를 통과시켜서 내보내야 돼요. 그 다음에 클레임이 걸려서 돌아오는 한이 있더라도. 일단 그걸 안 하고 새로 한다는 건 불가능해. 딱 그게 짜여진 일정이거든요. 그런데 만약에 1,000대다 그러면, 한두 대가 꼭 그런 게 생겨요. 정말 알 수 없는, 하루 판 전체를 다 뒤져서 어떻게 해야 되는, 또는 IC, 그러니까 지금은 컴퓨터 반도체가 엄청나게 발전했지만 반도체 초기죠. IC불량이 걸리는 거예요. 이거는 IC를 교체하지 않고는 방법이 없는 거지. 근데 '확실히 불량이 이거다'는 거를 규명해야 처리하는데, 나는 안 되니까 엄청 애를 먹었던 거죠. 하여간 뭔가 조립적인 것이 아니라 상당히 기술적으로 문제가 되는 게 반드시 나오게 돼 있어요. 그걸 처리하지 않으면 이게 마감이 안 되는 거예요. 밤을 새워서라도 원리와 이유를 알아서 이 문제가 나타난 경로를 정확히 찾아가야 되는데, 그러니까 병이 안 나려야 안 날 수가 없지. 일만 하는 게 아니라 한편에서는 사람들을 조직화 작업을 하죠. 남자들하고는 축구도 하랴 정신이 없었거든.

1987년 중원전자 노동자들, 학출의 해고를 막은 임금인상 100원

●●● 거기엔 활동가들은 안 들어와 있었어요? 당시 큰 사업장은 많이 들어갔던데.

공장 들어가서 보니까 학생 출신도 있는 거 같고, 그 다음에 노동자 출신 활동가도 나중에 확인이 되면서 하나씩 하나씩 만나게 됐어요. 서로 움직이는 거 보면서 알게 되는 경우도 있고, 밖에서 알게 되는 경우도 있고. (학출, 노출 활동가들이 다 같이 만나요?) 네. 다 같이 만나죠. 한 10명 정도 되었고. 그렇게 만나면서 대투쟁 때 7월 말쯤인가? 노조 결성 하는 거하고 임금인상 문제, 이 두 가지를 가지고 싸움을 준비했어요. 당시 D-DAY를 정하고 8시간 기준으로 하루 일당이 3천 몇백 원인데, 일당 6,000원으로 올려 달라는 임금인상요구와 그 투쟁의 연속선상에서 노동조합까지 결성하는 것으로 준비를 해요. 그 준비는 사실상 거의 반공개적으로 했어요. 우리가 일부러 막 떠벌린 것은 아닌데, 이미 87년 7월의 상황 자체가 그랬어요. 그래서 반공개적으로 조직하고 라인들을 작업해서 알리고.

그러다 D-DAY 전날 저녁에 잔업이 있었어요. 그래서 정상작업 끝나고 잔업하려면 잔업 밥을 먹어야 되니까, 저녁 먹고 등나무 밑에서 담배 피면서 있는데, 나하고 같은 라인에서 일을 했던 김점순이라는 친구가 물어 와요. '내일 뭐 한다면서요?' (아, 들었구나.) 그러니까, 들은 거죠. 내가 '맞다' 그러니까, 그 친구가 '왜 나한테는 안 알려주냐?', 그래서 내가 '일부러 말 안 한 게 아니고 어차피 내일 다 같이 하는 거고, 준비하는 사람들이 있으니까 내일 같이 하자' 그랬더니, '알았다' 그러더니, 그 친구가 다음날 참여해요.

●●● 그 노동자의 질문이 '왜 나한테 안 알려줘', 독특하네요?

네. 하여간 나도 속으로 그 첫마디가 대단히 인상 깊었죠. 여하튼 당일 날, 회사에 들어가는데 이미 회사에서 알아차리고 탈의실을 밖에서 봉쇄해 버려요. 그리고 정문에서 들어갈 때 나를 잡아서 감금해요. (남자활동가는 혼자였어요?) 그렇죠. 그래서 내가 임원실에 혼자 끌려가서 감금당하죠.

당시 대표이사는 출근하기 전이었고 상무이사가 자기 방에 나를 감금시켰는데, 내가 상무이사한테 제안을 합니다. '당신하고 나하고 토론을 해서 당신이 나를 설득하면 내가 여기 있고, 당신이 나한테 설득 당하면 나를 내보내 달라'고. 그 상무이사가 이미 시대적 상황을 좀 읽고 있었다고 나는 본 거예요. 그랬더니 상무이사가 '좋다' 그렇게 한 거죠. 그래서 한 90% 정도 거의 설득되는 그 순간에, 마침 탈의실에서 노동자들이 봉쇄된 문을 뚫고 운동장으로 나오려는 함성소리가 들렸어요. 내가 그랬지 '이미 된 거다' 그러고 나는 나와요

●●● 그래서 나와 보니 파업이 이루어졌나요?

공장 건물 앞에 있는 운동장에 노동자들이 집단적으로 모여 있는데, 마침 그 시간에 대표이사가 정문으로 출근을 하는 거예요. 대표이사가 앞에 서자 노동자들이 다 그 사람을 보고 있는 거죠. 그 옆에 관리자들이 딱 배열하고 있고. 내가 나갈 쯤 해서 대표이사 연설이 시작된 거예요. 전형적인 가부장적인 연설에다가, 읍소하는 연설에다가. 그러니까 노동자들이 '와~' 해서 모였는데, '쫙~' 가라앉은 분위기가 되는 거죠. 그 순간 속으로 나는 '이거를 어떻게 해야 분위기를 반전 시키는가' 고민인데, 그런데 마침 운동장의 뒤편에 약간 올라설 수 있는 바위 비슷한 게 하나 있었어요. 그래서 내가 순간적으로 '내가 저 앞에 나가면 무조건 깨진다. 사람들의 시선을 나로 돌리도록

내가 선동을 해야 되겠다' 이걸 딱 결정하고. 그 바위 같은 데 위로 딱 올라서서 선동을 하는 거예요. '저 자를 보지 말고 나를 봐라' 첫 마디를 외치니까 사람들이 이게 뭔 일인가 해서 쫙~ 다 돌아서서 나를 향해 본 거지. 그래서 거기서 열변을 토해요. 말할 수 있는 나의 모든 생각을. (그 핵심 내용이 뭐였죠?) 모르겠어요, 기억도 안 나네. (웃음) 하여간 목이 거의 잠기기 전까지 엄청 선동을 해요. 대표이사가 포기하고 가 버리고, 비로소 파업이 성립되었어요.

●●● 그렇게 파업을 시작하면서 어떻게 진행되나요?

파업이 성립이 돼서 그때부터 파업 프로그램이 돌아가기 시작한 거예요. 그런데 워낙 상황이 긴박하다 보니까, 내 목을 다 써 가지고 목이 잠겨서 나는 앞에서 말할 수 없는 상황이라 노동자 출신 활동가들이 앞장을 서요. 돌아가면서 앞에서 얘기하는데, 한참 프로그램이 진행되는데, 노동자들 분위기가 약간 흐트러지기 시작해요. 어수선해져 집중이 안 되고. 그때 느꼈던 게 뭐냐면 노동자 출신 활동가들이 어려운 말을 하는 거지. 그러니까 현장노동자들하고 교감이 안 되고 소통이 안 되니까 분위기가 흐트러지기 시작하더라고. 그래 내가 긴급하게 한 사람을 불러요 그게 아까 물어온 김점순이에요. 그전에는 어떤 사람인지 전혀 몰라요, 다만 어제 '왜 나한테 말 안 했냐?' 그 한마디 듣고 딱 한 가지만 얘기했어요. '네가 갖고 있는 생각, 하고 싶은 얘기, 다 해라. 거리낌 없이 평소 했던 생각 그대로 얘기해라.' 이렇게 해서 그 친구가 얘기한 지 한 10분쯤 되니까 분위기가 다시 집중되기 시작해요. 이 친구가 분위기를 장악하기 시작하더라고. 자기 얘기를 하니까 어려운 얘기가 하나도 없이, 단순, 간단, 명쾌하게 사람들과 소통이 되는 거지. 그렇게, 딱, 파업 분위기가 잡히자 회사가 교섭을 요청해요.

우리도 미리 준비했던 사람 중에는 한 사람만 참여하고, 나머지는 현장에서 자원하는 사람들로 해서 교섭단을 꾸려요 당연히 나는 안 끼고. 그래서 교섭을 하러 갔는데, 이게 진짜 눈물 나는 얘기인데…. 교섭한 사람들이 합의해서 나와요. 합의 내용이 기가 막혀요. 교섭 중에 회사가 '고민택은 잘라야 된다. 그래야 임금인상이고 뭐고 가능하다'는 거야. 회사는 나를 해고시키는 게 목표였는데, 교섭대표들이 자기끼리 잠깐 얘기해서 회사한테 역제안을 했다는데, 그 역제안이 정말 기가 막힌 거예요. '고민택을 자르지 말고 우리가 임금인상 가지고 투쟁에 나섰는데 자존심도 있고 하니까 100원만 올려라.' 그렇게 해서 나하고 임금인상하고 맞바꿔요.

●●● 와, 대단하다. 진짜 임금을 100원만 올린다고요?

네. 그러니까 그들이 생각했던 건 임금인상은 나중에 얼마든지 할 수 있고, 또 노동조합도 만들고 바꿀 수 있다는 판단을 했겠죠. 하여간 나를 자르기 않는 거하고 임금인상 100원을 교환하자고 하니, 회사가 어쩔 수 없이 받아들이죠. (와, 너무 감동스럽다.) 그런데 사전에 뭐가 있었던 것도 아니고, 나도 진짜 속으로 엄청나게 놀랐어요.

●●● 그런데 신분이 그때 드러났어요?

나는 학력만 바꾸고 실명으로 들어갔어요. 왜냐면 내가 중간에 검정고시를 보기를 얼마나 잘했는지, 학력이 단절이 되니까 그 당시 수준에서 회사 쪽에서 나에 대해 파악이 안 된 거예요. 그러니까 위장취업이라는 말을 못하는 거예요. 사실 법률적으로 위장취업이 아니었고, 허허. 그것 때문에 그런 공격은 못했죠. 그렇게 해서 파업은 24시간 채 못 돼서 아무도 해고당하지 않고 일단락되죠.

●●● 그럼 교섭대표들이 와서 그 내용을 보고할 때, 파업하던 노동자들의 분위기는 어땠어요?

괜찮았어요. '사람이 우선이다'가 거기에서 증명이 된 거죠. 그래 그때는 노동조합을 결성을 못했죠. 그래도 파업하는 그 공간에서 우리가 장악했던 힘을 확인하게 된 거고, 좀더 광범위한 지지를 바탕으로 노동조합을 만들 가능성이 보였죠.

중원전자 노동조합의 결성과 활동

●●● 활동가들이 현장노동자 출신도 있고 학출도 있는데, 87년이면 정치노선이 막 분화돼 있는 상태인데, 활동가들 관계는 괜찮았어요?

여러 정파 출신들이 있었는데 공장 내에서는 대부분 다 토론을 통해서 결정해요. 바깥은 놔두더라도 중원전자라고 하는 테두리 안에서는 서로 합의에 이르게 계속 토론했죠. 여러 가지 이야기가 있었지만 그 부분을 잘 조정을 했어요. 예를 들면, 내가 보니까 여성활동가가 있는데 굉장히 힘들어하더라고. 그러니까 자기가 그동안 쭉 활동했던 조직의 패턴하고 중원전자 안에서의 활동이 조금 엇갈리거나, 자기가 이해가 좀 덜 될 때에 힘들어해서, 제가 나중에 따로 그 사람을 만납니다. 그래서 '혹시 너의 지도선이 있으면 같이 만나자' 했더니 그쪽 조직에서 '그리지' 해서 만나요. 그쪽이 아마 NL쪽인데 그쪽 지도선을 만나요. 내가 그 사람에게 '이 사람이 활동에 대해 힘들어하는데 이건 이런 거고, 저건 저런 거다. 현장에서 활동하는 걸 편하게 해주면 좋겠다'는 얘기도 하고.

●●● 그래서 현장활동가 테이블하고, 밖의 조직적인 관계가 유지가 되는 건가요?

유지가 되죠. 나 같은 경우는 조금 특별한 경우인데, 바깥의 조직적인 부분은 가끔씩 토론하는 데였고, 워낙 현장활동에 내가 시간을 많이 투여해서 썼기 때문에, 조직 쪽은 간헐적으로 만나는 정도에서 유지가 되고 있었고.

88년 2월 25일 노동조합을 출발하게 되기까지 두 가지 일화만 얘기하면, 하나는 파업 이후 중원전자의 핵심지도를 했던 세 명의 여성 동지가 있었는데, 그게 김점순하고 이숙자, 박명희, 이 세 명이 다 노동자 출신이죠. 그중에 박명희하고 이숙자 동지는 그 전에 약간 지역에서 학습적 관계가 있었던 사람이고, 김점순은 전혀 경험 없이 파업과정에서부터 활동하기 시작했고. 그래서 그 세 명에 대해 제가 좀 집중적으로 만남을 하죠. 이후에 노동조합을 결성하면 지도부로 세우기 위해서. 그러다 하루는 그 사람들하고 나하고 도봉산에 등산을 갔어요. 그리고서 뒤풀이를 고대 앞의 고갈비집에서 술 한잔 하면서 이야기를 하는데, 세 명이 가장 집중적으로 나한테 질문하거나 또는 문제제기 하는 부분이, 요새 말로 하면 '역사에 있어서 지배와 피지배의 문제가 근본적으로 정말 해소될 수 있는가. 설령 노동조합을 결성해 활동한다 하더라도 노동자들의 처지가 근본적으로 개선될 수 있는가. 또 다른 어떤 지배의 모양만 바뀌는 거 아니냐, 이 지배관계

부분에 대한 전환이 정말 가능한가' 이런 거였어요. 그래서 그런 것에 대해 주고받았던 일이 있었고. 그거는 아마 지금도 노동자들이 마찬가지일 거라고 생각하는데, 전망이 대단히 '불명료하다'라는 거죠.

또 하나는 당시 구로의 전자회사들이 노동조합 결성을 쭉~ 하는데, 다 여성 사업장이잖아요? 그러니까 조합원의 90%에서 거의 100%가 다 여성들로만 구성되어 있는데, 중원전자만 남성이 한 50여 명 조합원이 있어요. 내가 중원전자 입사하면서 10여 명 같이 들어온 끈끈한 인간관계를 맺은 남성들이 있었고. 그 다음에 다른 사업장은 기사들이 노동조합의 조합원이 되는 경우는 거의 없는데, 여기는 기사들도 노조에 참여를 많이 해요. 노조 간부도 남성들이 여성들이랑 비슷한 수로 참여했거든요.

여튼 남자 쪽의 핵심적인 사람이 노동조합 결성을 며칠 앞두고 급히 얼굴 좀 보자고 나한테 연락이 왔어요. 그래서 만나 봤는데, 이제 회사가 반대공작에 들어간 걸 알게 된 건데. 여하튼 그 사람이 회사가 나에 대해서 '도산도시산업선교회이다' 이렇게 얘기한다는 거예요. 당시 '도산' 하면 회사를 망하게 세력으로 선전되고 있었기에, 그 노동자가 나한테 '회사가 당신 보고 도산이라고 하는데, 도산은 뭐고, 너는 진짜 정체가 뭐냐?'를 물은 거예요. 그래서 내가 이 사람하고 어떤 식으로 소통할까 잠깐 머릿속에서 생각하다가, 단 한마디로 서로 통해서 정리를 합니다. '회사가 해온 이야기들이 있을 거니까, 내가 그거 가지고 길게 얘기하지 않겠다. 내가 딱 한 가지만 얘기하겠다. 만약에 이 일을 하는 과정에서 내가 당신이 생각했던 일하고 반대되는 일을 하면 내 배에 칼을 꽂아라.' 그 한마디로 그 사람이 '알았다. 됐다' 이렇게 해서, 그 뒤로 그 남자가 의심없이 아주 열심히 끝까지 활동에 참여해요.

●●● 노조 결성은 언제 하게 되나요?

그래서 88년 2월 25일, 이날이 노태우 취임식 날이에요. 매번 2월 25일이 한국의 대통령 취임식 하는 날이라 그날 맞춰 가지고 우리는 노조 결성에 성공하죠. 회사측은 별다른 대응을 할 수가 없었죠. 워낙 우리가 현장을 장악하고 있으니까.

●●● 노동조합 만들고 간부로 활동하시는 거예요?

저도 노조 간부를 했는데, 위원장에는 김점순이 하고. 그 부분에 대해서 사람들이 나하고 같은 라인이라는 관계 때문에 약간 망설이긴 했지만 이미 투쟁과정과 그 뒤의 활동과정에서 다 인정했어요. '위원장 해야 된다'라고 하는 걸로. 그 다음에 박명희 씨가 사무장 했고. 이때 약간 쟁점이 된 게 있었어요. 그게 뭐냐면 내가 맡을 역할을 놓고 '나는 교선부장 하겠다' 이렇게 했던 거였는데, 다른 쪽의 사람들도 교선부장을 하려는 의도가 있었던 거 같더라고. 그러고 나보고는 '대의원대회 의장을 하면 어떠냐?' 그래 내가 그랬지 '노동조합은 단일조직이다' 이걸 이원화시킬 수 없는 거고, 그래서 '그건 있을 수 없는 일이다'고 정리하고. 내가 신분에도 문제가 없어서 그냥 교선부장 하죠.

구로지역 연대활동

●●● 그 당시 학출들이 노조 만들면 교선부장 많이 하죠?

많이 하지. 왜냐면 교선부장은 아무래도 학생운동 출신이 하는 것이 좀더 적합한 게 사실이거든.

●●● 그 시기에 구로공단에서 민주노조 활동들이 꽤 활발하죠?

예, 당시 서노협이 있었는데, 서울이 워낙 넓다 보니까 다시 지구체계로 편재되어서 구로는 남부지구에 속했지. 투쟁사업장을 지지·지원하기 위한 투쟁연대만이 아니라 일상적인 연대활동도 각 지구 차원에서는 물론이고, 지구들 사이에서까지 활발하게 이루어졌어요. 대표적으로 각 부서별 모임이 활발했어요. 아무래도 구로는 공단 안에 있어서 다른 지구들보다 연대활동을 하기가 좀더 수월해서 서노협 연대활동에서도 많은 역할을 했어요. 그리고 구로공단 차원에서는 중원전자가 몇몇 사업장과 함께 중심적인 역할을 했죠. 저도 89년 12월 말경 구속될 때까지 한 2년 동안 정말 쉬지 않고 활동을 했어요. 구로공단이 초기에는 주로 봉제, 전자 같은 여성노동자 중심사업장에서 노조 결성이 이루어지다가 뒤로 가면 남성노동자 중심인 기계사업장에서도 거의 노조가 만들어지기 시작했어요.

그중에서 기억에 남는 것은 서울엔진베어링이라는 사업장이에요. 그 사업장에는 마침 저와 같은 조직에 속했던 활동가가 들어가 있었어요. 그런데 한 번은 우리 사업장에서 위원장단 회의를 하고 있는데, 막 노조를 결성한 지 얼마 안 된 시점인지 아니면 노조를 만들려고 준비 중에 있었는지는 정확히 기억나지 않지만, 서울엔진베어링 활동가들이 잔뜩 얻어맞은 모습을 하고 우리 사업장으로 왔어요. 구사대에게 폭력을 당하고 사업장을 쫓겨 나온 거예요. 그 자리에서 곧바로 긴급 대책회의를 하고 바로 회사 탈환을 하기로 결정을 했죠.

그래서 무기[화염병]까지 준비해서 그날 저녁에 바로 회사 진입, 진격 투쟁을 벌였어요. 결과는 대성공이었죠. 저도 처음으로 폭력을 사용하기로 판단한 거지만 그럴 수밖에 없었어요. 노조를 결성해 유지하기 위해서는 때로는 우리도 힘으로 돌파해야 했거든요.

당시 어떻게 할까를 놓고 고민할 때, 제가 '지금 상황은 우리가 힘 대 힘으로 붙어서 싸워야 할 문제니까 다른 생각 일절 하지 말라. 이건 물리력 대 물리력의 싸움이지 다른 거 없으니까 그냥 탈환해서 장악하면 이기는 거고 못하면 지는 거다' 이렇게 단순 명쾌하게 판단을 했어요. 마침 그 당시에 현대중공업 노동자들이 이영현이 위원장일 때 서울 상경투쟁을 했어요. 그래서 현대중공업 노동자들을 다 데리고 같이 갔죠. 현대중공업 노동자들도 망설임 없이 연대투쟁을 한 거죠. 그 덕분에 경찰이 쫙~ 오긴 왔는데, 현대중공업 사람들도 같이 가 있고 하니까 경찰이 바로 거기서 개입을 못 했어요. 그만큼 당시 노동자들의 힘이 있었던 거예요.

●●● 그런데 89년에는 왜 연행이 되는 거죠?

경찰 당국에서 진작부터 저를 구속시키려 하고 있었던 거예요. 말했듯이 제가 수많은 연대투쟁, 연대활동을 쭉 하고 있었던 참이어서, 당시 악법으로 존재했던 '제3자 개입금지법'을 저에게 언제든지 적용할 준비를 하고 있었어요. 그런 와중에 89년 12월 말경 가리봉5거리에서 연대집회가 있어요. 그 집회는 대한광학이라는 사업장 문제를 가지고 연 집회였어요. 대한광학을 창원으로 이전하려는 회사측 계획에 맞선 투쟁이었지요. 제가 그 집회를 주도하는데, 경찰이 저를 연행하려는 것을 직감으로 느끼고 후다닥 피하려 했지만 늦어서 연행된 거예요. 재밌는 것은 당시 나를 연행한 정보과 경찰이 저더러 '야, 고민택, 오늘이 니 제삿날이다. 이제 그만 가자' 이러면서 잡아갔지. (웃음)

●●● 구로지역 노조활동 활성화를 위한 연대활동을 하면서, 노조활동하고 정치조직 세력이 결합하는 건 어떤 방식으로 이루어지는 거죠?

제가 속한 서울지역 조직에서는 노동조합과의 공식통로를 저로 인해 처음 제대로 갖게 되었어요. 그래서 조직으로부터 저도 여러 가지 지원을 받게 돼요. 대부분 노동조합 활동과 관련된 것들이었어요. 당시 구로에는 모든 정파가 거의 망라해서 존재했어요. 그 시기에 정파가 대중들에게는 아직 명확하게 구별될 정도로 정립되지는 않았지만 정파 차원에서는 정치내용을 가지고 조직적으로 이미 구별이 있었어요. 그런 상황에서 저는 교선부장이라는 직책을 활용해 제가 속한 정파와 교육 사업을 매개로 해서 공동 활동을 추진했어요. 조직의 크고 작음을 떠나 노선으로 좌우를 가리지 않고 모든 정파에게 제안을 하고 동등하게 공동사업에 참여할 수 있도록 통로를 개방했어요. 대표적으로 장명국 씨, 신철영 씨 등을 모두 참여케 했어요. 뒤에는 박석운 씨도 그랬어요. 제 생각은 이랬어요. 모든 정파가 자신들의 이념과 노선에 따른 조직화는 각자 알아서 능력껏 자유롭게 하되, 모두가 전체 노동자의 의식을 향상시키는 일에는 공동으로 기여해야 한다는 생각이었어요. 그런 속에서 대중들에게 공동으로 책임질 것은 공동책임을 지고, 또 각 조직들은 개별적으로 대중들에게 검증을 받아야 한다는 생각을 했던 거죠. 그게 상당히 잘 이루어졌고 노동자들의 의식향상에도 많은 역할을 했다고 봐요.

●●● 서울그룹 쪽에서 구로공단 쪽의 노동조합 기반을 가져갔던 데가 있었나요?

중원전자, 서울엔진베어링, KDK, 그 외에도 작은 곳이지만 꽤 있었어요. 중요 사업장을 중심으로 주위의 작은 사업장으로 연결은 돼 있었어요.

●●● 서노협 만들 때 서울 제파PD 쪽에서는 얼마나 참여를 해요?

숫자가 그렇게 많지는 않았지만 대표적으로 서노협 교육부장, 구로지역 간사 등 핵심적인 역할에는 조직원을 배치했지요. 그리고 나머지 대부분은 사업장에 포진했어요. 아무래도 아직 그 당시에는 상급단체 활동보다는 현장활동을 더 중시했고, 현실적으로 상급단체에 배치할 역량이 충분치 않았던 사정도 있었던 거죠.

●●● 중원전자노조에서 했던 활동에 특징이 있다면?

노조마다 고유하게 형성된 정서나 문화가 있을 텐데, 중원전자노조가 나름대로 중심으로 잡으려고 했던 거는 연대활동에 전진배치를 많이 했어요. 간부들이든 조합원들이든 가리지 않고 끊임없이 연대활동을 하도록 많은 노력을 했어요. 내적인 힘이 있었기 때문에 그 힘을 끊임없이 외부와의 연대 쪽으로 가져가려고 했어요. 그게 바로 또 다시 내부 힘을 강화시키는 원동력이 되기 때문이기도 하고, 연대활동이 의식을 확장하는 데 가장 좋은 방법이기도 하고요. 그 다음에는 교육을 많이 했어요. 당시 단체협약에서 가장 신경을 썼던 부분도 교육시간을 확보하는 것이었어요. 일상적이고 지속적인 교육활동이 이루어지는 것이 노조활동에서 기본 바탕이 돼야 했기 때문이죠. 물론 이것들은 모든 노조가 그렇게 하려 했던 것으로, 중원전자노조만의 특별한 것은 아니었지만, 굳이 특징이라면 이것들을 현실화시키는 데 실질적으로 주력했다는 거지요.

●●● 노동조합의 공식 교육이외에 선진노동자를 훈련시키고, 조직적 관계를 확보하기 위한 차원에서의 활동은 어떻게 진행되었나요?

당연히 선진노동자를 발굴하고, 정치적으로 훈련시키고 나아가 조직적 관계를 맺고 확보하기 위한 활동이 활발하게 이루어졌죠. 그런 활동은 대개 학습소모임을 조직하는 것을 통해서 진행되고, 학습소모임은 공식, 비공식 모임을 모두 활용하여 조직했어요. 공식적으로는 단위 노동조합에서도 이루어졌고, 나아가 부서별 연대모임에서도 진행됐어요.

이런 노동조합 차원과는 별개로 비공식 공동학습을 진행했어요. 일종의 학습세미나를 한 거죠. 비공식 모임은 그런 공식 모임 속에서 한 번 더 걸러서 따로 조직해서 이루어졌어요. 저의 경우는 주로 공식 모임 속에서 학습을 이끌면서 거기에서 보다 선진적인 노동자를 발굴하여 이들을 조직적 관계로까지 진전시키기 위한 모임을 만드는 데까지 관여했어요. 그리고 그 모임은 제가 직접 운영하는 게 아니라 조직에 토스해서 밖의 조직원이 운영하는 구조를 가졌고요. 그 이유는 저는 공개영역에서 활동을 했기 때문에 비공식 모임을 이끄는 게 적합하지 않았던 것이고, 또 학습모임을 체계적이고 지속적으로 운영하기 위해서는 그 활동에 전념하는 조직원이 담당하는 것이 효율적이기 때문이기도 했고요.

●●● 이 시기는 그 비공개로 모이면 내용이나 교재는 어떤 것을 사용했나요?

주로 책을 많이 사용했어요. 학습프로그램은 학생운동 출신이 현장으로 이전하기 위해 이전팀에서 이루어졌던 방식을 현장노동자들에게 맞게 재구성하는 방법을 사용했어요. 또 부분적이기는 하지만 학습세미나만 진행한 것이 아니라 당시 제 정파들의 입장과 태도를 놓고 정치토론도 함께 진행했어요.

정치조직운동의 모색과 논쟁

●●● 그럼 본인이 속해 활동했던 정치조직 운동에 대해 이야기 해보지요. 우선 감옥에서 나와서 조직 내에서 어떤 활동을 하나요?

사실 제가 개인적으로 조직 내 활동에 본격적으로 개입하기 시작한 것은 감옥에서 나온 뒤부터였어요. 그 전에는 저는 제가 속한 조직의 역사성과 구체성을 잘 모르죠. 86년 다산보임사건이 있어 아마 조직보위 문제도 있고, 또 저의 정치역량이나 조건이 조직 전체를 확인하기에는 여의치 않았던 것도 작용했던 것 같아요. 그렇다고 조직에 대한 객관적 자료가 별도로 있지도 않고요.

어쨌든 그 뒤에 제가 조직활동에 본격적으로 참여하면서 나름대로 판단을 할 수밖에 없었어요. 내가 듣기로 조직은 다산보임사건 이후 사실상 정치적 산개를 결정한 것 같아요. 말하자면 조직 중앙을 건설하지 않고 전국으로 흩어져 아래로부터의 대중적 근거를 각자 형성하여, 그 결과로 다시 중앙을 형성하는 것으로 결정한 거죠. 그래서 그 당시 다산보임과 관계했던 인맥이 전국 대부분의 지역에 포진하게 되었죠. 저는 그중 서울지역에 속했던 거고요.

중앙은 없었지만 각 지역별 지도선은 있었죠. 그러나 당시는 비합법 상황이기도 하고 해서 지도부 선출에 대한 과정이 별도로 있지 않고, 대개 선배 그룹이 담당하는 구조였잖아요? (그렇죠.) 서울의 경우에도 그랬습니다. 그런데 제가 징역에서 나오니까 서울 조직에 변화가 있었어요. 기존 지도선에 대한 문제제기가 조직원들로부터 있었던 거예요. 그래서 저보고 지도부의 일원으로서의 역할을 맡아 달라는 제안을 하더라고요. 저는 그 제안을 받아들였고, 그때부터 제 활동의 중심을 대중조직에서 정치조직으로 옮겨 갔어요.

●●● 서울 조직에선 구지도부를 대체해서 신지도부가 89년, 90년에 이미 있었어요?

예. 그 당시에 신지도부로 저를 포함해 3인으로 구성했어요. 다만 저의 경우에는 이 과정에서 구지도부와 충분히 협의하지 못했어요. 징역 나와서 제가 신지도부 쪽 사람들을 먼저 만나 조직 상황에 대해 들었고, 신지도부의 일원으로 참여해 달라는 제안을 구지도부와의 별도의 협의를 거치지 않고 바로 받아들인 거예요. 물론 구지도부 측에서도 이에 대해 저에게 별다른 논의를 해오지는 않았어요.

●●● 새로운 흐름 속에서 조직에 대해 문제제기 했던 내용이자 본인도 수용했던 문제제기의 핵심 내용이 뭐죠?

그게 크게 보아 두 가지였어요. 하나는 한편에서는 조직활동 또는 정치활동을 하는데 조직원의 '정치적 통일성'이 이루어져야 한다. 그러기 위해서는 기시적 차원에서 아니면 최소한 연年 단위로라도 정세분석이 선행되고 그에 따른 정치방침을 정해서 이에 기초해 대중활동을 수행해야 하려는 상과 경로를 그려야 한다고 주장하는 거였고. 다른 한편에서는 그게 아니라 아래로부터의 대중화, 구체화가 이루어지는 과정을 중심으로, 그 결과에 기초해 조직의 방침을 사후적으로 결정하는 게 옳다는 주장이 있는 거죠. 신지도부가 전자의 경향이었다면 구지도부는 후자의 입장이었다고 할 수 있어요.

또 하나는 벌어지는 매 사안에 대한 조직의 입장과 방침이 그때그때 정해져야 한다고 보는 입장과 사태의 맥락과 추이를 좀더 지켜본 후에 정해야 한다고 보는 입장 사이의 차이라고 할 수 있어요. 89, 90년 한국정세가 굉장히 역동적이었고 정세변화가 빠르게 이루어지는 상황이었기 때문에 어느 입장이 더 올바른가를 따지는 것과는 별개로 충분히 일어날 수 있는 일이었어요.

●●● 음. 그러니까 이게 처음에는 입장이 없었을 수 있고 개척해야 될 지점으로 있었다가, 이후 큰 변화가 나타나니까 그런 제기가 있을 수 있겠네요. 신지도부는 어떻게 하자는 거였죠? 그리고 조직원들의 반응은 어땠어요?

어쨌든 당시 서울지역 조직 성원들이 조직의 이런 변화에 대해 거의 받아들였다는 거예요. 말하자면 기존 구지도부의 지도력에 대해서 그게 옳다는 주장은 거의 나오지 않았어요. 그렇다고 해서 이게 곧 신지도부의 입장이 모두 옳았기 때문이라고 보지는 않아요. 뭔가 변화가 필요하다는 점에서는 모두가 공감했지만 그 변화의 방향과 구체적 실상이 어떠해야 되는가에 대해서는 아직 미지수였던 거죠. 다만 신지도부를 통해서 어떤 변화를 꾀할 수밖에 없다는 정치적, 전략적 판단을 성원들이 했다고 봐요.

하여튼 그런 상황에서 신지도부는 정치활동에 대한 재조직화를 본격적으로 진행했어요. 물론 그 과정은 곧 신지도부 자신을 재조직화하는 과정이죠. 누구나 기존 관성은 남아 있게 마련이기 때문이죠. 그래서 서울 3인은 86년 다산보임사건으로 징역에 갔다가 나와서 당시 울산에 내려가 활동하고 있던 박성인 동지에게 서울 3인과 함께 논의테이블을 만들어 진행할 것을 제안했어요. 그래서 후에 이른바 제파PD 사건에서 드러난 4인 지도부 모임이 운영된 것이에요.

당시 조직 전체적으로 논의했던 주내용은 '사회주의 정치활동을 어떻게 할 것인가?'였어요. 이런 문제의식에 기초한 논의는 그 전에는 집중적으로 이루어지지 않았던 거죠. 당시 정세가 국내적으로는 노동자 대중투쟁이 활성화되고 민주노조운동이 거세게 일고 있는 반면에, 세계적으로는 동구권이 몰락하고 소련에서 고르바초프가 주도하는 이른바 페레스토로이카가 등장하는 시기였기 때문에 매우 역동적이면서도 혼란스러운 상황이었어요. 그런 속에서 '사회주의 정치활동'을 화두로 삼았다는 점에서 적지 않은 의의가 있었던 거지요.

●●● 그 테이블에 제파PD의 다른 지역은 왜 제안하지 않았나요?

특별히 어떤 정치적 이유가 있어서 제안하지 않았다기보다는, 주로는 역사적 관계 때문이었어요. 서울의 신지도부가 제안을 할 수 있을 만큼 다른 지역 지도선과 관계를 형성해 왔던 과정은 아니었고, 동시에 일단 서울지역을 먼저 조직하는 것이 우선이기도 했지요. 다만 울산의 박성인 동지 경우는 저와 과거 지도선이라는 인연도 있었지만 당시 서울의 신지도부가 가졌던 문제의식에 관심을 가졌다고 봐요. 그리고 부산에도 내려간 동지들이 있었는데, 박성인 동지를 통해서 관계를 가졌어요.

●●● 박성인 씨는 모호하지만 '조직운동 방향을 좀 바꿔야 된다' 요런 정도 동의한 거로?

네. 그래서 모임에서 토론과 세미나를 했나? 주제 놓고 토론만 했나? 이거 기억이 잘 안 나네. 여튼 그렇게 모임 형성이 되어서 사회주의적 정치활동에 대한 본격적인 토론이 진행됐죠.

●●● 진행되면서 그 테이블에서 가져가려 했던 방향은 어떤 거였죠?

첫번째는 그 당시 올라왔던 대중활동에 사회주의적 정치활동은, 결합이든 접목이든 인입이든 뭐가 됐든, 어떻게 표출할 거냐. '그 내용은 뭐고, 그 경로는 뭐고, 그 양상은 뭐냐'라는 게 핵심적인 고민이었고. 그것의 한 부분으로 조직문제도 있는데, 당시는 조직문제까지 '서클상태를 어떻게 해야 된다'는 거까지 본격 논의되지 못했어요. 왜냐하면 내용 정리가 덜 됐기 때문에.

●●● 서울 조직은 당시 인원이 어느 정도 되었나요?

글쎄, 한 20~30여 명 됐나. 학생운동 쪽 관계는 다른 영역이었죠. 그 전에도 학생운동 쪽 관계는 주로 서울대였기 때문에 신지도부 중 1인이 담당을 해왔어요. 마침 89년도에 서울대에서 학생회장에 PD 쪽이 등장했을 거예요. 나도 한두 차례 직접 학생들을 만났던 기억이 나요. 아마 학생운동 동지들과는 두 가지가 핵심적인 이야기였을 텐데, 한 가지는 본 조직과 학생 조직과의 관계를 어떻게 설정해야 되느냐 하는 문제하고, 또 하나는 혁명론이죠. 이른바 PTR이냐, PDR People's Democracy Revolution이냐 뭐 이런 거 관련해서.

●●● 그러면 혁명론은 이 시기에는 어떻게 설정했어요?

우리가 제파PD잖아요? 말 그대로, 반제반파쇼 민중민주주의혁명론. 한국사회를 신식민지 국가독점자본주의론으로 설정했던 거였는데, 그럼에도 끊임없이 사회주의직접혁명론, PTR론, 프롤레타리아혁명론에 대한 문제의식을 끊임없이 놓지 않았어요. 바로 이런 문제의식을 가졌던 부분이 아마 제파PD의 가장 이론적 핵심이라고 봐요. 핵심을 자본주의 그 자체라고 봤던 거지요. 「113 문건」도 말하자면 그런 생각에서 정리되어져서 그 기저를 갖고 있었다는 게 공통점이에요. 이것도 신기한 건데, 전체적으로 본다면 각개 지역으로 흩어져 활동했던 동지들도 모두 '그 기저를 늘 깔고 있었다'라고 하는 거죠. 그런데 이처럼 혁명론에서는 분명 공통점을 가지고 있었으면서도, 조직론에서는 두 경향이 계속해서 공존했어요. 추상적으로 말하자면 '위로부터의 조직 건설론'과 '아래로부터의 조직 건설론'이 경향적으로 계속해서 대립하면서 서로를 '정치주의' 편향과 '경제주의' 편향으로 봤던 거지요. 더 문제는 이 문제의식을 정식화해서 논쟁으로까지 발전시키지는 못했다는 점이에요. 그러다 보니 운동이 정치적으로 진행되기보다는 관계를 중심으로 형성되고, 나아가 객관화 또는 사회화되지 못했다는 거죠. 이게 제파PD로 표현됐던 운동이 가졌던 가장 큰 약점이라고 봐요, 저는.

●●● '아래로부터의 조직 건설론'을 조금만 더 구체적으로 얘기해 주세요.

그러니까 '현장의 대중적 근거를 가지고 정치로 만나자'라는 거예요. (대중으로부터 검증된 지도력을 갖고.) 검증된 지도력, 그것이 지도력이 됐든 정치사상이 됐든 뭐가 됐든 이렇게 접근하는 거죠.

●●● 그럼 '위로부터의 조직 건설론'은?

그것이 '경험의 산술적 합이 정치가 아니다'라는 거죠. 당연히 정치로부터 그걸 구체화해 들어가는, 물론 양자는 당연히 변증법이지만, 이게 현실에서는 상당히 차이로 나타나요. 그리고 이 차이는 뒤에 '노동자의 힘', 사노준사회주의노동자정당건설 준비위원회, 사노위사회주의노동자정당건설 공동실천위원회 활동을 하는 연속선상에서도 하나의 논쟁지점으로 여전히 살아 있고요.

●●● 그게 80년대부터 현재까지, 그리고 사회주의운동의 역사에서 논쟁지점일 거 같은데, 제파PD그룹에서는 그 두 가지가 같이 가다가, 90년도 서울의 신지도부가 새롭게 조직하려고 했다는 거죠?

그렇죠. 내가 봤을 때는 그런 부분들이 공존하고 있어요. 물론 종합은 됐죠. 당 건설이라고 하는 걸로 종합은 됐지만, 여전히 조직운영의 문제라든가 이런 문제에서는 그런 부분들이 다른 방식으로 지속되죠. 왜냐면 90년대 이후에는 사상적 조류라든가 이런 부분들이 또 굉장히 다양화되잖아요? 최근의 사상적 흐름까지. 새로운 그 흐름들과 만나면서 여전히 조직문제를 놓고 이걸 모색하고 있어요. 나도 조만간 이 문제에 대해서 이론적으로든 현실적으로든 정리해야 할 듯

해요. 이걸 그냥 경험적으로만 얘기해 가지고는 '내가 맞다'라는 게 아니고 당연히 객관화시켜야 된다는 점에서 필요하다고 봐요.

사회주의권의 붕괴와 반(反)한사노 전선의 설치

●●● 이 시기는 '역동적'이라는 표현을 했던 것처럼 '노동자대투쟁 이후 노동운동을 어떻게 볼 거냐' 이런 게 있을 수 있고, 또 하나는 정치적 국면에 대한 문제, 6월항쟁과 직선제 수용 등의 정세에 대한 거는 당시 어떻게 판단했어요?

그런 정세 속에서 조직이 내부의 활발한 정치토론을 거쳐 명확한 정치방침을 정하고 대응하지 못했다고 보고요. 바로 그런 점이 구지도부에 대한 문제제기로 표출된 과정이라는 생각이 들어요. 개인적으로 봤을 때 87년 노동자대투쟁은 분명 앞선 6월항쟁의 영향을 받은 거지만, 6월항쟁을 내용적, 실질적으로 굳힌 것은 바로 노동자대투쟁이었다는 평가를 하고 있어요. 직선제 수용과 관련해서는 불가피했다고 판단해요. 직선제 수용이 문제라기보다는 그 뒤 곧바로 노동자의 정치적, 조직적인 독자성을 강화하는 운동이 미약했던 것이 문제라는 생각입니다. 노동자대투쟁으로 분출된 상황에서 민주노조 건설운동이 대중적 차원에서 대대적으로 진행되고 있었고, 투쟁 속에서 '노동해방'이라는 구호가 전국을 뒤덮었죠. 아직 대중의 자기의식으로 명확하게 형성된 것은 아닐지라도, 대중적으로, 전국적으로 '노동해방'이라는 구호를 통해 자본주의에 대한 문제제기가 비로소 등장한 거지요. 따라서 대중적 노동운동을 급진화시켜야 하는 과세가 징파들에게 과제로 주어졌어요. 그래서 말했던 '사회주의 정치

활동'을 4인 테이블에서 본격 논의를 하기 시작한 거고요. 또한 90년 전후 베를린 장벽이 붕괴되는 세계사적 격변이 시작되어지면서 인민노련, 삼민동맹, 노동계급, 이 세 파가 연합을 하면서 그쪽이 우리한테 제안해 와요. 서울 쪽으로 제안이 와서, 이에 대한 대응을 위해 다산보임 이후로 전국 모임을 4인 테이블의 제안으로 갖게 됐어요.

●●● 한사노당한국사회주의노동당 추진 관련해서 온 제안인 거죠?

그 제안이 인민노련 쪽을 통해서 우리에게 왔어요. 그래서 논의 끝에 제가 그 자리에 나갔어요. 그래서 두 차례 정도 만남을 가졌어요. 그리고 다산보임 관련 조직들의 전국 모임을 가졌어요. 그래서 논의를 해서 핵심적으로 두 가지를 결정하죠. 하나는 '행동통일하자. 공동대응하자'였고, 행동통일의 내용은 '정파통합을 통한 조직건설은 아니다.' 그러니까 무원칙한 통합, 인민노련, 노동계급, 삼민동맹이 통합하는 데 있어서 그 통합의 부분이 정치적으로 봤을 때 사실상 한노당한국노동당을 예상케 하는 거였기 때문에, 정치적 결론이 청산주의로 귀결될 수밖에 없다는 판단을 내린 거지요. 지금 정확히 기억은 안 나는데, 그 문건이나 만나서의 이야기를 들어봤을 때 정치적 내용이 너무 형편없어요. 하여간 세계사적 흐름에 그냥 굴복해 버리는 것이에요. 3파연합이 갖는 문제의식이라는 게 사실상 청산을 전제로 한 조직통합이었던 거죠. 그래서 모두가 '아니다. 이 흐름은 동참할 수 없다'라는 점에 동의를 하게 되고. 그래서 '행동통일하고 공동대응 하자'라고 정리한 것입니다. 그러면서 3파 연합측과의 토론이 마무리되기 전에 우리가 연행이 된 거죠.

●●● 이때 참여한 단위는?

인천, 부천, 부산. 당시 일정하게 집단이 형성되어 있는 데는 거의 다 오죠. 여튼 끌려가 조사받는 과정에서는, 그때만 하더라도 이미 박종철 사건 이후이기 때문에 기존 수사방식 행태하고는 좀 달랐어요. 그리고 아예 나는 '이거에 대한 모든 그 테이블에 나간 사람은 나고 그 모든 내용은 내가 다 알고 있지만, 단 한마디도 못하니까 죽이든가 살리든가 알아서 해라' 하고, 딱, 일체 3파연합과 관련한 조사에 대해서는 입을 다물고 버텼어요. 그들에게서 받은 문건을 정보경찰에게 털렸기 때문에 내가 그 동지들한테 엄청난 부담을 가졌어요. 어쨌든 문건을 보위해 주지 못한 책임은 그 자체로 있는 거니까. 나는 우리 조직은 둘째로 하고 저쪽 조직을 보호하는 걸 1차 목적으로 삼아서 수사에 임했던 거죠.

●●● 음, 그럼 89년부터 나타났던 사회주의권 붕괴과정에 대해서 어떻게 받아들였나요?

사실 우리 쪽은 그에 대해 결정적으로 타격을 받거나 흔들리지는 않았어요. 아마 제 생각에 그랬던 건 제파PD 쪽이 가지고 있었던 혁명론 때문이 아니었나 싶어요. 문제를 '자본주의 체제' 자체로 보았던 것이 우리가 흔들리지 않았던 동력이었다고 봐요. 어쨌든 우리는 홍제동에서 수사를 받고 있는 중에 소련이 붕괴되는 상황을 맞았어요. 저 개인적으로는 홍제동에서 잠시 남대문서로 이송되던 중에 호송차량 안에서 당시 서울역 전광판을 보고 소련이 붕괴됐다는 사실을 알게 됐어요. 사건이 터지기 전에 페레스트로이카를 둘러싼 여러 가지 논쟁과 해석들이 난무하는데, 우리도 페레스트로이카를 어떻게 봐야 되는지에 대해서 아직 명확히 정리한 상태는 아니었어요. 다만 그 시점이 아직 소련이 붕괴되기 전이었지요. 하여간 나는 소련붕괴 전광판을 보면서, 딱, 들었던 생각은 '아, 징역 갔다 나오면 본격적으로 정치활동을 이제 할 수 있겠구나' 이 생각을 했어요. 그거는 딴 게 아니고 '사회주의권에 대해서 다 낱낱이 밝혀지겠구나. 그럼 비로소 운동이 무언가에 기대서가 아니고, 그 자체로 운동이 시작될 수 있겠다'라고 하는 점에서, 한편으로는 굉장히 흥분됐죠.

●●● 음. 그렇게 판단한 거구나. 제가 쭉 보니까 91년도 이후에 살아남은 흐름이 두 경향인데, 제파 쪽, NL경향 쪽. NL은 이해가 되잖아요. 그런데 제파는 어떻게 남았을까 했는데.

내가 봐도 우리가 살아남았던 거는 바로 그 밑바닥에 자본주의 그 자체를 문제 삼았던 문제의식이 있었기 때문이라고 봐요. 가령 그 사회주의권의 붕괴나 그에 대한 평가를 어떻게 할 거냐라는 문제와는 별개로 현실은 여전히 자본주의 문제가 남아 있는 거기 때문에 운동은 계속될 수밖에 없다는 판단을 깊이 가지고 있었던 거지. 저도 그런 점에서는 사실 크게 동요가 없었어요. 물론 제파 쪽에서도 운동을 그만둔 사람들이 많죠. 그리고 개인적으로 안타까운 것은 서울 성원 중에 많은 사람들이 운동에서 이탈한 거예요. 그 원인이 사회주의권 붕괴 때문이라고는 하지 않더라도 운동에 대한 전망을 확신하지 못하거나 자신이 그 전망을 붙잡고 끝까지 가는 데 어떤 한계를 느꼈기 때문이라고 봐요. 서울 신지도부 중에서는 저만 아직까지 운동을 지속하고 있어요.

●●● 신지도부 쪽은 왜 그런 거죠?

그거는 탄압사건으로 조직이 직접적인 포화를 맞은 건데, 서울은 대부분이 다 연루된 거니까. 93년 5월에 징역을 나와 보니까 서울 조직은 이미 다 개별화돼 있고, 그 다음에 운동을 지속하려고 했던 사람들이 단체나 이런 데 포진해 있는 거야. 전국노련전국노동단체연합 아니면 대중조직 상급단체에서 운동을 지속하고 있고. 나머지는 대부분 운동에서 이탈한 상태고. 그런 걸 구속된 4인이 마지막으로 석방되어 확인하고 위로부터의 의식적인 조직해산을 시작해요. '적들의 탄압에 의해서 무력화되면 이후 운동을 하는 사람도 그렇고, 하다못해 일상의 생활로 돌아가는 사람도 정치적인 것뿐만 아니라 일상에서 큰 상처를 남기는 거기 때문에 있을 수 없는 일이다. 그래서 조직은 의식적으로 해산해야 한다.' 그래서 해산활동을 1년 정도 한 거지. 밑바닥부터 토론하고 다 해서 마지막 정치적 결론은 '알아서 선택해라. 조직재건은 불가능하다. 해산은 이렇게 해선 안 된다. 정치적으로 분명하게 우리가 확인하고, 그 다음에 각자의 발길을 서로 인정해주자. 그러나 조직은 의식적으로 해산해야 된다.' 그래서 그 해산을 총괄해서 「계승과 부정」이란 문건으로 정리해요.

그리고 「계승과 부정」은 서울조직뿐만 아니라 다산보임에 연루됐던 사람들한테 다 토론을 요청해요. 다 만나서 '이게 현재 시점에서 우리의 결과물이다'라고 이 문건의 문제의식에 대한 동의여부를 물었는데, 내가 봤을 때 크게 동의한 쪽은 없어. 어쨌든 그건 다산보임 쪽 관련했던 사람들의 과정을 거쳐서 조직을 정치적으로 정식 해산한 거죠.

●●● 음, 해산을 결정하게 된 근거는 뭐였죠?

두 가지였죠. 하나는 '이미 조직은 해체돼 있다. 현실적으로 실체가 해체돼 있고 이거를 억지로 다시 살려 몰고 오는 건 의미가 없다.' 그리고 두번째는 '운동은 새로 시작할 수밖에 없다. 새로운 질과 내용에 의해서 출발할 수밖에 없다'라는 판단에 의해서 그렇게 한 거죠. 그래서 정식 해산하고 나서 이제 '즉각적인 정치조직 재건운동에 들어가야 된다'는 게 내 입장이었어요. 여기에 동의한 게 7, 8명 됐어요. 그 사람들하고 세미나를 해요. 새로운 조직재건을 목표로 한 거죠. 그 와중에 박성인 같은 경우가 본인의 진로와 관련돼서 한노정연한국노동이론정책연구소 활동을 하는 것으로 정리했지. 나는 좀 반대했어요. '한노정연과 같은 단체 내지 연구소운동이 아니라 정치조직 재건운동 해야 된다'는 게 제 판단이었어요. 어쨌든 결과적으로 설득은 안 됐고. 그래서 나는 그 사람들하고 몇 개월 세미나를 했는데, 어쨌든 결과적으로 규합이 안 됐어요. 그래서 최종적으로 저 자신도 개별화된 거예요. 그 와중에 세미나를 같이 했던 두세 명이 당시 ISInternational Socialism: 국제사회주의그룹에 결합을 해요. 그거에 대해서 나한테 상담을 했죠. 그 사람들의 문제의식은 '정치조직운동을 하고 싶다'라는 거였어. 근데 우린 성공하지 못했기 때문에, 그러면 각자 할 수밖에 없는 상황이고 IS는 정치조직이었거든. '그럼 그런 차원에서 가서 하고 싶다면 말리진 않겠다고' 정리했죠.

●●● 이게 세미나로 돌파가 될 수 있었을까 하는 것도 있지만, 시작하면 어디까지 가야 한다는 상이 있잖아요, 그 상에서 미달한 건가요?

미치지 못한 건데, 정치적으로 여전히 정립되지 못한 것과 함께 새로

조직을 한다는 게 엄두가 안 났겠죠. 같이 했던 사람들이 다 집중돼 있는 것도 아니고, 정말 소수에서 다시 시작을 해야 되는데.

그리고 저는 저대로 기존 관계와는 별도로 새로운 세미나를 잠시 했어요. 그 세미나 팀은 이른바 '트로츠키주의' 계열 사람들이었어요. 당시 대부분의 한국 정파들에게 트로츠키는 낯설거나 아니면 회피해야 하는 인물로 받아들였어요. 제파PD의 경우도 그랬어요. 한 번도 그의 저작을 공부한 적이 없었거든. 꼭 그런지는 확인하지 않았지만, 당시 PD계열 조직들은 대부분 소련 교과서 위주로 학습을 해왔기 때문에 상당 정도 '스탈린주의'의 정치적 영향 아래 있었다고 봐도 크게 틀리지 않을 거예요. 이 점에서는 NL계열과 운동 형태에서 닮은 점이 있다고 할 수도 있지. 어쨌든 그 세미나를 통해 저로서는 인식을 확장하는 계기가 됐어요. 그렇다고 제가 '트로츠키주의자'가 된 건 아니에요. 물론 열심히 하지 못한 것 때문이기도 하지만. 다만 소련 붕괴를 서울역 전광판을 통해 보았을 때 들었던 막연한 생각을 좀더 체계적으로 정리하는 데에는 적지 않은 도움을 받았죠. 그 뒤 저도 개별로 있다가 한노정연 기관지인 『현장에서 미래를』의 편집위원으로 활동을 재개해요.

80년대 정치조직운동의 평가와 현재의 문제의식

●●● 이때는 조직운동은 손을 놨던 거군요. 그럼 민주노총에는 어떻게 들어가셨던 건가요?

조직활동이나 정치활동은 없을 때니까 한노정연 편집위원 활동을 하면서 자기 경험과 당시 상황에 대한 것을 대중적 시각에서 주루

글쓰는 걸 한 거죠. 그러다가 97년 말에 IMF오면서, 민주노총에서 직권조인 비슷하게 정리해고 받아들이자, 아래로부터 반발이 거세게 일어나게 돼요. 그러면서 민주노총 대의원회의가 성균관대 유림회관에서 있었는데, 현장활동가들이 강력하게 문제제기를 하는 상황이 벌어졌어요. 그 상황을 목격하면서 저하고 박성인하고 둘이 전국순회에 들어갑니다. 당시 우리가 전국에서 웬만큼 이름이 알려진 대부분의 활동가들하고 관계가 있어서 소통이 가능했기 때문에 만나자고 요청을 하면 대부분 응해서 토론을 할 수가 있었어요.

●●● 그 힘이 80, 90년대까지 쌓인 힘이라는 거죠?

그렇죠. 그렇게 이어져 온 힘에다가, 한노정연을 통한 표현, 이 두 가지가 합쳐진 거죠. 그래서 인천부터 시작해서 거제까지 쭉 둘이서 전국순회를 해요. 그때 민주노총이 처한 위기를 돌파해야 하는데, 그때 민주노총 위원장 선거가 걸려 있었어요. 전국순회를 해서 둘이 정리한 결론은 '이걸 돌파하기 위해서는 새로 들어온 집행부는 과도적 성격을 띨 수밖에 없다. 과도기적 집행부로써 1년 임기를 내세우고, 1년 뒤에 아래로부터의 민주노총 직선제 선거를 해야 한다.' 그래서 직선제 선거의 필요성에 대한 문건을 바로 써서 한노정연 기관지 특보판을 통해서 우리 판단을 표현했죠. 그 선거 때에 박성인이나 저는 현실적으로 선거에 개입할 수 있는 조건은 아니었고. 선거 판세에 직접 개입을 할 목적으로 문건을 제출한 것이 아니라 객관적으로 판단한 것을 단지 알리려 했던 거죠.

그때 민주노총위원장 후보로 3명이 등록했을 거예요. 정갑득, 이갑용, 권용목이었나. 당시 이갑용은 정파적 관계를 맺지 않았던 변방 후보야. 상징은 골리앗 투쟁이었고. 하여간 이갑용 후보가 등록을 해서 덜컥 우리가 제안한 부분을 받아 버린 거예요. 자기 공약으로. 직선제와 1년 임기를 내걸겠다고. 자기들도 돌파구가 그것밖엔 없다고 판단을 했겠지. 그런데 덜컥 이갑용이 당선이 됐네. 그리고 거기서 또 제안이 와요. '당선됐는데 들어와서 도와줘야 하는 거 아니냐.' 우리는 서로 '절대 안 들어간다'고 했거든. 그랬는데 자꾸 들어와 도와 달라 해서 할 수 없이 둘이 의논해서 내가 총대를 메게 된 거죠.

●●● 같은 시기인 99년에 '노동자의 힘'이 결성되는데, 거기에 결집될 수 있었던 사람들은 어떻게 모아지는 거죠?

그거는 딱 두 가지예요. 하나는 97년 대선을 앞두고 하나의 흐름이 형성되잖아요? 민주노총도 그렇고, 정파적으로도 '국민승리 21'을 추진하는 부분이 있었고. 거기에 맞서는 부분이 있는데, 하나는 '정치연대'로 모여지는 부분이 있었고, 다른 하나가 '정치연대' 같이 했었다가 뒤에 청년진보당으로 간 흐름이었고. 어쨌든 그렇게 '정치연대' 틀 안에서 논의를 하다가 끝내 정리가 안 되어서 나오게 된 것이 바로 '노동자의 힘'이에요. '국민승리 21' 흐름에 반대하고, 별도의 독자적인 정치조직을 건설해야 한다는 점에 동의하는 세력이 모인 거죠. 청년진보당 흐름도 이 점에서는 차이가 없지만 '공개 정당' 건설에 보다 강조를 뒀던 것이고, 당시 노진추노동자진보정당추진위원회 쪽은 '진보정당 안에 들어가 좌파그룹을 형성해야 한다'는 입장에 따라 '정치연대'에서 나가게 된 거예요.

●●● 80년대 정치적 노동운동이 역사에 미쳤던 영향에 대해 어떻게

평가할 수 있나요?

80년대 정치조직운동이 한국사회와 대중조직에 긍정적이든 부정적이든 엄청난 영향을 미친 거죠. 만약 그런 운동이 형성되지 못했다면 그 뒤 역사의 방향과 양상은 전혀 다르게 전개 되었겠죠. 그러나 결과적으로나 실제 진행된 현실을 객관적으로 보면 정파운동이 대중운동에 끼친 영향보다 훨씬 더 대중 자신의 투쟁이 사실 정파운동을 압도했다고 봐요. 정치조직운동이 왜곡, 굴절되는 상황에서도 대중투쟁은 그 동력을 완전히 잃지 않고 지속되고 있어요. 물론 80년대만 놓고 보면 정파운동이 대중운동, 대중투쟁, 대중조직에 전체적으로 긍정적인 역할을 했다는 것이 제 생각이에요. 정파운동의 뒷받침이 있었기 때문에 대중투쟁이 자기 동력을 형성하는 것이 가능할 수 있었다고 보기 때문이지요.

그러나 80년대 정파운동이 가진 한계 또는 약점은 무엇보다 역사적 단절이에요. 이 역사적 단절은 크게 두 측면으로 말할 수 있어요. 하나는 한국전쟁 이후 변혁운동 세력이 사실상 사라진 거죠. 80년 광주민중항쟁과 87년 노동자대투쟁을 거치면서 비로소 다시 운동이 태동한 거예요. 또 하나는 그렇게 태동한 운동이 세계운동과의 연결 고리를 갖지 못했어요. 일국 운동으로 제한된 거예요. 그 때문에 90년대 이후 정파운동이 앞으로 나가지 못하고 굴절되거나 왜소화되어 간 거죠.

한국의 대중운동은 적어도 87년부터 97년까지, 이 10년 동안은 세계사적인 어떤 전형이었잖아요? (그렇죠.) 물론 그게 후발주자가 종종 보이는 폭발성이라는 측면이 있지만 세계사적 보편성 내지 선도성도 있어요. 특히 일회적인 폭발성에 그치는 것이 아니라 거의 한 세대를 이어가는 역동성을 지니고 있다는 점에서 더욱 주목해야 한다고 봐요.

그런데 대중투쟁에 대해 우리가 미처 염두에 두지 못했던 것이 있다고 보는데, 그것은 대중조직의 성장이나 자발성이 꺾이는 변곡점을 상정을 하지 않았다는 거죠. 제파 PD가 「계승과 부정」을 통해 당시로서는 파격적인 노조 관료주의를 대비해야 한다는 이야기를 해요. 그런데 당시에는 우리의 목소리에 별로 주목하지 않았어요. 한국의 현실에서 93년도 상황이 아직 노조관료주의를 말할 계제는 아니었다는 점이 작용을 했겠지요. 그러나 세계노동운동의 역사를 보면 노조 관료주의는 결코 예외 없이 닥친 문제예요. 노조 관료주의는 자본주의체제 자체로부터 불가피하게 발생하는 현상이에요. 한국도 예외가 될 수 없는 문제예요. 그러나 노조 관료주의 역시 극복 가능한 것이라는 점이 중요해요. 그런데 이 문제는 대중조직 내부적으로 극복될 수 있는 것은 아니죠. 바로 이 지점에서 정치조직의 역할이 필요한 거예요. 그것도 혁명적인 정치조직이어야만 하죠. 그래서 우리가 당시에 '사회주의적 정치활동'을 말했던 것이고, '정치조직 재건'을 얘기했던 것이죠. 문제는 그러한 문제의식과 목적성을 가졌음에도 그를 실현시키기 위한 구체성을 획득하는 데 성공하지 못했다는 데 있어요.

그러다 보니 혁명적 정치조직 건설을 지향한 세력은, 한국사회가 민주화 단계로 들어서면서 부르주아 정치가 탄력을 받게 되는 정세와, 다른 한편으로는 '현실사회주의 진영'이 붕괴하는 세계적인 격변이 일어나는 정세, 그리고 대중의 자발성과 역동성을 정치적으로 지도할 수 있는 준비와 태세를 갖추지 못한 상태라는 3중의 어려움에 처하게 돼요. 이 3가지 어려움에 정치조직이 거꾸로 포위당하는 현실이 발생한 거예요.

그 결과 혁명적 정치조직이 자신을 조직적, 정치적 차원에서 독자적으로 성립하지 못하고, 대중운동 내의 일 분파로 존재하게 되죠. 이른바 국민파, 중앙파, 현장파라고 하는 3파 분립 상태에서 현장파 정도로밖에는 자신을 진전시키지 못했어요. 매우 기형적인 현상이지요. 더구나 3파 분립 현상에서 주요 현안은 언제나 노동조합 차원에서 형성되는 쟁점에 갇히게 되고, 그들 사이의 차이가 정치적 수준에서 논쟁이 되지 않다보니 대중들에게는 그저 자기들 사이의 이해관계를 놓고 벌이는 세력다툼으로 비쳐지게 된 거예요. 정치적으로 개량주의 세력이나 민족주의 세력과 분명한 차별화를 이루지 못하고 물리적인 차원에서 '전투파' 내지 '투쟁파' 정도에 머무르게 된 거죠. 그로 인해 '전투적 조합주의' 내지 '생디컬리즘'이라는 비판을 받는 상황에까지 직면하게 되었어요.

••• 80년대가 역동적 시기였는데, 거기서 형성된 노동자 정치운동이 무력했다는 거는 뭐죠?

정파운동이 정체를 벗어나지 못한 상태에서 각개 분산된 채 이른바 '서클주의'를 벗어나지 못했던 거예요. 당시에는 '서클운동'이 충분히 성숙되지 않았기 때문에 오히려 서클 차원의 운동을 더 강화해야 한다는 인식과 주장도 있었지만, 그때도 그렇지 않았거니와 오늘의 시점에서 보더라도 그런 것은 아니었어요. '서클운동'이 발생하는 것은 불가피한 현상이지만, 당시 정세에서도 '서클운동' 차원으로는 이미 전국적인 대중투쟁이 일상적으로 벌어지고 있는 정세를 대응하는 것 자체가 불가능해요.

●●● 제파 PD경향이 지금껏 지속되면서도 왜, 정세에 대한 능동적 대응, 또는 유연한 대응을 하지 못한 거 같죠?

지금까지도 제파 PD가 끊임없이 살아남을 수 있었던 것은 분명한 하나의 이론적 체계로 자기를 정립시키는 데까지 나가지 못하고, 또한 자신의 운동을 객관화, 사회화하는 데서 약점을 보였던 것이 사실이지만, 그럼에도 정치적 태도에서 혁명성을 유지해 왔고, 물리적으로는 다른 쪽보다는 대중과 직접 결합하는 면을 만들려고 하는, 실제 대중을 주체화시키려는 활동을 계속 해왔기 때문이라고 봐요. 말하자면 운동의 자기 내용과 물적 근거를 가져왔던 거지요.

그런데 질문하신 것처럼 정세와 정치적 국면에 대한 능동적 대응 또는 유연한 대응을 제대로 하지 못한 것도 사실이라고 봐요. 그러나 이를 말하기에 앞서 제파 PD로 표현되는 운동이나 세력이 한국사회 대중운동이나 '좌파' 운동에서 차지하는 비중은 결코 간단하거나 가볍다고는 보지 않아요. 어떤 면에서는 '좌파' 운동에서의 대표 주자 역할을 했다고 할 수 있어요. 따라서 그만큼 그에 따르는 책임이 더 크다고 할 수 있는 거겠지요. 또 하나 짚어야 할 것은 우리가 겪고 있는 어려움은 그 당시나 지금이나 세계사적인 어려움과 맥을 같이하는 것이라고 봐요. 엄연한 세계적 현실이지요.

그래서 제 느낌, 판단으로는 제파 PD가 능동적 대응 내지 유연한 대응을 좀더 잘하지 못한 원인에는 조직의 '폐쇄성'이 있지 않았나 싶어요. 좀더 개방적인 태도와 자세를 취했더라면, 좀더 현실 정치에 개입하는 정치활동을 전개했더라면 하는 문제의식을 가지고 있어요. 말하자면 혁명성과 현장성 사이에 거리가 늘 멀다는 생각을 했어요. 그 중간이 비어 있다는 생각이지요. 이 점에서 2002년 대선에서 시도했던 '대선공투본'을 성사시키지 못했던 것이 저로서는 많은 아쉬움이 남아 있어요.

또한 조직론에서 보다 일찍 단일 정치조직, 나아가 당 건설을 분명한 목표로 설정하지 않았던 것이 보다 중요한 이유였다고 생각해요. 그래서 '노동자의 힘'(약칭 '노힘')을 결성했지만요. 물론 '노힘' 자체는 명백하게 말하면 제파PD는 아니에요. 그러나 그 흐름의 주체들이 '노힘' 초기부터 마지막까지 지도적 위치에서 역할을 했었기 때문에, '노힘' 성원 전체에서 보면 모두 동의하기 어렵지만, 어쨌든 역사적 맥락상, 어떤 형태로든가 '노힘' 운동 속에는 제파PD 운동이 표현된 측면이 분명 있다고 봐요. 어쨌든 '노힘'에서 '사노준', '사노위'까지 가는 데에도 시간이 너무 오래 걸렸어요. 지도력의 덕목에는 정치적 결단도 있는데, 이 점도 미약했다고 봐요

●●● 그럼 다시 86년, 91년 조직사건이 있긴 한데, 제파PD에서 '노힘' 전 단계까지 볼 때, 조직론으로 보면 판단을 잘못 가졌던 것이 아니냐. 또는 어떻게 판단하시는지?

그 지적이 맞는데요. 어쨌든 중심적으로 흘러왔던 부분이 아직도 끊어지지 않고, 지금도 선으로 이어지고 있기 때문에 이것을 완전히 실패했다라고 보긴 일러요. 아까 말했던 그 안에서의 두 경향들이 나는 좀더 첨예화되거나 쟁점화 될 필요가 있다고 생각해요. 쟁점이 조직 내외적으로 표출되면서 가야 되는 것이 더 맞다고 보는 거죠. 그런데 제 입장에서는 아직 그런 점이 미진하죠. 그런데 사실 첨예화시키거

나 쟁점화시키는 것에 따르는 위험성이 있잖아요? 솔직히. 대중들이 바라볼 때 이걸 하나의 정치적 과정으로 바라보지 못하고 분열로 받아들이거나, '왜 저런 거 가지고 싸우냐'라는 의문을 제기할 수 있는 것에 대해 우려할 수 있어요. 그렇지만 그 부분이 해결되기 위해서라도 정식화, 공론화시키는 것이 불가피하다고 봐요. 아무튼 저는 개인적으로 분명히 그런 문제의식을 가지고 있어요.

| 단체와 조직 약어 일람 |

※ 단체와 조직명은 약어 가나다 순으로 정렬되어 있다. 약어 뒤 괄호 안에 있는 것이 정식명칭이며, 그 옆의 숫자는 해당 단체나 조직이 나오는 본문 쪽수이다.